斯坦（Albert Einstein）就喜歡這麼問：「難道只有老鼠看到月亮的時候，月亮才存在嗎？」

兩位作者明白地解釋了令人困惑的物理理論，這些理論的確充滿各種令人吃驚的實驗，一般人大多一知半解。這些實驗不會得出 $E=mc^2$ 是一種文化資產的結論，或是在阿富汗和遙遠的星球上，E 其實等於 mc^3。當然，外星人可能會用不同符號來表達愛因斯坦的公式，但該定理就跟火星的存在一樣不可抹滅。

如作者所言：「世界自有其運行之道。」科學的宗旨在於盡可能了解這個非人造宇宙的運行之道，帶領我們一步步靠近客觀事實（objective truth），而科技所實現的美好成就就是無可駁斥的證據。

作者告訴我們，知識大抵可分為兩種：邏輯與數學所陳述的事實（特定形式的系統中必然正確的陳述），以及科學所陳述的事實。雖然我們從來無法百分之百肯定，但在許多情況下，這些知識幾乎無庸置疑，普遍為人所接受。要將二加二算成四以外的答案，或是如同作者所舉例，要認為牛能跳得比月球高或兔子會下彩色蛋，都要有顆古靈精怪的腦袋才辦得到。

此外，作者毫不諱言地談論未經證實的另類療法，其中有些療法實在怪異到超乎想像。易受騙的人往往輕信荒唐的醫學噱頭，而不願接受主流醫療。這些荒誕的偏方可能會對人體造成難以計量的傷害。

作者在內文中適切地引用名人名言，值得讚賞。舉例來說，英國哲學家羅素（Bertrand Russell）提出三項簡單的準則，說明如何遏制人們接受所謂的「垃圾知識」（intellectual rubbish）[1]：

1. 當專家意見一致時，便不能認為反面論點確鑿可信。
2. 當專家意見分歧時，非專業人士不能認為任何意見確鑿可信。
3. 當專家都認為沒有充分根據足以支持正面論點時，一般人最好別妄下定論。

羅素補充道：「這些垃圾知識看似無傷大雅，但要是被世人普遍接受，勢必會為人類生活帶來天翻地覆的改變。」

　　我真心相信，這本書能說服讀者採信羅素的三項準則。我有信心，本書必能為這個科技進步但人民科學素養低落的國家提供迫切需要的知識補給。

　　　　　　　　　　　　　　　　——馬丁・葛登能（Martin Gardner）

作者序

　　似乎很少事情能像非比尋常的超自然現象或神祕事件那樣引起熱烈迴響、激發豐富情感，或是讓人產生滿腹疑惑。這些都是本書所謂的「怪誕現象」。雖然許多相關說法令人難以置信，卻有很多人深信不疑，而這種信念通常會對他們的生活帶來深遠影響。在美國，宣稱擁有超能力的特異人士和產品每年吸金數十億美元。通靈大師宣稱能與外星人溝通，靈媒和占星家號稱能預測未來，巫醫據說能醫治大小疾病，大至愛滋病、小至病毒疣，統統藥到病除。我們該相信誰？如何斷定哪些說法值得相信？理性與非理性之間的界線在哪？這本書正是為了回答這些問題而誕生。

　　你相信上述那些奇人異事嗎？**為什麼？**是出於以下任何一個原因嗎？

- 你擁有不尋常的個人經驗。
- 你認為世上沒有什麼不可能，再奇怪的事都有可能發生。
- 你的第六感很準，能判斷他人的話術是真是假。
- 你願意賭一把，相信一回。
- 你相信是人內在的神祕力量促成了那些奇蹟。
- 你知道不曾有人成功反駁這類言論。
- 你有過類似經驗，有證據能證明這類言論的真實性。
- 你真心認為只要相信，這些事情就會是真的。

　　為信念辯護的理由永無止盡，但哪些才是「好」的論述？顯然有些理由可以幫助我們判斷哪些言論可能屬實，有些則無法。如果我們在意某些言論是否屬實，想確定我們相信的事物是否有事實根

據（而非只是聽起來順耳就直接相信），我們就必須設法辨識論述的好壞。我們必須了解我們全心相信的事物為什麼以及在什麼樣的情況下是合理的，這樣我們才能自信地**篤定**某種言論真實無誤或值得相信。

這本書的中心前提是我們有可能了解如何辨識真偽，而且學會之後好處多多。學會分辨論述的好壞真偽，不僅能提升我們的決策的能力，還能協助我們破解各種形式的銷售話術。書中將逐步說明如何釐清各式論述、評估證據，分辨哪些說法可能是事實（不管這些說法多麼奇特）。這是批判性思考的必經過程，縱使許多人認為本書想探討的言論和現象不會因為批判性思考而煙消雲散。

所以，本書的重點不在破解或提倡特定的言論主張，而是解說批判性思考的原則，協助你自行衡量判斷各種說詞。為了示範如何應用這些思考原則，我們會提供許多出色的話術實例，深入分析並總結其中可能是真實或虛假之處。我們要強調的是如何謹慎運用評判原則，而非檢視特定言論是否備受推崇或受到多少非議。

討論怪誕現象時，通常這些原則本身就已備受爭議。奇人異事的相關爭論，往往著重於**人如何認識事實**以及**人是否擁有相關認知**，而這正是哲學分支**認識論**（epistemology）所關照的核心議題。由此推知，想要探討這些奇特主張，勢必得正視人類思想最根本的幾個議題。我們在書中力求清楚解釋這些議題，說明書中提供的判讀原則為何有效，並指出為何許多替代原則其實毫無立論根據。本書探索各種可能的知識來源，像是信仰、直覺、感覺、內省、記憶、論證、科學、神祕主義。我們應該自問：這些能為我們帶來知識嗎？為什麼？

雖然書中示範如何在具體案例中運用這些原則，但這本書的本質其實是**應用認識論**（applied epistemology）的具體實踐。不管你是否相信那些怪誕現象，是否注意到相關的言論主張，你都有自己

的認識觀，亦即一套看待知識的理論。如果你曾希望明辨怪誕之事（或其他任何類型的言論和主張）的真實性，最好要能擁有健全的認識觀。

書中討論的原則可幫助你評估任何言論，而非只是用於探究怪誕現象。我們深信，只要你能成功使用這些原則來衡量最非比尋常、最出乎意料的說法，那麼面對常見的街坊謠言或話術時，必能游刃有餘地輕鬆應對。

新版本、新題材

在第八版中，我們增加了新的章節、單元、練習題以及社會大眾極感興趣的新主題，並且將原有的內容修改或更新。此版本的變動包括：

- 增設新章節，探討如何評估資訊來源、分辨假消息、察覺認知偏誤。
- 增加新單元，說明如何識別認知偏差，並介紹地平說、先進飛行威脅辨識計畫，以及針對超自然現象所設立的各種獎勵。
- 新增練習題，協助讀者精進批判性思考的能力。
- 更新或修改瀕死經驗、創造論、超心理學、靈媒預言等主題的相關題材。

延續重要特點

此版本也涵蓋了以下內容：

- 解說超過三十個有關知識、論證和證據的評判原則，助你提升解決問題的能力並鍛鍊判斷力。
- 討論超過六十種超自然、神祕、特異現象，包括占星、鬼魅、

神話、通靈、中邪、念力、預知夢、創造論、瀕死經驗、穿越時空、超心理學、外星人綁架、超感官知覺等。

- 提供如何評估異常現象相關言論的詳盡步驟。我們稱此為「SEARCH 準則」，並搭配多個例子，解釋如何以此看待幾種熱門的奇異論點。
- 介紹各種不尋常的事物和主張，由支持者和持懷疑態度的旁觀者分別提供看法，並附上相關科學研究報告。我們認為，這樣彙整素材有助於激發討論，或可作為批判性思考原則的實際評估案例。
- 針對事實本質的各方觀點進行全面探討，包括多種形式的相對主義（relativism）和主觀主義（subjectivism）。
- 詳細探究科學的特質、研究方法和限制，搭配超心理學和創造論的相關分析予以闡述。內容包括完整探討科學的充分性標準，並說明如何在評估不尋常的事物時善用這些標準。

致謝

我們兩人對本書的貢獻不分軒輊，對於書中任何不盡完美的缺陷也負有同等責任。不過這整個計畫並非只有我們兩人獨自完成。感謝穆倫堡學院（Muhlenberg College）提供研究資金、開放圖書館資源，以及該校許多傑出的學者在我們撰寫本書期間鼎力相助；感謝許多人無私地為我們校閱草稿，並提供專業建議和精闢評論。

感謝以下人員為本書第八版奉獻心力：
- 理查・班諾（Richard Beno），威明頓大學（Wilmington University）
- 喬伊・布蘭琪（Joy Branch），南聯州立社區學院（Southern

Union State Community College）

- 馬丁・福勒（Martin C. Fowler），伊隆大學（Elon University）
- 寇特妮・海茵爾（Courtney Heinle），威明頓大學
- 基恩・克萊賓格（Gene Kleppinger），東肯塔基大學（Eastern Kentucky University）
- 基斯・柯克茲（Keith Korcz），路易斯安那大學拉法葉分校（University of Louisiana at Lafayette）
- 萊恩・羅薩諾（Ryan M. Lozano），阿拉莫學院德州中部科技中心（Alamo Colleges–Central Texas Technology Center）
- 露西亞・涅梅絲（Lucia Nemeth），威明頓大學
- 艾琳・洛威（Erin Rowe），威明頓大學

還要感謝以下人員協助審閱本書的第六版和第七版：
- 芭柏（H. E. Baber），聖地牙哥大學（University of San Diego）
- 安・貝爾（Anne Berre），希萊納大學（Schreiner University）
- 提姆・布萊克（Tim Black），加州州立大學北嶺分校（California State University, Northridge）
- 詹姆士・布萊克蒙（James Blackmon），舊金山州立大學（San Francisco State University）
- 道格拉斯・希爾（Douglas E. Hill），加州州立大學富勒頓分校（California State University, Fullerton）
- 威廉・霍利（William Holly），莫德斯托初級學院（Modesto Junior College）
- 麥可・傑克森（Michael Jackson），聖文德大學（St. Bonaventure University）
- 唐・梅瑞爾（Don Merrell），阿肯薩斯州立大學（Arkansas State University）

- 蕾貝卡・蘿絲芳騰（Rebekah Ross-Fountain），德州州立大學（Texas State University–San Marcos）
- 塔德・羅特尼克（Tadd Ruetenik），聖安布羅斯大學（St. Ambrose University）
- 丹尼斯・蕭（Dennis Shaw），洛爾哥倫比亞學院（Lower Columbia College）
- 孫衛民（Weimin Sun），加州州立大學北嶺分校
- 馬克・沃帕特（Mark C. Vopat），楊斯頓州立大學（Youngstown State University）
- 海倫・伍德曼（Helen Woodman），費里斯州立大學（Ferris State University）

目錄

第 1 章　序論：與怪奇事物的親密接觸

第 2 章　不可能的可能性

第 3 章　論證的好壞與古怪

第4章　知識、信念與證據

第5章　從個人經驗尋找事實

第 6 章　科學與偽科學

第 7 章　異常現象個案研究

第 8 章　相對主義、事實與現實

第 **1** 章

序論：與怪奇事物的
親密接觸

　　如果你曾凝視夜空或往漆黑的房間深處看，會忍不住寒毛直豎、睜大雙眼，或有過無法解釋的親身經驗，但又忍不住自問：「這是真的嗎？」那麼，這本書就是為你而寫。如果你聽過幽浮、占星、轉世、靈異現象、針灸、神祕學、虹膜學、穿越時空、靈魂出竅、鬼魅妖怪、量子物理的驚奇實驗，以及無數不甚尋常的其他事蹟，心中暗自思忖：「真的假的？」這本書絕對適合你。最重要的是，如果你和愛因斯坦一樣相信神祕是最美好的經驗，而且和他一樣有勇氣提出艱難的問題並不斷追尋答案，這本書正是為你而生。

> 驚奇是哲學家的感受，哲學從感覺驚奇開始。
> ——柏拉圖

　　雖然書中會提供不少解答，但提供解答絕非本書的主要用意。本書宗旨是說明**如何自行尋找答案**，就算遇到最神祕、最引人探究、最匪夷所思的難解謎團，我們也能懂得檢驗真相或事實。本書希望教導讀者如何剖析，以批判性思維看待作者歸類為**怪誕**的各種事物，這些事物可能令人心生敬畏、大呼不可思議，可能真真假假、疑點重重，超乎科學所能解釋的範疇，也有可能是一般所謂的

奇蹟、偽科學、神祕學和超自然現象。

「為什麼」很重要

　　介紹這類主題的專書或雜誌，幾乎每一本都會告訴你哪些不尋常的現象是真實發生，哪些只是幻覺，哪些涉及奇人異事的言論是真是假，哪些有可能實現，哪些只是無稽之談……面對這些令人驚異萬分的事情，身邊親友通常會很樂意與你分享他們根深蒂固（而且時常是堅定不移）的信念。你會聽到很多描述現象本身的說詞，但很少聽到具體的**提問**。換句話說，你會聽到不同人堅信不疑的內容，但鮮少有人給你任何擲地有聲的論述──沒有夠真材實料的說詞能說服你把這件事與其他人分享，也沒有夠確實可靠的解釋能說明這些現象可能是事實。你或許會聽見天真無邪的熱情倡導、砲火猛烈的斥責、單方面的偏頗證據、捍衛一方的說詞、義無反顧的不理性爭辯、急於蓋棺論定的謬誤結論、一廂情願的爛漫想法，或是主觀意識堅定但證據不足的勇敢發言，但全都缺乏令人臣服的有力論述。即使有人告訴你一些不錯的論點，讓你相信了某些不尋常的單一個案，但你終究無法從中歸納出有助於判斷類似案例的任何原則。或者，你可能聽見很有水準的推理，但沒人願意詳細解釋那些論證為何夠好，或是何以能帶領你找到事實。又或者，沒人膽敢回答這個終極大哉問：**為什麼**一定要有充分的理由，才能相信怪誕現象是真的呢？

　　沒有好好提問「為什麼」，我們就不可能真正理解大家津津樂道的**怪誕**現象，或其他性質類似的事物。沒有好好提問「為什麼」，信念就只是武斷的認定，無異於隨機抽牌，絲毫沒有任何知識成分。沒有好好提問「為什麼」，並以此為前導深入探究，在這個信念貶值的時代，信念最終會失去應有的價值。

面對怪誕的現象時，我們尤其需要探究「為什麼」。原因無他——關於這類事蹟的所有說法幾乎都伴隨著重重疑雲、謬論、誤解，以及個人選擇相信或不相信的迫切渴望。有時候，最奇特的現象真確無疑，最奇怪的說法最後反而證明是事實。正是如此，科學家備受啟發，不得不虛心以對。最頂尖的科學家和思想家從來不會忘記，雖然實際經驗充斥著各種反常的例外，但有時從經驗出發才能有驚奇大發現。

> 擅於提出質疑的思考慣性與攸關生存的必要條件同等重要，因為偽裝成事實的胡言亂語、內心渴望和不甚嚴謹的思緒，並非僅見於魔術表演，以及對兩性議題的含糊忠告。
> ——天文學家卡爾‧薩根（Carl Sagan）

外星人綁架你的鄰居，通靈偵探成功破案，你上輩子是誕生在中世紀馬廄的小男孩，諾斯特拉達姆士（Nostradamus）預言甘迺迪會遭暗殺，草藥能治癒愛滋病，飄浮術真有其事，從塔羅牌能看清一個人的個性，科學能證明東方神祕學的智慧結晶，登陸月球是一場騙局，磁療和水晶真的有效，瀕死經驗證明死後靈魂不滅，大腳怪隱匿在某個角落，貓王其實還活著……

你相信上述任何一項主張嗎？還是你認為以上部分或全部說法都是胡言亂語，只有傻子才會認真看待，所以一笑置之？最重要的問題此時登場：**為什麼**？你為什麼相信或不相信？光有信念卻無法提出問題，無法幫助我們更靠近真相。急忙否定或接受某種主張，也無助於分辨事實（或假象）究竟是真的，抑或只是我們內心渴望的投射。信念沒有穩固的論述和證據支撐，只會淪為空中閣樓，除了虛無飄渺的感受或個人喜好之外一無是處。

本書能提供概略指引，教導讀者提出適當的問題。我們會盡可能清楚明確地解釋及示範理性探究的原則，以期能協助你衡量所有形式的怪誕現象。我們會提供權衡證據的必備指南，說明如何言之有理地得出結論。書中提及的原則大多是老生常談，備受哲學家、科學家和熱衷於探尋真相的有志之士所愛戴；對所有形式的科學探索活動而言，這些原則說是基本準則都不為過。我們會說明這些原

則為何有效，並解釋**為何這些原則是我們在探究真相時很棒的開端**——比起從其他點切入，為什麼這些原則是追尋真確事實時更為可靠的指引。

我們認為，當前的社會亟需後面這項解釋。你或許曾聽過這個說法，目前尚無有力的科學證據可以證明念力（以意志力移動實際物體）真實存在；但你大概從未聽說，有人打從一開始就細心解釋為何需要有科學證據才能證明念力真實存在。不少人都有這樣的經驗，想起某個朋友的時候突然就接到對方的來電。雖然非常神奇，但大部分科學家大概都會同意，這種經驗無法證實心靈感應（人與人之間不靠正常的五種感官能力就能溝通）真實存在。理由為何？只有少數幾位科學家願意認真解釋。假設有一百人試吃某一種特定的草藥，之後指證歷歷說是這種草藥治好了他們的癌症，科學家會說，這一百個案例能構成軼事證據（anecdotal evidence），但絲毫無法證明草藥的療效。為什麼不能？必定是有一個很棒的理由，但要找到這個理由並不容易。

> 只要言行舉止能緊扣著清楚的「問題」提出清晰的「解釋原因」，就能稱為智者。
> ——詩人拉瓦特
> （Johann Kaspar Lavater）

若能有原則來區分論述好壞，就能找到答案。不必將這些原則（或其他任何聲明）奉為圭臬，只要謹慎運用理智，你就能自行驗證原則的效力。

另外，請勿認為書中提供的指南永遠無懈可擊，無可取代。只不過，在有人提出健全、合理的新選項之前，這些會是目前最理想的指引。

> 人類是渺小的塵埃，而夜晚廣大無垠，充滿驚奇。
> ——作家鄧薩尼勳爵
> （Lord Dunsany）

這些指南並非什麼出其不意的全新觀點，但對許多人來說，這些原則可以像醍醐灌頂般帶來新思維，為毫無頭緒的人們在陌生的疆域指引方向。不過我們必須坦承，即便如此熟悉這些原則，我們每天還是很有可能會違背其中至少一項原則，並因此作出錯誤的結論。

從怪誕到荒謬

行文至此，如果你真心認為這本書只是在浪費時間（亦即認為不可能以理性原則來評估怪誕事物是否客觀真實，或覺得這麼做毫無意義），我們誠摯邀請你繼續讀下去。縱使這種全盤否定的心態日漸普遍，我們仍舊會勇敢挑戰現狀。我們要征服不可能的任務，或至少是某些人眼中不可能克服的艱鉅任務。我們會給出具有說服力的理由，說明以下主張其實**並不正確**：

我真心覺得，我們每個人都在創造自己所處的現實。我認為是我創造了在我眼前的你。所以是我創造了這個環境，我創造了存在於其中的實體，我創造了我所見的一切。

——演員莎莉·麥克蓮（Shirley MacLaine）

- 客觀事實（objective truth）不存在，事實是由我們自己創造。
- 客觀現實（objective reality）不存在，現實是由我們自己創造。
- 比起正常的認知模式，著重精神層面、充滿神祕色彩的內在認知更優越。
- 只要經驗看似真實，就是千真萬確。
- 如果想法感覺正確，便無庸置疑。
- 我們無法了解現實的真正本質。
- 科學本身就是神祕或不理性的，不過是另一種信念罷了。
- 只要信念對你有重要意義，真假並不重要。

我們在日常生活中時常會聽見這些言論，所以特地在此提出來討論。如果你想評估怪誕事物的真假與否，遲早會遇上挑戰你個人立場和基本信念的論述。所謂怪誕是指超出正常理解範圍，挑戰我們平常認知的事物。許多人因此順勢發展出一種想法，認為在奇人異事的領域中，特殊的認知模式終將勝出，最終得出以下結論：理智和理性在怪誕領域並不適用。

認真檢視這類對基本假設的質疑，內省自身的認知（或自認

為熟悉的事物）和認知方式，可以從中獲益良多。對於以上這些主張，本書其實想傳達三個重要觀念：

1. 如果以上這些主張**屬實**，代表我們**不可能**了解所有事情（包括怪誕事物）的一切。

2. 如果你真心相信這些主張，等於阻斷了發掘真相或事實的機會。

3. 拒絕接受這些主張有助於突破框架，產生力量。

獨立心靈的精髓不在於思考的事物，而是思考的方式。
——無神論作家
克里斯多福·希均斯
（Christopher Hitchens）

舉例來說，當我們檢查「客觀事實不存在」這個主張，自然就能推導出第一個觀念。該主張認為「你所相信的就是事實」，那麼「除去個人的信念，事實就不存在」，所以事實並非客觀，而是主觀認知的產物。現在大家常說的「你或許不相信，但這對我來說是真的」，其中便隱含了這種論調。但問題在於，如果沒有客觀的事實，就**沒有任何**陳述是客觀正確的，包括「客觀事實不存在」這句話——提出這種主張等於是自打嘴巴。如果這種說法正確，表示該論述及**所有**陳述（包括我說的話、你說的話，或是其他任何人的一言一語）都不值得相信。所有觀點於是變得武斷，除了個人喜好，沒有其他值得讚賞的價值。這樣一來，世上就沒有知識這種東西，因為沒有任何陳述是客觀正確的，也就沒有什麼值得學習。堅持相信或拒絕相信某些論點都不再有意義，理智與胡言亂語也將毫無差別。屆時，人們會因為某些原因（我們後面會再討論這些原因）而必須面對難以忍受的荒謬現象，例如無法贊同或不同意他人的意見。事實上，人們最後將會變得無法正常溝通、學習語言、比較彼此的想法，甚至無法思考。

上述第三個觀念的重點是，如果我們的思想被這些無限上綱的言論束縛，只要拒絕接受就能獲得自由。拒絕這類主張表示我們**有能力**了解這個世界，而我們理性論

光線，讓更多光線照進來。
——詩人歌德（Goethe）

證及權衡證據的能力，正是協助我們獲得知識的關鍵。書中絕大部分的篇幅，就是要展現此能力的非凡力量。理智賦予人類力量，使我們能明辨事件真偽、了解重要議題、洞悉神祕謎團，並且破解棘手難題。

怪誕大調查

究竟有多少人在乎稀奇古怪的事物？很多。書籍銷量、雜誌和電視報導、電影劇情，以及民調結果一再顯示，社會大眾普遍對於靈異事件、神祕現象、神鬼之說、前世今生、超自然能力等主題興趣盎然。二〇〇五年公布的一份蓋洛普民調顯示：

> 人都喜歡相信明知不是真的說法，這樣就不必忍受獨立思考的折磨，也不需為這些內容承擔責任。
> ——劇評家
> 布魯克斯·阿特金森
> （Brooks Atkinson）

- 55% 的美國人相信心靈療法，亦即人的心靈能治癒生理上的病痛。
- 41% 的美國人相信超感官知覺（ESP）。
- 42% 的美國人相信人類有時會被邪靈附身。
- 32% 的美國人相信鬼魂或死者的靈魂會在特定地點或情況下重返人間。
- 31% 的美國人相信心電感應，亦即不使用正常的五種感官能力即可彼此溝通。
- 24% 的美國人相信外星生物曾來過地球。
- 26% 的美國人相信靈視（clairvoyance），亦即心靈能透視過去、預測未來。
- 21% 的美國人相信有些人能通靈，亦即接收來自逝者的消息或與其心靈溝通。
- 25% 的美國人相信占星術，亦即恆星和行星的位置會影響人類的日常生活。

跨科教學

德州大學阿靈頓分校（University of Texas at Arlington）的社會學家雷・伊夫（Ray Eve）和人類學家達納・鄧恩（Dana Dunn）曾試圖尋找偽科學的起源。他們指出，學校老師可能是傳遞這類思想的媒介。

為檢驗這項理論，他們調查了全國一百九十所中學的生物和生命科學教師。研究發現，43%的受試者認為大洪水和諾亞方舟的傳說必定或很有可能曾經發生；20%的受試者相信有人能與逝者溝通，19%的受試者覺得恐龍與人類曾生活在同一時期，20%的受試者相信黑魔法，16%的受試者深信亞特蘭提斯文明確實存在。此外，30%的教師曾經想在課堂上教授科學創造論，26%的教師認為某些人種的智商較高，22%的教師相信世上有鬼。

雖然30-40%的教師在工作上表現卓越，但伊夫指出，「許多美式足球教練或家政老師曾應要求幫生物老師代課。」

這個現象有可能改變嗎？伊夫表示：「教育界很像國防體系，冰凍三尺非一日之寒，即便你明知有些棘手的問題不得不正視，但問題真正獲得解決的機會不大。」[1]

- 21%的美國人相信女巫。
- 20%的美國人相信轉世，亦即人死之後，靈魂會進入新的軀體展開新生命。

還有許許多多類似的離奇現象吸引數以千計的受訪者，他們或許有過親身經歷而真心相信，甚至人生因此有所轉變。本書會詳盡

探討其中好幾個主題，例如：

- 上百名曾在鬼門關前走一遭的受訪者表示，當下他們其實沒有太劇烈的負面感受。每個人的說法不盡相同，但特定細節反覆出現：瀕死之際，平靜的心情油然而生；他們飄浮到軀體上方，看著底下的世界；他們通過漆黑的幽長隧道，最後進入金黃光線滿盈的明亮空間，看見難以名狀的美麗新世界；他們看見過世許久的親戚，身旁洋溢著祥瑞之光，使他們的心靈得到慰藉。然後，他們瞬間返回自己的身體，甦醒過來，之後的人生也因為這個奇妙的經驗而有所改變。在每個案例中，這段歷程就像一場夢或一段奇幻之旅，一切逼真到就像**現實**。這類事件統稱為瀕死經驗（NDE）。有過這種經驗的人表示，瀕死經驗就是死後靈魂不滅的最佳證據，是不容駁斥的事實。

- 有些人宣稱他們曾有預知夢的經驗，夢境彷彿預見了未來發生的事，令人毛骨悚然。其中一個當事人這麼說：「夢中，我和父親一起走在陡峭的山脊上。他太靠近邊緣，腳下的土石滑落深不見底的山谷。我轉過身拉住他的手臂，但他腳下的土石崩解，我只能使勁拉住他，以免他掉落深淵。我用盡全力拉著他，但他的軀體變得越來越大、越來越重，最後他還是掉下去了。夢中的他慢動作下墜，疾聲大呼，但我聽不見他的聲音。然後我驚呼一聲，醒了過來。我很少在醒來時還記得夢的內容，以前也從未夢過親友從高處摔落的情境。三個星期後，我的父親在粉刷窗台時，從二樓窗戶失足墜樓過世。當時我就在同一個房間，但未能及時抓住他，阻止憾事發生。」這樣的夢可能會對當事人的情緒造成深遠影響，促使其對超自然現象深信不疑。

- 大概有數百人聲稱，他們出生前曾在完全不同的環境過著不同的生活。這些人接受催眠，「倒退」到他們所謂深藏多時的自

我，眼前就會浮現前世的種種畫面。這種說法最早可追溯到一九五二年，美國家庭主婦維吉妮雅·泰格透過催眠回到前世，聲稱她上輩子出生於十九世紀的愛爾蘭操著不尋常的愛爾蘭口音，述說前世的種種事蹟，令人震驚（見第五章）。還有許多人在接受催眠時鉅細靡遺地描述前世生活，時空背景可能是羅馬帝國初期、中世紀的法國、十六世紀的西班牙、古希臘或古埃及，甚至是亞特蘭提斯文明，而他們使用的語言或腔調往往相當地道。許多名人也宣稱自己曾透過催眠一窺前世奧祕，例如美國演員莎莉·麥克蓮就曾說自己前幾輩子是一腳裝有木頭義肢的海盜、佛教和尚、路易十五宮廷中的弄臣、蒙古遊牧民族，以及形形色色的妓女。許多人相信，這些實例就是靈魂轉世的鐵證。

小馬兒生來就有張人臉，還神似飼主的父親！
——《世界新聞週報》
（Weekly World News）

- 有部分美國軍人對一種稱為**遙視**（remote viewing）的特異功能表現出強烈興趣。據說只要有這種超能力，不必運用任何我們熟悉的感官能力，就能精準得知遠地某處的情形。這些軍人宣稱，前蘇聯在發展這類能力方面遠比美國進步。據說每個人都能擁有遙視的能力，不需要特殊訓練或天賦。有實驗專門探討這種現象，而有人認為這些測試證實了遙視能力確有其事。

- 很多人喜歡向靈媒、占星師和塔羅牌占卜師尋求協助，利用他們珍貴的才能預知未來。你可以透過網站、報章雜誌、電視節目、電話專線等管道取得這項「商品」，預言內容可能包括電影明星的命運、國際重要大事，或是個人一生的禍福得失。無論身處世界各地，都能聽說有人成功預測了某些不太可能發生的事情，令人嘖嘖稱奇。這裡有個例子：一九八一年四月二日，也就是兇手試圖行刺美國雷根總統的前四天，全國新聞紛紛報導洛杉磯有個靈媒早在幾週前就預測了這整起暗殺事件。那天早上，NBC 的《今日秀》（Today）、ABC 的《早安美國》

（*Good Morning America*）和 CNN 不約而同播放一段靈媒塔瑪拉・蘭德（Tamara Rand）詳細預測暗殺事件的影片。據說那支影片拍攝於一九八一年一月六日。她預見雷根總統會在三月最後一週或四月第一週遭到襲擊，在「槍林彈雨」中胸口中彈，而兇手是一個有著黃沙色頭髮、姓名縮寫為「J.H.」的年輕人。

• 物理學出現了奇怪現象，事實上，奇怪到一些曾經認真研究這個現象的人甚至宣稱物理學越來越像東方神祕學。這種奇怪景況發生在物理學的量子力學分支，這門學問主要鑽研構成宇宙萬物的次原子粒子（subatomic particle）。而奇怪之處在於：在量子領域中，粒子必須在**人的觀察**下才會具有某些特性。科學家實際量測粒子之前，粒子似乎沒有確切的形體。這種詭異的主張並未獲得愛因斯坦認同，但這件事已經在嚴格執行的測試中一再獲得證實。因此，有些人開始思索現實是否有可能是主觀的存在，是身為觀察者的我們創造了自己所在的時空，也就是說，我們周遭的一切其實是想像力的產物。這種古怪的量子觀點促使某些人（其中甚至不乏物理學家）嚴肅探討類似的問題：在沒人看到的情況下，樹真的存在嗎？

大尺碼女性內衣斷開，傷及十三人！
——世界新聞週報

• 一八九四年，英國靈異研究學會（Society for Psychical Research）首度發表個人撞鬼經驗的問卷調查結果，數以百計的受試者聲稱曾親眼看見真正的鬼魂。近來一份研究特異現象歷史文件的學術報告指出一個意料中的事實：撞鬼相關言論已經盛行好幾個世紀之久，這種情況直到今日並沒有改變太多。你可能光是從親友身上就聽過至少一次靈異事件的描述，而對方堅持那並非鬼**故事**，而是真實發生的事。研究指出，神智清楚的普通人也有可能發生這種經驗，而且當下的情況生動逼真，可能會對當事人帶來莫大的情緒衝擊。此外，還有受試者提到曾感覺

「身邊有人」，但當下只有自己一人。永遠都有更新的靈異故事出現，口耳相傳、傳頌不絕，而且細節時常讓人聽了全身雞皮疙瘩，毛骨悚然。不必專程去看八卦小報，知名的報刊雜誌也會刊登這類消息，現實中還真有「捉鬼特攻隊」隨時樂於為人處理鬧鬼事件。

- 電影《大法師》（The Exorcist）成功塑造了戲劇效果，《陰宅》（The Amityville Horror）強化世人對此的認知，天主教會為其背書，新聞媒體一窩蜂爭相報導——這些描述都與「惡魔附身」有關。所謂惡魔附身，是指人（或地方）可能被極惡的靈體占據、傷害和控制。這裡有一個經典案例：一九八六年八月十八日，美聯社報導指出，傳聞賓州西皮茲頓（West Pittston）有一棟鬧鬼的房子，住著傑克和珍娜·史穆爾（Jack & Janet Smurl）夫婦，以及他們的四名兒女。他們聲稱受到惡魔威脅，苦不堪言。報導寫道：「史穆爾夫婦表示，他們在屋中聞到煙味和腐肉味，還聽到豬的呼嚕聲、馬蹄聲、恐怖的尖叫聲和嗚咽聲。房門自己開開關關，燈無故亮起或熄滅，無形體的白影從他們眼前飄過，電視機射出一道清楚的光線。甚至連家中重達三十四公斤的德國牧羊犬也遭殃，史穆爾先生就曾目睹一股力量將站在自己附近的牧羊犬推去撞牆。」[2] 後來《紐約每日新聞》（New York Daily News）引述史穆爾先生的說法：「（有一個女鬼）和我上床至少十次以上，我當下意識清醒，但我全身動彈不得。」史穆爾一家人找來惡魔學家艾德·沃倫（Ed Warren）協助調查，他曾參與《陰宅》所描述的真人事件。沃倫對外宣告，那棟房子的確住了好幾個鬼魂。

老天，我怎麼會跟這群怪人共處一室？
——作家史都華·布蘭德（Stewart Brand）

- 很久以前，外星生物來到地球上，為原始人帶來先進的技術和知識。許多人不免好奇，埃及金字塔和美洲古文明所使

用的工程技術令人讚嘆，但究竟該如何合理解釋？秘魯的納斯卡線貌似機場標線，難道是為了引導太空船降落？一五一三年的皮里雷斯地圖（Piri Reis map）繪圖精準，勢必得借助空拍之類的技術才能完成？非洲多貢部落（Dogon）熟知某顆肉眼無法看見的星星，直到十九世紀，天文學家才發現這顆星體，這又該如何解釋？在許多神話和傳說中流傳著「神」降臨大地的說法，不少人都曾寫書探討這個主題，其中以艾利希・馮丹尼肯（Erich von Däniken）的《諸神的戰車》（*Chariots of the Gods*，暫譯）、《來自外太空的神》（*Gods from Outer Space*，暫譯）和《馮丹尼肯的證據》（*Von Däniken's Proof*，暫譯）等著作最為知名。至今，關於外星人曾經來過地球的各種傳聞依然甚囂塵上，有人斷言過著原始生活的早期人類理當無法掌控特定工程技術，必定是獲得外星人幫助，才造就了輝煌的古文明。

- 許多人相信一種主流醫學刻意迴避、不合乎現代科學理念的醫療方式：順勢療法（homeopathy）。這股風潮大約從一七〇〇年代開始盛行，目前全美國已有數百位從事順勢療法的執業醫師。這種療法主要依據兩大準則，一是「以同治同」（like cures like），亦即根據病人的症狀，使用能對健康的一般人產生相同症狀的物質來治療；二是使用的劑量越少，療癒效果越強。順勢療法所使用的「藥物」都會經過稀釋，以發揮最佳療效，只不過時常是稀釋到藥物含量趨近於零的程度。試圖以這種稀釋法治癒任何疾病，其實與化學定律相違逆。然而近年來，越來越多藥局和健康食品商店推廣順勢療法，相信這種療法的人數也日漸增加，連英國皇室成員都趨之若鶩。

- 有件神奇軼事在坊間流傳了好幾年。萊爾・華特森（Lyall Watson）在一九七九年出版的著作《生命之潮》（*Lifetide*，暫譯）中首次披露這件事，聲稱是向科學家蒐集資料所得知。自

此，無數作家便不斷轉述這個事件。華特森描述，一九五〇年代，日本幸島（Koshima）上的幾隻野生日本獼猴首次拿到了生番薯，其中一隻小名叫伊莫（Imo）的猴子將番薯拿到水中洗去泥沙。之後幾年間，伊莫把這個技巧教給猴群中的其他獼猴。直到有天，當學會這項技能的獼猴達到一定數量（假設是一百隻），神奇的事情發生了。其他獼猴突然都知道怎麼清洗番薯。「不僅如此，」華特森說，「這個習慣似乎跨越了自然環境的阻隔，像實驗室密封的化學藥劑罐中出現甘油結晶一樣，其他小島的猴群也同時出現了洗番薯的行為。」[3] 他表示，第一百隻猴子學會洗番薯後，就達到所謂的「關鍵多數」，促使猴群產生群體心理。這就是我們後來常聽到的「百猴效應」（hundredth-monkey phenomenon）。有些人相信這是真實故事，認為這種現象也適用於所有人類活動。要真是如此，這背後所代表的意義可不得了——一旦有夠多人相信某件事無庸置疑，那件事就會變成所有人的「事實」。也有人認為，探究故事的真實性毫無意義，因為這是一種隱喻或傳說，就與科學一樣，不需質疑。不過，我們還是要堅持原則，追根究柢：這件事真的發生過嗎？或這件事真的有這麼重要嗎？

鬼魂、外星人、奇蹟療法、靈魂轉世、心靈戰勝物質，全都讓人嘖嘖稱奇。如果這些事情全部屬實，世界肯定更精彩美好。我們不會在宇宙中踽踽獨行，我們將更能掌控生命，我們可以長生不死。我們對這種理想世界的渴望，讓我們忍不住相信這些奇事怪談。然而，希望事情成真並不能成為無條件相信的理由。要探知真相，我們必須拋棄一廂情願的心態，擁抱批判性思維。我們必須學著擺脫偏見和先入為主的觀念，公平公正地檢視證據，

我們所需要的不是堅守信念的意願，而是尋找答案的意志。
——哲學家羅素

大多數人都有一個問題，就是他們的思考是出於內心的渴望、恐懼或願望，並非以理智為根據。
——哲學家威爾・杜蘭
（Will Durant）

超自然檔案

你對這些議題抱持著什麼態度或看法呢？

請在以下敘述後方空格處填上適當的數字，以表達你的立場。數字個別代表：5 ＝完全相信、4 ＝大致相信、3 ＝態度中立、2 ＝不太相信、1 ＝絕不相信。

讀完整本書後，不妨再重新回答一次這些題目，看看你的想法是否有所改變。

人與人之間可以透過心靈感應交流。＿＿＿＿＿＿

1. 人可以預知未來。＿＿＿＿＿＿
2. 人可以靠念力移動物體。＿＿＿＿＿＿
3. 鬼魂可以移動實際物體。＿＿＿＿＿＿
4. 外星人曾搭著太空船來到地球。＿＿＿＿＿＿
5. 有人曾被其外星人綁架。＿＿＿＿＿＿
6. 真的有人曾遭惡魔附身。＿＿＿＿＿＿
7. 除了軀體，人還有無形的靈體。＿＿＿＿＿＿
8. 人的靈魂可以脫離身體，去到遙遠的地方。＿＿＿＿＿＿
9. 軀體死亡後，靈魂會轉世到另一個軀體中。＿＿＿＿＿＿
10. 人可以和亡魂溝通。＿＿＿＿＿＿
11. 一個人出生時的太陽、星辰和行星位置，會影響他或她的外表、個性和命運。＿＿＿＿＿＿
12. 世界上有天使。＿＿＿＿＿＿
13. 信仰療法可以治病。＿＿＿＿＿＿
14. 順勢療法可以治病。＿＿＿＿＿＿

唯有這樣，我們才有機會分辨真實和幻想。

　　你可能會反駁：稍微幻想一下，何錯之有？如果有人能從堅信的事物中得到慰藉，是真是假很重要嗎？沒錯，很重要，因為我們的行為建立在我們的信念之上。假使信念有所偏差，我們所做的事就無法成功。另類醫學就是最佳實例。美國人每年花上數十億接受噱頭十足但缺乏真正療效的醫學療法，甚至不少人因此賠上性命，付出高昂代價。誠如律師約翰‧麥納（John W. Miner）所言：「江湖郎中害死的人命，比所有暴力犯罪案件的死亡人數加起來還多。」[4]

　　非理性的執念不僅威脅我們的生命，也威脅我們的荷包。簡單舉個例子，我們只要打通電話（或按幾下滑鼠），就能找到塔羅牌占卜師和形形色色的靈媒傾訴心事。但他們並非免費提供服務，靈媒諮詢專線每分鐘可能要價 3.99 美元，一個小時就要 240 美元，比大部分心理分析師的收費還高。靈媒電話諮詢曾是價值非凡的蓬勃產業，其中光是 Psychic Readers Network 一個集團，在二〇〇二年靠著電話諮詢服務就賺進三億營收。後來真相被揭發，靈媒專線幾乎都是雇用沒上班的家庭主婦接聽電話。[5] 她們並未通過任何靈異能力測試，也從未依循任何超自然靈體的指示給予來電者建議。她們唯一接受的訓練是如何讓來電者不掛電話。

　　此後，靈媒服務便不斷演化，現今多半透過網站或線上聊天等方式提供服務，收費依然「高貴」。許多靈媒推出「一分鐘一美元」諮詢方案，但市場行情高低互見，較高檔的服務要價幾百美元並不罕見。

　　多年來，提姆‧法利（Tim Farley）不斷蒐集各種資料，彙整非理性執念所造成的傷害。他的網站（http://www.whatstheharm.net/）至今已累積超過六十七萬個案例，當事人皆因誤信不合理的言論而造成身體或財務上的損失。在這些研究案例中，已有 368,379 人死亡，306,379 人受傷，經濟損失合計超過 2,815,931,000 美元。這些

人不顧事實根據，胡亂相信他人話術，最終導致一輩子的積蓄付諸流水，甚至賠上性命。[6]

非理性的執念除了危害個人生命安全，也會對整個社會帶來威脅。民主社會仰賴人民理性地做出抉擇，社會才會持續進步。但理性抉擇勢必得以理性的信念為依據，如果無法辨別合理和不合理的主張，就很容易受江湖術士、惡棍和騙子所影響。誠如科學史學家史蒂芬・古爾德（Stephen J. Gould）指出：「如果人民沒有成熟的判斷力，只是盲目追隨內心的渴望，政治操作的種子很容易就能落土紮根。」[7]政客擅長利用社會大眾的恐懼和渴望來達成目的。要是我們無法判別言論是否可信，最後犧牲的可能不只我們的判斷力，也許還得葬送自由。

> 非理性地捍衛事實可能比理性犯錯更有殺傷力。
> ——生物學家赫胥黎
> （Thomas Henry Huxley）

當然，沒人想被愚弄、詐騙或剝削。可惜我們的教育著重於教導學生各種學科知識，而非強調思考方式。所以大部分的人都不懂如何運用各種原則，盡可能提高自己對於陳述或信念的理解程度，減少出錯機率。本書宗旨便是介紹這些原則和方法，解釋何以需要探尋事實以及如何善加運用。了解箇中理由之後，你就能更靈活使用這些原則，判讀各種不熟悉的情況。

生活品質取決於決策品質，決策品質則取決於思辨能力。我們希望善盡棉薄之力，協助你提升思辨能力，達到提升生活品質的最終目的。

第 2 章

不可能的可能性

超自然現象的問題在於，這些現象本來就不正
常。它們不只罕見，似乎也違逆了萬物的自然法則
（所以才稱之為**超自然**），與支配宇宙的某些定律
相互牴觸。由於這些定律定義了我們所處的現實，
任何違背定律的事情便顯得**不可能**發生。統稱為超感官知覺（ESP）
的各種現象就是很好的例子，包括心靈感應（讀心術）、靈視（不
用眼睛即可看到遙遠的事物）和預知（看見未來）。這些現象之所
以如此奇特，是因為它們在物理上理應不會發生。物理學家米爾
頓‧羅斯曼（Milton Rothman）這麼解釋：

> 資訊的傳遞必須依賴能量的轉移，也就是說，由能量所
> 攜帶的訊號必須從一個人的腦中直接傳到另一個人腦中，心電
> 感應才會成立。然而關於 ESP 的所有描述各自以不同方式違
> 反了能量守恆定律（質量和能量不會無中生有，也不會憑空消
> 失），同時牴觸了資訊理論的所有定律，甚至破壞了因果原則
> （結果不會比原因更早發生）。在謹守物理定律的情況下，我

親愛的安涅絲，這世界本來
就是一件奇怪的事。
　　　——劇作家莫里哀
　　　　（Molière）

們不得不判定 ESP 不可能成真。[1]

根據羅斯曼的說法，任何事情只要違背了物理原理，就表示不可能發生。由於 ESP 違逆了這些原理，因此理應不可能發生。

典範與超自然現象

然而根據「信徒」（接納超自然現象的人）的說法，沒有什麼不可能發生。誠如《諸神的戰車》作者丹尼肯所說：「沒有什麼不能相信。對現代科學來說，『不可能』這個想法早就不可能成立。今天無法接受，明天就會遭現實無情碾壓。」[2] 丹尼肯的意思是說，曾經在科學上認為不可能發生的許多事情，現在都已成真。隕石就是最為人熟知的例子。曾經好長一段時間，科學界始終堅持世上不會出現隕石，例如偉大的化學家拉瓦節（Antoine Lavoisier）認為天上不會掉下隕石，因為上面根本沒有隕石。就連崇尚自由思想的湯瑪斯・傑弗遜（Thomas Jefferson）也抱持同樣看法。他在讀完兩份哈佛大學教授觀察隕石現象的研究報告後，仍舊堅稱：「比起相信會有石頭從天而降，我寧願相信那兩名美國教授說謊。」[3] 相信有隕石的一方認為拉瓦節和傑弗遜都被科學蒙蔽了雙眼。「石頭從天而降」與他們兩人的世界觀不符，因此他們拒絕接受世上有隕石的事實。不過現今許多科學家指出，當時那些隕石支持者同樣也有目光短淺的問題，看待事情時往往無法跳脫原本就認同的狹隘觀點。

這些問題都有可能成為阻礙科學發展的絆腳石。歷史學家湯瑪斯・孔恩（Thomas Kuhn）在他的重要著作《科學革命的結構》（*The Structure of Scientific Revolutions*）中便提到，唯有識別及處理**異常**（不符合已知科學定律的現象），科學才能持續進步。孔恩指出，所有科學調查都發生在**典範**（亦即理論框架）之中，而典範會決定哪些

問題值得探討，以及應使用什麼方法來尋找答案。然而，我們有時會發現特定現象與既有典範格格不入，亦即現有理論無法解釋該現象。起初，科學界會像面對隕石問題一樣，試圖定調該現象不值得探究或消極解釋。但要是短期內無法出現令人滿意的解釋，科學界只能被迫放棄舊有典範，擁抱新典範。這種情況稱為**典範轉移**（paradigm shift）。

回顧歷史，我們可以發現不少典範轉移的例子。伽利略（Galileo Galilei）發現木星衛星和金星的位相變化，促使當時的天文理論由地心說（太陽系以地球為中心）逐漸轉變為日心說（太陽系以太陽為中心）。達爾文（Charles Darwin）在加拉巴哥群島發現獨特生物，使生物理論從原本的創造論（creationism）轉向以演化論（evolution）為主流。由於未能順利找到「以太」（luminiferous ether，據說是光的傳播媒介），於是科學界拋棄牛頓力學，轉為推崇愛因斯坦提出的理論。同理，相信超自然現象的一方認為，超自然現象也可能觸發典範轉移。在這種思維下淬鍊而成的世界觀，可能就跟我們與原住民看世界的方式一樣天差地遠，需要拋棄長久以來看待現實和知識本質的觀點，才有可能互相理解。話說回來，既然以前發生過典範轉移，沒道理一口咬定不會再次發生。如同《哈姆雷特》中滔滔雄辯的文字所述：「赫瑞修（Horatio），天地間無奇不有，必定有你一己之見所料未及之事。」

那麼，我們該相信哪一方的論點？應該相信科學家，主張超自然現象違背基本物理定律而全盤否定？還是加入另一方，將超自然現象視為新時代的預兆而全心擁抱？要想評估這兩種立場的優劣，我們必須更深入探討可能性（possibility）、可信度（plausibility）和現實（reality）等概念。

當一切處於不確定的狀態，表示什麼事都可能發生。
——小說家
瑪格麗特・德拉布爾
（Margaret Drabble）

困難的事需要很長一段時間才能達成，不可能實現的事則需要再久一點。
——前以色列總統
哈伊姆・魏茲曼
（Chaim Weizmann）

邏輯可能性與物理不可能性

雖然現在年輕人常說「沒有什麼不可能」，但這種說法很有可能遭致誤解，畢竟有些事情就是不可能錯誤，有些則不可能正確。前者的例子包括「2 + 2 = 4」、「所有單身漢都未婚」、「紅色是一種顏色」，這些統稱為**必然真理**（necessary truth），無論在什麼情況下，這些說法都不會錯。

後者的例子像是「2 + 2 = 5」、「所有單身漢都已婚」、「紅色不是顏色」，這些統稱為**必然假理**（necessary falsehood），無論在何種情況下，這些說法必錯無疑。[4] 希臘哲學家亞里斯多德（柏拉圖的門生）是史上第一個歸納必然真理相關論述系統的代表人物，其中最基本的原則（其他所有真理的發展基礎）被稱為**思維三律**（laws of thought），包括：

- **無矛盾律**（The law of noncontradiction）：沒有任何事物可以同時擁有及缺乏某一屬性（例如，沒有物體可以同時是圓形又不是圓形）。

- **同一律**（The law of identity）：所有事物都會與其本身的特質保持一致（例如所有圓形物體都會是圓形，不會是其他形狀）。

- **排中律**（The law of excluded middle）：所有事物不是具備某一特定屬性，就是缺乏該屬性（例如，光看圓形這項屬性的話，物體只能分為圓形與非圓形，中間沒有灰色地帶）。

我們將這些原則奉為定律，因為要是沒有這些原則為基礎，思考和溝通將窒礙難行。為了順暢地思考或溝通，我們的思維和話語必須從同樣的立場去陳述，不能同時涵蓋互相矛盾的內容；如果沒有無矛盾律，我們就無法將兩者區分出來。一件事情的正面主張

成立，反面主張也會成立，那麼所有的主張都將同樣正確（或錯誤）。因此，如果有人否定了無矛盾律，他／她便無法聲稱自己的主張比接受該定律的一方更正確。

歸謬法（reductio ad absurdum）是駁斥特定主張最有效的技巧。如果能嚴正指出該主張將會造成的荒謬結果，等於找到強而有力的理由駁回該主張。否定無矛盾律本身就跟其導致的結果一樣荒唐。無論任何主張，只要會使思考和溝通在理論上無法進行，我們至少可以說該主張不可信。亞里斯多德在《形上學》（*Metaphysics*）第四冊中如此說明這點：

> 如果所有事情都是既對也錯，人類在這種情況下將沒辦法表示或表達他人能理解的內容，因為一句話會同時兼具「肯定」與「否定」的意涵。如果一個人只是中立地「思考」及「不思考」，並不作出任何判斷，那與蔬菜有何不同？[5]

的確無所差別。少了無矛盾律，我們將無法定奪事物的黑白；如果我們無從判斷事物是黑是白，思考將成為遙不可及的夢。

邏輯是研究思考正確與否的學問，因此思維三律時常泛稱為邏輯法則。任何違逆這些法則的事物，一律被視為**邏輯上不可能成立**（logically impossible）；一旦事物在邏輯上不成立，便無法存在。舉例來說，我們都知道世界上沒有圓形的正方形、沒有已婚的單身漢，也沒有最大的數值，因為這些說法都違背無矛盾律──同時將屬性的正反兩面加諸於同一件事，導致其**自我矛盾**。所以，思考三律不僅確立了理性的界線，也劃定了事物真實與否的底線。真正存在的世間萬物都會契合無矛盾律。著名德國邏輯學家弗雷格（Gottlob Frege）將邏輯稱為「檢視科學定律之法則的學問」，原因在此。科學定律必須符合邏輯法則。由此可知，丹尼肯錯了。有些事情在邏輯上不

有時候，我在吃早餐前就相信了六件不可能的事。
──白皇后，
出自《愛麗絲鏡中奇遇》

亞里斯多德談論思考三律的論證方法

思考三律是所有邏輯檢驗的基礎，因此無法透過邏輯論證加以證明。不過亞里斯多德指出，這些原則可以反向論證：

> 承前所述，有些人聲稱同一件事可以同時成立及不成立，認為聽者可以自行判斷何者屬實。許多探討自然萬物的書籍都使用了這種寫作手法。但現在我們已然斷定，事物不可能既成立又不成立，這是最沒有異議的一項原則。的確有人會要求連這項原則都應該被論證，他們會這麼要求是因為缺乏智識，不曉得什麼應該論證、什麼不應論證，而從這一點本身就能證明他們智識貧弱。不可能宇宙萬物都得一一論證（這樣會無止盡回溯，最後還是無法得到論證）但要是有不應要求論證的事情，這些人便無從確定哪一項原則能比當下依循的原則更加不證自明。

可能成立，而在邏輯上無法成立的事情不可能存在。

羅斯曼主張 ESP 不可能發生。如果他是指 ESP 在邏輯上不可能成立，那麼（假設他是對的）我們就能馬上停止討論，因為在此情況下，ESP 自然不會存在。但是 ESP 並非在邏輯上不可能成立。讀心、看見遙遠地方發生的事，甚至預知未來等言論並不像「已婚單身漢」或「圓形的四方形」一樣自我矛盾，外星人綁架人類、靈魂出竅或與亡靈溝通等超自然現象也不屬於此類。這些現象並非違背邏輯法則，而是物理定律，也就是泛稱的科學定律。違反這類定律者，即為**物理上不可能發生**（physically impossible）。

科學試圖找出支配世界的定律，希望能藉此理解世界。透過這些定律，我們了解到不同的物理性質其實環環相扣。例如，牛頓的

不過，我們可以從反向論證上述要求不可能辦到。要驗證這類主張，第一步是請提出此要求者（要求論證無矛盾律）說出對自己和他人都有**重大意義**的話（假設他／她真能說出什麼道理）。如果對方說不出個所以然，表示沒有能力與自己和他人理性論證；如果能說出有意義的言論，論證就有可能發生，因為這樣我們就能有明確的討論範圍。然而此時論證的責任並非落在論證者身上，而是聽者，因為當他否定理性論證時，其實也在聆聽理性論證。能夠承認這點的話，等於同樣承認了該探討議題不需論證即為屬實。[6]

　　換言之，我們無法向不能言之有物的人論證無矛盾律，因為論證的前提是我們的話語必須要能明確指出事物的黑白。另一方面，如果有人能說出明確的內容，我們便不需向其論證無矛盾律，因為當他／她這麼做的時候，早已假設所言內容真實無誤。

資料來源：Aristotle, Metaphysics, Book IV

第二運動定律（f = ma）指出，作用力等於物體質量乘以加速度；愛因斯坦提出的著名公式（E = mc^2）告訴我們，物體能量等於物體質量乘以光速平方。這些定律不僅幫助我們了解現象背後的原理，我們也能據以預測及控制實際發生的現象。舉例來說，我們可以利用牛頓的運動定律預測行星位置，或是控制導彈的彈道。

　　只要不符合自然定律，即表示在物理上不可能發生。牛跳過月球就是一個例子，因為這件事違反了牛的生理機能和重力。牛的肌肉根本無法產生足夠的力量，將自身加速到擺脫地球重力所需的速度。不過，牛躍月球這件事在邏輯上並非不成立，也並未牽涉任何矛盾。同樣地，兔子生彩色蛋也毫無邏輯矛盾之嫌。由此可知，物理可能性比邏輯可能性更為狹隘；物理上可能發生者，邏輯上也可

能成立，但並非邏輯上可能成立的所有事情在物理上都可能發生。

除此之外，還有另一個實用的判斷標準，那就是**技術可能性**（technological possibility）。如果某件事（在當下）超出了我們的能力範圍，便可認定為在技術上不可能實現。例如，跨星系的太空探索在技術上不可能實現，因為人類現階段還無法攜帶足夠的食物和燃料，飛出地球所在的銀河系前往其他星系。不過，這件事在物理上並非不可能，因為太空探險並未違背任何自然定律，我們只是尚未發展出跨星系遠征所需的技術。

事情或言論看似不可能發生或不可能屬實，才會被貼上怪誕或異常的標籤。例如念力、時空穿越、遠古時代的外星人，似乎都與上述檢驗可能性的一項或多項原則有所牴觸，因此成為一般人口中的怪事，而支持這些事情確實存在的言論也就顯得不甚尋常。

穿越時空似乎在邏輯上站不住腳，因為這暗示了某件事既發生又不曾發生。假設你能穿越時空，去到一個你不曾去過的地方——在歷史的洪流中，當時你並未出現在那個地方，但現在你穿越時空去到了那裡；然而在邏輯上，你無法在同一時間既出現又不在某個地方，所以時空旅行似乎違反了無矛盾律。這就是為什麼在某些比較「講究」的時空旅行作品中，時空旅人會去到平行宇宙，而非在原本的時空中穿梭，例如麥可・克萊頓（Michael Crichton）的《時間線》（*Timeline*）。以科學為寫作題材的作家馬丁・葛登能（Martin Gardner）解釋：「時空旅行的基本概念簡單又迷人，人可以前往未來的宇宙，這沒有任何複雜考量，但只要回到過去，宇宙就會裂解成兩個各有獨立時間軸的平行世界。其中一條時間軸的世界照常運轉，彷彿沒人穿越時空；另一條時間軸則連結著新創造的世界，過去的歷史發展則出現了永遠不會復原的變動。」[7] 當宇宙在你穿越時

魔術的不可能性

　　魔術師似乎不斷做出違背自然法則的事。當然，他們並非真的違逆法則，只是製造出打破自然定律的假象。多數魔術師坦承，他們只是巧妙利用各種手法和花招來騙過觀眾的雙眼。然而也有魔術師堅稱一切都是貨真價實的超能力，尤里·蓋勒（Uri Geller）就是代表之一。一九七〇年代，電視機剛開始普及全國，他在電視上表演用念力折彎金屬以及修好故障的錶，讓數百萬名美國人嘖嘖稱奇，信以為真。他會拿出一把鑰匙或一支湯匙，在顯然不使用任何外力的情況下，將其當場折彎。他無數次邀請電視機前的觀眾拿出壞掉的手錶，將錶放在電視機上，並宣稱能利用強大的意志力讓手錶重新正常運轉。令人驚訝的是，還真有不少手錶重獲新生。不過鐘錶商指出，手錶的「修復」與蓋勒的超能力關係不大——許多手錶內部積累了太厚的潤滑油而導致指針停止，把手錶放在熱烘烘的電視機上能融化潤滑油，零件便可以重新開始運轉。

　　據說有個年輕女子在看了蓋勒的電視魔術秀後懷孕，從此一心相信蓋勒擁有超能力。當時她身上裝著子宮內避孕器，她宣稱是蓋勒的念力鬆開了裝置的線圈，導致避孕器故障，使她懷孕。不用說，她當然沒有拿到蓋勒的任何補償。

　　後來，許多魔術師紛紛起而效尤，模仿蓋勒以念力折彎金屬。這不能證明蓋勒無法用念力折彎金屬，但如果他採取的方法是用念力，他恐怕是選了最費力的一種表演方式。即使是訓練有素的魔術破解達人，都會被魔術師的巧手妙招所騙。因此，熱衷調查超自然現象的「神奇蘭迪」（Amazing Randi）和葛登能建議，調查特異功能人士時應有魔術師在場。魔術師比科學家更懂得如何聲東擊西，以假象蒙蔽觀眾雙眼，更懂門道的他們應該能更公正誠實地衡量超自然現象的相關說詞。

空、回到過去時一分為二，就沒有所謂自我矛盾的問題，因為這樣就不會有既發生又不曾發生的事件出現在同一個宇宙。

念力（以意志力移動物體）似乎在物理上不可能發生，因為這暗示世上有股未知的力量。科學上只有兩種力量能在長距離移動產生實質影響力，分別是電磁力和重力。然而我們的大腦沒辦法大量產生這兩之中任何一種力量，直接影響身體外的任何物體，因此念力之說似乎違背了科學定律。

星際飛行需要的能源量極其龐大，因此宣稱外星人或其他星球的太空人曾在遠古時代來過地球，在技術上似乎不可能達成。NASA突破性推進物理計畫（Breakthrough Propulsion Physics Project）專案負責人馬克‧米爾斯（Marc Mills）曾計算使用不同動力推進系統類型在星際飛行所需的燃料量，答案一概顯示，其耗能超出我們所能負荷的極限。假設我們要發射太空梭前往九百光年外距離最近的恆星，如果我們使用傳統（化學）火箭燃料，所需的燃料量恐怕比整個宇宙的質量還大；如果採用核分裂技術（原子彈的原理）產生動力，太空梭上需配備十億個超級滅火機（supertanker）大小的推進燃料槽[8]；如果改採核融合技術（氫彈和太陽產生熱能的原理），則需配備一千個這樣的燃料槽；如果使用反物質（目前已知最有效率的能量來源），太空梭上還是需要十個火車車廂大小的燃料槽。[8]以上只是去程的燃料需求，若要來回一趟，燃料量需多加一倍；如果要縮短飛行時間，則需增加好幾倍。就目前的技術發展來看，星際飛行還要好多年才能實現，或說不定永遠無法實現。

相對於丹尼肯一味想說服世人「沒有什麼不能相信」，對某些事加上「不可能」的標籤或許還比較可行。有些在邏輯上不成立，

有些在物理上不可能發生，有些則是技術上不可能達成。正如上述的星際飛行例子所示，即使在物理上可行，不一定就代表事情必定能成真。所以，思

考這類事情所應依循的原則會是：

就算邏輯或物理上可能成立，並不表示現在或未來就會成真。

如果邏輯或物理上可能發生，就意味著必定是事實，那麼我們可以期待世界上隨處可見能跳得比月球還高的牛，或是會下彩色蛋的兔子。想判斷一件事是否屬實，我們必須仔細檢視支持該事物的證據。

然而有些人判斷可信度的方式並非檢驗佐證的證據，而是觀察是否缺少駁斥的證據。他們認為，沒有足夠的反對證據即表示該立場或言論必定屬實。雖然這個論點很吸引人，但在邏輯上並不可靠。缺少證據本身無法視為一種證據，因此無法從命題順利推導出結論。這類論點時常隱含**訴諸無知**（appeal to ignorance）的問題，以下提供幾個例子：

沒人提出瓊斯說謊的證據，因此他說的一定是實話。
沒人提出世界上沒有鬼的證據，因此世上一定有鬼。
沒人提出 ESP 不可能發生的證據，因此 ESP 一定有可能發生。

因為缺乏證據即妄下定論，其實只是展現個人的無知，不構成相信任何事情的理由。

要是缺乏反對某言論的證據就等於是支持該言論，那麼，所有五花八門的怪誕傳說都會變成言之有理，而人馬、美人魚、獨角獸（更別說大腳怪、尼斯湖水怪、雪怪）等各種珍奇異獸必定是真實生物，無庸置疑。但是很可惜，想證明某一言論屬實並不容易。這裡使用的原則是：

只因為言論未遭到駁斥，不代表該言論就是事實。

言論或主張是否真實，必須奠基於支持該言論的證據數量，而非是否缺少反駁的證據。

此外，將驗證言論的重擔推卸給不相信該言論的人並不公平，這樣等於是要他們去做一件通常辦不到的事情，也就是證明「全稱否定」（universal negative）的命題。全稱否定意味著「肯定」不存在，例如「世上沒有鬼」就是全稱否定。如果你能證明「世上有鬼」的說法自我矛盾（就像已婚單身漢一樣），就能證明世上的確沒有鬼（別忘了，任何在邏輯上矛盾的事情都不可能存在）。但在缺少相關證據的情況下，唯一能證明全稱否定（世上沒有鬼）的方式，就是搜查地球誕生以來世界上的每個角落都找不到任何你要找的東西（鬼）。這顯然是不可能的任務，要求任何人這麼做都不合理。所以，只要有人提出新的主張，不管是政策、理論還是陳述，就要連帶負起驗證的責任，提供眾人接納該主張的充分理由。

然而，不是只有「信徒」會犯訴諸無知的錯。懷疑論者時常抱持以下論點：沒人能證明 ESP 確實存在，因此 ESP 並非真實現象。同樣地，這種企圖不勞而獲的論證也是有瑕疵的。這裡所採取的論證方式正好與前述原則相反：

只因為言論未獲得證實，不代表該言論不是事實。

即便還沒人證實 ESP，我們仍不能輕率斷言永遠不會找到證據。說不定明天就會有人發現證據。所以，即使現在尚無 ESP 的理想證明，我們還是不能聲稱這類現象不存在。但我們可以這麼說：目前還沒有令人信服的理由，說服我們相信此現象確實存在。

ESP 的可能性

羅斯曼宣稱 ESP 在物理上不可能實現，這該怎麼看？確實是這樣嗎？如果是，還值得花心力探究嗎？我們先處理第二個問題。縱使最先進的科學理論都認為 ESP 在物理上不可能發生，但此議題仍有深入探究的價值，因為最進步的科學理論可能有錯。要確定理論是否錯誤，唯一的辦法就是實際檢驗，而研究 ESP 正好可以達到檢驗目的。如果無法找到任何可信的 ESP（或其他超自然現象）實例，即可確認目前的理論正確。但要是我們能找到有力的 ESP 證據，比如在排除任何詐騙可能性的前提下，有人可以連續幾年在 ESP 測試中拿到高於隨機預測的得分，我們或許就應該重新思考目前採行的科學理論。

不過，重新思考不代表就此揚棄這些理論。起初看似矛盾的理論，經過深入檢視，可能就不再矛盾。隕石就是很貼切的例子。十七、十八世紀的科學界拒絕接受世上有隕石的事實，因為這與當時對現實的認知有所牴觸。不過一旦隕石獲得證實，經過科學家嚴正解釋，便可發現隕石並未違反物理定律——承認隕石存在不必拋棄牛頓提出的任何定律。事實上，隨著科學家後來對地球更深入的研究了解，他們發現牛頓的定律其實**預測**了隕石現象。

這種方法尤其適合用來研究「奇蹟」。一般認為，奇蹟是違逆自然（物理）法則的產物。有鑑於只有超自然力量可以打破大自然的定律，我們時常將奇蹟視為上帝存在的證據。但是看了上述的例子之後，其實我們很難找到相信奇蹟的理由，因為看似不可能發生的事件，可能單純只是我們尚不明白背後的相關原理。誠如羅馬天主教神學家聖奧古

> 當然，只要物理上沒有不可能，就沒什麼不自然的。
> ——劇作家
> 理查·薛里頓（Richard Brinsley Sheridan）

> 積極進取的人會選擇不斷嘗試，而非死守信條。
> ——詩人羅伯特·佛洛斯特（Robert Frost）

> 大自然的運作從不違逆其固有的法則。
> ——達文西（Leonardo da Vinci）

斯丁所言：「奇蹟並非與自然對立，只是有違我們對自然的既有知識。」[9] 遠古猶太人和早期基督徒的科學知識尚未完備，或許就是他們記錄了這麼多奇蹟的原因所在。

以分紅海的奇蹟故事為例，《聖經》的〈出埃及記〉這麼寫道：「耶和華用極強的東風，一夜之間使海水退去；他使海變成乾地，海水也分開了。」[10] 近來有兩名海洋學家指出，由於紅海的地質構造，強勁的東風的確有可能讓海底露出，變成乾地。他們在文章摘要中提道：

（假設）能有一股穩定而強勁的風不斷吹拂整個海灣一天左右……調查顯示，類似的風力以穩定的方式持續吹拂狹長型的湖泊，湖畔的水位線會從起風前的原位置往湖裡緩慢退縮……研究發現，即使只是一般等級的暴風……海水就能退後超過 1 公里，海平面下降超過 2.5 公尺。[11]

摩西分紅海一事或許並未違逆任何物理定律，因此不需視為奇蹟。耶穌在水上行走的事蹟也是同樣道理。美國海洋學家諾夫（Doron Nof）指出，其背後的奧祕可能只是地下泉水結冰之類的自然現象罷了。[12] 在這兩個例子中，事件本身都能從單純自然現象來解釋，無需訴諸超自然。這些例子揭示了以下原則：

只因為你解釋不了某件事，不代表那就是超自然現象。

無法解釋某件事，可能只是因為你不曉得其運作的原理。面對不了解的事情時，尋找合乎自然法則的解釋是最理性的作法。

理論與萬物

堅持超自然現象在物理上不可能發生的懷疑論者，其論述方式時常讓人覺得，這類現象本身就與物理定律相互矛盾。但現象無法牴觸定律，就像樹沒辦法結婚一樣。婚姻是人與人之間的關係，只有人可以結婚。同樣地，矛盾是命題與命題之間的關係，只有命題才會與命題有所牴觸。並非現象本身牴觸物理定律，真正互相牴觸的是解釋現象的理論。鑒於這些理論可能有誤，評估物理的不可能性時務必極其謹慎。

哲學家杜卡斯（C. J. Ducasse）指出，兩百年前，要將聲音傳給遠在大西洋彼岸的人，在物理上似乎不可能達成。[13] 當時的人以為空氣是唯一的傳播介質，而空氣無法如此長距離傳遞聲音。但如果使用電話線或無線電波，很容易就能做到這件事。一件事被認為不可能實現，往往是根據相關的特定理論所下的結論。只要理論改變了，不可能就能化為可能。同樣地，我們也是依據相關的特定理論，才認為 ESP 不可能發生。如果該理論錯誤，那麼 ESP 在物理上不可能達成的主張也是錯誤的。

> 多少事情在真正實現前，都曾招來世人斷定其不可能成真的鄙視眼神？
> ——博物學之父老普林尼（Pliny the Elder）

羅斯曼否定 ESP 的論點，是基於 ESP 是一種資訊傳遞，而這種資訊傳遞的特性（像是強度不隨距離拉長而遞減）違背了物理定律。如果這個理論正確，他的論點就成立；反之則不成立。

超心理學家阿德里安·多布斯（Adrian Dobbs）認為，沒有道理相信 ESP 訊號之說打破了物理定律。首先，沒有證據指出 ESP 訊號不會隨著距離拉長而減弱。「目前尚無人全面彙整資料，檢驗距離長短是否會影響發生頻率，同時將實驗的次數納入考量。」[14] 再者，即便是電磁波的訊號，也不一定會隨距離增加而減弱。「熟悉無線電對講機就會知道，」他解釋，「對講機偶爾會有『突破極限』的

效能表現，在超過正常適用的距離後，還能接收到『又強又清晰』的訊號。」[15] 或許，長距離的 ESP 案例就是在這類特殊條件下才得以發生。第三，即使在遙遠的距離之外收到訊號，不表示訊號沒有減弱，「因為在現代無線電技術的進展下，接收器其實有可能偵測到極度微弱的電磁波訊號；自動增益控制（Automatic Gain Control）系統甚至能加強傳入的訊號……無論訊號是強是弱，到了喇叭輸出階段，都能具備主觀上相等的聲音強度。」[16] 也許 ESP 現象中也有類似的自動增益控制機制，能使原本強勁和虛弱的訊號以相同的強度輸出。不管如何，儘管羅斯曼站在懷疑的立場，但目前所知的 ESP 相關證據都無法排除物理解釋的可能。從物理的角度來看，ESP 或許很有可能發生。

預知未來

　　預知能力甚至比心靈感應更啟人疑竇，因為不僅在物理上看似不可能，邏輯上似乎也無法成立。所謂預知，是指在事情發生前就知道它會發生。由此可知，這項能力的重點在於預測未來，相當於某種形式的算命，在物理上的確不可行，因為不符合因果原則（結果不會比原因更早發生）。更重要的是，從邏輯上來看也不成立，因為這暗示著未來存在於此時此刻，使這項能力本身就產生矛盾。我們只能感知當下存在的事物，如果要感知未來，未來必定得存在於現在。但根據定義，未來指的是尚未發生的事，唯有時間到了的那一刻，未來才會存在，但不會是現在。這樣看來，相信預知能力，等於是相信人能掌握當下存在、但其實尚未發生的事情，這在邏輯上說不通。

　　然而問題在於，還真有描述物理現實（physical reality）的模型在符合所有已知物理定律的情況下，

我去過上百家（算命鋪），算命師告訴過我無數件事，但沒人提到我是一名準備逮捕他們的女警。
　　——紐約市刑事偵查局

顯示未來的確存在於現在。這種模型的靈感來自赫爾曼‧閔可夫斯基（Hermann Minkowski）對愛因斯坦狹義相對論的詮釋。

愛因斯坦在一九〇五年發表的狹義相對論中指出，時間和空間的關係比所有人原本的認知更緊密，例如移動速度越快，變老的速度越慢。達到光速後，人甚至不會老化；可以說在那種條件下，時間其實是靜止的。如果能以超光速的速度移動，就能穿越時空回到過去。[17] 但要是你回到過去，可能會引發各種意想不到的麻煩，例如你可能會殺死你的父親，使其無法與你的母親相遇。這樣一來，你會發生什麼事？對此，愛因斯坦的理論指出，我們不必杞人憂天，因為根本不可能以超光速的速度移動。

愛因斯坦經常以「時間是第四度空間」的說法，來闡釋時間和空間的關係。換句話說，時間就像移動方向一樣，與我們熟知的上下、左右、前後無異。因此物體能在空間和時間中移動。

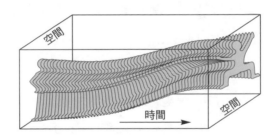

而移動物體的整個存續歷程可透過圖來表示，其中一軸代表空間的三個維度，另一軸代表時間。在這張圖中，你就像一個扭曲的長條，從出生的時間延伸到死亡當下為止（請見上圖）。長條的每一個切片代表你人生中的某個時刻。從四維空間的觀點來看，人生的所有片刻同時存在。

愛因斯坦的相對論提供了一種看待宇宙的新觀點，使未來在邏輯和物理上都能存在於現在。這種宇宙觀後來成為所謂的「塊狀宇宙」（block

看見容易，預見難。
——博學家富蘭克林
（Benjamin Franklin）

快子與預知

　　根據相對論，任何東西的速度只要超過光速，必定能使時間倒轉，回到過去。此外，沒有任何（靜質量大於零的）一般物體的速度可以達到光速，因為在這樣的速度下，物體的質量將趨近於無限大。不過物理學家傑拉德・范伯格（Gerald Feinberg）對愛因斯坦提出的公式變數置換不同數值，發現粒子在想像的質量下（以設想的數值代表質量），物理上就有可能以快於光速的速度前進。他將這種微粒稱為**快子**（tachyon）。[18]

　　如果快子真的存在，它的速度可以比光速還快，必定能穿越時空回到過去。因此有些人認為，快子或許能夠解釋預知能力：有這項天賦的人或許只是擁有特別敏感的快子受體。電影《守護者》（*Watchman*）就是採用這個理論來詮釋預知能力；片中，曼哈頓博士一度無法預知未來，是因為智謀者發射快子擾亂博士的受體。電機工程師羅倫斯・貝南（Laurence Beynam）以快子理論這樣解釋預知能力：

> 　　根據相對論，預知涉及在時間軸上逆向傳遞資訊的說法要成立，勢必得搭配比光速更快的進程（超光速運動），才算是符合物理定律的解釋……物理學家范伯格和數學家多布斯……已利用（數學意義上）假想的質量，發展出一套超光速粒子的理論……在這項理論中，快子可攜帶負能量回到過去，或攜帶正能量前往未來。由於快子具有這種相互交換的特質，我們可以將這種粒子視為一種雙向不連續的場線（field line），一種超微型「時光隧道」、「蟲洞」或捷徑現象，能不限方向在時空中傳遞資訊，有點像是光子在正常時空中傳遞資訊一樣。[19]

　　雖然快子的概念在物理上站得住腳，但至今無人發現任何快

子。事實上，班福（G. A. Benford）、布克（D. L. Book）和紐康（W. A. Newcomb）在〈快子電話〉（The Tachyonic Antitelephone，暫譯）一文中表示，沒人能夠找到快子，因為快子通訊在邏輯上有矛盾之處。[20] 葛登能解釋道：

> 　假設物理學家瓊斯在地球上使用可以逆時間傳遞資訊的快子電話與另一個銀河系的物理學家艾爾法通訊。他們兩人達成一項協議：艾爾法收到瓊斯的訊息後要立即回覆。瓊斯承諾，如果他未在地球時間一點前收到艾爾法的訊息，他會在三點時發訊息給艾爾法，而且只有未收到訊息的情況下他才會發訊。發現癥結所在了嗎？這兩個訊息在時間上都是逆向傳遞的。如果瓊斯在三點發出訊息，艾爾法回覆的訊息就有可能在一點前送到瓊斯手上。「這樣一來，」誠如班福、布克和紐康所述，「只有在雙方未順利通訊的情況下，他們才有可能互通訊息……著實是因果矛盾。」[21]

universe）理論，將宇宙視為靜止不動的「方塊」。只是宇宙似乎並非靜態；如果是，那又是什麼造成我們會有萬物不斷改變的錯覺？有人認為，我們的意識和四度空間下的自我有所互動，才使我們產生這種錯覺。

　電影膠卷的影像能投影到電影院的大螢幕上，一次投一個格畫面，連續投影因此產生畫面變動的假象。同樣地，四維空間的物體據說能投影到名為意識的螢幕上，一次投一個切片，因此產生移動的假象。原本每個切片會依序投影，但在運用預知能力的情況下，心智可以直接略過其他切片，往未來翻找特定的切片，因此我們才能在事情發生「之前」預先得知。[22] 由此觀之，預知在物理上或許有

相信物理學的人都明白，過去、現在、未來之間的差異只是一種始終存在、執迷不悟的錯覺。
——愛因斯坦

失敗的靈媒預言

　　每年都有靈媒會預測下一年的大事，但每一年，這些預言大部分都不會成真。以下是各知名靈媒對二〇一七年的諸多預言，由 relativelyinteresting.com 網站整理及註記：

靈媒琳賽・愛德華茲（Lyndsay Edwards）

- 預言：川普遇刺 → 沒發生
- 預言：川普犧牲人質性命 → 沒發生
- 預言：NASA 火箭遭俄羅斯導彈擊落 → 沒發生

靈媒妮基（Nikki）

- 預言：全球義大利麵大缺貨 → 沒發生，義大利不用擔心
- 預言：月亮變成綠色 → 沒發生
- 預言：尼加拉大瀑布發生地震 → 沒發生
- 預言：隕石擊中舊金山 → 沒發生
- 預言：英國德魯伊人遺跡附近的山洞發現手稿，許多疾病因此有了解藥 → 沒發生
- 預言：機器人闖入白宮 → 沒發生
- 預言：幽浮降落在伊利湖 → 可惜沒發生，不然應該會很有看頭
- 預言：川普經營的飯店發生恐怖攻擊 → 沒發生
- 預言：全美停電陷入一片漆黑 → 沒發生
- 預言：外星人的太空船降落地球 → 沒發生
- 預言：自由女神像沉到海裡 → 沒發生
- 預言：魔術師讓一名女性起死回生 → 沒發生

靈媒西德尼・費利曼（Sidney Friedman）

- 預言：白宮出乎意料地向國會提案推動大學免學費政策，廣獲

民主黨支持者喝采；這個構想最早會由伯尼‧桑德斯（Bernie Sanders）在初選中提出 → 沒發生

- 預言：芝加哥歷經有史以來最熱的夏天 → 沒發生
- 預言：股市表現強勁，但下半年出現波動；股市發生巨幅修正 → 沒發生巨幅修正，趁還有賺趕緊出場吧！

二〇一七年發生了以下重要大事，但靈媒**並未準確預言**：

- 哈維‧溫斯坦（Harvey Weinstein）爆發**性侵醜聞**，其不當行為在娛樂圈、政壇等領域成為眾矢之的。這整個事件延燒了好幾個月，波及許多受害者和名人，但靈媒隻字未提。
- 拉斯維加斯槍擊案造成五十八人死亡，超過五百人受傷。這是**美國近代史上死傷最慘重的大規模槍擊事件。**
- 樂團 Linkin Park 主唱查斯特‧班寧頓（Chester Bennington，享年 41 歲）、樂團 Soundgarden 的克里斯‧康乃爾（Chris Cornell，享年 52 歲）和湯姆‧佩帝（Tom Petty，享壽 66 歲）相繼逝世。沒人料到他們竟會英年早逝。
- 哈維颶風挾帶強勁雨勢侵襲休士頓，當地嚴重淹水。
- 瑪莉亞颶風橫掃加勒比海，波多黎各損失慘重。
- 艾瑪颶風堪稱**大西洋有史以來最強颶風**，奪走超過百人性命。
- 比特幣幣值衝破一萬七千美元。要是靈媒能早一步預測到，他們早就發大財了。
- 馬克宏（Emmanuel Macron）年僅三十九歲即贏得法國總統大選，成為法國繼拿破崙之後最年輕的國家元首。
- 北韓領導人金正恩同父異母的哥哥金正男遇刺身亡。
- 辛巴威總統羅伯特‧穆加貝（Robert Mugabe）辭職下台。
- 還有很多很多，族繁不及備載！[23]

可能達成。

　　然而猶如前文所述，只因為事情可能發生，並不表示事情就是真實發生。我們必須深入檢視其背後的論證過程，如果言之有理，我們就有理由相信；反之，則不宜落入非理性的圈套。

　　邏輯是判斷論述是否合理的學問。事實上，邏輯不會告訴我們如何論證，但如果想要避免錯誤及謬誤，邏輯會是論證時所應依循的準則。下一章我們會更深入探討何謂理想論證。

重點摘要

　　這世界並非如某些人所說，沒有什麼不可能。只要違背邏輯法則，在邏輯上便不成立；在邏輯上不成立，就無法真實存在。「圓形的正方形」和「已婚單身漢」都屬於這類例子，因為兩者兼具同一屬性的正反兩面，導致自我矛盾。許多不尋常的怪事（例如 ESP、靈魂出竅、外星人綁架人類）在邏輯上可行，並未自我矛盾，但違反了科學定律，在物理上不可能達成。任何事情只要不符科學定律（或自然法則），在物理上便不可能實現。此外，有些事情在技術上超出人類目前能力所及的範圍，不可能達到。穿越時空在邏輯上似乎不成立；念力（以意志力移動外在物體）在物理上似乎不可能發生；外星人曾造訪地球的說法，在技術上似乎不可能達成。論及這類議題時，應謹記以下原則：只因為邏輯或物理上可能成立的主張，不代表在現在或未來就會是事實。

　　面對物理上不可能的主張時應提高警覺，提醒自己，並非現象本身牴觸物理定律，而是解釋該現象的理論，而理論是可能有錯誤的。以預知能力為例，無論是從物理或邏輯的角度思考，這項能力似乎都無法說服人相信。但改從物理現實的模型切入後，預知能力

便符合所有已知的物理定律，導出未來的確能與現在並存的結論。

課後測驗

1. 邏輯可能性和物理可能性之間有何差異？
2. ESP 在邏輯上可能成立嗎？
3. ESP 在物理上可能發生嗎？
4. 請思考以下論證：沒人能解釋這件事怎麼會發生，所以這一定是奇蹟。這算是理想的論證嗎？為什麼？
5. 請思考以下論證：你無法證明外星人未曾來過地球，因此外星人曾造訪地球的說法很合理，值得相信。這算是理想的論證嗎？為什麼？

請評估以下主張是否合理？為什麼？

1. 科學家尚未發現其他星球上存在智慧生命體的證據，所以地球一定是宇宙中唯一擁有智慧生命體的星球。
2. 金字塔石材的切工精準，遠超過當時埃及人的建築技術，所以金字塔必定不是出自埃及人之手，而是外星人的傑作。
3. 自從我們搬進現在的住所後，燈光偶爾會閃爍、熄滅。我們檢查了線路，沒發現任何問題，所以這棟房子肯定鬧鬼。
4. 沒有任何記錄顯示，賽爾達夫人（Madame Zelda）的手相占卜是騙術，因此她的話一定可以相信。
5. 科學家從未證實 ESP 不存在，所以我們不應抱持懷疑的態度。

討論題

1. 從邏輯上來說，人有沒有可能穿越時空，回到以前的時代生活？為什麼？
2. 從邏輯上來說，人有沒有可能製造出能思考、感覺，而且行為

模式和人類相同的機器人（以無生命零件組成的機械裝置）？物理上有可能發生嗎？為什麼？

3. 賴瑞・唐寧（Larry Downing）在《聖經與幽浮》（*The Bible and UFOs*，暫譯）一書中表示，《聖經》中記載的神奇事蹟其實都是外星人一手促成。相較於相信這些都是上帝的神蹟，從外星人的角度切入是否同樣合理，或是更加合理？為什麼？

4. 在什麼情況下，可以合理相信某間事情違反邏輯法則或違反自然定律？

實際演練

美國知名靈媒的預言一向是八卦小報的新聞來源。這些預言通常會在一年之初刊登見報，留待一整年的時間予以驗證，但實際上很少人會認真查證這些預言是否準確。靈媒在一九九〇年代預言了以下事件：

• 俄羅斯太空人意外發現一座廢棄的外星人太空站，上面還有好幾個外星人的軀體。

• 醫界成功完成首次移植人腦的壯舉。

• 自來水經過化學處理後能有效防止愛滋病。

作業 1：判斷這些預言是否成真。如果不確定，請查詢幾家主流新聞媒體網站的報導記錄。有些靈媒的預言模糊其詞，很容易就能營造準確預言的假象。舉例來說，請思考以下預言：「人身體都會出狀況，而且可能死亡。」

作業 2：列出至少十種可視為實現上述預言的情況，例如「人感冒生病，但依舊健在」或「人不小心摔倒，髖關節骨折」。

批判性閱讀與寫作

1. 閱讀下方短文，並回答下列問題：

   （1）作者在文中使用了哪種論證？

   （2）你認為該論證具有說服力嗎？為什麼？

   （3）作者將證明的重擔放在懷疑大腳怪傳聞的讀者身上，還是相信的人身上？

   （4）在這個議題上，誰應擔負起證明的責任？

   （5）如果作者認為，由於沒人能真正提出證據，證實大腳怪的行蹤，所以他決定相信世上沒有大腳怪，你會接受他的論點嗎？為什麼？

2. 寫一篇兩百字的文章，評論下方短文所採取的論證方式。解釋哪些論點能更有力地支持作者的結論。

短文：參加探討大腳怪傳聞（北美洲可能存在巨型猿人）的研討會後，我突然發現自己的立場有所改變，不再一味否定大腳怪存在的可能性。我不清楚美國西部和加拿大的森林中究竟發生了什麼事，但我相信這是一件神祕難解的怪事。令我驚訝的是，竟然沒人能提供任何證據，證明大腳怪傳言純屬虛構。坊間已有一些饒富興味的證據，足以證明大腳怪存在的可能性，但能證明世上絕對沒有大腳怪的有力論證或證據反倒付之闕如。至今未有範圍涵蓋全北美的科學調查能夠向世人保證，他們搜尋了所有地方都找不到大腳怪的蹤跡。綜合以上所述，我只能得出一個結論：儘管看似多麼不可能，大腳怪的傳言千真萬確，而且大腳怪可能就潛藏在目擊者所說的地點，也就是美國西部的荒野。

第 **3** 章

論證的好壞與古怪

　　批判性思考的核心在於建立及評估論證，不管我們要探討的是正常主題，還是不尋常的怪事。所以說，當我們在進行批判性思考，等於是在構思或評估某個主張的論證。簡單來說，我們要是試著（1）**展示**主張或立場正確，或（2）**確定**主張是否正確。不管是哪種情況，只要成功達成目的，就有可能增進個人知識，擴充對事物的理解——畢竟這是我們追求批判性思考的初衷。

　　本章會探討形成有效論證所需的各種技能，亦即在不同脈絡中找出論述、區別論證和偽論證、評估論證的價值，以及避免產出劣質論證。

主張與論證

　　如前所述，只要有充分理由支持，我們就能相信某一主張。接受某一主張的理由，其敘述本身形同一種主張。由一個或多個主張形成接受另一項主張的理由，此形式即為**論證**（argument）。換句話

邏輯後果（logical consequences）是嚇唬愚者的稻草人，也是指引智者的明燈。

——赫胥黎

說，當某一主張（理由）足以支持另一項主張時，就能形成論證。

　　有時人們會將討論甚至爭論視為**論證**，但事實上這與批判性思考相差甚遠。在批判性思考中，言論需符合以上定義（以理由支持主張）才可稱為論證。

　　更準確來說，旨在支持其他主張的主張（或理由）稱為**前提**（premise）。前提所支持的主張稱為**結論**（conclusion）。讓我們來看看下列簡單的論證：

1. 學校教授說世上真的有鬼魂，因此鬼故事是事實。
2. 前房客尖叫著跑出屋外，乞求牧師幫房子驅魔。這棟房屋顯然有邪靈進駐。
3. 胡利歐讀到靈異事件的敘述時，總是不禁全身顫抖。現在他準備開始閱讀相關內容，勢必又會顫抖。
4. 人終將死亡。蘇格拉底是人，因此他無法長生不死。
5. 這班學生有一半支持共和黨，因此這所大學會有半數學生支持共和黨。

　　以上這些論證中，你能區分前提和結論嗎？請試著找出每個論證的結論，接著尋找前提。以下標記了各個論證的結構：

1. 〔前提〕學校教授說世上真的有鬼魂，〔結論〕因此鬼故事是事實。
2. 〔前提〕前房客尖叫著跑出屋外，〔前提〕乞求牧師幫房子驅魔。〔結論〕這棟房屋顯然有邪靈進駐。
3. 〔前提〕胡利歐讀到靈異事件的敘述時，總是不禁全身顫抖。〔前提〕現在他準備開始閱讀相關內容，〔結論〕勢必又會顫抖。
4. 〔前提〕人終將死亡。〔前提〕蘇格拉底是人，〔結論〕因

此他無法長生不死。

5. 〔前提〕這班學生有一半支持共和黨，〔結論〕因此這所大學會有半數學生支持共和黨。

現在請思考以下這段敘述：

這棟房子已有百年歷史，氛圍陰森令人不寒而慄。有人聲稱他們曾在晚上目睹屋內有人或東西在移動。約翰說他打死都不踏進屋內一步。

你能在這段文字中找出論證嗎？希望你找不到，因為裡面沒有任何論證。這段敘述是由三段描述構成，但全都無法支持結論。不過只要稍微修改，這段文字就能變成論證。例如：

這棟房子肯定鬧鬼，無庸置疑，因為這棟房子已有百年歷史，氛圍陰森令人不寒而慄。即使是平常勇氣過人的約翰，都拒絕靠近這棟房屋一步。

這段論證的結論是「這棟房子肯定鬧鬼，無庸置疑」，前提則有三點：（1）這棟房子已有百年歷史；（2）氛圍陰森令人不寒而慄；（3）即使是平常勇氣過人的約翰，都拒絕靠近這棟房屋一步。

有人以為只要說出對議題的看法就算提出論證，事實上，拋出一句話說明或釐清看法並不等同於論證。請思考以下這段文字：

我認為墮胎是錯誤的行為。我始終這麼認為，以後也不會改變立場。認為只要有需要都可墮胎的人簡直大錯特錯。不管是抱持什麼理由，贊成任何形式的墮胎都不對。贊成方或許意志堅定，最高法院或許也同意他們的理念，但他們依然是在推廣一種道德淪喪的行為。

這段文字不能算是論證，充其量只是一堆沒有論述支持的主張，沒有提供任何理由說明為何墮胎是不當行為。不過這種表達看法的方式正是許多人認為的「論證」，字裡行間充斥著爭吵的話語和毫無重點的反訴。這樣的意見交流或許能透露當事人的想法，對於為何應相信其立場則毫無著墨。

另外，我們也應謹記論證和勸說（persuasion）的差別，兩者並不相同。你或許能透過各種說服技巧（華麗修辭、感性訴求、不實謊言、高壓脅迫等）影響他人，促使對方接受你的結論，然而這些技巧不會指出結論為何值得接受，或給予充分的理由讓人相信該結論。當然，理想的論證除了提供牢固的立論根據和充分的理由，或許也能產生心理上的影響力，有效拉攏人心。但不管怎麼說，這兩種詮釋主張的方法都不能混為一談。

雖然沒有百分之百可靠的公式能區分論證與非論證，還是有幾種方法可以讓這件事變得簡單一些。其中一項技巧是尋找指示詞（indicator word），亦即那些時常出現在論證中，提示結論或前提就在附近的詞語。在前面房子鬧鬼的例子中，「因為」一詞提醒我們留意緊接著要出現的前提；在更前面的第1、4、5項論證中，「因此」一詞明白指出結論即將出現。

幾個常見的結論指示詞包括：因此、因而、故、所以、結果、由此可見、意思就是、也就是說、可以這麼說……

幾個常見的前提指示詞包括：由於、因為、基於、鑒於、假設、考慮到、理由是、原因在於、如其所示……

請記住，指示詞並非**只**標示結論或前提，在一般陳述中也時常會使用指示詞，例如「不知何**故**，她今天意外缺席」，或「她會在這裡工作是**因為**她喜歡」。反過來說，有時未使用任何指示詞，還是可以構成論證。

聽我說，這棟房子肯定鬧鬼，無庸置疑。這棟房子已有百年歷史，氛圍陰森令人不寒而慄。即使是平常勇氣過人的約翰，都拒絕靠近這棟房屋一步。

陳述中至少包含一個前提和一個結論，是構成論證的最低標準。這種簡單結構可以有多種配置，首先，論證可以有一或多個前提。上述的鬼屋論證就有三個前提，就算有四個、七個甚至更多個也沒關係。再者，論證的結論可以出現在前提之後（前文的論證1至5）或前提之前（鬼屋論證）。此外，論證可能隱藏在其他多句非論證元素的陳述之中，這些陳述可能是問題、驚嘆、描述、解釋、背景資訊或其他類型的內容。從一堆無關的文字中分絲析縷，找出真正的論證，才是訣竅精髓。

尋找論證最簡單的方法是**先找到結論**。如果能先找出結論，再回過頭去找前提就會簡單得多。尋找結論時，不妨自問：「講／寫這段話的人想要我接受什麼主張？」或「講／寫這段話的人是在為什麼主張提供論點？」

> 如果這世界事事合乎邏輯，男人騎馬時就不會避諱側坐。
> ——女權主義作家
> 麗塔・梅・布朗
> （Rita Mae Brown）

論證可能有好有壞。理想的論證能清楚傳達主張，讓你覺得這項結論值得接納；不理想的論證則無法做到這點。

除此之外，論證還有許多不同類型，可依照性質粗分為**演繹**（deductive）或**歸納**（inductive）。演繹論證的目的在於提供足以涵蓋結論的總結式論述支持，歸納論證則是為結論提供高度可信的論述支持。如果演繹論證能提供足以涵蓋結論的論述支持，即可視為**有效**（valid）論證，反之則為**無效**（invalid）論證。有效的演繹論證具有以下特性：若前提為真，結論**必定**為真。換句話說，有效的演繹論證不會出現「前提為真但結論為假」的情況。

> 足智多謀的推理和探究能力可能帶來什麼危險？品性最糟糕的投機懷疑論者會遠比虔誠迷信但心地善良的偏執者更像好人。
> ——哲學家道格爾・史都華
> （Dugald Stewart）

請注意，這裡所謂的「有效」並不等同於「真確的事實」。「有效」指的是演繹論證的邏輯結構 —— 邏輯在乎的是論證的形式是否有效，而不是論證的結論是真是假（因為前提的真假不是單靠邏輯就能決定的）。只要論證是有效的，我們可以說**結論是從前提推衍而來**。所以，如果前提為真，有效的演繹論證即可保證結論為真。由此可知，有效的演繹論證具有**真值保全**（true-preserving）的特性。

以下就是典型的演繹論證：

> 人終將死亡。
> 蘇格拉底是人。
> 因此，蘇格拉底無法長生不死。

另一個範例為：

> 如果你的身上有疤，表示你曾遭外星人綁架。你的身上很明顯有疤痕。因此，你曾遭外星人綁架。

注意，在這兩個例子中，如果前提為真，結論就**必定**為真。前提為真時，結論不可能為假。不論前提出現在結論之前或之後，此原則都會成立。

下面的例子則是無效的演繹論證：

> 如果蘇格拉底是狗，他就會死。
> 蘇格拉底不是狗。
> 因此，蘇格拉底能長生不死。

> 如果你的身上有疤，表示你曾遭外星人綁架。你曾遭外星人綁架，因此你的身上有疤痕。

以上兩個例子的結論都不是從前提推導而來，所以為無效論證。

如果歸納論證能為結論提供高度可信的有利論述，可稱為**強效**（strong）論證，反之則為**弱效**（weak）論證。在強效的歸納論證中，如果前提為真，結論很有可能或可能為真。在前提為真的情況下，強效歸納論證的邏輯結構只能提高結論為真的機率，無法保證結論一定為真，因此歸納論證並不具備真值保全的特點。

　　以下是兩個強效歸納論證：

　　　　所有人類的壽命都不超過兩百歲。

　　　　蘇格拉底是人類。

　　　　因此，蘇格拉底大概無法活超過兩百歲。

　　　　身上出現神祕疤痕的話，幾乎都暗示著曾遭外星人綁架。

　　　　你的身上出現神祕的疤痕。

　　　　因此，你大概曾遭外星人綁架。

　　請先看第一個歸納論證。謹記，即使前提為真，結論還是有可能為假。誠如第一個論證，前提並沒有指出所有人類都會死，所以蘇格拉底是人類的事實無法保證他會死，只是**有可能**會死。同樣地，在第二個論證中，身上出現神祕疤痕不保證一定曾被外星人綁架，所以如果你的身上出現神祕疤痕，你還是**有機會**不曾遭外星人綁架。

　　理想的論證必須有效或強效，同時前提也必須為真。唯有具備適當的邏輯結構**且**前提為真，才稱得上是理想的論證。

　　請思考以下論證：

　　　　每一隻狗都會下蛋。

　　　　首相是狗。

　　　　因此，首相能下蛋。

這在邏輯結構上是一個有效的論證，但前提顯然有誤。雖然結論的確是順著前提的邏輯推斷而來，不過前提為假，所以此論證並不理想。前提為真的有效演繹論證才算**健全**的理想論證，才能提供適當理由讓你願意接受結論。同樣地，理想的歸納論證必須具備縝密的邏輯，而且前提為真。前提為真的強效歸納論證才具有**說服力**，唯有如此方能提供適切理由讓人願意接受結論。

演繹論證

演繹論證是否有效，取決於論證的形式或結構。我們以字母代替論證中的陳述，簡單呈現論證形式。以下列演繹論證為例：

1. 若靈魂能長生不死，則思考不必仰賴大腦運作。
2. 靈魂能長生不死。
3. 因此，思考不必仰賴大腦運作。

以字母替代各陳述之後，論證可表示如下：

> 若 P 則 Q。
> P。
> 因此，Q。

第一行是複合陳述式，由兩個陳述所組成，分別以 P 和 Q 表示。這種複合陳述式稱為**條件陳述式**（conditional statement），即為 **if-then 陳述式**。「若」後面所接的陳述稱為**前件**（antecedent），「則」後面的句子稱為**後件**（consequent）。整個論證之所以稱為條件式論證，是因為裡面包含至少一個條件陳述式（若 P 則 Q）。

條件式論證很普遍，這些常見的形式能幫助你快速判斷論證是否有效，值得你好好熟悉一番。由於論證有效與否取決於論證形

式，因此，要是知道常見的特定形式總是有效（或無效），就能推知相同形式的論證必定有效（或無效）。

例如，我們剛剛所討論的論證一般稱為**肯定前件**（affirming the antecedent，拉丁文為 modus ponens），所有具備此形式的論證一定有效。我們可以依此形式隨意置入陳述，無論前提是否為真，論證仍舊一樣維持有效。現在，請思考一下這個**肯定前件**的論證：

1. 若有一個人類是以錫製成，則所有人類都是以錫打造而成。
2. 有一個人類是以錫製成。
3. 因此，所有人類都是以錫打造而成。

此論證的前提和結論均為假，然而此論證依然有效。一個有效的論證，可能出現前提為假、結論為假，前提為假、結論為真，或是前提為真、結論為真。唯一不可能發生的情況就是前提為真、結論為假。

還有一種很常見的條件式論證形式：

若 P 則 Q。
非 Q。
因此，非 P。

舉個例子：

1. 若靈魂能長生不死，則思考不必仰賴大腦運作。
2. 思考的確需要仰賴大腦運作。
3. 因此，靈魂並非長生不死。

這種形式稱為**否定後件**（denying the consequent，拉丁文為 modus tollens）。只要以此模式展開論證，無論前提主題為何、是否

為真，整體論證都會有效。

　　人們時常使用有效的假設形式論證來批判思考各種事件，這種形式稱為**假言三段論**（hypothetical syllogism，在此**假言**與**條件**同義，而三段論則是由兩個前提和一個結論組成的演繹論證）。在此形式下，所有句子都會是條件句。請參照下例：

　　　　若 P 則 Q。
　　　　若 Q 則 R。
　　　　因此，若 P 則 R。

　　舉例來說：
1. 若地板發出咯吱聲，則走廊上有人。
2. 若走廊上有人，則有小偷潛入屋內。
3. 因此，若地板發出咯吱聲，則有小偷潛入屋內。

　　你或許已經猜到，有些相當常見的論證形式其實**無效**。這種形式稱為**否定前件**（denying the antecedent），如下所示：

　　　　若 P 則 Q。
　　　　非 P。
　　　　因此，非 Q。

　　帶入陳述則為：
1. 若喬單身，則喬為男性。
2. 喬並非單身。
3. 因此，喬不是男性。

　　此論證顯然無效。不過，請再參照以下這個相同形式的例子：
1. 若科學家能證明世上有鬼，則世上真的有鬼。
2. 但科學家無法證明世上有鬼。

3. 因此，鬼並非真實存在。

此論證顯然無效之處在於前提可能為真，而結論可能為假。就算科學家無法證實世界上有鬼，還是不能代表世上沒鬼。即使科學無法證明，鬼魂或許還是存在。

另一種常見的**無效**論證形式稱為**肯定後件**（affirming the consequent），如下所示：

若 P 則 Q。

Q。

因此，P。

帶入陳述則為：

1. 若芝加哥是伊利諾州首府，則芝加哥位於伊利諾州。
2. 芝加哥位於伊利諾州。
3. 因此，芝加哥是伊利諾州首府。

我們一眼就能知道此論證無效。你或許還記得，有效論證不能同時前提為真，而結論為假——在這個論證中，顯然前提為真，但結論為假。

當然，並非所有常見的演繹論證都是條件式陳述。以下是非條件式類型的有效論證，稱為**選言三段論**（disjunctive syllogism）：

不是 P 就是 Q。

非 P。

因此，Q。

帶入陳述則為：

1. 不是吉兒就是傑克謊稱目睹幽浮降落。
2. 吉兒並未謊稱目睹幽浮降落。

3. 因此，是傑克謊稱目睹幽浮降落。

前提 1 中的 P 或 Q 陳述稱為**析取式**（disjunction），而析取式中每個陳述（P 或 Q）稱為**離析項**（disjunct）。在選言三段論中，其中一個離析項會遭到否認，結論中只有未遭否認的離析項為真。

以上這六種論證形式有助於快速判斷論證是否有效。只要發現論證的邏輯結構符合上述形式，就能得知論證有效；反之，如果結構與無效的論證形式吻合，則可判斷論證無效。熟記這些常見的論證形式，可以更有效率地比較論證模式。

還有一種評估演繹論證是否有效的技巧，稱為**反例法**（counterexample method）。前提為真的情況下，結論不可能為假，正是此技巧的原理。若要判斷論證是否有效（待驗證論證），可試著建立**與待驗證論證相同形式**的論證，但其**前提為真且結論為假**。若能成功建立這樣的論證，則表示待驗證論證無效。

假設你要驗證以下論證：

1. 若艾絲特能用念力折彎湯匙，則她擁有特異功能。
2. 艾絲特無法用念力折彎湯匙。
3. 因此，艾絲特沒有特異功能。

若要確認此論證是否有效，可先建構以下相對應的論證：

1. 若狗能下蛋，則能有益於人類。
2. 狗無法下蛋。
3. 因此，狗無法為人類帶來任何益處。

此論證與上述待驗證論證擁有一模一樣的形式，也就是之前介紹的否定前件。此論證的前提為真，但結論為假，因此可判定此論證無效；同理可證，待驗證的論證也無效。

歸納論證

雖然歸納論證無法區別有效與否，但若能滿足特定條件，依然能提供充分理由，說服我們相信結論。為進一步了解強效歸納論證的構成要素，以下先介紹幾種常見的歸納形式。

枚舉歸納

觀察某類事物的部分實例，而後得出該類事物的概括性描述，所使用的論證方式即為枚舉歸納（enumerative induction）。枚舉歸納的典型前提是陳述所觀察對象具有特定屬性的比例，結論則是宣稱整個群體中特定比例的個體具備該屬性。論證的例子如下：

> 根據經驗，你在老喬餐廳吃到的大部分餐點都很難吃。
> 因此，老喬餐廳的所有餐點大概都很難吃。

> 從這木桶拿出來的蘋果，60% 都很鮮甜可口。
> 因此，這一整桶蘋果有 60% 都很鮮甜可口。

> 你在會議上遇到的人，有半數都是路德教派的信徒。
> 因此該會議大概有一半與會者都信奉路德教派。

綜合以上例子可知，枚舉歸納的形式如下：

> 在群體 A 中的觀察對象，有 X% 具備屬性 P。
> 因此，在群體 A 中的所有個體，有 X% 具備屬性 P。

這裡提供幾個專有名詞，協助後續解說與理解。研究的群體（也就是我們所關心對象的整體）稱為**目標群體**。我們在目標群體中關心的對象稱為**樣本**，而我們所研究的特性稱為**相關屬性**。枚舉歸納法主要透過觀察樣本的相關屬性，得出目標群體也具備該屬性

（或多項屬性）的結論。上述蘋果例子中，目標群體為木桶中的蘋果，樣本為拿出來的蘋果，相關屬性則是鮮甜可口。

如同所有歸納法一樣，枚舉歸納論證為強效論證且前提為真時，才算是理想論證。要達到此目標，論證必須在**樣本數**和**樣本代表性**這兩方面取得良好成果才行。請看以下例子：

胡利歐在校園中遇到的四名學生中，有三人支持民主黨。

因此，這所大學支持民主黨的學生，大概占總學生數的四分之三。

這是一個弱效論證。我們不能只根據四名學生的政黨傾向，就斷定所有學生（或許有上百、上千名學生）支持某政黨的比例，這樣得到的結論並不可靠。樣本只有四名學生的情況下，我們可以合理推斷學校裡有**部分**學生支持民主黨，僅此而已。

未充分取樣就對目標群體斷然做出結論，稱為**輕率概括**（hasty generalization），是很常見的錯誤。因為過去買的雪弗蘭汽車頻繁故障，就宣稱這個品牌很差；因為前三個認識的生物系學生很無趣，就宣稱只要是就讀生物系的學生都很無聊；因為親眼目睹兩個其他國籍的學生考試作弊，就宣稱該國籍的人都不誠實……這些例子都犯了輕率概括的錯誤。

問題來了，究竟要多少樣本才足夠可信？一般來說，樣本數越多，對目標群體屬性的推論就越肯定且可靠。不過，有時樣本少，一樣可以獲得顯著可信的結論。參考原則是，目標群體的相關特徵越雷同，需要的樣本數越少。舉例來說，要判斷綠頭鴨是否都有鳥嘴，只需要少數樣本即可，因為綠頭鴨的外觀在該品種的個體之間差異不大。如果想要知道加拿大人的購物習慣，需要的樣本數恐怕要大幅增加，少說得調查幾百甚至幾千個加拿大人才行，因為每個人的社會行為或心理特質差異極大，只以少數幾人的統計數據就想

概括幾千或幾百萬人的行為，通常毫無意義。

樣本不僅需要數量適當，還要具有代表性，換句話說，樣本在所有相關面向都必須與目標群體相似。無法適切代表目標群體的樣本稱為**偏差樣本**。如果論證採用偏差樣本，效力就會被弱化。若想了解紐約人對超自然現象的看法，不應只從當地的神祕學團體中取樣，因為團體成員對超自然現象的觀點很有可能無法代表普遍紐約人的想法。想調查某湖泊的汙染情形並得到值得信賴的結論，就不應只鎖定湖水遭工廠汙染的區域取樣，這樣取得的樣本想必沒辦法真實反映整座湖的水質。

如果樣本具有與目標群體相同比例的相關特徵，表示該樣本適當地代表了目標群體。所謂「相關」是指該特徵足以影響相關屬性。假設你想調查西班牙裔成人是否相信世上有鬼，舉凡居住地區、收入、職業、教育程度等因素，都可能影響他們對神鬼之說的態度，因此你所採用的樣本必須包含上述這些相關特徵，並且與目標群體（西班牙裔成人）比例相同。換言之，如果 60% 的西班牙裔成人擁有大學學歷，樣本就需要反映這項事實，亦即 60% 的樣本必須是大學畢業的西班牙裔成人。

你或許已經猜到，枚舉歸納是民調的技術基礎。各種調查社會大眾對於選舉、政治議題、道德爭議和消費者喜好等立場的問卷，都屬於此方法的實際應用。如同任何枚舉歸納法，民調會採計樣本結果，對目標群體做出概括性質的結論。為了具有可信度，這類調查必須抽取適當數量，並且在所有相關屬性均足以代表目標群體的樣本。此外，在執行上必須嚴格謹慎，彙整出的數據必須準確無誤，才能忠實呈現問卷所得出的結論。舉凡計數錯誤、取樣錯誤、題目陳述失當、問卷設計有缺陷等，都可能導致資料失真。也就是說，即使民調的取樣數量合宜並具代表性，但最後形成的歸納論證仍可能效力低落。

全國性的大型民調機構已發展出完善技術，有能力針對大範圍的目標群體（例如全美國的成人）產生具代表性的樣本。受惠於現代化的採樣程序，即使樣本數沒有達到兩千人，也足以代表兩億左右的人口。透過**隨機抽樣**，小規模的樣本數也能具有代表性。使樣本能真正具有代表性的最佳方法，就是從目標群體中隨機挑選樣本。只要目標群體中所有個體被選為樣本的機率相同，即可達成隨機挑選的目的。如果不是隨機抽樣，取得的樣本就會有所偏差。

　　我們經常會看到非隨機抽樣的民調報告，其中許多都是**自我選樣**，而非隨機抽樣。假設某網站或電視節目邀請大眾回答一個簡單的問題，例如：「您認為大學校園是否應禁止攜帶隱密武器？」若主辦單位不是隨機挑選受訪者，而是開放受訪者出於各種不相關的原因，非隨機地自願參與調查，最後得到的樣本自然會出現偏差。也許在網站或節目的鼓勵下，吸引到政治立場鮮明、喜歡對特定議題（或任何議題）發表意見的個人參與調查，或是問題公布時，剛好有民眾在逛網站或看電視，因而回答了問題。這些民調機構有時會承認他們自我選樣的調查結果並不可靠，宣稱調查「非科學研究」，結果僅供參考（但卻是以非常不明顯的方式標示於側）。

　　即使民調技術再完善、過程再嚴謹，都無法保證結果百分之百可靠，亦即數量適當、隨機挑選的樣本，所得之結論也只能盡量接近廣大目標群體的想法。調查結果與理想結果之間的差異稱為**誤差範圍**。開誠布公的民調會清楚揭露誤差範圍，例如說明 77% 的美國成人贊成槍枝管制，誤差範圍正負 4 個百分點（通常表示為 77%±4），換言之，贊成槍枝管制的美國成人占總人口的 73-81%。有鑑於各項調查都會產生誤差範圍，如果兩項民調數據（例如兩位總統候選人的選前民調）差距甚小，那麼這份數據的便沒有太大的意義。假設誤差範圍正負 3 個百分點，甲候選人支持度 43%、乙候選人支持度百分之 45%，兩人的支持度差距並不顯著──若因此斷

言乙候選人將會勝出，只是政論節目的名嘴在誇大其辭。

　　民調可能會因為題目的陳述方式或提問者的提問方式，導致結果不可靠或有誤導之嫌。題目的陳述方式尤其重要。想想以下問題可以多麼輕易就引導高比例的受訪者給出否定答案：「您贊成國家通過槍枝管制法，否定憲法賦予公民的擁槍權嗎？」或「您贊成資助幹細胞研究，殺害無辜性命嗎？」如此陳述問題的目的，不在於客觀調查大眾對議題的意見，而是刻意刺激受訪者，誘導其回覆特定答案。可信賴的民調機構會試圖用更中立的表達方式，公正而準確地觀測社會輿論。如果民調機構一心只想得到偏向特定立場的結果，就會依其喜好刻意設計題目。雖然偏頗的題目也有可能是不小心，但更常是刻意為之的產物。

類比歸納

　　當我們想要表示兩個事物非常相近，通常會用類比來呈現兩者的關係。若想宣稱兩個在某方面非常相近的事物，在其他方面也很類似，就會運用類比歸納（analogical induction）。舉例來說，在實際執行各項火星任務前，NASA 科學家可能會先提出以下論證：

1. 地球有水、空氣和生命。
2. 火星和地球一樣有水和空氣。
3. 因此，火星上很可能也有生命存在。

　　這種類比歸納形式可表示如下：

　　　物體 A 具有 F、G、H、Z 等屬性。
　　　物體 B 具有 F、G、H 等屬性。
　　　因此，物體 B 很有可能也具備 Z 屬性。

　　如同所有歸納論證一樣，類比歸納的結論只有某種程度的屬實

機率，而非必定為真。兩者之間的相似處越多，結論越可能為真；反之，兩者的相似處越少，結論為真的機率越低。

地球和火星的差異非常大。火星的大氣層很薄，氧氣稀少，而且火星表面的水主要存在於極地冰帽中，因此想在火星上找到生物的機率恐怕不高。不過，以前的火星與地球比較相似，想在火星上找到**曾經**有生命活動的證據，機率可能較高。

不只有科學家會使用類比歸納，其他如醫療研究與司法等多種領域，也會使用這種論證手法。醫療研究人員利用實驗生物測試新藥，就等於是在運用類比歸納。他們的論點是，如果這種藥物在動物身上能產生特定功效，在人類身上很有可能也會產生同樣的效果。這類論證的強度取決於實驗動物和人類的生理相似度。老鼠、兔子、天竺鼠都是藥物試驗的常客，雖然都是哺乳類，但牠們的生理構造絕對與人類不同，因此我們無法確定，施用於動物身上的藥物是否對人類一樣有效。

美國司法判決的核心原則為因循前例。所謂前例，是指已經定讞的案子。律師時常會引用前例，試圖說服法官依循該判例有哪些好處。他們的論點是，現下審理的案件與過去判決的案子相似，既然法院當初如此判決，現在也應該效法。對此，對造律師會企圖強調兩個案件的差異，破壞上述論證的合理性。雙方攻防由誰勝出，通常取決於兩方所提出的類比論證效力強度。

假設歸納（溯因法，又稱「最佳解釋推論」）

我們建構各種解釋，試圖了解這個世界。然而並非所有解釋都一樣理想，即便我們能對某事物提出解釋，不代表我們有理由能全心相信它。如果還有其他更好的解釋，我們就毫無理由相信較差的解釋。因此，假設歸納又稱為**最佳解釋推論**（inference to the best explanation），形式如下：

> 現象 P。
>
> 以假設 H 來解釋 P。
>
> 沒有其他假設能像 H 一樣適當解釋 P。
>
> 因此，H 很可能為真。

美國哲學家查爾斯・桑德斯・皮爾斯（Charles Sanders Peirce）首開先河，制定了這種推論法的規則，並將此方法命名為溯因法（abduction），以便與歸納法的其他論證形式有所區隔。

最佳解釋推論可能是最廣泛使用的推論形式，醫生、偵探、汽車技師，以及我們自己，幾乎每天都會使用。只要是想釐清某事發生的原因，通常就會採用最佳解釋推論。福爾摩斯就是精通此論證法的典範，他在《血字的研究》（*A Study in Scarlet*）中做了很好的示範：

> 科學經過融會貫通後，其實就是優異判斷力與理智的總和。
>
> ——波蘭國王史坦尼斯瓦夫一世（Stanisław Leszczyński）

> 我知道你從阿富汗回來。快速思考是我長久以來的習慣，我的思緒迅捷，得出結論時，我甚至不會意識到中間經過了哪些推理。不過，中間的確歷經了幾個步驟，整段推理就像列車往前疾駛：「眼前這位男士長得一副醫生樣，卻渾身散發一股軍人氣質，顯然是軍醫。他剛從熱帶地區回來，因為他的臉曬得很黑，但手腕白皙，表示他的自然膚色並不黝黑。他的臉色憔悴，日子看來過得很辛苦，備受疾病折磨。他的左手臂受傷，行動僵硬不自然。英國軍醫會在哪個熱帶地區經歷苦難，而且還讓手臂受傷？很明顯，就是阿富汗。」思緒的列車在一秒內疾駛而過。我一口咬定你是從阿富汗回來，你聽到後不禁露出驚訝的神情。[1]

雖然以上描述出現的章節名為〈演繹的科學〉（The Science of Deduction），但福爾摩斯在此並非運用演繹法，因為此處前提為真但不能保證結論也會為真。光從華生黝黑的膚色和受傷的手臂等事實，不一定能直接推敲出他曾去過阿富汗。或許他曾在加州住了一陣子，衝浪時手臂不小心割傷。確切來說，福爾摩斯使用的是溯因法，或稱為最佳解釋推論。他先提出幾項事實，再找到最能適當解釋這些情形的假設，最後才得出結論。

很多時候，當最佳解釋推論窒礙難行，並非因為找不到任何解釋，而是有太多解釋，令人無所適從。此論證的重點在於，如何從所有可能的解釋中找出最理想的那一個。解釋的優劣，取決於該解釋讓你對這件事產生多少理解，而理解程度又取決於該解釋如何將我們的知識統合並系統化。理解一件事，通常從理解其模式開始；該模式涵蓋的現象越多，越能加深我們對該事件的理解。「假設」可以將我們的知識統合並系統化，其系統化的程度可透過各項充分性標準（criteria of adequacy）來衡量，例如精簡度（simplicity，假設涉及的預設數量）、範圍（scope，假設所能解釋的現象數量）、保守度（conservatism，假設與我們既有認知的契合程度）及豐碩度（fruitfulness，假設能否成功預測新現象）。我們會在第六章說明如何運用這些評定標準，區分合理與不合理的解釋。

非形式謬誤

謬誤論證是虛假的論證，因為它無法提供理想的推論，說服別人接受其主張。不幸的是，邏輯謬誤的論證可能會在心理上產生很大的吸引力。大多數人都不曾研究過好壞論證的差異，經常無緣無故就接受他人給予的理由而相信某件事。若要避免在不夠理性的情況下誤信任何說法，你需要了解論證的各種謬誤情形。

當論證包含（1）不恰當前提、（2）不相關前提，或是（3）不充分前提，便會形成謬誤。[2] 如果前提怎麼看都令人半信半疑，無法為主張提供強力支持，即為**不恰當**前提。在良好的論證中，前提能提供穩固的論述基礎，說服他人接受結論。如果前提不夠篤定可靠，該論證就會給人一種不確定的感覺。此外，要是前提與結論的真實與否毫無關連，即為所謂**不相關**前提。在理想的論證中，結論必須與前提一脈相承，緊緊相扣。如果前提與結論在邏輯上毫不相關，等於未能提供任何使人信服的理由。最後，若前提未能消弭合理的懷疑、順利推導出結論，就是所謂**不充分**前提。在優秀的論證中，前提要能消除任何合理的懷疑。如果做不到這一點，就表示論證無法證明該結論值得相信。

因此，每當有人提出論證，你應該好好思考：該前提是否可以接受？是否相關？是否充分？只要有任何一個答案是否定的，表示該論證的邏輯不夠有說服力。

> 孩子害怕黑暗，情有可原；人生真正的悲劇，是長大後害怕光明。
> ——柏拉圖

不恰當前提

丐題（begging the question）：把論證的結論當作其中一項前提時，就能稱該論證「丐題」，換句話說就是循環論述。例如有人主張所有人都要相信有上帝，因為《聖經》這麼說。但被問到為何應該相信《聖經》時，他們會回答，因為《聖經》是上帝所寫，所以我們應該相信。這就是丐題。換言之，抱持這項主張的人早已將需要證明的事情視為假設，也就是上帝存在。再給一個例子。蘇珊說：「珍妮會心靈感應。」艾咪問：「妳怎麼知道？」蘇珊回答：「因為她能和我心靈感應。」根據定義，心靈感應是指擁有感知別人心靈的能力，所以蘇珊其實只告訴我們，她相信珍妮可以和她心靈感應，因為她相信珍妮可以辦得到。她只是用不同的說法重複表

達了她的主張，並且以此當成理由。因此，她的論述並未針對她所提出的主張提供任何額外辯護。

假兩難推理（false dilemma）：當某論證假定世上只有兩種選擇，而事實上選擇不只兩種時，即可稱為假兩難推理。舉個例子：「要不就是科學可以解釋她為何痊癒，要不就是奇蹟發生。科學無法解釋她為何痊癒，所以這一定是奇蹟。」除了這兩種選擇，現實中還有其他可能，例如可能是某種科學尚未發現的自然力量治癒了她。由於論證並未考量這項可能的原因，因此產生謬誤。這個例子也是同樣道理：「找個占星師幫你排星盤，不然你將不知道未來的方向，跌跌撞撞地度過一生。你一定不想繼續過這種毫無方向的生活，所以你該找占星師幫你看星盤。」如果在意人生的方向與目標，除了向占星師求助，還有其他方法可以考慮。由於此論證並沒有把其他可能的選項考慮進去，所以是謬誤論證。

不相關前提

含糊其辭（equivocation）：當同一個字彙在論證中代表兩種不同語意，便有含糊其辭之嫌。讓我們來看看這個例子：「只有（男）人能理性行事。女人不是男人。因此，所有女人都不理性。」在這裡，「人」（man）有兩種意思：第一個前提中的「人」是指全人類，但是到了第二個前提，「人」變成專指男人，意義含糊的前提導致無法順利推衍出結論。再舉個例子：「報章媒體有義務報導攸關大眾權益的新聞。社會大眾很有興趣知道關於幽浮的新聞。因此，如果報章媒體不報導幽浮，便是失職。」第一個前提中的「大眾權益」（public interest）是指社會福祉，但在第二個前提中變成社會大眾關注的話題，語意的抽換導致論證失去效力。

謬誤論證的解方是精進論證，而非抑制想法。
——天文學家卡爾·薩根

合成（composition）：有些論證基於局部為真，便宣稱整體為真，這就是合成謬誤。以此論證為例：「次原子粒子沒有生命。因此，次原子粒子構成的一切都沒有生命。」此論證的錯誤在於，整體有可能大於局部的總和，換句話說，整體可能具有局部所缺乏的屬性。整體有但局部沒有的屬性，稱為**突現性質**（emergent property）。例如「溼」就是一種突現性質，單一的水分子並不溼，但夠多水分子聚集起來，就會讓人感覺到「溼」。

局部為真，代入整體不一定為真；同理，在群體和成員之間也會發生這種現象。舉個例子：「相信世上有超自能現象，讓喬感到滿心喜悅。因此，要是超自能現象成為一種普遍的信仰，全國人民都會感到喜悅。」每個人對相信超自然現象這件事的感受不盡相同，因此這個論證並不成立。從局部推導到整體的論證並非全是謬誤，因為局部和整體可能共享某些屬性。之所以發生謬誤，主要在於**預設**局部為真的前提代入整體之中也會成立。

分割（division）：合成謬誤的反面即為分割謬誤，即預設整體為真的前提也同樣適用於局部。例如：「我們都有生命，而且皆由次原子粒子構成。因此，粒子也有生命。」會如此推論，是因為忽略了局部和整體之間可能存在的龐大差異。再舉個例子：「社會大眾對超自然事件越來越好奇。因此，喬對這類現象也越來越感興趣。」由於群體中的成員不一定具備群體的所有屬性，這樣的論證便會產生謬誤。

對人不對事（appeal to the person）：藉由批評或貶低提出論證者，而非針對論證本身來討論，便犯了對人不對事的大忌。這種謬誤又稱為**人身攻擊**或**訴諸人身**（ad hominem）。例如：「提出這個理論的人相信超自然現象，我們又何需浪費時間認真看待這個理論？」或是「瓊斯博士說，目前尚無證據可以證明人死後沒有來

生。他的說法並不值得相信，畢竟他是無神論者。」這種謬誤論證的缺陷顯而易見，因為一個論證是否成立，應視論證本身是否健全，而非提出論證者是否健全。瘋子有可能說出四平八穩的論點，理性者同樣可能胡說八道。

起源謬誤（genetic fallacy）：根據起源來論證主張的真偽，即為起源謬誤。例如：「胡安親身經歷神祕事件後才產生這個想法，因此這必定是錯（或真）的想法。」或是「珍妮是從靈乩社團看到這個訊息，因此這必定是錯（或真）的訊息。」這些都是謬誤論證，因為主張的源起與其真偽毫無關連。許多文明與科學的重大突破，都是透過不尋常的方式發現。例如化學家奧古斯特·凱庫勒（August Kekulé）在夢見了蛇咬尾的景象後，發現了苯環結構；英國自然學家阿爾弗雷德·羅素·華萊士（Alfred Russel Wallace）臥病在床、神智不清的狀態下，萌發演化論的構想；阿基米德據說是在泡澡時頓悟了阿基米德原理，隨即大喊著「找到了」跳出澡盆。想法是否為真並非取決於想法的來源，有充分證據支持才是關鍵。

訴諸權威（appeal to authority）：引述專家意見支持論點是論證的常見作法，只要引述對象是同領域的專家，這種作法完全合理；反之則形成謬誤。舉例來說，名人背書時常造成訴諸權威的謬誤，因為名氣不一定與專業畫上等號。狄昂·華薇克（Dionne Warwick）是很出色的歌手，但不代表她有通靈的能力，可以接聽靈媒熱線為人解惑。同樣地，萊納斯·鮑林（Linus Pauling）曾獲得諾貝爾獎殊榮，但他的化學成就無法保證維他命 C 的功效。他曾宣稱服用大量維他命 C 有助於預防感冒，還能延長癌症病患的壽命。這有可能是事實，但由他提出並不能構成讓我們相信該主張的理由。唯有提出嚴謹的臨床研究，我們才有充分的理由相信維他命 C 的功效。

在科學領域中，上千人支持的主流論點比不上一個人真誠謙卑的論證。
——伽利略

訴諸群眾（appeal to the masses）：「所有人都相信／都這麼做，這必定是真的／有益無害。」這種推論形式相當常見，但其實是謬誤的一種。當母親的一定都聽過這種謬誤論證，並且時常這樣反問孩子：「如果大家都去跳海，你也要跳嗎？」當然不會。從這個例子可知，許多人相信或喜歡做某件事，不代表那件事就是真的，或是對當事人有益。支持度並非評判事實或價值觀的可靠指標。以前人們相信地平說，但地球並未因此而變平。同樣地，許多人曾認為女人不該有投票權，但不代表這就是正確的。

訴諸傳統（appeal to tradition）：認為某事屬於既定傳統的一部分而必定是真理（或有益），即犯了訴諸傳統的謬誤。舉個例子：「占星學歷史悠久，所以必定有其道理。」或是「天底下的母親都會熬雞湯幫小孩預防感冒，因此雞湯一定有益健康。」這些論證都是謬誤，因為傳統不一定正確。你想想，蓄奴曾是美國南方社會的傳統，這樣就能明白其中的謬誤之處。大眾一向奉行或相信某件事，不代表我們就有充分理由非得延續或繼續相信那件事。

訴諸無知（appeal to ignorance）：此謬誤可分成兩種，一是看中對方無法反駁結論，便一口咬定結論正確；二是利用對方無法證實結論，便斷定結論不正確。第一種情形是，既然沒有證據可以證明某件事並非事實，表示那件事並定屬實。舉個例子：「沒有證據指出超心理學的實驗造假，因此我確定這些實驗都是真的。」第二種情況則是，既然沒有證據可以證明某件事屬實，表示那件事並非事實。例如：「沒人能證明大腳怪並不存在，所以世界上一定有大腳怪。」以上兩者都犯了同一個錯誤：因為某件事缺乏證據，便把這一點當作證據來證明另一件事。但事實上，缺乏證據並不能證明任何事。不管是抽象的邏輯論證或在現實世界中，我們都不能無中生有。

訴諸恐懼（appeal to fear）：威脅使對方受到傷害，以宣揚自己的立場，是犯了訴諸恐懼的謬誤，俗稱棍棒謬誤。例如：「要是你們不判這個人有罪，你們有人或許就會成為下一個受害者。」這是謬誤論證，因為被告未來的行徑，與他／她是否應對過去犯下的罪行負責並無關連。再舉一個例子：「我們應該相信上帝，不然會下地獄。」這也是謬誤論證，因為論述中並未給予任何證明上帝確實存在的證據，無法使人信服。威脅只能強迫別人服從，對探究事實毫無助益。

立稻草人（straw man）：扭曲對方的主張，以便能更容易反駁，即犯了稻草人謬誤。換言之，不直接面對對方提出的論述，而是捏造了另一個較弱的論點來強攻猛打，就像與稻草人對打，再宣稱其不堪一擊。假設參議員布朗主張強力控管槍枝，但你不同意她的看法，並且宣稱：「布朗參議員說她希望廢除槍枝的合法狀態，等於否定了憲法第二修正案賦予人民擁槍的權利。我們應該全力捍衛憲法不容違背的至高地位。」可惜的是，你的論證扭曲了參議員的立場。她的論點是管理人民擁有槍枝的情況，並非直接將槍械視為非法武器。當然，稻草人謬誤也能套用到槍械議題光譜另一端的意見，宣稱任何人反對槍械管制，都是倡導全民應持有槍械，這麼做同樣扭曲了他人的立場。無論如何，提出謬誤論證對討論真正的議題毫無幫助。

不充分前提

輕率概括（hasty generalization）：探討特定類型的主題時，只根據該主題少數案例的證據，便概括總結一切，即犯了輕率概括的謬誤，亦即所謂的妄下結論。例如：「接受調查的所有媒體後來證實都涉及詐騙，果然沒有一個媒體可以相信。」或是「我認識一

個靈媒，他們全是騙子。」只觀察單一對象或幾個案例所得到的結論，無法有效概括整個群體。唯有當樣本具有代表性，從樣本來推斷目標群體才有可能是有效的；換言之，樣本數必須夠多，而且群體中的每個成員獲選為樣本的機率必須相等才行。

錯誤類比（faulty analogy）：運用類比手法的論證，宣稱在特定方面相似的兩者，在其他方面也會相同。不妨回想之前所舉的例子：「地球有水、空氣和生命。火星也有水和空氣，因此火星上也有生命存在。」此論證要成立，取決於兩者的環境條件與相似度。若兩者之間的差異越大，此論證越沒有說服力。思考一下這個例子：「太空人的形象是戴著頭盔在太空梭內飄浮。在這幅馬雅文明石雕中，主角看起來就像戴著頭盔在太空梭內飄浮。由此可知，這是描摹遠古太空人的石雕作品。」雖然該石雕作品可能與頭盔和太空梭有幾分神似，但也有可能更像是戴著儀式面具，手拿火把。問題癥結在於，任何兩個物體或多或少都會有一些共通點。因此，唯有物體間的差異微不足道、無足輕重，類比論證才算有效。

虛假原因（false cause）：誤以為兩個事件之間存在因果關係，即構成虛假原因謬誤。例如，人們時常宣稱某事發生後出現了某種現象，所以該現象就是那件事所造成。拉丁文學者將此濃縮為「後此故因此」（ergo propter hoc）的**後此謬誤**（fallacy of post hoc）。這種謬誤時常出現在推理過程中，因為事件的接連發生不代表其中必定互為因果。白天結束後是夜晚，不表示是白天帶來了夜晚。假使你自從開始戴水晶項鍊後就不曾感冒，即便如此，你還是不能直接說是水晶項鍊讓你身體健康，這其中必定涉及了其他因素。唯有消除合理懷疑，確定沒有其他因素涉入（例如透過對照組實驗驗證），才能言之成理地主張兩個事件互為因果。

滑坡（slippery slope）：有時你會聽到這種說法，某個動作必定會導致其他（一或多個）不良結果，所以從一開始根本就不應該做出那個動作。踏錯第一步，會無可避免地一路發展成令人討厭的結果；要是沒有第一步，就能避免後續的錯誤。如果有充分理由讓人相信這一連串動作必然發生，這樣的論證才算合理，否則就只是構成滑坡謬誤而已。例如：「學校教演化論會導致學生不信上帝，而沒有虔誠的信仰會導致道德淪喪，使得犯罪率升高，擾亂社會秩序。因此學校不該教演化論。」這是謬誤論證，因為陳述中沒有提供充分理由讓人相信一定會發生後續的災難結果。如果有可信的理由支持，這段論證（雖然是滑坡形式）就不會成為謬誤。

統計謬誤

　　統計謬誤（statistical fallacy）是指以數據呈現，但有誤導之嫌的陳述或論證。統計數據能為主張提供理想的佐證，或是在貌似可信的論證過程中支持論述。然而統計數據也時常淪為欺騙的工具，誘使人接受理應反駁或質疑的結論。以下舉出幾個常見的例子。

容易誤導人的「平均」

　　統計學中有三種平均概念：平均數、中位數和眾數。提到平均時，大多都是指平均數（mean），例如 2、3、5、8、12 這五個數字的平均數為 6（全部相加再除以五）。中位數（median）是指數列中位於正中央的值（上述五個數字的中位數為 5），眾數（mode）則是指數列中最常出現的值。

　　提到「平均」時，若未指定所使用的平均類型，或刻意使用可強化論證的類型，都會衍生問題。假設總統承諾為全國人民減稅，平均每個人能省下 10,000 美元的稅金，然而這個「平均」是因為

少數有錢人能節省 100 萬元稅金，而將平均數往上抬升，實際上有 95%（年收低於 60,000 美元）的納稅人只省下不到 4000 美元的稅額。總統拋出的減稅政策或許在數字上相當準確，卻容易造成誤解。如果總統引用中位數（300 美元）或甚至眾數（250 美元），納稅人的認知就可以更接近事實。

缺少比較基準

不區分相對統計值和絕對統計值，可能會造成不少麻煩。假設新聞報導指出，某城鎮發生的搶劫案件增加了 75%。乍聽之下問題很嚴重，但是這個 75% 是相較於去年的**相對**數值；要判斷這個統計數據的真正意義，需要一個可當作比較基準的**絕對**數值。去年有四百件搶案，還是只有四件？如果是四百，今年的案件數就高達七百；若只有四件，則表示今年只有七件搶案。

評估疾病風險的統計數字時，釐清數值是相對數據或絕對數據尤其重要。假如研究報告指出，每天喝咖啡會使二十五至四十五歲男性罹患胰臟炎的風險加倍。那麼這個年齡層的男性是否應該引以為戒？他們需要戒掉咖啡嗎？在能掌握絕對風險之前，我們無從判斷。假設這些男性罹患胰臟炎的絕對風險極低，例如十萬分之一，風險加倍後，等於承受十萬分之二的風險，受影響的機率依然微乎其微，遠不足以構成戒咖啡的理由。

模糊比較

正當運用統計數據的確能清楚比較不同情況，但問題是，當比較的數據模稜兩可或不完整，不僅顯得輕率，甚至會有欺騙人的感覺。請看以下廣告文案：

1. 服用「舒痛靈」膠囊減緩頭痛，藥效加快 50%。
2. 來罐「超速能」蛋白質補充飲，表現提升 30%。

3. 艾克森高級機油給你雙倍里程。

　　文案 1 的藥效「加快 50%」究竟是什麼意思？比以往有效的藥快 50%？比其他止痛藥快 50%？如果是與其他藥物比較，是以什麼藥物為基準？效果最差的藥？銷量最好的藥？如果藥效比以往所用的藥快上 50%，到底是多快？吃下藥之後，頭痛會在二十分鐘內消失，還是二十小時才會見效？文案 2 的「表現」是指哪方面？速度？耐力？爆發力？這些表現如何測量？表現一詞太過模糊，廣告公司幾乎可以套入任何一種統計數據來行銷。文案 3 的問題與前兩者相同，只不過雙倍里程的說詞更加令人懷疑。

　　理想的論證要有優質的證據予以支持。即使邏輯無懈可擊，要是提出的證據疲弱無力，結論一樣可能無法成立。下一章會詳細探討證據好壞的差異，以便區別知識的真假。

評估資料來源：假消息

　　如果想了解某個主題（包括怪誕現象），我們可以從線上和實體平台取得無數資訊和相關論證，包括網站、書籍、部落格、報章雜誌、社群媒體及其他傳統媒體。然而在資訊爆炸的時代，想要挖掘事實真相比想像中更難，除了要從海量的新聞和消息中搜索目標，還得力抗**刻意**誤導、欺騙和造假的資料，揭穿其假裝合理的伎倆，也就是所謂的**假消息**。假消息是由謊言、謬誤、惡作劇、特定政治意圖和不實資訊所構成，大舉占據網站、部落格和社群媒體的版面。（《洋蔥報》（ *The Onion* ）等嘲諷網站所發布的嘲諷文章有時也稱為假消息）。有心人士散布假消息，目的包括圖利、激起仇恨、挑釁、宣揚政治理念，以及散播許多怪力亂神和違背科學的內容。現在年輕人的生活已經離不開網路，但研究顯示，非常高比例

的中學和大學生其實不懂如何衡量網路資訊的可信度。他們無法區別廣告（廠商贊助內容）和非商業性文章、假消息和真事實、主流資訊和小道消息，或是立場中立和帶有黨派色彩的內容。

你或許早已在社群平台上看過下列的假消息實例：

- 佛羅里達州帕克蘭（Parkland）校園槍擊案的倖存者都是「危機演員」。
- 麥當勞偷用人肉。
- 科學家在百慕達三角洲底下的海床發現「水晶金字塔」。
- 一九九八年，NASA 攔截到外星系發出的求救訊號。
- 二〇一六年，教宗方濟各為川普競選總統背書。
- 二〇一六年，教宗方濟各為希拉蕊競選總統背書。
- FDA 證實熱銷的彩虹糖含有古柯鹼。
- 如果戴著隱形眼鏡烤肉，注視火焰會讓隱形眼鏡融化，造成永久失明。
- 已故的無神論科學家霍金（Stephen Hawking）受教宗方濟各祝福後，成了基督教徒。
- 全國遍地開花的反槍械暴力抗議「為生命遊行」（March for Our Lives）是由極端的暴力團體所協辦。
- 近七年來，非法移民在德州犯下超過六十萬起案件。
- 電子菸會造成一種名為「爆米花肺」的可怕疾病。
- 培根比吳郭魚更有益健康，後者可能致癌或造成老年痴呆。
- 澳洲的新南威爾斯政府發現一名由一群長頸鹿照料長大的「野孩子」。

雖然許多假消息看似愚蠢無害，但大多暗藏危機。不知名網站吹捧癌症祕方和號稱治百病（包括某些重症）的奇蹟療法，在網路上俯拾皆是。那些宣稱能治病的偏方通常未經科學實證有效，或已

被科學證實無效，甚至有害健康。有些無辜民眾受假消息波及而無端被控犯罪，因而受到威脅或陌生人無情地冷嘲熱諷。談到假消息引發的暴力事件，不得不提及「披薩門」（Pizzagate）這個眾所皆知的大烏龍。二〇一六年，有個推崇白人至上主義的 Twitter 帳號，聲稱華府地區某家披薩店以做生意為幌子，掩飾性侵和販賣兒童的犯罪活動，並指稱這些犯罪行為與民主黨總統候選人希拉蕊有關。那則推文通篇造謠，惡意抹黑，卻在其他新聞平台廣為流傳。許多人對推文內容深信不疑，有些人則去騷擾披薩店員工，自以為伸張正義。甚至還有人帶著步槍到餐廳，自稱「現場調查」。當然，他沒找到任何證據，卻在餐廳內開槍，最終遭到逮捕。

有些社會觀察家擔心假消息可能帶來的影響，遠比荒唐的個人行徑更嚴重。假消息的擴散會對民主造成威脅，因為唯有明理通達的公民素養作為土壤，民主才能繼續向下生根，永續發展。

假消息可能在極短的時間內廣泛流傳，觸及數百甚至數百萬的民眾。究竟假消息有何種力量，為何大家如此瘋狂轉傳？主因之一是先進的網路技術，讓人能不費吹灰之力地分享資訊（不論是有用或無用的資訊）。用手指在 Facebook、Twitter 或 Google 上點一下，就能把這些真假未卜的新聞傳給所有親朋好友，其中難免會有人願意相信這些內容。然後他們很有可能會再傳給他們的親友，就這樣一傳十，十傳百。很快地，這則假新聞就會全球流傳。

然後，社群平台內建的演算法就會推薦你看更多內容相似和真假未知的相關報導，導致問題更加惡化。由「假消息農場」捏造的數百則假報導，短時間內即可攻占你的閱讀版面，不僅個人難以衡量真偽，即便事實查核機構馬不停蹄地查證，也跟不上假消息傳播的速度。於是假消息滿天飛，內容嚴謹的新聞報導反而越來越少人關注，甚至不同政黨的支持者輪流對立場不同的新聞貼上「假消息」的標籤，引發惡性循環。我們必須明白，新聞的瀏覽率和瘋傳

程度無法保證其內容屬實，Google 搜尋的熱門排名也不能與網站的可信度畫上等號。

　　另一項主因，是我們的大腦其實很容易出錯。下列幾種認知錯誤（留待第五章詳述）會誤導我們對假消息信以為真，並在不知不覺中成為傳播假消息的幫凶。

　　確認偏誤（confirmation bias）：人們傾向於注意並認同與自己觀點相同的意見，這種常見偏誤在各種情況下都會對我們造成不小的影響。看見假消息時，我們可能會一廂情願地以為自己原本相信的主張有了支持論述，甚至可能將所有現象都解讀為證據，進而確信自己的認知正確無誤，但其實早就和現實脫節。

　　社群平台內建的數據篩選功能，只會讓確認偏誤的問題更加惡化。這項功能讓社群媒體只顯示你想看的消息，亦即與你觀點一致的內容，幫你過濾掉同溫層以外的論點，排除與你信仰相違背的文章。搜尋引擎還能顯示與你過往搜尋內容相互呼應的結果，等於是在火上加油。

　　拒絕接受違背己見的證據：拒絕接受與自己立場相衝突的證據，否決、忽視、不予關注，或設法將該證據解釋成是在支持你的觀點。一旦這種認知偏見與確認偏誤合流便會形成同溫層，從此你只會接觸到與自己立場相同的人事物，再也沒有機會思考不同的觀點，或接收那些與你立場相左的訊息。每當你拋出個人意見，只會聽見來自「同伴」的回音，互相取暖。

　　千萬別低估同溫層的力量。許多人甘於沉溺在同溫層中，因為獲得他人的附和能使自己感到安心慰藉，安逸快樂。只是同溫層容易扭曲證據、遮掩事實，可能會阻礙批判性思考，讓人無法獲取知識。同溫層不是啟發人心的論壇，而是滋養無知的溫床。為避免掉入同溫層，我們應廣泛檢視正反兩面的觀點，確保自己能接收到多

元且充分的資訊，別遺漏了重要消息。

可得性錯誤：許多人不是因為證據值得相信而採納，而是因為證據生動、容易記住，就輕易相信。第一次看到的假消息，往往比後來再看到持相反意見的證據或論證更容易讓人留下深刻印象。就是因為這種偏誤，有些人更容易牢記（並相信）登月行動是場騙局的說法，將那些多達十幾篇的科學報告拋諸腦後，沒有比這更貼切的案例了。

社會增強（social reinforcement）：人是群居動物，比起相信陌生人告知的假消息，從朋友口中得知的同一則假消息往往更容易相信。我們通常認為朋友不會傳來不實資訊，但朋友其實就跟我們一樣，可能遭誤導或欺騙，或是在不經意中轉傳了假消息。加上人們習慣在仔細閱讀內容之前就轉傳資訊，使這問題雪上加霜。我們也許贊同新聞標題，但不知道其內文充滿謊言、片面事實和毫不相干的資訊。這種標題與內文不符的文章非常多，是假消息的常見模式。

反覆曝光塑造可信度：我們很常在平台上不斷看見相同的新聞標題，看多了就會讓人放下戒心，甚至願意相信，這樣的情況並不罕見。即使沒有任何證據，多次曝光的假消息就能營造出一種似乎值得相信的觀感，請務必當心。

假消息的流傳又快又廣，幾乎無法預防，加上網路推波助瀾，以及假消息製造大軍日以繼夜地輸出偽資訊，混淆視聽。但問題不僅於此，重點在於上述幾項認知偏誤讓我們太容易受假消息影響。久而久之，要對抗認知上的弱點，避開假消息設下的圈套，變成了棘手難題，唯有精進批判性思考能力，才有辦法克服自己認知偏誤。**合理懷疑**正是提升這項能力必須抱持的態度，也是本書欲強調

的一種處事觀點。這意味著在網路上瀏覽新聞和資訊時，許多人得大幅調整心態，再依循以下幾個簡單的事實（其中有些原則會在第四、第五和第八章詳細探討），自行評判各種類型的資訊來源。

- 並非網路上讀到的所有文字都是事實（錯誤論述和假新聞在網路上尤其猖獗）。
- 資訊來源看似合理正當，不代表那就是事實（網路上的許多人事物都虛有其表）。
- 沒有充分理由就貿然相信任何論點（亦即缺少證據或論述支持，無法提高該論點為事實的機率），是不合理且危險的行為。

　　無論在網路上看到新的主張（舉凡廣告、新聞、演講、社論、倡導理念的部落格、政治性質的網站等各種資訊來源），都應抱持合理懷疑的預設態度。一旦養成這種習慣，你會發現只有少數主張或論點可以接受（因為有合理的理由或證據），其他大部分主張都缺乏證據，應先保留判斷餘地，留待進一步研究。換句話說，除非有充分合理的理由，否則都該先以懷疑的眼光看待各項主張。以下有幾個確切準則可供參考：

- **評估網站的正當性和可信度**

　　首先，判斷網站的目的或宗旨——是為了護航政黨、倡導理念、報導新聞、嘲諷時事、幽默搞笑，還是為了行銷？如果網站未揭露宗旨（不妨查看「簡介」部分）、員工、收入來源或實際位置，就應合理懷疑該網站的可信度。如果網站的言論嚴重偏頗、毫不掩飾偏見，為特定政治、道德或社會觀點極力辯護，或是宣傳產品或服務，就要提高警戒了。散播假消息的網站，時常刻意設計得像是貨真價實的新聞網站，有時甚至連網址都會模仿合法新聞機構的網域名稱。值得信賴的事實查核網站 FactCheck.org 提供了以下案例：

近幾個月來，我們查核了 abcnews.com.co（並非 ABC News 的真實網址）、WTOE 5 News（「簡介」頁面已開宗明義指出這是「虛構的新聞網站」）及 Boston Tribune（「聯絡我們」頁面只提供一個 Gmail 電子郵件）等網站的真實性。今年稍早，我們破解了歐巴馬家族在杜拜買下度假別墅的謠言。這則謠言最早是以捏造的信函形式從 WhatDoesItMean.com 流出，該網站在簡介中自詡為「新世界秩序、陰謀論與另類媒體的知名網站」，並且坦承網站上發布的大部分內容皆為虛構。[3]

幸好，歷史最悠久也最受景仰的事實查核網站 Snopes.com 至今仍持續更新一份名單，協助我們掌握惡名昭彰的假消息網站，其中包括：National Report、World News Daily Report、Huzlers、Empire News、Stuppid、News Examiner、Newswatch28、The Stately Harold、NewsBuzzDaily、Now8News、Associated Media Coverage、abcnews-us.com。

● 調查作者來歷

如同普遍的網站一樣，文章署名也時常名不符實。FactCheck.org 指出：

這些假消息在作者署名部分常會露出馬腳，例如 abcnews.com.co 網站上那則宣示效忠的新聞理應是由吉米・羅斯林（Jimmy Rustling）所主筆，他又是何方神聖？作者介紹頁面指出，他是一名「醫師」，曾獲「十四座皮博迪獎（Peabody Awards）和多座普立茲獎」，來頭不小。可惜事實並非如此。不管是普立茲獎還是皮博迪獎，都不曾有得主的姓氏是羅斯林。羅斯林簡歷旁的照片也出現在其他網站的假新聞中，但署名為戴利斯・盧比克斯（Darius Rubics）。杜拜的新聞是「由蘇查・

法爾（Sorcha Faal）所寫，由她向西方的讀者報導」。教宗方濟各的新聞則未署名。[4]

• 仔細檢視主張內容

評估網站的可信度時，衡量該網站的主張和立場是非常重要的工作。你可以自問：這項主張從字面來看有可能成立嗎？換句話說，內容聽起來是否太美好、太嚇人、太天馬行空，以致不太可能屬實？或者與其他言之成理、值得相信的言論相互矛盾？如果是的話，表示該主張可能不是事實，值得懷疑。不實主張的特徵包括錯字很多、喜歡用誇張噱頭的標題、煽動情緒或情感的文字風格、堅稱「百分百真實」，以及暗示外界有陰謀論反對其觀點等。

• 查看是否有任何證據支持

如果懷疑某文章或網站對事情的論述，不妨查看其他值得信賴的研究、網站或專家是否支持該觀點。上網搜尋你所信任的資訊來源，過程中或許就會發現有人已經破解（或證實）該主張。如果這份報導已經廣為流傳，很有可能已有至少一個主要的事實查核網站深入查驗。這類專業事實查核單位的檢驗方法健全、資金公開、無政黨色彩，而且在可信度、準確度和客觀度等方面的記錄優良，可視為值得信賴的重要參考，包括 Snopes.com、FactCheck.org、PolitiFact.com、TruthorFiction.com、Hoax-Slayer.com 以及《華盛頓郵報》（*The Washington Post*）的事實查核網站。

• 區分廣告與新聞

近來有項研究，調查上千名中學生和大學生的識讀能力，結果發現很多人無法區別廣告和新聞。這項結果令人錯愕，因為在我們看來，兩者的差別應該很清楚才對。廣告的主要目的為銷售產品和服務，或是宣傳特定理念和候選人，而不是提供準確的實用資訊。

考量偏頗立場

　　各家新聞媒體的立場通常並非完全公正，若能稍微了解各個資訊來源的立場傾向，必定能幫助你判斷這些訊息的可信度。Media Bias/Fact Check 網站（https://mediabiasfactcheck.com/）是值得信賴的獨立新聞媒體，至今已評估超過兩千三百多個新聞來源，包括主流媒體、非傳統媒體，乃至激進的極端消息來源，皆就其報導立場、不實內容和準確程度等方面深入檢驗。該網站大多檢驗媒體的政治傾向，同時查核偽科學和陰謀論是否扭曲了事實，其宗旨除了舉報假消息之外，也會試著客觀衡量資訊來源的偏頗程度。查驗的參考標準包括：（1）是否使用偏頗的字詞或標題，（2）是否據實報導，並以證據支持論點，以及（3）是否僅採納單方面說法，報導觀點有失中立。此外，該網站也概略評估新聞媒體的政治意識強度。不過請注意，有些網站的報導雖然高度符合事實，但在新聞挑選、用詞和標題上，皆展現了中度至嚴重的偏頗立場。

　　Media Bias/Fact Check 評比媒體政治傾向的量尺如下：

　　左傾：不偏頗／左傾偏中立／左派偏激進

　　右傾：不偏頗／右傾偏中立／右派偏激進

　　以下列舉幾個立場各異的資訊來源（不一定是政治性質），並附上其獲得的評比和評論：

　　CNN（左派）：「報導偏向左派，有時會使用渲染情緒的標題，一般是從其資訊來源得知消息。切勿將 CNN 的談話節目和真正的新聞報導混為一談，其談話節目多次未通過 PolitiFact 的事實查核。」

　　據實評等：真假參半[5]

　　Fox News（右派）：「該頻道長期遭控報導偏頗及宣揚共和黨

理念。PolitiFact 將其評為準確度最低的有線新聞台。」

　　據實評等：真假參半[6]

　　紐約時報（左傾偏中立）：「至今獲得一百一十七座普立茲獎，在眾新聞媒體中居冠。資訊來源可靠，報導屬實。總編輯的左派色彩濃厚，但整體而言《紐約時報》仍是可信的資訊來源。」

　　據實評等：高[7]

　　神創論研究所（Institute for Creation Research）：「這是一個提倡年輕地球創造論（Young Earth Creationism）的偽研究機構，產出大量斷章取義和不符邏輯的謬誤內容，其宗旨是試圖反駁演化論和地球擁有悠久歷史的事實。」

　　據實評等：低[8]

　　PolitiFact（不偏頗）：「其文章和標題均使用平鋪直敘的節制風格，所有資訊都取自可信的媒體，或是直接引述領域專家或政治人物的發言。由於目前還有許多右派政治人物正在接受事實查核，從該機構選擇事實查核的消息來看，其立場稍微左傾。這可能出於該機構本身的立場傾向，或因為共和黨目前主掌所有政府機關所致，尚待進一步釐清。整體而言，這透露出 PolitiFact 在事實查核的選擇上稍微偏向左派立場，但不足以導致其偏離中立表現。」

　　據實評等：高[9]

　　Conspiracy Daily Update：「極右派的陰謀論與偽科學網站。基本上，該網站會從 Alex Jones 和 Common Sense Show 等網站擷取新聞片段，重新發布。另外，該網站也倡導拒打疫苗。整體來說，網站名稱是該網站上唯一準確的地方，不愧對其『陰謀論每日更新』的名號。」

　　據實評等：低[10]

Skeptical Inquirer：「這是『懷疑調查委員會』（Committee for Skeptical Inquiry，CSI）發行的雙月刊雜誌，副標題為『推廣科學與理性的雜誌』」。

據實評等：極高 [11]

Controversial Files：「兼具陰謀論和偽科學，同時又有強烈的右派傾向。該網站報導的內容包括靈魂、外星人、超自然現象、靈異故事等諸多類似主題。」

據實評等：低 [12]

不過，要是與產品性質契合，有些廣告的確也會提供豐富資訊。除非廣告內容言之成理，否則我們通常有充分的理由去懷疑廣告的主張。刊登於網站或社群媒體平台的廣告通常一眼就能辨識出來，但很多時候，網站上的廣告會與周圍的新聞報導極其相似。這類廣告稱為**原生廣告**（native ad），藉由產出看似有實用資訊或價值的內容來吸引消費者關注。有時這些廣告會標上「贊助內容」或「廣告」字樣，但讀者還需自行釐清哪些是隱性的廣告，哪些是新聞報導。在區分兩者時，不妨自問：這些文字出現在這裡，目的是不是要我掏錢呢？

重點摘要

　　一個或多個主張提供充分理由，說服我們接受另一個主張，這樣的論述方式稱為論證。論證可分為**演繹法**和**歸納法**，前者旨在為結論提供總結式論述支持，後者則是為結論提供高度可信的論述支持。能夠成功提供總結式支持的演繹論證稱為**有效論證**，反之則為

無效論證。能夠成功提供高度可信論述的歸納論證稱為**強效論證**，反之則為**弱效論證**。如果有效論證的前提為真，可視為健全論證；要是強效論證的前提為真，則可視為有說服力的論證。

演繹論證有好幾種形式，有效形式包括**肯定前件、否定後件、假言三段論、選言三段論**；有些形式則無效，像是**否定前件**和**肯定後件**。熟悉這些論述模式有助於快速判斷論證是否有效，有時**反例法**也能派上用場。歸納論證的常見形式包括**枚舉歸納、類比歸納、假設歸納（最佳解釋推論）**。枚舉歸納僅觀察群體內的部分個體，最後得出該群體的概括結論。群體一般稱為**目標群體**，即從探討主題集合而成的目標類型。在目標群體中觀察的對象稱為**樣本**，所探討的性質稱為**相關屬性**。唯有樣本夠多且能充分代表群體時，枚舉歸納才夠強效。樣本數不足就想對目標群體推斷出結論，是很常見的錯誤，這種謬誤稱為**輕率概括**。

假消息是指新聞和資訊刻意偽裝成正當內容，行誤導、造假或詐騙之實，是研究怪誕現象（或任何事情）的一大阻礙。許多假消息看似愚蠢無害，其實暗藏危機。最容易造成人身傷害的假消息莫過於宣傳重症療法，甚至編造謊言，刺激群眾騷擾無辜受害者，導致暴力相向。有些觀察家指出，假消息恐怕會破壞民主的根基。舉凡確認偏誤、可得性錯誤，或是拒絕接受違背己見的證據，這些我們在認知上常犯的錯誤，都會讓我們誤認可假消息並與人分享。**合理懷疑**是防堵網路假消息的最佳防禦，換言之，除非有充分合理的理由支持，否則對待任何資訊都應先抱持懷疑的態度。

課後測驗

1. 什麼是論證？
2. 常見的結論指示詞有哪些？常見的前提指示詞有哪些？請各舉三例。

3. 演繹論證與歸納論證有何差異？

4. 什麼是有效的演繹論證？什麼是健全的演繹論證？

5. 什麼是強效的歸納論證？什麼是有說服力的歸納論證？

6. 什麼是肯定前件的邏輯形式？

7. 什麼是否定後件的邏輯形式？

8. 什麼是枚舉歸納？

9. 什麼是類比歸納？

10. 什麼是最佳解釋推論的邏輯形式？

11. 肯定前件的論證形式為何？否定後件的論證形式為何？

12. 如何使用反例法檢查論證是否有效？

13. 使用枚舉歸納時，什麼是目標群體？什麼是樣本？什麼是相關屬性？

14. 為什麼自我選樣所產生的樣本會有所偏頗？

15. 假兩難推理會形成什麼謬誤？訴諸無知與立稻草人的謬誤分別為何？

16. 什麼是假消息？

17. 為什麼假消息不一定都是愚蠢無害？

18. 哪些認知偏誤可能致使大眾接受及分享假消息？

請評估以下主張是否合理？為什麼？

1. 屋內的物體自己動了起來，要不是有人施展念力，就是鬼魂作祟。沒人使用念力，因此一定是鬼魂作怪。

2. 靈媒宣稱自己擁有治病能力，騙了我妹妹。我永遠不會相信任何靈媒，他們都是騙子。

3. 瓊斯開始服用犀牛角藥粉，性生活美滿。犀牛角一定有很強的壯陽功效。

4. 以前你每活過的每一天，隔天仍繼續活著。因此，未來你活著

的每一天，隔天也會繼續活著。

5. 以前你活過的每一天都有隔天。因此，未來你活著的每一天也會有隔天。

6. 如果外星人的太空船降落地球，著陸點周圍會出現大型的圓形圖案。草地上有大型的圓形圖案，因此外星人的太空船一定曾降落在地球上。

7. 如果是上帝創造了宇宙，我們所生活的地球應該是最理想的世界。但我們並非活在最理想的世界，因此宇宙並非上帝所創造。

8. 以下是否為具有說服力的最佳解釋推論？全國各地都曾發現被肢解的牛隻，軀體各部位均遭移除，切口處燒灼平整。一定是外星人利用牛隻在做某些實驗。

9. 以下是否為具有說服力的最佳解釋推論？全世界都曾發生人體自燃事件。人體突然起火，身體和衣物大多化為灰燼，但時常會有肢體或器官殘留下來，而且火勢不會影響當事人附近的物體。自然發生的野火不會產生這種現象，所以這一定是天譴。

10. 以下是否為具有說服力的類比論證？古希臘哲學家柏拉圖在《蒂邁歐篇》（*Timaeus*）和《克里底亞篇》（*Critias*）的對話中形容過失落的亞特蘭提斯大陸。亞特蘭提斯人的園藝和機械技術相當進步，當亞特蘭提斯沉入海底，亞特蘭提斯文明便告毀滅。柏拉圖所說的一定是米諾斯文明的錫拉島（Thera），因為島上曾出現相當進步的文明社會，只是後來火山爆發，瞬間摧毀了那裡的古文明。

假消息事實查核

請使用事實查核網站 Snopes.com 和 FactCheck.org，評估以下言論的真實性：

1. 二○一七年，愛爾蘭科克（Cork）當地一所學校的走廊監視器

拍到鬼影。

2. 二〇一六年七月，Facebook 上出現一張機車嚴重撞擊的照片，畫面中看似出現天使或罹難者的靈魂。

3. 二〇一八年，惡名昭彰的戀童癖男性企圖強暴一名十二歲孩童，孩童的母親見狀後，持獵槍轟掉他的大腦。

4. 根據美國總統川普的說法，中國和印度是全球碳排放量最大的國家。

5. 美國總統川普指出，全球冰帽面積創新高。

6. 據說世上有個二公尺高的無臉半人妖怪，俗稱「瘦長人」（Slenderman）。他的手臂上長著觸手，平時喜歡悄悄地跟蹤人類、愛吃小小孩，並透過心靈感應與人類僕人（稱為「代理人」）溝通。

7. 一名學生將至今無解的統計問題誤當成學校功課，不小心解出了答案。其中一題是繼愛因斯坦之後，從未有其他數學家成功破解的方程式。

8. 美國前總統歐巴馬的官方肖像暗中藏著他的精子細胞影像，像是他的額頭上就藏了一張。

討論題

1. 請閱讀以下段落，並回答下列問題：

（1）短文中含有論證嗎？

（2）如果有，那是演繹論證還是歸納論證？

（3）如果是演繹論證，論證中有你熟悉的邏輯形式嗎？如果有，是哪一種形式？

（4）就論證的標準來看，算是好的論證嗎？考古學是否有相關證據足以支持《聖經》所述的大洪水？

如果五、六千年前，一場大洪水殲滅了全人類，只有方舟上的八個人存活下來，在考古記錄上必定會留下充分且清楚的證據。人類歷史會戛然而止，出現明顯的空窗期。我們會看到這場災難所造成的破壞，洪水前人類群聚地區勢必會留下殘存的遺跡⋯⋯可惜，就算人們對大洪水的討論再熱絡，全世界只有八人倖免於難的這件事，在人類文化演進的考古文獻中找不到任何線索。

——肯尼斯‧費德（Kenneth L. Feder），

《騙局、迷思與疑雲》（*Frauds, Myths, and Mysteries*，暫譯）

2. 以下論證中，每個論點皆已編號。請閱讀論證內容，指出每個論點所扮演的角色，例如前提、結論、問題、範例或實例、背景資訊、前提或結論重述。

[1] 全球暖化是真實存在的威脅嗎？ [2] 抑或只是愛樹的環保狂人極力宣傳而甚囂塵上的話題？ [3] 小布希總統顯然認為全球氣候變遷只是幌子。[4] 但是最近他的執政團隊證實了幌子之說並非事實。[5] 他的執政團隊針對全球暖化發布了《2002年美國氣候變遷因應行動報告》（U.S. Climate Action Report 2002）。[6] 對於「全球暖化是子虛烏有的說法，我們不需庸人自擾」這樣的觀點，該報告未提供任何支持證據，[7] 反而指出全球暖化絕對是真實現象，若忽視其重要性，將會造成嚴重後果。[8] 舉例來說，全球氣候變遷可能在美國本土造成熱浪、缺水、極端天氣型態等問題。[9] 這份報告獲得其他許多研究報告支持，其中不乏極具影響力的聯合國相關報告。[10] 小布希總統，希望你明白，全球暖化正在發生。[11] 全球暖化就和現實生活中發生的颶風和暴風雪一樣，無庸置疑。

3. 請看以下兩個類比論證，哪一個的效果比較強？為什麼？

　　（1）宇宙就像一支錶，萬物皆有安排，雖然過程令人費解，但終將會有結果。每支錶都有專屬的設計師，因此宇宙也是造物者精心設計的成果。

　　（2）宇宙就像有生命的活體，萬物不斷循環、各司其職，維持其自身與整個宇宙的運作。活體源於自然繁殖，因此宇宙一定是自然形成的產物。

實際演練

　　請從校刊或文學雜誌的「讀者來信」部分，挑選一封內含至少一個論證的信函，並從信中找出結論及識別各項前提。接著，重新審視所有信件，找出一封毫無論證的讀者意見，重新改寫，使內容至少具備一個論證。試著盡量保留原信件內容，主題維持一致。

批判性閱讀與寫作

1. 閱讀下方短文，並回答下列問題：

　　（1）短文的主張（結論）是什麼？

　　（2）短文使用了哪個或哪些前提支持結論？

　　（3）這是演繹論證還是歸納論證？

　　（4）假設前提為真，這算是理想的論證嗎？

　　（5）你相信反向語言存在嗎？為什麼？

2. 請以兩百字的篇幅回答以下問題：什麼樣的證據能說服你同意反向語言確實存在，並相信它在法庭上是拆穿謊言的利器？請詳盡解釋為何該證據能說服你接受有關反向語言的主張。

　　短文：過去幾年間，研究人員大衛・奧茲（David Oates）不斷宣傳他發現的有趣現象。奧茲宣稱，所有人類語言都在無意間隱藏

了訊息，只要將正常講話的內容錄下來，反向播放就能發現。奧茲已多次在個人著作（Oates 1996）、報章雜誌、廣播節目上談過這種反向語言現象，甚至還上過賴瑞・金（Larry King）和傑拉多・里維拉（Geraldo Rivera）的電視節目。他的公司 Reverse Speech Enterprises 專營反向語言業務，以此營利……

我們認為，沒有任何科學證據足以支持反向語言的相關論述，或是奧茲所提倡的在法庭等類似場合使用反向語言來測謊，這根本毫無效果及根據……

宣稱某一現象存在，就應負起證明的重責大任。就我們所知，目前尚無任何實際探討反向語言的期刊論文通過同儕審核，且足以佐證。如果反向語言真的存在，至少科學界會將公開發表這項重大發現，並提出具公信力的論述。然而至今仍無資料支持反向語言，也未證實奧茲所說的現象與用途。雖然反向語言網站從「研究報告」中擷取了相關說法作為證據，但我們仍舊無法肯定，奧茲是否確實做了任何學術或實證方面的嚴謹調查。

第4章

知識、信念與證據

英國哲學家法蘭西斯・培根（Francis Bacon）在他的經典著作中疾呼「知識就是力量」，從此世人奉之為圭臬。[1] 有知識的人比缺乏知識者更可能達成目標，因為他們的觀點立基於現實，而非幻想、幻覺或妄想。他們的計畫較有可能成功，因為他們憑藉知識預先了解會有哪些阻礙，進而設法克服。預測和控制是生存的關鍵，而知識正是一個人得以預測和控制的重要因素。

知識之所以寶貴，不僅是因為效用，而是知識本身就彌足珍貴。我們渴望了解萬物的道理，不過這股探尋知識的欲望並不全然出於務實考量。我們想理解事情，很多時候只是單純想要理解，如同美德一般，它本身就能為我們帶來好處。解開謎題、發現真相、洞悉事實，都是能振奮人心的美好經驗。

> 追求理解的熱忱與喜愛音樂的心一樣熱烈。
> ——愛因斯坦

有鑑於達成目標及理解世界皆需知識輔助，我們最好還是先搞清楚知識的定義及獲取方式。

巴比倫人獲取知識的技術

　　人類對知識的渴望，尤其是了解未來的渴望，促使人們發展出許多獲取知識的奇特技術，例如巴比倫人發明的占星術。這種探求知識的技術歷史悠久，細膩講究。不過占星術並非巴比倫人最主要的預言方法，甚至還談不上偏好的方法。在各種預言方法中，最獨特的莫過於**肝卜術**（hepatoscopy，透過觀察肝臟來占卜的技術）。[2] 巴比倫人已知血液是生命不可或缺的重要元素，因而認定肝臟（最多血液的器官）是生命力匯聚之處。他們相信，只要在祭天時獻上這種寶貴的器官（通常使用羊肝），天神就會像他們揭示未來，作為獎賞。至於為何巴比倫人認為天神會用這種方法回報人類，不得而知。不過他們深信，獻祭後的肝臟所展現的任何特徵（形狀、血管、分葉等）都能預示未來。只要觀察這個器官，從農業到軍事等大小的問題都能得到解答。

　　美索不達米亞文明將肝卜術視為獲取知識的技術，認為其效果卓絕，只有國王和貴族有權使用。先知檢驗獻祭後的羊肝是一種莊嚴隆重的行為[3]，不過他對肝臟的詮釋並非完全仰賴主觀判斷。肝臟一旦出現特定特徵，即視為特定事件的象徵。巴比倫人在泥板上描繪羊肝，有系統地將這個知識記載下來，傳承給下一代的肝卜師。雖然有超過七百片記載著肝卜預言的泥板流傳至今，卻沒有任何一片泥板解釋了羊肝特徵和人類事件的對應關係。[4]

　　如今肝卜術早已乏人問津，但巴比倫人發明的另一種占卜方法仍相當風行，那就是占星術。光是美國就有超過一萬個專業占星師。占星術比肝卜術多了什麼優勢呢？第一，占星術乾淨多了，不怕弄髒手；第二，人們的出生日期和地點比羊肝更容易取得。還有另一項決定性的差異，那就是占星術會指出天象（恆星與行星）與實

我不信星座那一套，像我是射手座，但大家都很懷疑。
——作家亞瑟·克拉克
（Arthur C. Clarke）

際事件之間的因果關係，相較之下，肝卜術中的肝臟只是記錄事件的載具而已。

巴比倫人認為天體的運行狀況會對人類產生影響，不過現今有許多人不贊同這個觀點。根據巴比倫人的說法，影響我們生活的七大「行星」（太陽、月球、水星、金星、火星、土星、木星）是不同天神的組合，而每個天神造成的影響各異。[5]如今，占星師希望以更科學的說法來解釋天體的影響，遂將這股無形的影響力稱為重力或磁場。但是，不管是遠古的巴比倫人還是現代的占星師，皆未解釋天體和人類間的因果關係是如何形成。我們能否假設，巴比倫人參考統計調查的結果，才建立起個人特質與天體位置的關聯？若非如此（未基於任何可靠證據），我們為何需要認真看待？如果占星術只是巴比倫的幾個祭司憑空想像出來的產物（肝卜術照理說就是這樣），這真的能視為知識來源嗎？要回答這些問題，我們需先探討知識的組成要素。

> 預測是很困難的一件事，尤其是預測未來。
> ——物理學家尼爾斯·波耳（Niels Bohr）

命題知識

我們了解許多事情，例如我們知道是誰把我們扶養長大、自己最中意哪雙球鞋、痛是什麼感覺、怎麼閱讀文字，以及鴨子的叫聲。這些例子中，知識探討的對象（目標）不同。在第一個例子中，我們知道的知識與人有關，第二個例子是關於物品，第三個例子是經驗，第四個例子是活動，第五個例子則是牽涉到事實。由於這本書的主題是想讓你了解如何找出事實，因此探討的知識主題與第五個例子的類型相同。

關於事實的知識即「了解事件本身」的知識，又稱為**命題知識**（propositional knowledge）。人類史上首次（也是最重要的一次）嘗試界定命題知識的特性，可見於柏拉圖的對話錄《美諾篇》

（*Meno*）。在書中，蘇格拉底說：「我確信，指出正確意見和知識有所不同，並非只是全然猜測。我很少宣稱自己了解什麼事情，但至少這件事我可以確定。」[6]柏拉圖想要表達的是，雖然正確的意見（真實信念）或許是構成知識的必要條件，但只有這樣不夠；換言之，知識不僅止於擁有真實信念。

「知識」一詞在嚴謹使用的情況下，暗示著三件事：事實、證據和信念。
——神學家理查·惠特利
（Richard Whately）

真實信念是構成知識的必要條件，因為我們無法了解錯的事情；如果真正了解一件事，我們就不會相信該事有誤。例如我們無法了解 2+2=5，因為 2+2 不等於 5。換句話說，我們無法了解與事實不符的事。同樣地，如果我們了解 2+2=4，就不會相信這個算式錯誤。了解某事是事實，意味著相信該事為真。[7]

光有真實信念還不足以構成知識，原因在於，我們可能擁有真實信念，但未獲得知識。思考以下情況就能理解這點。假設你相信現在香港正在下雨（假設真的在下雨），這能代表你知道香港正在下雨嗎？除非你有很好的理由，否則都不能算是真正知道，因為在這個例子中，你相信香港在下雨，不過只是幸運猜中事實而已。由此看來，我們似乎需要對相信的事情提出好的理由，才算擁有知識。柏拉圖曾對此表達相同的看法。在《美諾篇》中，蘇格拉底告訴美諾：「真實意見是很美好的事情，只要意見能長久留存，就能帶來許多好處。只是這些意見都不長久。意見在人的腦中稍縱即逝。唯有找到充分理由，將意見牢牢固定，意見才具有價值……意見被綁住之後，才能變成知識。」[8]對柏拉圖而言，知識是立基於事實的真實信念，而信念的基石就是我們所根據的理由。

然而並非所有理由都能為信念奠定穩固的基礎。舉例來說，在法庭上，間接證據的採用率就比不上目擊者證詞。那麼，理由必須達到什麼水準，才能為信念立定穩健的基礎？我們必須檢視理由成為證據時所扮演的角色，才能回答此問題。

理由與證據

　　理由能提升命題成真的機率；理由越是可信，其所支持的命題越有可能為真。不過擁有能提升命題成真機率的理由，還是不足以讓我們宣稱自己了解命題。假設地質學家發現某種岩層，暗示附近的坡地可能蘊藏黃金。他可以合理宣稱那片坡地蘊藏黃金嗎？不行。即使那裡真有黃金，他的主張也只是一種猜測——或許是有根據的猜測，但終究還是猜測。不管是靠運氣還是有所依據，猜測都不能構成知識。

　　那麼，確定性（certainty）是構成知識的必要條件嗎？想要了解命題，我們是否必須要有充分理由，證明命題不容置疑？有些人的確這麼認為。舉個例子，假設你和其他一百萬人各自買了樂透，你的中獎機率是百萬分之一，也就是 0.000001%。因此，你有大好的理由相信你會空手而歸。但你**知道**你會輸掉賭注嗎？似乎並非如此。

　　然而，要是必須確切無疑才能稱為知識，我們所知道的事情將寥寥無幾，因為很少有命題是全然無庸置疑的。你或許會反對，認為自己的確知道許多事，例如你現在正在看書這件事。但你真的確定嗎？你會不會正在做夢？你有沒有過一種經驗，夢中的你真心相信自己的認知都是事實，就像現在你很篤定自己正在看書一樣？如果你有過那種經驗，那麼能百分之百確定的事情就不多了（除了你正在思考的這件事，誠如笛卡兒的名言）。

> 懷疑一切或相信一切同樣省事，兩者都排除了反思的必要。
> ——數學家亨利・龐加萊（Jules Henri Poincaré）

　　在現實中有很多可能的情況無法百分之百被排除，都會破壞我們對事情的確定性。例如，你可能活在電腦產生的夢境中，就像電影《駭客任務》所描繪的世界。或是，你可能剛吞下一種藥丸，大腦神經的運作與看書時一模一樣。又或者，你可能正在造物者的控制之下，透過心電感應將思緒直接傳送到你的大腦。如果這

些可能的情境成真，此時此刻的你就不是在看書。命題要能不容置疑，以便使人能夠了解，那麼知識的範圍大概得嚴格限制於消失點（vanishing point）之前才行。

我們無法了解不確定的事情——這個觀點經常受到**哲學懷疑論者**（philosophical skeptics）擁戴，他們認為大多數人對於知識（自己所了解的事物）的範圍都懷有虛華的幻想。為了捍衛自己的立場，哲學懷疑論者時常舉前述的樂透例子來說明，暗示只有確鑿的證據能給予我們知識，但這類型的例子有很多其實會造成反效果。地球上有人居住、母牛生產牛奶、水降到攝氏零度會結冰，諸如此類，這些都是我們聲稱了解的命題，但這些命題不一定全然無庸置疑。有了這些反例，哲學懷疑論者還能合理宣稱他們**了解**「不容置疑的事情才是知識」嗎？不行，除非他們能確定「不容置疑的事情才是知識」，否則他們無法真正了解這項主張（別忘了，哲學懷疑論者宣稱人只能了解確切無疑的事情）。他們無法確定「不容置疑的事情才是知識」這件事，因為前面舉的反例已給我們很好的理由，我們大可懷疑他們的主張。

偉大的智者都慣於懷疑。
——哲學家尼采
（Friedrich Nietzsche）

如果確定性並非知識的必要條件，那麼，需有多少證據才算充分？不必多到讓主張不受**任何**懷疑，但必須不受**合理懷疑**所駁斥。懷疑有其適度門檻，過了這個門檻之後，懷疑便不再合理（雖然還是可能有人懷疑）。例如「我們的大腦可能受外太空的外星人所控制」，僅以個人感受為證據來駁斥這項主張，不足以構成不受懷疑的理由。單純認為主張有可能有錯，也不足以作為合理懷疑的理由。因此，若要真正獲得知識，我們必須擁有充分證據；若我們的證據能使探討的命題成功克服合理懷疑，才算是充分的證據。

一旦命題能提供最佳解釋，就不會因為合理懷疑而受挫。我們在第六章會詳細說明何謂最佳解釋。現階段要先知道，主張不需具

備特定的成真機率才能摒除合理懷疑，而是必須比其他競爭或對立的主張能更好地解釋證據。

我們無法百分百確定自己並非活在《駭客任務》的世界，但我們大可相信事實是如此，因為電影主張的假說並未提供符合我們感官經驗的最佳解釋。首先，電影假設我們的感官是由電腦直接模擬大腦的電子訊號所引發，不像我們目前所接受的假說（感覺是經由實際物體的刺激所引起）那樣簡單直接；其次，與其說是解惑，電影反而提出了更多疑問；第三，電影所提出的預測是無法檢驗的。我們接受假說的程度，取決於該假說能帶來多少理解；我們的理解程度則取決於該假說如何將我們知識整合並系統化。由於實際物體的假說比電影的假說更能有效地整合我們的知識，因此我們有更充分的理由相信自己並非活在《駭客任務》的世界。

若能證明某人的犯罪行為，說服眾人不再對其罪證提出合理懷疑，就能理所當然地認為某人有罪。同樣地，要是能確定某一命題真實無誤，

無知不是福，是愚昧。
——作家菲利普・韋利
（Phillip Wylie）

在合理懷疑的範圍內站得住腳，我們就能理直氣壯地相信該命題。但是，有理由相信命題，並不保證該命題為真；有理由證明某人有罪，不保證那個人確實犯下了罪行。在檢驗與論證的過程中永遠有可能百密一疏，**撼動**原本理所當然的正當理由。我們並非全知全能，永遠無法確認是否已完整檢視所有相關證據。不過，如果我們有相信命題的大好理由，就有理由**主張**該命題為真；這種情況下，我們絕對有理由**主張**自己了解該命題。即便該主張可能有誤，但我們擁有的充分理由讓我們有權利提出主張，而不會因此顯得失當。

如果我們沒有充分的理由相信命題（即有充分理由抱持懷疑態度），就沒有權利主張自己了解該命題。要是我們掌握了足以反駁的證據，就有理由合理懷疑該命題。舉個例子，假如我們現在注視著一面看起來是粉紅色的牆，但旁人卻說房內沒有任何一面牆是粉

紅色的，或牆上其實有盞紅燈在閃爍。針對這種情況，認識論學家
厄內斯特·索薩（Ernest Sosa）如此解釋：

> 接受任一說詞後，如果仍相信眼前是一面粉紅色的牆，
> 就會失去自我辯護的立場——因為我們將理性一致（rational
> coherence）視為整體的最高指導方針，就算兩種說詞都錯，只
> 要有充分理由接受任何一種說詞，就沒有正當立場去相信牆是
> 粉紅色的。[9]

換言之，如果有充分理由相信命題為假，即使所有感官證據都
指向命題可能屬實，我們還是沒有立場相信命題為真。當兩個命題
彼此衝突時，我們知道其中一個必定有錯。確定兩者的真偽之前，
我們都無法主張自己了解其中任何一個命題。因此：

**當某一命題與我們有充分理由相信的其他命題相互衝突時，我
們就有充分理由去懷疑該命題。**

當某一命題與另一高度可信的命題有所衝突，我們就有合理的
理由質疑前者。一旦我們有理由合理懷疑，該命題就無法產生知識。
於是，追求知識的過程勢必得排除不一致的
信念。當下的觀察結果發生衝突時（例如看似粉紅
色的牆面），我們很容易找到錯誤之處，通常只要
更仔細觀察即可。當衝突涉及無法直接確認的命題
時，要想找出其中錯誤就會比較困難。

偶爾對長久以來視為理所當
然的事情打上問號，是一件
有益的事。
——哲學家羅素

有時候，我們觀察到的資訊或他人告知的資訊，難免會與我們
既有的背景資訊相互衝突。背景資訊是指具有充分根據的信念所構
成的龐大系統，其中大部分資訊都是所謂的「常理」，我們的想法
和行動都是在此系統的引導之下產生。發生這種衝突時，我們就必

須判斷新資訊的可信度是否足以讓我們放棄部分原有的信念。當我們無法直接確認某個主張的真偽，評估其可信度的方法之一，就是判斷接受該主張所伴隨的風險。在其他條件相同的情況下：

命題與我們的背景資訊衝突越多，我們越有理由質疑。

信念系統的結構可比喻為一棵樹。信念猶如樹枝，彼此之間相互支撐。粗大的樹枝比細小的樹枝能支持更多枝葉，同樣地，基礎信念比附屬信念能支持更多信念。接受某些可疑的主張，就像剪去細枝，只要放棄次要的信念即可；但有時接受某些主張，會像砍下枝幹或甚至一部分主幹，需要放棄某些核心信念。

舉例來說，看完夜間新聞的天氣預報後，你相信隔天會豔陽高照，但隔天上班時，你很信任的朋友告訴你下午會下雨。朋友的預報資訊與你前一晚收看的氣象預報不一致，但考量到天氣本就易變，而且朋友看的氣象預報或許更新，因此朋友的說法並非全然不合理。你甚至決定聽從朋友的說法，改變原本對天氣的想法。這類改變不會對你的整體信念系統造成太大影響，因為你對天氣的想法本來就很單純，並沒有與其他信念盤根錯節。

懷疑會隨著知識而增加。
——詩人歌德

假設有人宣稱不必開門就能穿牆而過，就可信度來看，這假設屬實的機率幾近於零，因為這與我們原本對物理世界的認知產生許多衝突。有別於上面那個天氣預報的例子，你大概會不假思索地否決這項主張。因為一旦真有人可以穿牆，你的信念系統將會天搖地動，許多信念將一夕崩盤。

假如「穿牆人」願意提供支持其主張的證據，例如當場示範穿牆能力，至於要穿過多少道牆、走過多少棟建築物，全由你決定。如果他／她真能反覆穿牆，你就別無選擇，必須重整自己的信念系

信念倫理

「每個人都有表達意見的權利」，雖然是老掉牙的陳腔濫調，但每個人都有權利相信自己想相信的事情。這是千古流傳的道理，不是嗎？我們可以或不可以相信哪些事情，完全沒有限制嗎？牽涉到實際行動時，某些信念是否不合乎倫理道德呢？出乎意料地，許多人認為，礙於道德義務，我們不應該從事某些行為，所以也不應該相信某些不合乎道德的事。在這些人之中，數學家克利福德（W. K. Clifford）最極力推崇此觀點，他表示：「證據不足就貿然相信任何事，不管何時何地，都不恰當。」[10] 還有其他人也抱持類似看法，例如生物學家赫胥黎指出：「如果一個人宣稱確定任何命題的客觀事實無誤，除非他能提供充分證據，從邏輯上證明此客觀事實無誤，否則該行為都有失允當。」[11] 哲學家布蘭德‧布蘭沙德（Brand Blanshard）明白表示：「一旦涉及人性善惡，出於任何一種可避免的原因而扭曲了信念，都是不道德的行為，而且越不道德，風險越高。」[12] 以上這幾位名人都認為，信念不能勝過證據——因為行為

統。但要是他／她只能在他／她所控制的特殊情況下順利穿牆，你就沒有太多理由需要調整信念，因為你無法確定穿牆是否只是一種表演手法。

智慧根源於懷疑；心中有懷疑，我們便懂得提出疑問，而在追尋答案的途中，我們可能就會發現事實。
——神學家皮耶‧亞伯拉
（Pierre Abelard）

我們遇到的各種可疑主張，大多落在天氣預報和穿牆等極端案例之間，通常不會過分無法無天，讓人想立刻回絕，充其量只是缺少一些有力證據，無法輕易說服人接受。面對這類命題，我們該抱持什麼態度？答案是：有多少證據就相信多少。換句話說：

出於信念，如果信念有誤，行為就可能偏離正道。誠如布蘭沙德指出，越是重要的決策，我們越有義務維持信念與證據的一致性；若無法確實做到這點，做出越重要的決策，可能犯下的罪過就越重。

如果信念涉及或影響的事情不是太重要，我們或許會覺得相不相信都沒有差別。但克利福德表示，即便是微不足道的小事，我們還是有義務視證據多寡調整信念：

> 每當我們出於不適當的理由而相信某事，等於是在弱化自我控制、適時懷疑和客觀權衡證據的能力。我們會因為捍衛及支持錯誤的理念，以及該理念所引發的錯誤舉動而遭受嚴重打擊……然而，要是一個人習慣了因不適當理由而相信某事，要是這種輕信事物的習慣被培養起來，成為人格的一部分，就會產生更嚴重、影響範圍更廣的邪惡。[13]

根據克利福德的說法，只要不斷練習，就能養成為信念負責的能力。由於這是為行為負責的必要條件，我們每個人都有義務發展這項能力。

一旦有充分理由懷疑命題，我們就應該根據證據多寡來調整信念的強度。

掌握多少與命題相關的證據，就對命題付出多少信任。

命題成立的機率從零（例如「人類可穿牆」）到一（例如「天氣不是下雨就是沒下」）都有可能。同樣地，我們對命題的信念可能從完全不相信到全心接受，皆有可能。如果命題很有可能屬實，我們應該強烈相信，反之則不該相信。命題需要與機率相互匹配，原因在於，如果信念強度與證據強度不符，錯誤的機會就會大幅提

高。每個屬害的賭徒都會這麼告訴你：計算出來的機率誤差越大，越有可能輸錢。可惜的是，很多人不擅長「賭」，尤其是在衡量命題為真的機率時，更是相形見絀。因為這樣，我們最後才會誤信各種荒誕不經的怪事，卻提不出任何好的理由。

專家意見

哲學家羅素深切意識到，依據證據多寡決定是否相信一項主張，對許多人來說是一件困難的事。為了改善此情況，他建議人們遵循這項原則：「在沒有任何正當理由認定命題屬實之前，切忌斷然相信命題。」[14] 羅素認為，「如果這個想法變得普遍，我們的社會和政治環境可能會完全改變，」屆時我們不僅需要推翻許多長久以來

珍視的信念，而且「先知、出版商、主教和其他靠回應非理性願望維生的人，收入很有可能因此減少，因為未做任何努力卻渴求好運致富的人都是他們的收入來源。」[15] 更進一步來說，此建議有助於大幅減少不必要的苦難。

羅素指稱，接受以下命題，就等同於採用他的建議：

（1）當專家意見一致時，便不能認為反面論點確鑿可信；（2）對專家意見分歧時，非專業人士不能認為任何意見是確鑿可信的；（3）當專家都認為沒有充分根據足以支持正面論點，一般人最好別妄下定論。[16]

羅素堅信，如果人們能依循以上準則來建構信念，世界將會截然不同。

這些提議或許看似溫和，但要是能普遍獲得採納，人類的生活必能徹底改頭換面。

人們願意挺身捍衛的，或是會使人受到排擠迫害的各種意見，皆可歸納為以上任一類型，而這正是懷疑論者所譴責的事情。當意見有合理的根據支持，人們會心滿意足地提出這些根據，讓這些根據自行辯護。在這種情況下，人們表達意見時不會展現熱忱，而是冷靜地堅持己見，平靜地述說理由。人們願意付出熱忱捍衛的意見，永遠是缺乏正當理由的那種。從此角度來看，的確能以熱忱衡量一個人是否缺乏理性判斷，一頭熱地相信某種意見。[17]

遺憾的是，羅素似乎說得沒錯。很多時候，認同度和證據之間的關係似乎與理想背道而馳，亦即支持命題的證據越少，人們越是深信不疑。羅素也體認到，這種情況對和諧的人際關係有害無益。

為避免擁護立論不足的信念，請務必培養**常理懷疑**（commonsense skepticism）的觀念，裨益思考。有別於哲學懷疑論，常理懷疑不質疑所有未確定的事情，而是質疑所有缺乏充分證據的事情。除非事情具有充分正當的理由，令人信服，否則具備常理懷疑觀念的人都不會全盤相信，而會依據證據多寡決定信念強度。

> 唯有人類停止相信荒謬事物，暴行才會終止。
> ——哲學家伏爾泰（Voltaire）

羅素認為，以客觀公正的眼光看待專家的評論，是培養常理懷疑的方法之一。我們不應無條件聽從專家的意見，認為他們永遠正確。事實上，專家不一定正確。不過專家比我們更有可能正確，因為他們在一般情形下比我們掌握更多資訊。另一個原因則是他們通常比我們更懂得判斷資訊。例如他們知道哪些觀察結果稱得上準確，哪些測試有效，哪些研究值得信賴。由於他們比我們通曉更多知識，他們的判斷通常更值得信任。我們可以這麼說：

如果命題與專家意見有所衝突，我們就有正當理由質疑該命題。

只有當探討的命題符合專家的專業領域，專家意見才會比我們自己的意見更有分量。出了專業領域，專家的言論就和其他任何一般人一樣。遺憾的是，每當專家評論他們不甚了解的事物，社會大眾通常還是會將他們的意見奉為聖旨般重視。

舉例來說，克萊夫・巴克斯特（Cleve Backster）是 FBI 最頂尖的測謊專家。有天，他坐在辦公室裡，心血來潮決定幫蔓綠絨測謊。幫植物裝上測謊機後，他決定點火燒掉其中一片葉子，看看會發生什麼事。正當他腦中浮現點火的想法，測謊機出乎意料地出現劇烈反應。於是巴克斯特認為，他的蔓綠絨與他心有靈犀！他又陸續做了幾次實驗，並將實驗結果寫成文章〈植物具有基礎感知能力之證據〉（Evidence of a Primary Perception in Plant Life，暫譯）[18]。這一系列實驗全都收錄於彼得・湯京士（Peter Tompkins）和克里斯多福・柏德（Christopher Bird）在一九七五年出版的著作《植物的祕密生命》（*The Secret Life of Plants*）。這本書在全球熱銷大賣，世界上有許多人因此開始對家中的植物說話，並且放音樂給它聽。然而科學家試著重現巴克斯特的實驗結果，最後都以失敗收場。[19] 事實顯示，巴克斯特的實驗並未在嚴格的條件控制下進行。他或許精通測謊機的使用方法，但這無法保證他也熟知科學驗證的方法和植物生理學。這個例子告訴我們：

某人或許是某領域的專家，不代表他／她也精通其他領域。

人們容易誤以為專家就該精通所有領域，也容易將門外漢誤認為專家。尤其是在面對「知名」專家時，這兩種傾向更為顯著。你或許看過一支藥品電視廣告，廣告中的主角這麼說：「我不是醫

生，但我在電視節目中飾演醫生，我推薦⋯⋯」在電視節目中飾演醫生，不代表他擁有醫學專業背景。因此這名演員所給的任何醫藥建議，我們都不應認真看待。

將非專家的意見視為專業見解並加以引用，是犯了**訴諸權威**的謬誤。之所以形成謬誤，是因為這類意見不但無法如預期地提供有力證據，反而試圖騙取我們的信任，要我們相信證據的品質。為避免上當受騙，我們需要先了解成為專家的條件。

現代人的問題並非一無所知，而是知道太多，只是事實往往不是他們所想那樣。
——作家亨利·惠勒·蕭（Henry Wheeler Shaw）

和《綠野仙蹤》故事所敘述的不一樣，任何人不是擁有一張特別的「紙」就能成為專家。那張「紙」從何而來也很重要。如果有人畢業於火柴盒上廣告的教育機構，他／她的意見大概比常春藤聯盟的校友更不值得信賴。不過，就算擁有知名學府的學歷，也不一定就有資格稱為專家，尤其是從未在特定領域實際執業者，其相關發言也不應視為專家意見。要能展現可靠的**判斷力**，才有資格擁有**專家**的頭銜。想成為別人眼中的專家，你必須展現正確解讀資料的能力，並且有辦法提出足以支持結論的證據。換句話說，你必須證明自己有能力在特定領域中分辨真假。光有好看的學歷，卻無法正確做出判斷，終究無法稱為專家。一個人的判斷能力是否夠水準，可以參考同儕給予的評價。擁有權威地位或是得過知名大獎的人說的話，勢必會比沒有這些成就的人更容易取信於人，這種差別通常來自於智識美德（intellectual virtue）的象徵。

所有證詞都一樣，只有在公正不偏頗的情況下，專家證詞才有公信力。倘若有正當理由讓人相信，專家的發言背後還有尋求事實以外的其他動機，我們就有正當理由質疑該專家的說詞。如果專家擁護某特定立場能為他／她帶來好處或造成損失，該專家的證詞就不應輕易採信。一旦言論涉及利益衝突，我們就有理

專家要能了解其專業領域可能發生的嚴重錯誤，並熟知防範之道。
——物理學家維爾納·海森堡（Werner Heisenberg）

由合理質疑。當我們要參考他人意見時，務必看清楚該「專家」的立場是否有任何偏頗之處。

羅素指出，任何與專家意見相違逆的命題都無法確鑿無疑。更重要的是，專家的可靠意見提供了我們合理懷疑的理由，因此我們無法了解任何與專家意見相左的命題（除非我們能在合理懷疑下證明專家的說法錯誤，則另當別論）。在面對稀奇古怪的言論時，以上這些衡量標準就非常有參考價值。涉及這類事物的主張和信念，通常和專家意見背道而馳。一旦兩者發生衝突，我們便無法聲稱自己了解怪誕事物。我們可以相信怪事，但是在缺少充分證據證明專家說法有誤的情況下，我們無法真正了解怪事。要是這樣還宣稱自己了解怪事，那麼，真正的「怪事」恐怕是我們自己。

知之為知之，不知為不知，是知也。
——孔子

一致性與正當理由

一般來說，如果命題有違我們的背景資訊和信念系統，我們就沒有正當理由相信該命題。由此可知，一致性是促成正當理由的必要條件。但我們同樣要問，這樣就夠充分了嗎？如果命題符合我們的其他信念，我們就有正當理由去相信嗎？很明顯，答案是否定的。命題契合我們的信念，不表示命題一定屬實。

想具體了解這一點，不妨借鏡大衛教派（Branch Davidian）領袖大衛·考雷什（David Koresh）的案例，他在一九九三年發生於教派總部（靠近德州韋科市）的火災事故中喪生。考雷什深信自己就是耶穌基督，他宣稱這是基於他對《聖經》的詮釋。姑且假設事實如他所稱，而且他的其他信念與這個信念相互契合，這就能表示他有正當理由相信自己是上帝嗎？當然不行。就算某人至始至終都相信同一件事，也不代表這件事有可能屬實。

假如除了考雷什本人之外，還有其他人相信他是上帝呢？例如他的教徒深信不疑（這很有可能），這樣就有正當理由相信他是上帝嗎？相信命題的人數會提高命題屬實的機率嗎？答案仍舊是否定的。在知識的領域中，數量多寡無法保證任何事。縱使有許多人同樣相信某件事，仍然無法對其可信度造成任何影響。

如果只因為命題與特定群體的信念吻合，就能當成正當理由，那麼與命題相反的論點也擁有同樣正當的理由，因為可能會有不同的群體相信反論。同理，支持與反對考雷什，是否都具備或可能具備了同樣正當的理由（只要反方論點與某信念系統保持一致性），同樣值得擁護？若是這樣，我們就不能再把正當理由視為可靠的象徵，因為不管命題擁有多少正當理由來說服支持者，其反面論點也會有自己的一套理由。因此，若要將一致性當作相信命題的必要條件，就得付出同樣大的代價。

光有一致性還不足以構成相信命題的正當理由，即使是連貫一致的命題還是有可能立基於非事實之上。連貫一致的童話故事仍舊無法有效說服我們相信它的真實性。正當理由應是通往事實的可靠指引，而事實應以現實為基礎，那麼一致性便不是構成正當理由的唯一必要條件。

知識來源

一般認為，感知（perception）是我們追求事實、了解真相最可靠的指引。我們仰賴感官接收外在世界的大部分資訊，所以把感知能力視為知識的來源，可說一點都不意外。如果沒有可靠的感知能力，人類很難存活至今。但就算這項能力足夠可靠，也不是永遠不會出錯。想想人偶爾會出現錯覺與幻覺，就可以知道感官並非永遠值得信賴。

所有知識都源自於感知。
——達文西

然而錯覺與幻覺只會在特定情況下發生。當我們本身處於迷亂狀態，或是使用的工具、所處的環境阻礙了資訊流通的準確性，我們才會受感官誤導。舉例來說，如果我們受傷、焦慮或服用藥物，眼鏡碎裂、助聽器故障、測量儀器損壞，天色昏暗、環境嘈雜、濃霧籠罩，我們的觀察力就會受到影響。要是我們有充分理由堅信沒有上述這些因素影響感知能力的準確度，那麼我們就有充分理由相信我們所感知的一切。

當「感知」被當作了解外在世界的知識來源，相較之下，內省（introspection）則是認識內在世界的知識來源，亦即我們的心理狀態。有些人認為這種知識來源不容置疑。他們指出，我們或許會誤解許多事情，但我們不會搞錯自己腦中浮現的東西。例如，我們也許會誤以為自己看見的是樹木，但我們不會誤解自己似乎看見樹木這件事。這裡務必要小心，我們或許能正確無誤地知道自己經歷了什麼，但我們可能無法正確無誤地知道它確切的類型。也就是說，我們可能將親身經驗錯誤歸類，或以錯誤的方式描述。例如，我們可能將迷戀的感覺誤解為愛情，認為嫉妒只是羨慕而無傷大雅，或以為自己只是有點不平衡，其實內心早已波濤洶湧，滿腹情緒。由此可知，從內省當下經驗所得到的信念，並非完全不容置疑。

透過內省所形成的信念，若是與具有「傾向」的心理狀態有關，同樣並非不可質疑。縱使當下沒有感覺或做出特定行為，我們還是可能處於特定的心理狀態（例如相信、欲望、希望、恐懼等）。這些心理狀態都具有某種**傾向**（dispositional），當你處於這些狀態，表示在特定情況下容易出現特定的感覺或行為。舉個例子，假如你怕蛇，那麼在看到蛇時，你通常會產生恐懼，甚至直接逃走。遺憾的是，我們面對傾向性質的心理狀態時很有可能會自欺欺人。例如，我們可能自認愛上了某人，但其實是多慮了。或者，我們自認對特定的事物毫無欲望，但其實求之不得。內省有可能出

錯，我們有可能對自己產生誤解，因此就了解個人心理狀態而言，內省並非不容置疑的知識來源。

即便如此，內省仍然有值得信任的時候。我們對於當下心理狀態的描述通常相當篤定，假使發生錯誤，問題往往是出於個人疏忽或注意力不集中，而不是內省的能力。[20] 雖然我們在描述傾向性質的心理狀態時比較常出錯，通常也是因為處在不「正常」的狀態下，才會發生錯誤。在一般正常的狀況下，經由內省形成的信念實則值得捍衛。只要我們沒有理由去質疑內省的結果，我們就能合理相信它。

雖然我們所了解的事物大部分來自內省和感知，我們還是需要仰賴記憶來保留及擷取資訊。這樣來看，記憶也是知識來源之一，只是作用並非產生知識，而是傳輸。記憶與內省和感知一樣，不可能毫不出錯。我們可能忘記親身經歷的某些細節，

> 人人都抱怨自己的記憶力不佳，卻無人抱怨自己的判斷力低落。
> ——箴言作家弗朗索瓦·德拉羅什福柯（Francois de La Rochefoucauld）

或者，自由發展的想像力可能美化記憶。記憶中的事件甚至可能從未發生。心理學家皮亞傑（Jean Piaget）清楚記得，在他只有兩歲時，他的保母曾在香樹麗舍大道上奮勇擊退綁匪。幾年後，保母在信中向他的父母坦承，是她捏造了這整個故事。即使記憶不甚牢靠，但也並非全然不可信。如果清楚記得某件事，只要沒有理由予以懷疑，我們就能合理相信它。

推論也能呈現事情的樣貌，因此也算是一種知識來源。不妨思考一下這個命題：有形狀者皆有大小。我們知道這個命題為真，而且我們不必做任何實驗或蒐集任何資料便能確定。光是透過推論本身，就能得知命題內涉及的概念彼此契合。推論是分辨概念和命題之間邏輯關係的能力。舉個例子，推論能告訴我們，如果 A 比 B 大，且 B 比 C 大，則 A 比 C 大。

有人認為推論跟內省一樣，能正確無誤地引導我們覓得事實。

然而歷史告訴我們現實正好相反。過去許多人認定是不證自明的命題，現在皆已得證是錯誤的想法。事出必有因、每種屬性決定一種類別、所有數學定理都能被證明，這些人們一度認為顯而易見的「真理」，現在都已知並非事實。即使是循著推論的清晰脈絡，最終尋得的不一定都是事實。

但大多數時候，推論都不會出錯。看似理所當然的事情通常不言可喻。若強硬否定命題會得到無法想像的結果，表示該命題原本就是事實，「有形狀者皆有大小」就是很好的例子。了解不證自明的命題，形同相信該命題為事實。如果有人否定不證自明的命題，舉證的重擔理應落在他們身上，由其提供反例予以論證。若辦不到，表示其否決命題的行為缺乏正當理由。如果缺乏相反立場的證據，大可相信推論的結果。

理智之於人類，等同於上帝之於世界。
——中世紀神學家
聖多瑪斯·阿奎納

傳統的知識來源（感知、內省、記憶、推論）無法保證能帶領我們找到千真萬確的事實，因為我們的詮釋可能受到各種因素所影響，而且其中很多因素並非我們所能控制。不過，要是我們沒有理由相信自己受這類因素影響，就沒有理由懷疑這些知識來源所揭示的內容。綜合以上討論，可得到下列原則：

如果沒有理由懷疑感知、內省、記憶或推論所揭示的內容，大可信以為真。

換句話說，在真正證實有誤之前，傳統知識來源都值得信賴。唯有充分理由使人相信這些獲取知識的管道未能正常運作，我們才應加以質疑。

心靈病毒

《自私的基因》（*The Selfish Gene*）和《盲眼鐘錶匠》（*The Blind Watchmaker*）的作者暨生物學家理查・道金斯（Richard Dawkins）認為，某些想法像電腦病毒一樣會危害心靈，癱瘓正常機能。認為「信仰是一種知識來源」，就是這一類想法。

如同電腦病毒一樣，受害者很難察覺內心滋生的心靈病毒。如果你的心靈中了病毒，你很有可能根本不會發現，甚至可能強烈否認。在心靈病毒很難察覺的前提下，你會特別留意什麼徵兆？我的答案是，不妨想像醫學教科書會如何描述病患（一律假設是男性）的典型症狀：

1. 病患通常會感受到一股深層的內在力量，迫使他堅決相信某事千真萬確、不容置疑或符合道德標準。這股信念似乎不是以證據或推論為基礎，但他覺得完全可信，絲毫不需懷疑。醫生把這種信念稱為「信仰」。

2. 病患通常會把堅定信仰、不輕易動搖等表現視為一種美德，即便沒有任何證據支持，也不打緊。他甚至可能覺得，證據越少，越要堅持信念，如此越能彰顯美德⋯⋯

3. 備受「信仰症」困擾的病患可能會堅信「神祕」本身是件好事，認為應享受事實蒙著神祕面紗的感覺，甚至陶醉在事實永遠無法明朗的處境中⋯⋯

4. 病患可能會發覺自己無法容忍相反信仰的支持者，激進一點的病患甚至會試圖殺害他人或以死要脅。面對反叛者（曾與病患擁有相同信仰，但後來選擇離開）或異端（信仰不同支派，支派間或許只有稍微不同，或許大相逕庭），病患也有可能會顯現類似的暴力傾向。對於其他可能對自身信仰不友善的

思考模式，也可能會產生敵意，例如科學推論等具有防毒軟體功效的思維方式。[21]

資料來源：Richard Dawkins, *Viruses of the Mind* (1993), pp. 34–41

訴諸信仰

　　正常來說，**信仰**（faith）是指「非建立在邏輯證明或實質證據之上的信念」[22]。對某事深信不疑，代表儘管（甚或是因為）證據不足，還是義無反顧地相信。基督教作家特土良（Tertullian）曾說：「因為荒謬，所以終究得相信。」[23] 能將輕視證據的態度形容得如此貼切，相信無人能出其右。神學家聖多瑪斯‧阿奎納（Saint Thomas Aquinas）認為信仰高於意見（因為信仰沒有懷疑與否的問題），低於知識（因為信仰缺乏理性根據）。在空有信心的情況下，信念和證據之間的落差是由意志所填補——即使信念未獲得證據支持，我們依然選擇相信。這樣的信念可以是知識來源嗎？不能。因為並非相信某事為真，事情就會成為事實。相信某事無法構成相信的正當理由。從這個角度來看，信仰是不問是非、不在乎理由的信念，而沒有理由支持的信念無法構成知識。

　　訴諸信仰無法帶給我們任何啟發；它或許能告訴我們關於信仰者的某些事，但無從得知與命題有關的任何資訊。假如有人問你為何相信某事，而你回答：「我是基於信仰才相信。」這個答覆能幫助我們評估該信念是否真實嗎？不能。基於信仰而選擇相信，這說法並未提供任何正當理由，反而間接承認了自己毫無立論基礎。出於信仰而相信事情無助於確定命題的可信度，因此信仰不是知識來源。

我尊重信仰，但懷疑才能帶來知識。
——劇作家威爾森‧米茲勒（Wilson Mizner）

訴諸直覺

有些人宣稱，直覺是一種知識來源。我們可能會問：「你怎麼知道他們會結婚？」對方可能回答：「直覺。」但直覺到底是什麼？第六感嗎？聲稱靠直覺知道某事，是指擁有超感官知覺（ESP）嗎？或許吧，但在認真套論這類說法之前，需先有證據證明世上真有 ESP，而且這種能力能引導我們掌握真正的事實。若沒有這些證據，直覺便無法視為知識來源。

當有人聲稱憑直覺知道某事，我們不需認為對方擁有 ESP，反而應認為對方擁有**高感官知覺**（hypersensory perception，HSP）。有些人跟福爾摩斯一樣，感知能力遠比常人敏銳。這些人能注意到別人忽視的細節，因而做出別人認為毫無根據的推論；其實這些證據都在，只是大部分人未曾細心留意。例如，想「憑直覺」知道某對情侶終將修成正果，其實你不必與他們心靈相通，只要注意他們舉手投足間展現的甜蜜舉動，就能據此推斷。

唯一真正有價值的感覺是直覺。
——愛因斯坦

有一起極度引人注目的 HSP 案例與動物有關。一九〇四年，柏林一名退休老師威廉·馮歐斯登（Wilhelm von Osten）宣稱，他的馬「聰明漢斯」擁有媲美人類的智商，似乎能正確計算數學題目、報時，以及正確辨認見過的人的照片。「聰明漢斯」會用踢馬蹄來回答主人提出的問題。牠會認字母，因此主人問牠字詞問題時，牠會透過踩踏馬蹄的方式拼出德文字（踏一下代表 A，兩下代表 B，以此類推）。十三名德國頂尖科學家對「聰明漢斯」進行一連串嚴格測試，判斷牠的主人是否暗中告訴牠答案。無論主人是否在場，牠的表現幾乎一樣出色。因此科學家總結，「聰明漢斯」名符其實，這個現象值得以科學認真深入研究。

然而參與該次調查的其中一名科學家奧斯卡·芬格斯特（Oskar

Pfungst）不相信馬竟然擁有如此超凡的智慧，對於此事依然持保留態度。他之所以懷疑，是因為只要現場的人不知道答案，或「聰明漢斯」看不見知道正確答案的人，牠就無法正確回答問題。芬格斯特得出結論：這匹馬需要某種視覺輔助。但值得注意的是，在場的人並沒有刻意提供暗示。[24]

結果顯示，漢斯能注意人們極其細微的動作變化，藉此了解正確答案。舉例來說，知道答案的人會不知不覺肌肉緊繃，看著漢斯「回答出」完整答案。漢斯會察覺這類緊張的動作，以此為線索。芬格斯特模仿審查委員在不知不覺中出現的舉動，並刻意展現那些肢體動作，因此他不必問漢斯任何問題或下達任何命令，就能引導漢斯做出各種反應。[25]毫無疑問，芬格斯特的實驗結果證明「聰明漢斯」並非智力超凡，而是擁有敏捷的感知能力。

人類從行為察覺細微線索的能力其實不亞於「聰明漢斯」。心理學家羅伯特·羅森塔爾（Robert Rosenthal）曾對此進行深入研究，並設計了以下實驗，試圖了解試驗者透過非口語形式能對受試者產生多少影響。他給受試者看十個人的照片，請他們依成就高低為照片中的每個人評分，+10 代表極度成功，-10 代表極度失敗。他分別挑選實驗用的照片，預期大多數人給的評分最後總和會接近零。試驗者接獲的任務是要複製前一回合的實驗結果。他們的表定時薪為一美元，如果能成功複製前一回合的實驗結果，則可獲得每小時兩美元的薪資。羅森塔爾告訴其中一組試驗者，前一回合實驗獲得的平均分數是 +5；同時告訴另一組試驗者，平均分數為 -5。試驗者不准與受試者交談，他們可以向受試者朗讀實驗須知，但不能談及其他內容。在沒有告知受試者如何評價照片主角的情況下，希望開出高分的試驗者最後的實驗結果，都比希望壓低分數的對照組更高分。[26]其他類似實驗也呈現相同的結果。[27]受試者是怎麼得知試驗

者想要的分數？答案是仔細觀察行為中隱約顯現的線索。你或許會稱之為直覺，但確切來說，是敏銳的感官知覺。

調查 ESP 的研究人員尤其需留意試驗者的這類「暗號」。任何實驗若未能排除這類因素，就無法為 ESP 提供支持證據，因為最後的實驗結果可能會受試驗者的暗號所影響。早期的心靈感應實驗並未考量這些因素，結果往往無法使人信服。美國靈異研究協會（American Society for Psychical Research）首任會長暨傑出天文學家賽門·紐康姆（Simon Newcomb）這樣形容早期的實驗：「民眾逐一從牌堆中抽出一張牌，由感應者隨機猜測每人抽中的牌，結果發現，猜中的比例遠比理論機率多出 1/52。」[28] 然而，如果感應者能看見抽牌的民眾，實驗成功的原因可能是高度敏銳的感知能力，而非超感官知覺。也就是說，這樣的實驗結果無法為 ESP 提供支持的證據。想透過實驗證實超能力，務必排除可以一般正常能力解釋結果的任何可能。

直覺是倉促的推論。
——記者與作家
霍爾布魯克·傑克森
（Holbrook Jackson）

訴諸神祕經驗

除了感官、智力，以及我們汲取知識的各種世俗方法之外，還有一種更直接的事實探尋路徑：神祕經驗。許多人聲稱神祕經驗能繞過正常的認知模式，帶我們「更深層地」洞悉現實的本質。物理學家暨暢銷書《物理學之道》（*The Tao of Physics*）作者弗里喬夫·卡普拉（Fritjof Capra）指出：「東方神祕主義者所關注的是現實的直接經驗，超越智力思考和感官知覺。」[29] 然而當事人通常需要多年的準備和實際磨練，付出龐大的精神和體力，才能獲得這類經驗。這樣的磨練據說能改變意識狀態，因此許多人認為神祕經驗不過是幻想或假象，對此深感不以為然。誠如羅素所說：「從科學的觀點

來看，我們無法辨別斷食後看見天堂以及豪飲後看見蛇之間的差異。這兩者都是處於不正常的生理情況，因此會有不正常的感知表現。」[30]

不過卡普拉認為，神祕主義者眼中看見的現實符合現代物理原則，我們不能輕易否決他們對知識的主張。他表示：「現代物理的主要理論和模型構成我們對世界的理解，內涵連貫一致，而且與東方神祕主義的觀點完美契合。」[31] 神祕主義者與科學家一樣熱衷於追求事實，差別只是科學家運用感官能力探索大自然給予的謎題，神祕主義者則運用個人直覺。卡普拉認為，直得注意的是，這兩種經驗所揭露的現實似乎是相同的。心理學家勞倫斯·洛杉（Lawrence LeShan）也贊同他的看法：

> 物理學家和神祕主義者的途徑不同：他們擁有不同的技術目標，使用不同的工具和方法，抱持的態度也不相同。然而兩者殊途同歸，最後所理解的世界皆具備相同的基礎結構，呈現的現實並無二致。[32]

卡普拉和洛杉的看法顯示，雖然神祕主義者和科學家採取的途徑不同，但殊途同歸，因此他們認為應將神祕經驗視為一種特許的知識來源。[33]

但神祕經驗真的是揭露事實的特殊途徑嗎？現代物理學已證實神祕主義者的論點是正確的嗎？我們必須深入神祕主義者所傳達的現實，探究其本質，才能知道答案。

神祕經驗是令人著迷和驚嘆的非凡體驗，讓人似乎進入一種神祕狀態，彷彿與萬物的根源和孕育之力合為一體。當人們進入這種狀態，似乎就能看透宇宙最深層的祕密，而原本認為真實的事情看起來不過是一場錯覺，並且從那一刻開始深信自己理解了現實的本

如果我們能將感官之門完全淨化，就能感知一切事物的原貌，不受任何限制。
——詩人威廉·布萊克
（William Blake）

神祕主義只不過是在今天想像明天的科學。
——哲學家
馬歇爾·麥克魯漢
（Marshall McLuhan）

質。基督教的神祕學家聖十字若望（Saint John of the Cross）如此形容這種經驗：

> 到最後，我看見神聖環繞，靈魂與神聖物質合為一體。在此朦朧但充滿著愛的知識中，上帝與靈魂交融，莊嚴而神聖⋯⋯這種知識是靈魂與神性在特定的接觸形式下所形成，但由於沐浴在光芒之中，因此並不特別清晰顯著。即便如此，與知識的這般接觸和伴隨而來的美好極其深厚踏實，直入靈魂最深處。某種程度上，此知識具有神聖的本質，蘊含著永不消逝的生命。[34]

對某些人來說，這種天人合一的經驗類似性愛的感受。另一名基督教神祕主義者聖德蘭（Saint Theresa）寫道：

> 我看見天使在我左側不遠處，有著人的形貌⋯⋯我看見他手中拿著黃金長矛，矛頭似乎冒著小小的火焰。他出現後，數次將長矛插進我的心臟，刺穿我的內臟。拔出長矛時，他也一併拉出我的五臟六腑。我的體內像著了火似地充盈著上帝無上的愛。這伴隨著極大的痛楚，使我不禁呻吟。但這盛不可遏的痛楚是如此甜美，如此令人沉醉，讓我捨不得迴避。現在我的靈魂與上帝同在，心滿意足。[35]

聖若望和聖德蘭所說的上帝是《聖經》中的天主 —— 擁有想法、感覺和欲望的個人化存在（personal being）。對他們來說，神祕經驗是與神建構起獨特親密關係所產生的結果。不過他們認為，即使與上帝合而為一，也不會變成上帝。你可能深受該經驗所感動，甚至整個人脫胎換骨，但原本的你不會因此而消滅。在這整個過程中，你終究會保有原本的身分。

然而，不是所有神祕主義者都這樣描述他們的經驗。舉例來

說，吠檀多學派（Advaita Vedanta）的印度教徒不認同神祕結合是指兩人的關係，在他們心中，世界容不下兩個人。他們認為宇宙中只有一種東西，那就是梵（Brahman），而神祕經驗揭示，我們與梵並無不同。學派創始者商羯羅（Shankara）指出：「透過超凡的遠見，他（神祕主義者）了解人與梵之間毫無差異，因為他體悟到梵即為一切。」[36] 根據商羯羅的說法，在神祕狀態中，所有個體、所有差異、所有界線都會消失。現實成了無分野、不可分割的整體。自我與非我之間完全無法劃分，因為自我是一切。你就是神。

商羯羅主張梵是唯一的真實，而且永久不變、永恆不朽。另一個東方神祕主義代表釋迦摩尼指出，現實不斷變動，轉瞬即逝。如同他曾對一名弟子所說的：「世界不斷改變，無事恆久。」[37] 由此來看，釋迦摩尼否定了商羯羅的梵理論。神學家約翰·希克（John Hick）指出：「**真我**（atman，靈魂）永恆不變，無起始亦無結束，是所有人最終的樣貌，但釋迦摩尼的**無我**（anatta，無靈魂）則推翻了這項主張。」[38]

卡普拉不能斷言現代物理學證實了廣泛意義上東方神祕主義所持的世界觀，因為不同宗教的世界觀並不共通。誠如前文所舉例，印度教徒和佛教徒對現實本質的觀念截然不同。事實上，各宗教的世界觀百花齊放。尤其東方神祕主義的世界觀並不一致，和東方各種神祕傳統一樣呈現多種樣貌。因此，聲稱現代物理能證實東方神祕主義對萬物的觀點，實際上與事實有所出入。

即使退一步聲稱現代物理已證實某一確切神祕主義學派的世界觀，也會產生問題。原因在於，若物理證實某一學派的主張正確，其他學派就必定錯誤。那麼，我們該如何解釋基督教的世界觀並不正確？答案會是基督教徒的經驗並未真正牽涉神祕力量嗎？那該如何區分神祕經驗的真假？又或者，答案會是基督徒並未正確詮釋其

親身經驗？這樣的話，應如何分辨哪種詮釋正確、哪種錯誤？一旦承認只有特定的神祕經驗能夠帶來啟示，表示我們揚棄了所有神祕經驗都能產生知識的主張。

再探占星術

　　既然我們更深入了解與知識相關的主張涉及哪些面向，現在我們該如何看待占星術呢？相信人出生當下（時間和地點）的天體位置能掌控其一生的命運，是否有其道理？以下一起來檢視相關證據。

　　承接本章一開始所述，占星術是由巴比倫人所發明，在當時是一種預測未來的方法。他們（以及現在的占星師）相信，所有人的生理和情緒表現並非遺傳和環境所造成，而是由出生當下天體的確切位置所決定。考量巴比倫人對宇宙的了解，這樣的觀點不無道理。所有人都可以看到天體的位置隨著季節更迭連動，因此巴比倫人深信是天體運行造就四季——如果其他天體能控制地球的命運，或許也能掌控人的一生。但是這樣的論點從現代人的角度來看，是否依然合理呢？

我一向將最好的臆測視為最好的預言。
——古羅馬哲學家西塞羅（Cicero）

　　目前沒有證據顯示，巴比倫文明的占星師是透過統計調查，來確立個人特質與天體方位間的關係。他們似乎並未發送問卷，請受試者描述個人特質及填寫出生時間和地點。相反地，他們直接認定在某一行星的時辰或星座下誕生的人，會擁有與該行星或星座同名者、神祇或動物的個性。[39] 例如，牡羊座的人據說擁有公羊的特質，像是勇敢、魯莽、充滿活力；而金牛座的人則會有牛性格，例如耐心、頑固、毅力十足。[40]

科學必須始於神話，從對神話的批判中萌芽。
——哲學家卡爾·波普（Karl Popper）

　　很早以前，羅馬天主教會元老之一的聖奧古斯丁這麼認為，

馬什教堂的奇蹟

　　一九六〇年代早期，哈佛大學並非只有蒂莫西‧利里（Timothy Leary）一人在實驗迷幻藥物。神學研究生沃特‧潘克（Walter Pahnke）也利用藥物探索內心空間（inner space）。然而他最感興趣的主題，是藥物引發的幻覺與神祕經驗之間有何關係。該實驗的參考文獻如下：

　　沃特‧潘克對宗教狂喜（religious ecstasy）的相關記錄與實際經驗深感興趣。他認為家庭主婦最沒偏見，因此訓練她們從記錄文獻中辨識可認定為超自然或狂喜狀態的相關描述。接著，他在一九六二年耶穌受難日當天，請一群神學系學生服下適當劑量的西洛西賓（psilocybin）。之後，這群學生隨即描述各自在藥物影響下的體驗，偶爾參雜其他對宗教狂喜和與狂喜行為無關的描述，由家庭主婦評估他們的告解內容。在這段過程中，家庭主婦完全不清楚學生為何會有這些反應。實驗結果相當令人振奮。家庭主婦將這些學生的大部分描述判定為符合真實的神祕經驗。對此，潘克認為，藥物能模擬許多宗教傳統中超脫世俗的狂喜狀態。這次實驗後來被稱為「聖週五實驗」（Good Friday Experiment），而學生在實驗中的行為則統稱為「馬什教堂的奇蹟」，以潘克蒐集實驗結果的地點，亦即波士頓大學校園中的馬什教堂（Marsh Chapel）來命名。從那時起，便陸續有人從科學角度研究迷幻藥物，探討藥物在宗教狂喜中扮演的角色。不過潘克的研究引起社會譁然，招致不少批評。如果服用化學藥物就能引發與神接觸的經驗，我們該如何面對現已建立成熟制度的宗教以及所有相關儀式？[41]

如果天體真能決定人的命運，同一時間、地點誕生的人理應會擁有相同的人生。當他知道某個奴隸和某個貴族在同樣的時間和地點誕生，但兩人的生活有如黑夜與白晝般截然不同，他就毅然決定不再相信占星術，轉而加入公開批判占星術的陣營。對他來說，那兩人提供了總結式證據，證實人的命運並非星象所能決定。

到了現代，許多人曾試圖借助統計的力量，驗證占星術的預測是否可信，但從未有人成功。心理學家佐斯尼（Leonard Zusne）和瓊斯（Warren H. Jones）如此描述這類研究：

> 一九三七年，法恩斯沃斯（Farnsworth）查驗兩千位知名畫家和音樂家的出生日期，試圖檢驗藝術天分是否與上升星座或太陽星座在天秤座有任何對應關係，結果無功而返。一九四一年，柏克與梅爾（Bok and Mayall）統計《美國科學名人錄》（*American Men of Science*）中所有科學家的星座，但找不到有任何一個星座的人數特別突出。一九七三年，巴斯和班奈特（Barth and Bennett）統計出生時受火星影響的人之中，擔任職業軍人的人數比較多，還是未選擇從軍的人比較多，結果沒能找到相關證據。一九七七年，麥克格維（McGervey）蒐集相當大量的生日資料，製表統計一年之中每一天出生的科學家和政治人物人數。他總共統計了 16,634 名科學家和 6475 名政治人物，但找不到任何占星術上的證據，來證明所謂命中注定的「天職」……在一九七八年的另一項研究中，巴斯蒂杜（Bastedo）試圖採用統計學方法，檢驗具領導能力、自由派／保守派、高智商及其他三十項人格特質（其中許多特質據說都受天體運行所影響）的人是否都在特定日期出生，亦即試圖證實星座是否掌控某些個人特質。統計結果顯示，在這項針對舊金山灣區分層抽樣所做的橫斷面研究中，總計 1000 人的樣本全

數否定了星座的影響力。[42]

　　還有一些更近期的研究證實了上述結果。天文學教授卡爾弗（Roger B. Culver）和伊安納（Philip A. Ianna）調查了數百人，試圖了解占星師的主張是否屬實，亦即太陽星座（一個人出生時，太陽所在方位所屬的星座）與生理特徵之間是否相互關連。他們研究的特徵包括脖圍、膚色、體型、身高、體重。研究結果與占星術的說法相反，沒有哪個星座特別容易出現哪種生理特徵組合。[43]

　　曼徹斯特大學（University of Manchester）專門研究人口的教授大衛·沃斯（David Voas），近來完成有史以來最大規模的「戀愛星座」研究，亦即調查哪些星座組合比較處得來。他使用二〇〇一年英格蘭和威爾斯的人口普查資料（超過兩千萬人的戶口記錄），試圖驗證某些星座組合是否比較可能結婚或維持婚姻關係，結果發現「星座對結婚機率及婚姻狀態毫無影響。」[44] 看來，大家常用的搭訕開場白「你／妳是什麼星座」，其實沒辦法幫你／妳預測戀情是否能開花結果。

　　專業的占星師或許會認為這些研究沒有說服力，因為研究只鎖定太陽星座，而未考量整個星盤。他們也許會主張，出生時的行星位置也必須一併列入考量，才能精準預測。然而就算將這些因素都納入研究範疇，結果依然維持不變。喬納斯·諾布利特（Jonus Noblitt）於北德州州立大學（North Texas State University）的博士論文便試圖驗證，行星之間的相對位置是否能預測個人的性格特徵。

他對一百五十五名志願受試者進行「十六種個性因素測試」（16PF），評估每個人的性格特徵，並對照每個人的星座。結果顯示，占星術的所有預測皆未獲得研究資料佐證。[45]

　　發表於英國科學期刊《自然》（Nature）的研究報告中，物理學

家尚恩・卡爾森（Shawn Carlson）找來三十位歐美知名占星師，分別發給他們一百一十六名受試者的星座命盤。[46]另外，針對每一名受試者，占星師還會拿到三份個人簡介：一份是受試者親自撰寫的內容，另兩份隨機挑選。這些簡介是根據加州人格量表（California Personality Inventory，CPI）撰寫而成，這是衡量個性特徵的標準心理測驗。占星師的任務，是要將受試者的星座命盤與個人簡介配對。雖然占星師在事前預測正確率能超過 50%，但最後他們挑中正確簡介的機率只有 34%，也就是說，任何人隨便猜都能達到這個水準。在這次研究中，占星師並沒有任何非比尋常的超凡表現。

傑佛瑞・狄恩（Geoffrey Dean）和馬修・麥瑟（Arthur Mather）檢閱超過七百本占星書籍和三百本關於占星術的科學叢書後，得出以下結論：

> 如今，占星術以來源不明的概念為立論基礎，卻普遍將其奉為「傳統」。實際運用時，這些概念會涉及多種系統，而大部分系統在基礎問題上的觀點有許多分歧，而且全部由最不可靠的軼事型證據所支持。事實上，占星術所展現的表層結構在技術上看似健全，內部華而不實，僅由未獲證實的信念所支撐，可以說是始於美麗的幻想，後續才仰賴邏輯延續下去。過程中隨處可見私自臆測的詮釋行為，牽涉大量新奇的影響因素（各種因素的「效果」爭奇鬥艷，極具戲劇張力），其中能強化論點者便予以強調，反之則直接忽略。[47]

簡言之，沒有可靠資料足以支持占星術的任何主張。

不僅沒有值得信賴的證據可以支持占星術，主張天體能決定人類生理和心理狀態的說法，更是與既有的人類生理學和心理學概念相違背。研究指出，人類的生理特徵是由基因資訊所決定。人體內的所有組織均是依照此資訊組成，而這些基因資訊早在受精卵階段

就已存在，繼而從中孕育出生命。所以我們的身體組成理當是在懷孕之初就由基因決定，而非如同占星師所主張，受出生當下的天體運行所影響。

占星術之所以讓人難以全盤買單，癥結在於無法清楚解釋天體如何影響性格和人生。就目前所知，宇宙中有四股力量，分別是萬有引力、電磁力、強核力（strong nuclear force）和弱核力（weak nuclear force）。世界上發生的所有事情都會受一或多股力量所左右，然而強核力和弱核力的影響相當有限，只會影響原子內及原子周遭的物質。如果恆星和行星能對人產生什麼影響，想必不會是這兩股力量所導致。

這樣一來，只剩萬有引力和電磁力有可能產生影響了。這兩股力量沒有明確的影響範圍，但力量強度會因為距離越遠而逐漸減弱。對我們來說，其他星體的引力和電磁力強度極弱。例如此時此刻拿在你手上的這本書所承受的地心引力，是火星引力（最接近地球時）的十億萬倍。同樣地，我們周遭充斥著收音機和電視機發射器的電磁輻射，比起從其他星體傳來的電磁輻射，強度可是數億倍之多。[48] 因此，其他恆星或行星究竟能如何嚴重影響人類，目前仍不得而知。我的意思不是不會影響，只是就現階段而言，還沒有人提出可信的理論，明確說明天體會如何影響人體。

一九七五年，一百八十六名科學家共同發表了一份聲明，表明尚無任何證據能夠證實占星術的主張。他們一致指出：

> 以下署名者（包括天文學家、天體物理學家，以及其他領域的科學家）茲此告誡社會大眾，應避免毫不質疑就全盤接受占星師私下給予或公開發表的任何預測和建議。相信占星術之前，請務必了解，占星術的核心教條完全沒有任何科學基礎……相信一個人出生時便受恆星和行星的力量所牽引，未來

的人生也因此而定，全然是無稽之談。此外，特定日子或時段因受到遙遠天體的影響而更適合從事特定活動，或是在某星座的時段出生便決定是否能與其他人相處得來，諸如此類的言論無一真實。[49]

遺憾的是，這份聲明似乎效果不彰。二〇〇五年的蓋洛普民調顯示，25% 的美國人依然相信占星術是真的。更令人咋舌的是，雷根總統於一九八〇年代當政期間，甚至仰賴占星術決定國家大事。[50]

在幾乎沒有任何證據支持的情況下，社會大眾為何會持續相信占星術？許多研究都無法證實占星術的立論基礎，但大部分人都不清楚這一點，可能是原因之一。沒有太多媒體報導這些研究結果，刊登占星專欄的報紙通常也未標註「純屬娛樂」之類的警語。原因之二，占星師喜歡營造一切都很客觀科學的形象。例如占星師琳達‧古德曼（Linda Goodman）寫道：「科學證實月球的力量足以移動大量水體。既然人體有 70% 是水，何以能不受如此強大的天體引力所影響？」[51] 事實上，人體會受影響。但如我們所見，這股影響力微乎其微，根本可直接忽視，而且也沒有理由相信地球之外的天體能顯著影響我們的生心理發展。

為何世人依然相信占星術？有些人（例如反對社會廣泛相信占星術的科學家）指稱，占星術的吸引力源自這門「學問」免除了個人責任感。

在這人心不定的時代，許多人渴望在決策時獲得指引，藉此產生安全感。他們寧可相信天體的力量早已決定他們的命運。然而我們終究必須面對這個世界，我們必須了解，未來仍掌控在我們自己手中，而非由天上的星體所決定。[52]

有些人認為，占星術的吸引力源自這門「學問」創造了凝聚

感。歷史學家西奧多‧羅斯札克（Theodore Roszak）寫道：「現代人著迷於占星術（即便是以最粗糙的形式），是因為人們日漸懷念人類對大自然的認知更趨一致的舊時光。在以前的生活經驗中，太陽、月亮和星星構成一個彷彿擁有生命意識的龐大體系。」[53] 這兩種看法或許都指出了部分事實。

許多人著迷於占星術，或許是因為這些描述似乎能精確道出他們的人格特質。之所以會有這種假象，在於占星術的描述總是相當籠統，幾乎能套用到每一個人身上（請見第五章的巴納姆效應）。麥可‧高格林（Michel Gauquelin）的實驗就是極為引人注目的代表。他在法國報紙上刊登免費占星廣告，只要讀者將姓名、地址、生日和出生地等資料寄給他，他就能為對方解釋星盤。約有一百五十人寄了個人資料給他，而他向每個人寄出十頁的星座解說大全和一份問卷，並附上回郵信封。星座說明的部分內容如下：

> 　　他的木星在處女座，與生俱來的溫暖和代表智力、智慧、清晰思維的資源在此匯聚……他可能服膺於社會規範、熱衷理財、道德感強，儼然正派中產階級公民的形象，容易博得眾人敬愛……這類型的人通常全心嚮往金星所象徵的目標。他們的情緒占據至高的地位，包括對別人的情感、與家人的牽絆、家庭生活、親密的社交圈……感情生活……通常會發現他們不吝表達、對他人的全心付出、願意拉下臉挽回戀情，甚至犧牲奉獻……比較喜歡待在家，享受居家生活，將居家環境整理得舒適宜人。[54]

寄回問卷的讀者中，有94%的受試者表示，那份星座說明準確描述了他們的個性，更有90%的人指出，他們的親友贊成描述相當貼切。然而這段文字描述的是惡名昭彰的連環殺手馬歇爾‧佩提奧醫生（Dr. Marcel Petiot）。他假借能提供幫助為由，將逃過納粹魔

爪、心思單純的被害者騙到家中，搶奪財物後加以殺害，再以生石灰（氧化鈣）溶屍。最後他被控殺害二十七條人命，但他吹噓涉及六十三起命案。竟然有這麼多正直的法國公民認為一個殺人魔的星盤解析與他們的個性相符，實在有趣。

那麼，我們該如何看待占星術？首先請注意，沒有人可以合理聲稱自己了解占星術為不容置疑的事實。這項主張與專家意見相左，而誠如前文所述，我們無法了解任何與專家意見相衝突的命題（除非能證明專家的意見有誤）。占星術也與我們長久以來的認知相違背。認同占星術，等於否決了我們對物理、天文學、生物學和心理學的諸多信念。面對這種衝突時，務必記得隨證據多寡調整相信的程度。在占星術的例子中，我們沒有證據可以確立信念基礎，因為占星術的相關主張至今仍未獲證實。由此來看，占星術值得信任的程度簡直微不足道。

雖然感知、內省、推論、記憶都是知識來源，但也可能是孕育錯誤的溫床。大腦並非只是一張白紙，被動地記錄接收到的資訊。相反地，大腦是主動的資訊處理中樞，往往會為了合理化而操弄資訊。如果資訊不準確、不完整、不一致，我們就可能得出錯誤的結論。我們將會在下一章仔細探討感官能力誤導認知的各種方式。

重點摘要

事實知識與命題的真偽有關，因此也稱為命題知識。如果信念正確，又有合理的理由支持，我們即能擁有這類知識。理由能賦予命題成真的機率。理由越合理，其支持的命題越有可能為真。某些人認為，理由必須鞏固命題，使其完全不受懷疑，這樣才能稱得上了解命題。然而，我們只要能提出充分合理的理由，使命題禁得起

合理懷疑，便能產生知識。若命題能對探討的事物提供最佳解釋，就能克服合理懷疑，使人信服。

　　如果有合理的理由懷疑命題，我們就不能自稱了解命題。如果命題與其他確定能相信（有充分理由支持）的命題相違背，我們就有合理的理由予以懷疑。若命題與背景資訊（證據充足的情況下，由各種信念組成的龐大系統，其中許多是所謂的常理）產生衝突，我們同樣有理由質疑該命題；與越多背景資訊產生衝突，我們越有理由懷疑。同樣地，鑑於專家意見通常值得信賴，若是命題與這類意見相左，我們也有合理的理由質疑。不過請務必小心，專家或許精通某一領域，不代表他／她也精通其他領域。

　　傳統的知識來源包括感知、內省、記憶和推論。這些都不保證能引領我們發掘事實，因為我們可能受諸多因素影響。但要是沒理由懷疑我們透過這些管道所得到的結果，則大可以相信。信仰（沒有正當理由支持的信念）時常被視為知識來源之一，但是立論不穩的信念無法構成知識。有些人將直覺視為 ESP 之類的第六感，但在缺乏充分證據的情況下，無法證明直覺能引領我們找到事實，因而無法歸類為知識來源。不過，若將直覺定位為高度敏感的感知能力，則已有研究證實其真實性。有些人認為，神祕經驗能引導我們發掘深層的真理。他們或許說得沒錯，但我們不能貿然相信，勢必要利用平常檢驗知識的方式，證實這些經驗屬實才行。

　　綜合以上討論，我們自問：相信占星術合理嗎？答案是否定的。因為沒有任何合理的理由支持占星術是真實的學問，而且與專家意見，乃至我們眾多的背景資訊相違。

課後測驗

1. 除了真實的信念之外，還需什麼因素才能構成知識？
2. 在什麼情況下，才有正當理由相信命題為真？

3. 在什麼情況下，才有正當理由質疑命題？
4. 知識來源有哪些？
5. 信仰是知識來源嗎？
6. 我們有理由相信占星術是合理的嗎？

請評估以下主張是否合理？為什麼？

1. 湯姆森醫生說水晶沒有療效。他得這麼說，你才不會去找水晶治療師。
2. 我以執業醫師的身分向你保證，在水中加入氟化物會導致嚴重的心理疾病。
3. 某女士說，他們會在水溝找到屍體，結果真的找到了。這能證明通靈偵探的超能力嗎？
4. 有人說，只有靈魂彩光相同的人才有可能相愛。我的靈魂彩光是橘色，我的女友是綠色。橘和綠不相容，我想我們該分手了。
5. 知名靈媒莫瑞・戈麥斯（Morey Gomez）宣布，股市會在六個月內上漲 20%，所以現在正是進場的大好時機。

討論題

1. 假設你是崇尚科學的人，並且你發現所在的國家有占星文化。你會怎麼做，來向其他人證明他們的信念並不合理？
2. 塔羅牌是另一種歷史悠久的占卜形式。最近有一系列電視廣告聲稱「塔羅牌從不造假」，這是真的嗎？有理由相信嗎？為什麼？請說明該如何衡量這個說法。

實際演練

　　上網查詢資料，判斷以下哪些論點有違專家意見：

- 最新的科學證據顯示，「代禱」能改善病患的身體健康狀況。

- 已有照片拍到靈體（脫離軀體的靈魂）的形象。
- 世界上某些遠古建築（例如金字塔、馬雅祭壇等），唯有在外太空高智商訪客的協助下才有可能建成。
- 曾有外星人的太空船墜毀在新墨西哥州羅斯威爾（Roswell）。

批判性閱讀與寫作

1. 請閱讀下方短文，並回答下列問題：

   （1）這則短文提出什麼主張？

   （2）文中是否提出任何支持該主張的理由？

   （3）該主張是否與專家意見相斥？此案例中的專家是誰？

   （4）外星訪客的說法是否與我們的背景資訊副相衝突？如果是，那是在哪些方面產生衝突？

   （5）什麼樣的證據可以說服你相信外星人曾造訪地球？

2. 針對這則短文寫下兩百字的評論，內容請著重於：

   （1）短文提出的主張有多少正當的理由支持？

   （2）主張是否與我們的背景知識或我們合理相信的其他論點互相衝突？

   （3）為何你認為接受該主張是合理（或不合理）的作法？

短文：證據顯示，外星人的確曾來過地球，至今空中仍不時可以發現外星飛行物體的蹤跡。這類證據的數量龐大，無論在涉及的範疇或細節上，皆已無庸置疑。整體而言，這些證據代表的意義極其深遠，全球所有政府官員和宗教領袖皆無法招架，只能陷入一概否認的制式回應。主流科學界擔心受此議題波及而遭社會汙名化，因此同樣極力否認。（擷取自 UFO ／外星訪客網站）

第 5 章

從個人經驗尋找事實

「我**親眼**目睹。」

「我聽到和我感覺受到的東西，沒人比我**清楚**。」

「我不再懷疑自己的感受，以前總覺得這樣的事情不可能……其實都是**真的**。」

　　若曾近距離親身經歷過任何奇異、非比尋常的**怪誕**現象，許多人都會出現上述這些反應，而且語氣堅決，態度堅定。我們都傾向於相信自己的感官經驗，也相信自己對於這些經驗的任何詮釋。我們會這麼篤定，是因為經驗告訴我們，依賴自己的感官通常是有效且足夠準確的，至少足以協助我們應對各種需求。因此，當我們歷經不尋常的體驗，面對「難道該否決我們的感官給予的證據嗎」這類問題時，結論無怪乎是「當然不行」。

> 什麼都相信，等同於什麼都不信。
> ——思想家伊德里斯·沙阿（Idries Shah）

表象與真實

　　熱衷調查靈異現象的業餘魔術師艾福拉德·費爾丁（Everard

Feilding）就是很好的實例。二十世紀初，他調查了全球知名靈媒尤莎皮雅‧帕拉迪諾（Eusapia Palladino）的事蹟，據說她能與亡靈溝通。對於這種事情，費爾丁總是抱持懷疑的態度；面對自稱擁有超自然力量的人，他甚至樂於破解他們的手段與把戲。然而在數次參與帕拉迪諾的通靈過程，並且親身經歷了畢生難忘的體驗後，他改變了立場。他如此描述這些神奇的經驗：

> 我親自參與通靈實驗好幾次，最後都發現通靈不過就是幼稚的騙局。一次又一次，鎩羽而歸……於是我帶著預設立場觀看尤莎皮雅的通靈過程。第一次參與時，我的情緒是驚訝，但第二次我反而感到憤怒，因為明知這是愚蠢可笑的儀式，我卻找不到破綻，無法解釋眼前的一切……直到第六次，我感覺迄今為止發生的事件像雨水不斷流過我的頭腦，我終於有辦法感同身受。我第一次如此堅定地相信，眼前的情景並非假象。我意識到這是真實發生的事實。原本空無一人的密室中，突然出現不只一人的手和頭，而我在空蕩蕩的密室外，隔著帷幕卻感覺被手攫住，感覺到每根手指的按壓和指甲的位置，清清楚楚。我看著這位擁有非凡能力的女士坐在帷幕外，由我的同事抓著她的手腳。她除了四肢偶爾抽動，整個人動彈不得。我位在她的可及範圍之外，然而布幕後那個無以名狀的靈體卻一再壓制我的手。如此真切的感受，讓我沒辦法懷疑這一切只是幻覺使然。[1]

如此震撼人心的親身經驗，使人不禁開始相信超自然現象。這樣的故事自古至今不計其數，或許你自己就有類似的經歷。在好幾份調查中，相信超自然現象的受試者無不援引個人的親身經歷，作為支持信念最重要的理由。某項調查詢問受訪者相信 ESP 最主要的原因，結果顯示，個人經驗比媒體報導、親友經歷和實驗證據獲得

更高票。在同一項調查中，即使是抱持懷疑態度的受訪者也表示相當重視個人經驗。他們指出自己尚未親身體驗過 ESP，所以暫且不相信。[2] 由此觀之，費爾丁如此強調個人經驗，似乎並非特例。

不過這裡有個問題。儘管費爾丁的第一手經驗明白且直接，儘管親身經歷使他印象深刻，儘管他篤定認為超自然現象確有其事，我們依然有正當理由質疑他的結論**有誤**（本章稍後再回來討論這個案例）。這些理由不包括質疑費爾丁的誠信、智力或精神狀態，也不涉及在毫無充分理由的前提下，斷定超自然活動不可能發生。更重要的是，我們針對費爾丁的結論所提出的解釋，同樣能套用到其他許多人身上。這些人一樣歷經永生難忘的經驗，在不可置信的情緒下得出類似的結論。

> 在觀測的領域，機會只留給做好準備的頭腦。
> ——微生物學家巴斯德
> （Louis Pasteur）

雖然在大多數情況下，個人經驗（以及我們對經驗的判斷）已足夠可靠，但事實上，這些經驗時常在最不經意的時候，以最奇特的方式誤導我們，尤其是在面對特殊、異常或神祕難解的經歷時更是如此。我們的知覺、記憶、意識狀態和處理資訊的能力與生俱來，然而這令人驚豔的力量也其有限制。顯然大多數人都未曾意識到這些力量和限制。大腦的這些奇異特性具有驚人的影響力。誠如多位心理學家指出，正因為擁有這些能力，我們**理當**會經歷許多看似超越常理或非比尋常，但其實再自然不過的人事物。意思是說，就算這世界上沒有超自然或靈異現象，**各式各樣的怪事依舊會發生在我們身上**。

並非所有奇怪經驗都一定是自然現象，亦非所有怪事就必定是超自然力量所致。重點是，從不同的角度思考個人經驗，有助於拉近我們與事實的距離。如果大腦具有某些奇特的特質，足以影響我們的經驗以及我們對經驗的判斷，我們勢必需要深入了解，並找出防止思考受到影響的方法——判斷力必須俐落擺脫這些影響因素，

才能推導出合理的結論。這不僅需要批判性思考的能力，同時也需要**創造性**思考——由自由開闊的心靈導航，跨越顯而易見的膚淺答案，超越相信或不信的意志拉扯，迎向嶄新的觀點，從眾多可能性中找出最理想的解決之道。本章會告訴你如何踏出第一步，後續章節則會陸續說明如何循序達成最終目標。第一步是先理解並實際應用以下這個簡單但強效的原則：

只因為事情看似（疑似、感覺像是）真實，不代表事實上就是如此。

不能因為事件或現象看似具有客觀事實（亦即這些事情並非出自想像），就肯定那是客觀事實。這是邏輯告訴我們的簡單道理。我們不能用「好像」來推斷「事實」。如此斷下結論，等於是犯了推理的基本錯誤。「這件事好像是真的，所以**一定**是事實。」這樣的判斷顯然大錯特錯。再者，由於大腦的奇異特質，看起來**像是**真的事情時常**不是**真正的事實。

> 天堂與地獄始終共存於人的大腦。
> ——歌手約翰・泰勒
> （John Taylor）

日常生活中，我們通常假設所見即事實，亦即表象等於真實。這種假設通常沒有錯。然而，當（1）經驗未經證實（沒人有過相同經驗）、（2）結論與所有已知經驗背道而馳，或（3）大腦的奇異特性發揮作用時，上述假設出錯的風險便大幅提高。

以下歸納大腦的幾種奇異特性，幫助大家理解其強大的影響力。

感知：為何不能一味相信眼前所見

認為正常感知與外在現實之間具有一對一的直接對應關係（彷彿感知結果是外在世界的精確寫照），其實是一種誤解。許多研究

指出，感知是一種**建構過程**，需經過大腦加工，因此我們所感知到的事物不僅取決於眼睛、耳朵等五官所接收到的訊息，還會受我們的知識、期待、信念及生理狀態所影響。這種建構能力具有生存上的價值，能協助我們順利理解及應對外在世界。不過這也代表眼見時常**不足為憑**。

感知恆常

心理學家所謂的感知恆常（perceptual constancy），意指無論感官從外界接收到什麼樣的資訊，我們都傾向將其視為特定的感知經驗。這種恆常傾向在基礎心理學研究中時常可見。心理學家特倫斯‧海因斯（Terence Hines）認為，這種現象正是感知建構作用的絕佳證明，並且提供三個例證。[3]

一個是顏色恆常。由於知道某物體正常會有的顏色，即便眼前的該物體並非正常有的顏色，我們還是會以為它就是那個顏色。早期一項實驗中，實驗人員向受試者展示樹木和驢子的圖卡。受試者根據正常應有的顏色，認定兩者分別為綠色和灰色，但事實上，所有圖卡都是以相同的綠色素材製成，因放在紅光下照射而呈現灰色。[4] 這樣的實驗結果說明我們仰賴「記色」來判斷實際顏色，有時可能會錯得離譜。

另一個是大小恆常。假設你看著一輛卡車轟隆隆地駛過，開向遠方，你會因此認為卡車變小了嗎？當然不會。不管熟悉的物體距離多遠，你腦中對該物體的大小認知會保持不變。隨著物體越離越遠，你視網膜上的影像會逐漸縮小，但你腦中所認知的物體大小並未改變。原因在於，你**了解**距離不影響實際物體的真實大小。有了這個知識，無論視網膜上的影像縮到多小，大腦會維持大小恆常的感知結果。

令人驚嘆的是，大小恆常的知識是後天習得，並非與生俱來。

所信即所見。
——作家約翰‧史雷德（John Slader）

也有報告指出，世界上有人並未習得這種感知能力。人類學家柯林‧特恩布爾（Colin Turnbull）表示，班布地人（Ba Mbuti）住在茂密的叢林中，周圍可見物體最遠只有距離幾尺之遙，因此沒有機會習得大小恆常的知識和能力。特恩布爾曾帶一位班布地人離開叢林，來到寬廣的平原上，讓他看看幾里外吃草的非洲水牛。結果那位班布地人竟然問那是哪種昆蟲！特恩布爾告訴他，那是非洲水牛，體型是他與族人平常所見牛隻的兩倍大。班布地人不相信，於是他們開車前往牛群所在的地方。隨著他們離牛群越來越近，非洲水牛的身影越來越大。班布地人開始感到害怕，直說那一定是巫術。特恩布爾寫道：「最後，他終於了解那些都是活生生的非洲水牛，才不再恐懼。但令他倍感疑惑的是，為何牛隻原本看起來那麼小？水牛是否**其實**很小，突然間才變大？這一切究竟是不是一場騙局？」[5]

心理預期作用

我們通常不會意識到感知恆常的傾向，就像我們時常忽略大腦還會以其他方式建構「事實」。心理預期就是其中一種方式。我們有時會罔顧事實，以心理預期的樣貌主導感知能力。

研究顯示，一旦人們對特定刺激（例如看見光線或聽到聲響）產生預期心理，即使該刺激並未真正出現，還是有可能會產生相關感知。在某個實驗中，受試者需依指示沿著走廊前進，看到燈光閃爍後停下。理所當然，有些人停下了腳步，表示他們看見燈光閃爍，但其實燈光並未閃爍。其他研究中，受試者預期會遭受電極、感覺溫熱或聞到特殊臭味，即使試驗者從未給予這些刺激，還是有許多人會如預期中感覺到這些刺激。試驗者唯一做的只有暗示受試者可能會接受到刺激。於是受試者產生了幻覺，或顯然是感覺到未客觀存在的物體或事件。由此可知，在正常情況下，心理預期和暗

示都可能誘使我們感知根本不存在的事物。研究顯示，當刺激模糊不明、混沌不清或是難以清楚觀察時，尤其容易發生這種現象。

每個人都曾有過類似的幻覺經驗。心理學家安德魯・奈爾（Andrew Neher）點出一種常見經驗：看時鐘的當下「看見」秒針在動，但下一秒才意識到該時鐘早已停擺。[6] 你是否曾在晚上獨自走路回家的途中，以為看見有人站在暗影中，隨即發現只是一叢灌木？你是否曾在洗澡時聽到電話鈴響，後來發現根本沒人打電話來？

在模糊中尋找明確意象

每當我們面對模糊、無形體的刺激，但仍然從中感知到某些獨特的東西時，就有可能發生另一種感知建構現象。以月亮為例，美國人從月亮上看

到人影，但印度人看到兔子，薩摩亞人看見織布的女人，中國人則看見玉兔搗藥。我們時常凝視白雲、壁紙、煙霧、火焰、模糊不清的照片、昏暗的畫作、牆壁上的水痕，並從中看見大象、城堡、臉龐、魔鬼、裸體人像，類似的情形多不勝數。這種現象其實就是一種幻覺（或誤識），稱為**空想性錯視**（pareidolia）。簡單來說，就是將模糊的刺激看成完全不同的圖像，對毫無意義的事物強加意義。心理學家指出，一旦從白雲或煙霧中看到特定圖樣，就算我們試著擺脫腦海中的印象，該圖像還是很有可能一再出現。想想社會大眾通常未考量此因素就妄下結論，就能體會這種認知傾向其實有著比預期中更大的影響力。

舉個實例，在 NASA 拍攝的火星表面照片中，有處不到兩公里寬的地形貌似一張人臉，引發大眾熱議。書籍、雜誌和電視節目好幾次提及這張「人臉」，暗示這是外星文明的建築傑作。

知名的火星人臉地形，
一九七六年由維京一號
軌道衛星所拍攝。照片
中的地形範圍不到兩公
里寬，光影使得該地形
好像出現了鼻子和嘴巴
一樣。

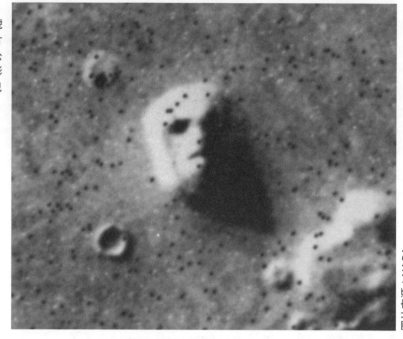

圖片來源：NASA

　　那張 NASA 照片確實存在（上圖），由維京一號（Viking 1）
軌道衛星在一九七六年所拍攝。影像中可見光影交錯，畫面其實稱
不上清晰明確，雖隱約能看出一張人臉，但不同主觀詮釋也可能得
出不同結論。行星天文學家強調，這張照片顯示的是自然地貌。的
確，火星專家看過照片後，也認為照片並未顯示任何不尋常的內
容。當時參與維京號任務的一名太空科學家表示：「照片中的物體
看起來並不真的很像人臉，只是人類大腦的聯想力擅自填補了缺失
的細節，讓我們誤以為看見人臉。」[7]

　　外星人的確有可能在火星上雕出巨大人臉，但由於我們的大腦
容易在模糊的影像上投射逕自聯想出來的圖樣，要是在看這類清晰
度有待加強的影像時，妄下火星上有人臉雕塑的結論，等於忽略了
一種極有可能的影響因素，也就是人類自身的感知建構傾向。

　　很多空想性錯視的古怪案例，都可歸咎於忽視或拒絕接受這

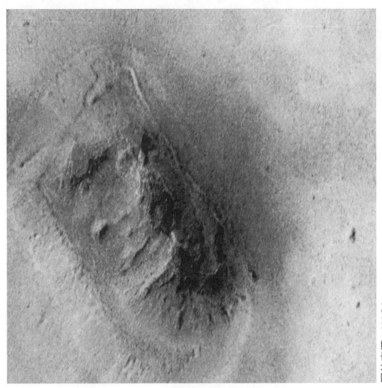

火星全球探勘者號
（Mars Global
Surveyor）在一九九八
年拍下知名的火星人臉
照片。行星地質學家表
示，影像中的人臉特徵
是自然的地質作用所致。

圖片來源：NASA

項可能的影響因素。例如新墨西哥州的家庭主婦瑪莉亞・盧比歐
（Maria Rubio），她在一九七七年發現玉米餅上的焦痕異常奇特，
看起來像極了戴著荊棘冠冕的受難耶穌，因此她認為這是耶穌再臨
的徵兆。數以千計的信徒登門朝聖，對這塊裱框留存的玉米餅嘖嘖
稱奇。另外，二〇〇四年有一名女性聲稱，她的火烤起司三明治上
出現聖母瑪利亞的肖像（於是她只咬了一口三明治，就原封不動地
保存了十年）。我們該怎麼看待這件事？這份三明治最後在拍賣網
站 eBay 上以兩萬八千美元的價格售出。

　　類似的情況同樣發生於一九九一年，喬治亞州的唱詩班成員喬
伊絲・辛普森（Joyce Simpson）聲稱從必勝客廣告招牌中叉起的義
大利麵看見耶穌的臉。那段期間，她在思考是否應退出唱詩班，某

瑪莉亞・盧比歐與顯現耶穌頭像的玉米餅合影。

©Bettmann/Getty Images

天偶然抬頭一看，正好看見耶穌的臉。地方報紙報導這則新聞後，十幾個人駕車前去朝聖，之後也紛紛宣稱在廣告招牌中看見耶穌。不過人們並非只有看見耶穌，也有人聲稱看見威利・尼爾森（Willie Nelson）、吉姆・莫瑞森（Jim Morrison）以及約翰・藍儂（John Lennon）。[8]

　　另一個與空想性錯視相似的例子是「逆向遮蔽」（backward masking），亦即認為有人會在錄音檔中刻意倒置某些訊息，以掩飾

真正的意圖。相信這種說法的人認為大腦會在無意識之中解讀這類訊息，進而受其中的隱藏訊息所影響。一九八九年，自殺青年詹姆斯・凡斯（James Vance）的父母控告重金屬搖滾樂團 Judas Priest 和唱片公司 CBS Records，宣稱他們在專輯《Stained Class》中置入逆向遮蔽訊息，導致他們的兒子自殺。不過他們最終並未勝訴，因為沒有證據顯示有人刻意在專輯中放入足以影響潛意識的訊息。況且，即便該樂團確實有意為之，目前科學也尚未證實逆向或潛意識訊息會對聽眾的行為造成任何影響[9]——如果你曾考慮購買號稱具有療癒功效的潛意識錄音帶，倒是需要牢記這點。

不過，的確有一個樂團刻意在專輯中放入逆向遮蔽訊息。搖滾樂團 Pink Floyd 在專輯《The Wall》的〈Goodbye Blue Sky〉這首歌的結尾收錄了一段極其微弱且含糊不清的口白，逆向播放時可清楚聽到一段人聲說：「恭喜你發現這段祕密語音。請將你的回答寄給『搞笑農場』，由他們轉交給『老粉紅』」（Congratulations, you have just discovered the secret message. Please send your answer to Old Pink, care of the funny farm）。[10] 雖然並非帶有邪惡意圖，但這段隱晦的訊息的確被藏在歌曲之中。

布朗洛的烏龍事件

科學史上有幾個極其荒唐的事件，都能從感知建構的角度來解釋，例如納粹德國的科學家自認能辨識猶太人和雅利安人血液分子的差異（其實並無不同）。超過一百年前，義大利天文學家喬凡尼・斯基亞帕雷利（Giovanni Schiaparelli）宣稱看見火星上有運河，後來美國天文學家帕西瓦爾・羅威爾（Percival Lowell）不僅發表類似聲明，還出版詳細的運河地圖。不過從衛星水手九號（Mariner 9）拍攝的火星影像來看，並未發現任何貌似兩人所說的建築痕跡。[11] 只要了解人類具有感知建構的傾向，便能解釋科學家為何會

有上述舉動。同樣地，雷內·布朗洛教授（René Blondlot）的烏龍事件也是源於相同問題。

布朗洛是法國科學院（French Academy of Sciences）的院士，也是法國南錫大學（University of Nancy）德高望重的物理學家。一九〇三年，就在科學家發現 X 射線和其他輻射類型後不久，布朗洛對外宣布他發現新的輻射線，並且以學校名稱命名為 N 射線。他的研究指出，特定金屬會釋放 N 射線（但木頭不會），而且人類肉眼即可看見。這種射線能提高火花的亮度，照射到夜光塗層時會使物體變得更亮。在昏暗的環境下，N 射線能輔助人眼看得更清楚。不少研究報告很快就證實了布朗洛的研究成果，許多科學家甚至還提出 N 射線的其他驚人特性。[12]

然而事情的進展並沒有這麼順利。法國以外的科學家無法重現布朗洛的研究結果，許多物理學家更質疑 N 射線是否真實存在，因為相關實驗大都仰賴主觀判斷。研究人員並未使用儀器蒐集客觀數據，僅仰賴肉眼觀察來判定結果。例如，在檢驗 N 射線是否存在的標準測試中，研究人員直接以肉眼判斷物體的亮度是否提高。和現在的科學界一樣，當時的科學家都知道，這樣的主觀判斷有可能受當事人的信念或心理預期所左右。

美國物理學家羅伯特·伍德（Robert W. Wood）就是持保留態度的科學家之一。一九〇四年，他自費參訪布朗洛的實驗室，並且試圖在未告知布朗洛的情況下，挑戰布朗洛和其他研究人員的實驗，試圖確定 N 射線是真實存在，抑或只是他們一廂情願的幻想。在某次的 N 射線實驗中，伍德本該協助布朗洛在 N 射線源和塗上夜光漆的卡紙中間放置鉛片。照理說，如果兩者之間沒有鉛片阻隔，N 射線應該會使塗層更亮（布朗洛已發現鉛片能完全阻擋 N 射線）。布朗洛準備觀察放入及移除鉛片時，塗層的亮度變化。但在布朗洛不知情的情形下，伍德擅自做了個實驗，揭發了 N 射線的真相。伍德

不斷告訴布朗洛，他已經依指示把鉛片放至定位（或移除），但其實正好相反。布朗洛的觀察結果展現了相當驚人的規律：如果布朗洛知道鉛片未放到指定的位置，N射線未遭受阻隔，他會回報塗層亮度提升；如果他知道鉛片已放下，阻擋了N射線，他就回報塗層變暗。觀察結果取決於他的個人信念，**與鉛片是否真正放到定位完全無關。**

伍德在布朗洛的實驗室中偷偷操控了其他實驗，最終都得到類似的結果。如果布朗洛（或其他負責觀察的研究人員）相信物體受N射線影響，他就能看到相對應的實驗結果；當伍德偷偷動了手腳，理應無法偵測到N射線時，觀察結果依然呼應這個現象。

一九〇四年，伍德在英國科學期刊《自然》上發表他的測試成果。布朗洛和其他法國科學家備受人類的感知建構傾向所影響——他們並未說謊造假，亦未憑空想像，只是他們強烈認為N射線的確存在的信念左右了他們的感知表現。科學家的身分並未保護他們免於感知扭曲的戲弄。所有人都可能受影響，科學家當然也無可倖免。

> 「我不相信，」愛麗絲說。皇后語帶憐憫，「再試一次。深呼吸，閉上眼睛。」
> ——作家路易斯・卡羅（Lewis Carroll）

「建構」幽浮

即便是理智、清醒、誠實、高學歷的聰明人，還是有可能嚴重誤判現。在與幽浮相關的報告中，這個令人不安的事實更加顯著。舉個案例來說明：一九六八年三月三日，多個居住在美國不同州的目擊者聲稱看見幽浮。田納西州有三個受過高等教育的理性居民（包括某個大城市的市長）在夜晚看見天上有一道光朝他們快速移動。他們指出，一架龐大的金屬飛行物安靜無聲地從頭頂上經過，距離地面大約三百公尺。飛行物後方噴射出橘色火焰，飛行物本體則有許多點著燈的正方形窗戶。其中一名目擊者在美國空軍的筆錄中指出，飛行物的外觀「像根粗雪茄……大小堪比我們最大的飛機

機身，甚至更大。」

　　約莫同時間，印第安納州有六人目睹同一艘幽浮。他們向空軍指認，幽浮狀似雪茄，低空飛行，機尾如火箭般噴出大量氣體，機身上有許多明亮的窗戶。俄亥俄州也有兩人親眼目睹這一幕，但他們表示看見了三個發光物體，不是只有一個。其中一名目擊者拿出望遠鏡好好端詳了幽浮外觀，並且向空軍提交了一份詳細報告，指出飛行物的外觀像是「倒放的淺碟」，並且維持固定的隊形低空無聲地飛過。[13]

　　幸好，我們正好知道這些目擊者（還有其他許多人）那晚從空中看到什麼。北美防空司令部（North American Air Defense Command）的報告和其他證據顯示，眾人指稱目睹幽浮的當下，蘇聯發射 Zond 4 太空船所用的火箭剛好重返大氣層，分解成發光的碎片掠過天際。火箭以西南朝向東北的軌跡掉落，越過好幾州的上空，與目擊者所稱的方位不謀而合。目擊者看見的，只是火箭分解所產生的火花秀。[14]

　　那麼，龐大的飛行物、倒放的淺碟、正方形窗戶、金屬雪茄機身等有趣的細節又是從何而來？這些都是人類大腦所建構出來的假象。誠如海因斯所說：

　　　　這些加油添醋的說法純粹是目擊者大腦的產物。他們沒有瘋、沒有醉，也不是笨，不過就是大腦的運作方式使然。這些目擊者的確看到了他們聲稱的景象，但不代表他們看見的情景就是事實。此外，他們預估的飛行高度完全失準，也是值得注意的重點……（目擊者）預估飛行物大約離地三百公尺，但事實上，重返地球的火箭位在距離目擊者數百公里外的地方。人眼看見空中的亮光時，只要缺少背景襯托，時常會發生這種預估完全失準的情形，就像這起發生在晚上的案例一樣。在這類

情況下，大腦失去據以判斷距離的諸多線索，自然不會有任何準度可言。[15]

即便是飛行員（理當要能精確地觀察空中物體），也可能受感知建構所影響而誤以為目睹幽浮。聖路易斯（St. Louis）附近就曾發生過這麼一個案例。一九六九年六月五日當天，兩架飛機的機長和一架美國空軍國民兵戰鬥機的飛行員皆聲稱近距離看見一整群幽浮機隊。傍晚時分，其中一架飛機的副機長率先目睹幽浮蹤跡。當時駕駛艙內正好有一名美國聯邦航空總署（Federal Aviation Administration）的航管員同行督察，他表示幽浮機隊就像快要撞上他們的飛機。根據他的描述，幽浮是「亮面鋁合金」的顏色，外型像「水上飛機」，朝著飛機的方向直飛而來，距離近得嚇人，只有幾百公尺而已！不一會兒，在第一架飛機西邊十三公里外的另一架飛機透過無線電與塔台聯絡，回報幽浮剛從附近飛過。之後，在第二架飛機後方，飛在十三萬公尺高空的戰鬥機飛行員回報差點撞上幽浮，他驚呼：「要命，差點就撞在一起了。」幽浮似乎在最後一秒突然拉升高度，離開戰鬥機的航道，飛行員表示幽浮應該是「採用智慧型操控模式飛行。」

在那高空中到底發生了什麼事？幽浮調查專家菲利普・克拉斯（Philip Klass）指出：

這群「幽浮機隊」的身分現已經過證實，而且毫無疑問。伊利諾州皮奧利亞（Peoria）一名警覺的報社攝影師亞倫・哈克拉德二世（Alan Harkrader, Jr.）更有照片為證。他的照片顯示流星如火球般燃燒，後面擾動的空氣像是長長的尾巴，發著光，再後面則是更小的碎片，燃燒著火焰劃過天際。哈克拉德告訴我，他後來又看見流星裂解一次，可惜沒能拍下。[16]

搜尋大腳怪

傳說北美洲有一種罕為人見的神祕人種——體型龐大的雙腳猿人，俗稱「大腳怪」（Bigfoot）或「北美野人」（Sasquatch），滿身毛髮、體味濃厚，身高約兩、三百公分，體重三、四百公斤左右。大腳怪隱居於荒郊野外，易受驚嚇，通常在森林中獨來獨往，或一家數人集體行動，美國西部和加拿大為主要活動範圍。大腳怪聞名全球，常見於電影、書籍、網站、新聞報導之中，更不乏有人主動研究及調查他的下落。

這些傳聞尚未獲得科學證實，但「大腳怪迷」累積了大量證據，深信大腳怪一定躲在世上某個角落。數以千計的目擊者捕風捉影，人人都聲稱曾親眼目睹他的身影。還有許多據信是大腳怪留下的超大尺寸足跡或腳印石膏模型，以及照片、影片、叫聲錄音檔等相關證據。其中以「派特森短片」最令人印象深刻。這是羅傑‧派特森（Roger Patterson）和鮑柏‧金林（Bob Gimlin）在一九七六年拍下的 16mm 短片。影片中的大腳怪現身於北加州的荒野，最後走出鏡頭之外。

雖然有少數科學家相信大腳怪確實存在，並投身相關的調查行動，但大部分科學家（例如人類學家）對此不以為然。他們之所以抱持懷疑態度，其中一項因素是證據的品質低落。

相信大腳怪存在的人通常以目擊證詞當作主要證據，但目擊者的證詞通常不夠可靠。舉凡壓力、心理預期、個人信念、記憶建構、選擇性注意、惡劣的觀察條件（天色昏暗、現象微弱）等各種因素都可能產生影響，致使這類說法的可信度普遍不足。許多人聲稱看見大腳怪，事實上是誤認了熊或麋鹿等大型動物。有些大腳怪研究者表示，70-80% 的目擊證詞都是騙局或誤認。科學家堅持要有比目擊證詞更可信的證據，才能確認未知生物的存在。

以大腳怪的足跡為證據同樣問題重重，可能是有心人士故意穿上大腳道具，在林間隨意踩踏，假冒是大腳怪走過的足跡。有時連大腳怪的愛好人士都不認同足跡的公信力，有些資深研究者也曾誤信假的足跡證據。基於這些因素，足跡證據才會如此令人懷疑。

截至目前為止，還沒有人能拿得出清晰的大腳怪照片。現有的照片普遍模糊不清，畫質差強人意，無法成為值得採信的有力證據。派特森短片自發表以來始終備受爭議。大腳怪迷聲稱那部影片不可能造假，許多評論家則不以為然。有些科學家認為該影片的畫面模糊，無法對大腳怪是否真實存在的辯論提供有力證據。

科學家不相信大腳怪傳說，最主要的原因大概是大腳怪與我們目前所知的知識背道而馳。人類學、生物學和其他科學領域均未提出任何充分理由，說服我們相信北美洲住著這樣的生物。我們也沒有足夠有力的證據證明世上真有這種生物。或許有一天，有人會發現大腳怪真實存在，但就目前的證據來看，世界上有大腳怪的機率很低。

一九六七年，派特森拍攝的短片中出現大腳怪身影。

©Bettmann/Getty Images

尼斯湖水怪

　　幾百年來，傳聞和目擊者紛紛指出，蘇格蘭高地的尼斯湖（Loch Ness）中潛藏著一種神祕的大型生物，人們稱之為尼斯湖水怪，據說是從恐龍時代存活至今的蛇頸龍。早期很少人認真看待有關尼斯湖水怪的傳言，但從一九三〇年代後，陸續出現疑似目睹水怪的證詞及其他證據，使不少人深信不疑。

　　目前流傳全球的尼斯湖水怪照，據說是由倫敦的醫生羅伯特·威爾森（Robert Wilson）攝於一九三四年。照片中，長頸小頭的水怪浮出水面，剪影外觀與蛇頸龍極其相似。目擊者證詞同樣指出水怪的明顯特徵是頭小、脖子長。

　　約莫一九六〇年起，許多人開始利用聲納探索尼斯湖水域，其中以劍橋大學、伯明罕大學與應用科學研究院（Academy of Applied Science）合力執行的研究計畫最為著名。有些研究團隊在水中偵測到大型的移動物體，經過識別後確認是大型魚類、船波、氣泡、湖中廢棄物，或是一些無法辨認的東西，但大部分研究都沒有從尼斯湖中發現什麼不尋常的生物。最近一次，BBC研究團隊使用六百種不同的聲納波束和衛星導航技術，地毯式搜索整個尼斯湖，從水面到湖底，任何角落都不放過，但還是一無所獲。

　　最有戲劇張力的證據，是一九七二年搭配聲納技術在水中拍到的照片。照片中的水怪有一對鑽石形狀的鰭肢連著龐大身軀。

　　然而，這些試圖證明尼斯湖水怪存在的證據無不備受爭議。威爾森的知名照片遭控作假，有人說照片中的「生物」其實是由海蛇模型與潛水艇玩具拼接而成。一九九三年，參與惡作劇的其中一名當事人在辭世前吐露真相，聲稱這整起騙局的餿主意來自他的繼父，而威爾森是幫兇。近期更有人反過來質疑，這種假照片的說法本身就是假消息！其他還有許多宣稱拍到尼斯湖水怪的照片，但都

過於模糊，無法當作可信的證據。有研究人員表示，水怪鰭肢的原始照片過於模糊，大概動過手腳，使其看起來貌似水怪的四肢。評論家則指出，目擊者的說詞一般不太值得採信，而且尼斯湖中本來就有不少東西，像是浮木、船波、水鳥、水獺，以及假水怪，即使是誠實、清醒的人，還是有可能把不是水怪的東西誤認為水怪。科學家也對這些證據提出不少解釋，斑點鱒（一種大型魚類）、湖底火山活動引發的波浪，以及充斥著氣體的腐木從湖底衝出湖面後再次沉入水中，都有可能。

　　對於尼斯湖水怪是遠古存活至今的蛇頸龍一說，大多數的科學家都相當狐疑。撇除其他事情不說，如果水怪真的是從恐龍時代活到今天，那麼湖中應該不會只有一隻水怪，況且尼斯湖的棲息條件也無法容納如此龐大的生物群。

　　某些人所提出的質疑理由更是清楚直接：即使經過幾百年獵獸文化的洗禮，至今仍無人發現任何水怪實際遺留下來的證據，沒有遺骸、沒有獸皮，也沒有鱗片，什麼都沒有。

羅伯特‧威爾森在一九三四年拍到的尼斯湖水怪。

©Matt84/E+/Getty Images

不管是哈克拉德的照片，還是伊利諾州和愛荷華州許多目擊民眾的說法，兩者皆指出流星的火球和碎片距離飛機不只有幾百公尺，實際距離至少有兩百公里。

幽浮目擊事件還有可能受到另一種感知建構現象影響而更趨複雜，這種現象稱為**自動移位效應**（autokinetic effect）。在此效應作用下，大多數人都會感覺黑暗中靜止的小亮點在移動。即使觀察者完全靜止不動，這種感知偏誤依然會發生。心理學家推斷，這種明顯的移動現象起因於眼球不經意的微幅轉動，因此天空中的恆星或明亮行星看起來才會像是在移動，產生貌似幽浮飛行的假象。研究顯示，我們可能受他人意見影響而引發自動移位效應。如果有人斬釘截鐵地說，黑暗中的亮光正在移動，其他人就更有可能回報類似的觀察結果。[17] 克拉斯表示，民眾最常將早上看見的金星誤認為飛行的淺碟，而自動移位效應有助於解釋箇中原因。[18]

因感知建構而誤以為目擊幽浮的記錄次數之多，足以說明沒人能免於此一現象的影響，無論是飛行員、天文學家、為人可靠的目擊者，乃至社群的重要代表人物都一樣。當然，感知建構無法解釋每一起幽浮目擊事件（若要解釋更多類似事件，還需考量其他因素），不過這已顯示光是個人觀察無法證明幽浮（外星人駕駛的太空船）真實存在。事實上，只要當事人難以清楚觀察事物（通常都是如此），便無法從個人經驗判斷幽浮是真是假。看似真實，但可能並非事實。

記憶：為何不能一味相信回憶

記憶就像心理錄音機，日夜不斷收錄個人的所有經驗，據實記錄發生的點點滴滴，以供日後回放。這段描述聽起來沒錯？其實並不正確。

虛構的記憶

我們難免會感慨記憶不可靠，像是我們會忘記把鑰匙放在哪裡、是否有鎖門、到商店要買什麼，諸如此類。但許多人都未曾發現一件事，那就是我們會記得從未發生的事。這種「虛構記憶」可能經由暗示、想像和催眠被創造出來，感覺與真正的記憶一樣真實。如果是帶有創傷性質的假記憶，可能會對當事人的生活造成深遠的影響。

舉例來說，一九九二年，貝絲・盧瑟福（Beth Rutherford）向教堂的輔導人員尋求協助，接受「恢復記憶療法」，據說能挖掘她長期以來壓抑的記憶。貝絲依指示回想童年生活的細節，並在引導下進入一種類似催眠的狀態。隨著治療師透過問題引導回憶，貝絲開始相信，她在七歲至十四歲間曾多次遭擔任神職人員的父親強暴，有時還是她母親協助促成。她甚至開始相信自己曾二度懷上父親的種，並被迫使用衣架親手流掉胚胎。這些指控公諸於世後，她的父親被迫辭去職務。然而後續的醫療檢查結果顯示，貝絲依然是處女之身，從未懷孕。貝絲轉而控訴教堂的輔導人員，最後在一九九六年以一百萬美元和解收場。[19]

貝絲的情況並非個案。許多人都曾誤信自己在童年時期遭受虐待，當真相水落石出後，他們都對治療師提起訴訟並打贏官司。然而還是有很多人飽受假記憶帶來的痛苦。心理學家伊莉莎白・羅芙托斯（Elizabeth Loftus）就曾深入研究記憶的延展性，獲致開創性的研究成果。她的研究指出，已有不少受害者在治療師引導下產生虛構的記憶，深受困擾。

至今仍有數以百計，甚或上千個家庭因為壓抑記憶的種種控訴而支離破碎，年邁的雙親只剩下一個願望，就是與兒女破

鏡重圓。能力卓絕的心理衛生專家發現，他們的專業因為這類紛爭而受汙名化；也有真正受虐的受害者覺得，近來這類未經證實、不符實情的奇怪指控層出不窮，使他們真實的悲慘經驗得不到應有的重視。[20]

許多研究指出，人的記憶**並非**實際生活的如實記錄。如同我們的感知能力一樣，記憶也會建構，或應該說「創造」事實。當我們回想某次經驗時，大腦會尋找該經驗的代表片段，接著根據該片段逐步**重新建構**記憶。這個重新建構的過程本來就有失精確，而且容易受各種外力影響，以致於記憶時常與事實有所出入。

若想體驗記憶重建的力量，不妨試著回想你今天要坐下時的任何一個瞬間，回憶當下四周的環境、你的穿著，以及雙腿和雙臂擺放的方式。你腦中浮現的場景很有可能是從他人的角度呈現，彷彿看著出現在電視上的自己。這段記憶無法完全準確，因為在當下，你不可能是從他者的視角感知自己的狀態。隨著你回想起當時的某些片段，大腦會開始為你建構其他的細節、視角等一切。

超過半個世紀的研究顯示，目擊者的記憶可能並不可靠，原因就是來自大腦擅於「建構事實」的本能。研究報告指出，目擊證人的回憶有時錯得離譜，因為他們仰賴記憶片段重新建構事件，再從重新建構的結果推斷結論。這些片段可能與事實相去甚遠。此外，如果目擊者看到事件當下倍感壓力，可能無法記得重要細節，或事後回想時容易扭曲事實。即使是專業人士，他們的記憶也可能因壓力而扭曲不實。正因如此，與幽浮、通靈和鬼魂相關的任何證詞都必須經過仔細查驗，因為這類經驗通常都伴隨著不小的現場壓力。記憶的建構本質容易扭曲事實，它有可能完全準

人的信念不會自動更新最佳證據。信念彷彿擁有生命，經常為了存活下來而頑強抵抗。
——心理學家大衛・馬克斯（David. F. Marks）

確，也可能完全錯誤。我們或許願意誠實稟報記憶所呈現的所有細節，只可惜記憶早已經過大腦加工。

如同感知能力，記憶也可能受心理預期和信念影響。有不少研究都得到了一致的結論，其中一項經典實驗更是簡單明確地指出了這一點。研究人員給學生看一張照片，照片中有白人男性和黑人男性在地鐵上聊天，且白人男性手上拿著打開的直式剃刀。事後，他們請學生描述從照片中看見的情景，有半數學生表示剃刀**在黑人男性手上**。由此可知，心理預期或信念都有可能竄改記憶。[21]

同樣的現象時常發生在宣稱「成功預測」的時候。事件發生後，我們會說：「我就知道，我早料到會發生這種事。」我們可能真心相信自己預知了未來，然而研究顯示，相信自己能準確預測未來的欲望有時可能會修改我們的記憶。我們可能在印象中曾做出預測，但其實從未做過。儘管我們知道可以根據一些對話記錄來檢驗記憶的內容，但這種情況還是可能發生。[22]

研究同樣顯示，當我們取得事件的更新資訊後，我們對事件的記憶也有可能大幅改變。該資訊可能很簡短、微不足道，甚至大錯特錯，依然有可能改變我們的記憶。經典案例如下：在某個實驗中，受試者依指示觀看車禍事故影片，並且在看完影片後被要求回想影片內容。研究人員詢問部分受試者：猛烈撞擊前，車輛的行駛速度多快？其餘受試者也被問了同樣的問題，但題目的用字稍有不同，「猛烈撞擊」換成了「碰撞」。奇妙的是，「猛烈撞擊組」所回答的速度平均比「碰撞組」更快。一週後，研究人員請所有受試者再次回想是否在影片中看見碎裂的玻璃。相較於「碰撞組」，「猛烈撞擊組」有超過兩倍的受試者回答有看到玻璃碎裂。但在影片中，車輛的**玻璃並未破裂**。[23] 在另一個類似的研究中，受試者憑印象回答在一部事故影片中看到停車標誌，但實際上影片並未拍到停車標誌。研究人員只不過在問問題時預設影片中有停車標誌，就成功引

誘受試者的大腦在記憶中置入標誌。[24]

這些研究懷疑任何長期記憶都可能在問題引導下變質，或是在當事人接觸大量看似相關的新資訊後重新被喚起。心理學家詹姆斯・艾卡克（James Alcock）引用雷蒙・穆迪（Raymond Moody）在《死後的世界》（*Life after Life*）和《來生省思》（*Reflections on Life after Life*，暫譯）等書中蒐集的瀕死經驗。這些故事來自有過瀕死經驗的當事人（例如臨床上宣判死亡，但又「死而復生」），他們表示，進入瀕死狀態時，可以感覺到自己飄浮在軀體之上、行經黑暗的隧道、看見已過世的摯愛親友，還有其他非比尋常的體驗。研究人員普遍同意，有些人的確有過這類經驗，但這能否證明他們的確靈魂出竅、進入另一個世界，則是另一回事。穆迪蒐集的故事內容主要來自當事人的回憶（有些已經過好幾年），且常常是當事人聽了穆迪的演講，或在報章雜誌上讀到他的著作，才找上穆迪分享瀕死經驗。艾卡克解釋道：

> 有鑑於當事人的說詞極為相似，穆迪認為這些說詞必定反映了現實。（有鑒於生理上的條件有其相次之處……）考量到記憶可能在事件結束後經過重塑，當事人對瀕死經驗的記憶與穆迪的演講或相關讀物吻合，也並非不可能。另外，穆迪向當事人提出的問題，也不可能毫無影響。[25]

人的記憶不僅可以在事後建構而成，也會選擇性呈現。我們會選擇性記得特定事物，忽略其他細節，因而形成記憶偏誤，以致於產生一種神祕，甚至發生超自然現象的錯覺。選擇性記憶能誘使我們相信自己擁有 ESP 能力，如同海因斯所說：

> 經典案例是當你心裡想起某人，幾分鐘後，對方果真來電。這是令人驚嘆的心電感應證據嗎？當然不是，這單純只是

巧合。這個案例會讓人感覺不可思議，是因為我們通常不會留意每天有幾百萬通電話的這個事實，也不會記得無數次想起某人，但對方**並未來電**的經驗。[26]

有時夢境似乎能預測未來，其實也是選擇性記憶作祟。研究顯示，每個人睡覺時都會做夢，通常一個晚上會經歷四至五次快速眼動期（REM）。大部分的夢境都會發生在這個階段，不過夢境不會連續，而是由幾個不同的主題構成。在正常情況下，每個人一晚約略會經歷兩百五十個夢的「主題」，亦即海因斯形容為「多少會連貫的『劇情』片段」（但其實很少會連貫）。每一段快速動眼期最多會有五十個夢境，但大部分夢境都不會記得。海因斯指出，我們可能會記得「實現」的夢境：

> 如果夢沒有「實現」，我們記得的機率很低。我們都曾有過這種經驗，一覺醒來後完全不記得做過的夢。有時當某件事發生，或是我們看見或聽見某件事後，大腦才從長期記憶中提取之前的夢境。在我們接觸到所謂的**提取線索**（retrieval cue）之前，我們無法自主回憶這類夢境。當然，如果沒有遇到相關的提取線索，我們永遠都不會意識到類似的情境早在夢中發生過。因此，大腦記憶夢境的本性會衍生明顯的偏誤，使夢境看似能有效預知未來，其實不然。換句話說，我們一向會選擇性記得那些「實現」的夢。[27]

穆倫堡學院（Muhlenberg College）的已故生理心理學教授西勒斯・懷特（Silas White）曾被問到以下問題：「我夢到我弟弟摔斷腿，結果他隔天參加夏令營真的摔斷了腿，這件事該怎麼解釋？」他這麼回答：「我多次夢到自己走在艾倫敦（Allentown）的路上，突然間發現自己沒有穿衣服而驚慌失措。但這個夢從來不曾真正發

是上輩子的記憶，還是潛抑記憶？

　　如果在催眠狀態下回想起兩百年前的景象，清晰記得做過和看見哪些事情，與你目前的生活大相逕庭，這能證明你擁有「上輩子」嗎？這能視為轉世的證據嗎？有些人的確這麼認為，但生物學家泰德・舒爾茲（Ted Schultz）提出另一種可能的解釋：

　　　　披頭四吉他手喬治・哈里森（George Harrison）被控在〈My Sweet Lord〉一曲中抄襲 The Chiffons 樂團的〈He's So Fine〉。其實他是潛抑記憶（cryptomnesia）的無辜受害者。聲啞名人海倫・凱勒（Helen Keller）也有類似經歷。她的《冰雪之王》（The Frost King，暫譯）一書於一八九二年出版後，遭控抄襲瑪格麗特・肯碧（Margaret Canby）的《冰雪精靈》（The Frost Fairies），但她想不起曾讀過那本書。然而調查結果顯示，有人曾在一八八八年（透過點字書）帶她讀過肯碧的書。她在得知此事後深受打擊。[28]

　　當你回想起一段遺忘的記憶，但你根本不記得那件事曾發生在你身上，這個現象就稱為潛抑記憶（俗稱「隱藏的記憶」）。由於潛抑記憶，你不僅可能將他人的作品誤認為自己的原創，也可能相信自己是某人轉世而來，例如維吉妮雅・泰格（Virginia Tighe）就想起她的前世是布萊蒂・墨菲（Bridey Murphy）。

　　一九五二年，維吉妮雅・泰格接受催眠，開始回想起她上輩子的生活。布萊蒂・墨菲於十九世紀生活在愛爾蘭科克市（Cork）的女子，而維吉妮雅似乎對布萊蒂的人生瞭若指掌，聲稱她出生於一七九八年十二月二十日，十七歲嫁給在女皇大學（Queens University）任教的律師尚恩・布萊恩・麥卡錫（Sean Brian MacCarthy），並於一八六四年逝世。維吉妮雅宣稱親眼目睹了自

己上輩子的葬禮。這個令人驚豔的故事後來寫成《尋找布萊蒂・墨菲》（*The Search for Bridey Murph*，暫譯）一書，暢銷全球。[29]

後來有人去查證了維吉妮雅的部分故事），發現書中有些敘述根本不正確或無法證實。愛爾蘭沒有布萊蒂・墨菲這個人的出生或死亡記載，也沒有麥卡錫任教於女皇大學的記錄（女皇大學當時尚未建校）。

《美國芝加哥報》（*Chicago American*）與作家梅爾文・哈里斯（Melvin Harris）假設，維吉妮雅的回憶可能源自兒時經驗。他們發現維吉妮雅老家對面住著一位名叫安東妮・科蓋兒（Anthony Corkell）的女士，時常跟維吉妮雅說以前鄉下的故事，而她的中間名正是布莉蒂・墨菲！維吉妮雅在中學時期學會了愛爾蘭口音，而且她的雙親其實有部分愛爾蘭血統。作家馬丁・葛登能描述：「記者與維吉妮雅的親友聊起越多往事，事情的真相就越清楚，她只是重新憶起兒時記憶而已。」[30] 並非所有聲稱與轉世有關的案例都能歸因於潛抑記憶，但要想深入探查這類案例，務必先排除這個可能因素。

生，這件事又該如何解釋呢？」夢裡發生的事再怎麼真實，我們依舊沒有理由相信那件事會真正發生。

設想：為何有時會看見內心相信的事

人類能有今天的成就，很大一部分必須歸功於分類事物及辨識模式的能力。透過擬定及檢驗假設，我們學會預測及控制環境。然而一旦找到有效的假設，我們可能就不願意放棄了。哲學家法蘭西

沒有什麼比欺騙自己更容易的了。對於渴望成真的事，我們總是樂於相信。
——古希臘演說家
德摩斯提尼
（Demosthenes）

斯‧培根對於思維上的這種傾向知之甚詳：

　　人一旦採納某個意見，理解力便會……援引其他所有事情予以支持及贊同。雖然有更多更有分量的實例支持反面意見，但此時的大腦往往會自動忽視和鄙視，或執著於某個差異而不予理會，斷然予以否決。在如此強烈但無益的堅持下，原結論的權威地位才得以毫髮無傷。[31]

　　雖然這種思考慣性能防止我們妄下結論，但也可能阻擋我們追尋事實。

否決證據

　　我們通常捨不得放棄貌似已充分得證的假說，而心理學家約翰‧萊特（John C. Wright）早就以無比精彩的方式向世人展示了人性的這個面向。[32] 萊特設計了一部裝置，面板上設有十六顆毫無標示的按鈕，圍繞著面板中央的第十七顆按鈕排列。這些按鈕的外觀全都一模一樣，最上方則設有三位數的計數器。萊特告訴受試者，他們即將參與一項實驗，目標是以正確的順序按下外圍的按鈕，設法得到最高分。為了確定按下按鈕的順序是否正確，受試者必須每按下一顆按鈕後，再按一下中間的按鈕。如果順序正確，裝置會發出聲響，計數器的數字就會加一。但受試者不知道，根本沒有所謂的正確順序。

　　在整個測試中，每位受試者會連續按三百二十五下按鈕。萊特將每二十五下劃分為一個階段。在前十個階段（共按二百五十下），裝置會隨機發出聲響，暗示受試者在某個比例以上都按對了按鈕。到了第十一個階段和第十二個階段時，裝置完全不會發出聲響。進入第十三個階段後，受試者每按一次，裝置就響一聲。這樣的刻意設計是為了讓受試者漸漸相信自己所抱持的假設正確無誤。

事後，萊特告訴受試者其實沒有正確順序，但許多人並不相信。他們對自己奉行的假說深信不疑，即使真相大白也不願放棄假設，直到實驗人員拆開裝置展示按鈕的配線，他們才心服口服。當我們對一項假說投注大量時間和心力，便容易固執死守著那項假設。物理學家馬克思‧普朗克（Max Planck）完全理解這個心理，他曾說：「新的科學事實要成為主流，通常不是擁護者成功說服反對者，使他們看見真相，而是反對者終於死亡，新世代在成長過程中開始熟悉新的事實。」[33]

然而，不只科學家會拒絕接受與自己理念立論相反的證據，預測世界末日的宗教團體同樣展現這種傾向，其中最有名的大概就是米勒教派（Millerites）。一八一八年，威廉‧米勒（William Miller）以數學方法詮釋〈但以理書〉（Book of Daniel）中的某個段落，最後得到一個結論：耶穌基督終將重返人世，而世界會在一八四三年 3 月 21 日至一八四四年 3 月 21 日期間毀滅。隨著這項預言廣為流傳，他開始擁有一小群信眾。一八三九年，約書亞‧海因斯（Joshua V. Hines）加入信徒的行列，並在波士頓發行報刊《時代徵兆》（Signs of the Times，暫譯），協助散播這項預言；在紐約出版的《深夜醒悟》（The Midnight Cry，暫譯），以及《費城警訊》（Philadelphia Alarm，暫譯），對該教派的推廣也起了推波助瀾之效。

米勒教派流傳一八四三年 4 月 23 日是耶穌再度降生世間的確切日期，結果，到了那一天，預言並未成真。但米勒的信徒仍意志堅定，信仰毫無動搖。眾人將注意力轉移到一八四四年 1 月 1 日。那天過去後，他們殷切地期盼一八四三年 3 月 21 日到來，也就是米勒在最初預言中所指出的最後一天。耶穌遲遲未降臨。雖然這嚴重打擊了該教派的信仰，但這支宗教團體並未因此解散。

米勒的一位門徒重新計算了一番，得出新的日期：一八四

> 人在一生中遇到最大的騙子，其實是自己。
> ——詩人格雷維爾男爵
> （Lord Fulke Greville）

未成真的世界末日預言

　　米勒教派當然不是第一個提出明確預言末日的團體。許多人都曾提出不同日期，但截至目前為止無一正確。以下節選幾則失敗的世界末日預言：

- **1000 年 1 月 1 日**／預言人：教宗思維二世（Pope Sylvester II）
- **1033 年**／預言人：很多基督徒
  有人相信該年是耶穌逝世及復活第一千週年，因此可期待耶穌二度降臨。
- **1284 年**／預言人：教宗諾森三世（Pope Innocent III）
  他預測世界會在伊斯蘭教興起後六百六十六年毀滅。
- **1246 年至 1351 年**／預言人：很多歐洲人
  黑死病肆虐歐洲，許多人將此解釋為世界末日的前兆。
- **1600 年**／預言人：馬丁・路德（Martin Luther）
  這位新教改革的代表人物預測世界末日會在這一年之前來臨。
- **1658 年**／預言人：哥倫布（Christopher Columbus）
  他主張世界誕生於西元前 5343 年，預計存續七千年。假設沒有西元〇年，表示世界會在 1658 年毀滅。
- **1967 年**／預言人：吉姆・瓊斯（Rev. Jim Jones）
  人民聖殿教（Peoples Temple）創始人聲稱，他預見 1967 年會發生一場核浩劫。
- **1969 年**／預言人：查爾斯・曼森（Charles Manson）
  他預言 1969 年會發生摧毀世界的種族衝突，並指揮信眾謀殺泰特（Sharon Tate）和拉比安卡（Leno Labianca）等人，試圖引發衝突。
- **1999 年 7 月**／預言人：諾斯特拉達姆士
  該預言指出，「恐怖之王」（King of Terror）會在 1999 年 7 月從

天而降，這則預言引起世人對世界末日的恐懼。

- **2000 年 1 月 1 日／預言人：很多人**
  坊間流傳，千禧年（Y2K）病毒會導致電腦當機及重大災難，
  也就是所謂的世界末世。

- **2007 年 4 月 29 日／預言人：派特・羅伯森（Pat Robertson）**
  他在 1990 年出版的《新千禧年》（*The New Millennium*，暫譯）
  一書中暗示，這天會是地球毀滅之日。

- **2011 年 10 月 21 日／預言人：哈羅德・康平（Harold
  Camping）**
  他預言 2011 年 5 月 21 日會出現眾人狂喜的現象，並發生傷亡
  慘重的大地震，上帝會帶走全球約 3% 人口，世界末日會在五
  個月後的 10 月 21 日降臨。當他先前的預言（第五次）失敗，
  康平改口說，其實上帝已在 5 月 21 日完成「精神審判」，集體
  狂喜的現象和世界末日都會在 2011 年 10 月 21 日那天發生。

- **2012 年 12 月 21 日／預言人：很多人**
  馬雅曆的結束引發許多揣測，包括銀河對齊（galactic
  alignment）、地磁極翻轉、名為尼比魯（Nibiru）的不明行星碰
  撞、外星人入侵地球、巨大超新星炸毀地球、月球爆炸……族
  繁不及備載。[34]

年 10 月 22 日。儘管米勒本人一開始感到懷疑，最後還是坦然接
受。眾人對此日期的期望比之前幾波預言更熱烈，而第四次的落
空終於為這波迎接末日的風潮畫下句點。不過殘存的末日理念仍延
續至今，部分覺醒的米勒教派信眾繼而創立「基督復臨安息日會」
（Adventist），也有人成立「耶和華見證人」（Jehovah's Witnesses）。
雖然這些團體不再預測明確的日期，他們仍舊相信末日就快來臨。

各行各業都能發現這樣的例子，執業者即使遇到有違理念的證據，也不願改變原本抱持的觀念，像是醫生拒絕改變診斷方式、科學家拒絕放棄理論，所在多有。一項針對心理治療實習生的研究發現，當他們心中得出診斷結果後，即便看了一整個卷宗的反對資料，還是不改其見，反而更堅信資料是在肯定他們的診斷結果。[35]

主觀驗證

大腦自動匹配資料和理論的能力，正是許多占卜手法（例如手相、塔羅牌、占星術等）看似如此神準的原因。以下是一段對於人格特質的描述：

> 你有一些不切實際的抱負。很多時候，你的個性外向、和藹可親、與人為善，但有時候，你也沉穩內斂、行事謹慎、含蓄冷淡。你發現對別人誠實、展現太多真實的自我，其實並不明智。你對自己的獨立思考能力引以為傲，若沒有令你滿意的證據，你很難接受他人的意見。你喜歡某種程度的變動，一旦生活受到太多限制，你會開始不滿於現狀。有時你會嚴重懷疑自己的決定是否正確，自己是否做了正確的事。雖然表面上看似謹守本分、不失分寸，但你內心其實憂慮煩惱，沒有安全感。
>
> 你在性方面的調適遇到了一些問題。雖然你的個性上有些缺陷，但整體上都能適度彌補這些不足之處。你還有很多才能尚未充分運用，若能善加應用，將會成為你的個人優勢。你容易對自己太過嚴苛，而且極度需要他人的認同和讚美。[36]

決定相信一件事的當下，我們會突然看見所有支持的論述，對於反對的論點則視而不見。

——劇作家蕭伯納（George Bernard Shaw）

現在請誠實回答以下問題：上述文字有多少比例符合你的個性？如果聽到有人對自己說，「上面那段性格描述是專門為你量身撰寫」，大部分人都會認為這些文字貼切中肯，甚至完全說中他們的個

性。即便上述文字能套用到幾乎每一個人身上，但**人們相信這些文字精準確切地形容了自己的人格特質**。將籠統的性格描述當成是為自己量身打造，這種現象稱為**巴納姆效應**（Barnum effect）。當事人必須先被告知，這類包羅萬象的模糊描述是專為他／她所寫，巴納姆效應才會發揮作用。如果當事人對內容有所質疑，就不太可能會落入這種心理效應。

　　但是為什麼會產生這種現象呢？心理學家大衛・馬克斯（David Marks）和理查・卡曼（Richard Kammann）這麼解釋：

> 　　就我們來看，巴納姆效應是主觀驗證造成的特殊結果，也就是說，我們會設法從提供的描述中尋找符合自己的片段。人的個性並非單一不變，也不是與我們平常設想的完全相同。每個人都可能在某種情況下變得內向害羞，但平常的時候大膽無畏；工作時聰慧敏捷，但面對特定事物則顯得笨手笨腳；有時候慷慨大方，有時候自私自利；在某個團體中獨立自主，在另一個社群內反而變得保守順從。雖然這類與個人相關的具體實例會因人而異，但我們通常都能從模糊籠統的文字中，找到與自己某一方面符合的描述。[37]

　　占星術、生物節律、筆跡學（從筆跡判斷一個人的個性）、算命、手相（看掌紋）、塔羅牌、通靈，這些活動都會涉及巴納姆效應。只要巴納姆效應有可能發揮作用，我們就不能斷然相信這些占卜行為具有任何洞悉個人性格的力量。就算我們覺得占卜的解讀正確，這種感覺不代表也不能證明這些行為有其道理。

　　曾著迷於手相的心理學家與超心理學評論者雷伊・海曼（Ray Hyman）親身學到了教訓。他在唸大學時學會看手相，從中尋求心理慰藉，以此度過難熬的低潮。後來他日漸精通此道，開始相信藏在手掌紋路中的奧祕。他有個朋友對此相當不以為然，便與海曼打

賭，就算海曼看了「客戶」的手相後，故意給出完全相反的解讀，他們還是會相信他說的話。海曼接受了這場賭注，而結果令他驚訝——那位朋友說對了！有些客戶甚至認為，海曼「錯誤」的手相解讀比「正確」的解析更準。

我們會將事情梳理出道理並賦予意義，這可是人類極度重要的天賦之一。問題是，我們有時過於擅長這件事，反而誤導自己相信子虛烏有的「學問」。唯有以批判的態度仔細檢視自己的觀點，才能避免落入自我欺騙的幻境。

麥可‧諾斯特拉達姆士（Michel Nostradamus）大概是史上最有名的預言家了。有些人相信他在十六世紀寫下的千首短詩預告了許多重大歷史事件，包括兩次世界大戰、原子彈轟炸、希特勒的崛起與隕落等。如果預言家不斷提出毫無模糊空間的預言，明確地預測無法合理預期的未來事件，我們必然得嚴肅看待。那麼，諾斯特拉達姆士呢？

事實上，他的預言一點都不明確，也並非毫無灰色空間。正因如此，主觀驗證才得以說服某些人相信他的預言。諾斯特拉達姆士親口表示，他刻意將詩詞寫得晦澀難懂，意義模糊不清。這些詩詞因此得以產生眾多不同的詮釋，例如：

一世紀（第二十二首）

存活而不暴露去向

滅絕降臨，再有謀略也逃不出死亡

歐坦、沙隆、朗格勒遭受雙面夾擊

戰事交織冰雪，無異雪上加霜[38]

一世紀（第二十七首）

繩索之下，吉耶納迎受空襲

諾斯特拉達姆士肖像。
©Chris Hellier/Corbis Historical/
Getty Images

附近寶藏隱匿

多年來積累巨富

行跡敗露，眼珠彈落，必死無疑 [39]

　　你覺得這位預言家想透過這些短句傳達什麼訊息？心理學家安德魯・奈爾請大家將各自的詮釋與亨利・羅伯茲（Henry Roberts）的解讀相互比較。和許多作家一樣，羅伯茲曾出版專書分析諾氏的預言。根據他的看法，第二十二首「預示了戰事將使用超音速武器，在平流層近絕對零度的溫度下飛行」，第二十七首則是指「傘兵在納粹藏匿掠奪寶物處附近降落，淪為俘虜後慘遭處死。」[40] 你有不同的結論嗎？是否了解到我們的大腦有多容易拼湊出符合情境的各種詮釋了吧？[41]

　　即使讓兩名研究諾斯特拉達姆士的專家評論同一首短詩，也難保詮釋不會南轅北轍。羅伯茲和另一位研究諾氏預言的作家艾莉

卡‧奇塔姆（Erika Cheetham）的解讀對照如下：

羅伯茲：「這首詩預示了伊索比亞末代皇帝海爾‧塞拉西（Emperor Haile Selassie）在第二次世界大戰中扮演的角色，精彩絕倫。」[42]

奇塔姆：「第一、二句……意指亨利四世。東邊使他煩心的人，則是指帕馬公爵（Duck of Parma）。第三、四句最有可能是指一五六五年圍攻馬爾他之役。」[43]

這裡還有對另一首短詩的解析：

羅伯茲：「這首詩明白點出希特勒接管捷克斯洛伐克，貝奈斯總統（President Benes）下台，法英兩國對此事件意見不合以及對此背叛行為下場的嚴重警告。」[44]

奇塔姆：「前三句可解讀為甘迺迪兩兄弟遭刺殺。」[45]

奈爾指出：「比較這些預言詩的解讀後，明顯可以看出羅伯茲和奇塔姆各自投射了心中的想法，才讓他們認為諾氏擁有神奇的預知能力。」[46]

這些都是主觀驗證作祟的例子。一旦在意涵模糊的預言上加諸個人的詮釋，可能就難以跳脫框架，看出其他任何可能性。

即使諾斯特拉達姆士的作品內涵晦暗不明，招致各種相互衝突的解讀，但許多人依然認為其字裡行間藏著預知的魔力。由於這種想法過於盛行，世人甚至認為他預言了美國的九一一攻擊事件。該事件爆發後，全國的電子信箱開始收到以下預言：

上帝之城將響起轟天雷響

混亂拆散兩兄弟，堡壘頑強抵抗

偉大的領袖終將屈服

這座偉大城市陷入火海之時，就是第三場大戰爆發之日

　　　　　　　　　　　　——諾斯特拉達姆士（1654）

　　熟悉諾斯特拉達姆士的人此時不免狐疑，直覺這首詩不太尋常，因為他在一五六六年便已辭世。諷刺的是，上面這首詩其實是加拿大大學生尼爾‧馬歇爾（Neil Marshall）在好幾年前所寫，他想示範「愚弄那些易受騙的人有多容易。」[47]的確是令人印象深刻的一次示範。

　　當然，後見之明總是比較容易。各路專家事後解讀諾氏的作品，其實就是一種「事後追溯」，亦即逕自把四行詩套入早已發生的事件。諾氏的詩作中，只有一首四行詩寫出明確的日期，請見第十首之七二：

一九九九年七月

恐怖之王從天而降

祂會讓蒙古王死而復生

在此前後，戰火將毫無節制地肆虐

　　　　　　　　　　　　——諾斯特拉達姆士

　　有些人覺得這段文字預示了世界末日，也有人認為這是指全球革命。不過，一九九九年七月並未發生劇變，證明這兩種說法都只是一廂情願。諾斯特拉達姆士如此明確地預言，最後以失敗收場。

　　一旦理論沒有事實支持，我們便應拒絕相信。對於那些認為諾斯特拉達姆士是偉大預言家的主張，我們也應如此看待。

確認偏誤

　　人不僅容易忽視及錯誤解讀與自身觀點相斥的證據，通常也傾

麥田圈

麥田圈是指小麥、玉米或大豆等作物遭外力壓垮所形成的神祕圖騰，通常出現於廣大的田地上，引人好奇。英國南部率先發現這種現象後，世界各地陸續出現麥田圈，從簡單的圓形圖案到講究的象形符號，豐富多元。有些人認為，這些圖案是外星人或其他超自然力量所為；有人認為這些圖案是「電漿漩渦現象」造成，起因於帶電氣旋；也有人認為，這些是人類智慧的結晶。

一九九一年，六十幾歲的酒吧好哥兒們道格・鮑爾（Doug Bower）和戴夫・喬利（Dave Chorley）聲稱，英國多處麥田圈都是他們的傑作。他們在長條木板兩端綁上繩索，並將木板維持在小腿前方，以腳踏木板的方式輾壓作物。為了證實自己的說法，他們特地製作一片麥田圈供地方小報報導，但某個相信外星人的人信以為真，聲稱那是外星人的傑作。從那時開始，原本被認為不可能是惡作劇的其他麥田圈都成了人為作品。直到現在，顯然還是沒有一種值得信賴的方法，來區別外星人和人類製作的麥田圈。但社會大眾依然相信，麥田圈裡暗藏著來自外太空的神祕訊息。

向只尋找並認同可以支持個人想法的證據。已有多項心理學研究證實人類擁有這種**確認偏誤**傾向（見第三章）。

現在有 A、D、4、7 四張卡片，卡片兩面分別印有英文字母和數字。[48] 你的任務是要找到最有效的方法，證明下列假設成立：如果卡片的一面是母音，反面必定印著偶數。另外你必須指出哪幾張卡片必須翻面，才能證實這個假設。你會將哪些卡片翻面呢？

鴿子也迷信

不是只有人類會特別注意及尋找契合自身立場的證據，在其他動物身上也能發現類似的天性。因此，其他動物也可能出現類似迷信的行為模式。

在一項實驗中，心理學家史基納（B. F. Skinner）會不定時餵鴿子飼料。[49] 沒飼料吃的時候，鴿子會出現不同行為，包括啄地、轉頭、拍翅等。如果在鴿子出現這些行為時給予飼料，鴿子會將該行為與飼料建立關聯，因而更頻繁地做出該行為；只要更常出現特定行為，就能得到了更多飼料。鴿子似乎因此養成了類似「迷信」的想法，認為特定行為能帶來飼料。此原理其實與人類的某些迷信行為無異。如果配戴特定配件的期間發生了好事，我們可能就會將該配件與好事建立關聯，因而更頻繁地穿戴該配件。從統計的角度來看，好事是隨機發生，但我們會主動記住這些隨機事件，相信是特定配飾為我們帶來好運。

大部分受試者認為只要翻「A」和「4」兩張卡片即可。但他們錯了，「7」也會影響假設是否成立，因此也得翻面才行。

翻開「A」是明智之舉，要是反面是偶數，假設就能獲得支持；如果是奇數，則能駁斥假設。翻開「4」的話，如果另一面是母音，就能為假設提供支持；但要是子音，也無法反駁假設，因為假設只說一面是母音，另一面就會是偶數，並未表示如果一面是偶數，反面就一定會是母音。

忽視「D」是正確的作法，不管它的另一面是什麼，都不會影響假設是否成立。卡片「7」很重要，如同「A」一樣，反面的內容可能會駁斥假設——如果「7」的反面是母音，假設就無法成立。

這項實驗顯示，就算反面立場的證據更發人深省，我們還是傾向尋找能支持（而非反駁）自身想法的證據。在正面證據無法發揮決定性作用的情況下，反面證據反而能扮演關鍵角色。

思考一下這個假設：所有天鵝都是白色。每當我們看見一隻白天鵝，就更強化了我們對此假設的信念。但就算我們看了一百萬隻白天鵝，考慮到我們從未去過的地方可能會有黑天鵝，我們還是無法百分之百確定世上只有白天鵝。事實上，一直到人類在澳洲發現黑天鵝之前，歐洲人普遍相信世界上只有白天鵝。我們可以從這個例子得出一個原則：

衡量任何事情時，需同等重視正反兩面的證據。

人們習慣反覆確認信念，拒絕從反面論證，這樣的例子在日常生活中隨處可見。政客喜歡引用支持其立場的資料文獻、車主傾向注意家中汽車品牌的廣告，而我們喜歡與志同道合的朋友聚在一起，因為他們對事物的看法通常與我們不謀而合。

即使受到忽視，事實仍會長存。
——作家阿道斯·赫胥黎
（Aldous Huxley）

衡量一件事時，心中同時抱持幾個不同的假設，是避免發生確認偏誤的方法之一。在某項實驗中，實驗人員對受試者展示數列（例如 2、4、6），並告訴他們數列有一套明確的規則，而他們的任務是要提出依循同一套規則、以三個數字為一組的數列。如果數列符合（或不符合）規則，受試者就會收到通知。確認規則正確前，受測者不能講出規則。[50]

大部分受試者都給出偶數數列，像是 8、10、12 或 102、104、106。得知這些數列確實符合規則後，不少受試者馬上宣稱自己知道規則：三個連續的偶數。但這不是正確的規則。於是部分受試者嘗試提出其他數列，例如 7、9、11 或 93、95、97。實驗人員宣布這

些數列也符合規則後，有些人便指出，規則是三個以 2 為單位遞增的數字。不過這也不是正確的規則。那麼規則究竟為何？

規則是任何三個遞增的數字。

為什麼這條規則這麼難發現？原因正是確認偏誤。受試者僅嘗試確認心中認定的假設，並未試著證實該假設是否有誤。

如果要求受試者同時保留兩項假設（例如：任何三個遞增的數字、任何三個非遞增的數字），實驗結果就會理想許多。他們提出的數列規則會涵蓋更廣的範圍，且能證實或推翻其中一條規則。總之，心中保有幾個不同的假設，將有助於避免發生確認偏誤。

可得性錯誤

可得性錯誤有可能進一步加深確認偏誤。若以證據是否生動鮮明或容易記住為判斷標準，而非看重證據是否值得信賴，便容易犯下可得性錯誤。舉例來說，即使知道某商品的普遍評價不高，但還是聽了朋友的推薦而購買，這就是犯了可得性錯誤。即使與統計上來說更精準的問卷調查結果相違背，大學生仍選擇順從自己的感覺選修課程，同樣是犯了可得性錯誤。雖然軼事型證據較容易說服人心，但鮮少能以符合邏輯的方式驗證任何事情。

根據心理上接收資訊的難易度來判斷事物，時常會掉進**輕率概括**的窘境。所謂輕率概括，是指根據群體中僅與部分成員相關的證據，就貿然判斷整個群體的情形。例如，以下言論已構成謬誤：「我認識一個保險業務員。做保險業務的真的一個都不能信。」統計學家認為，這種錯誤起因於未妥善考量樣本數。唯有樣本數夠多，且群體中的每個成員獲選為樣本的機率相等，才能依據樣本準確判斷群體的真實樣貌。

可得性錯誤也會誤導我們判斷事件的發生機率。例如，你或許認為主題樂園很危險，畢竟這些地方充滿各種高速運行的遊樂設

施，而且有時還會故障。不過統計數據顯示，在大馬路上騎腳踏車比乘坐遊樂園的設施更容易發生事故。[51] 我們容易覺得遊樂園危險，主要是受到相關事故帶給人的感受所影響——富有戲劇張力、渲染情緒，而且容易想像。由於這些具有衝擊力的畫面容易殘留在我們腦海中，使我們誤判發生事故的頻率。

當肯定論述的證據比相反立場的證據更能動搖人心，我們就可能受確認偏誤所左右。論及占卜、預言和算命時，支持的例證通常較受人青睞，駁斥的論述則容易遭到冷落。某個與預知夢有關的實驗證實了這個現象。[52]

一名學生對預知夢很感興趣，便將夢境寫成「日記」記錄下來。在此實驗中，受試者需閱讀該學生的日記，內容包括夢境和生活中的重要事件——有一半的夢伴隨著實現夢境的事件，另一半則沒有。

之後，實驗人員請受試者盡量回想夢的細節，結果受試者大多記得伴隨著事件發生的夢，對細節的印象遠超過未實現的夢。呼應夢境內容的事件更容易令人留下印象（心理上更容易取得），我們才會誤以為預知夢較常發生，實則不然。能輕易取得的資料不一定是與事實相關的唯一資料，唯有意識到這一點，才能避免犯下可得性錯誤。

衡量事情時，務必檢視所有相關證據，不能只重視心理上容易取得的證據。

肯定的證據並非總是比否定的證據更容易取得。例如，輸掉賭注（以事實證實原本的預測錯誤）就是畢生難忘的經驗。[53] 賭輸錢會對情緒造成龐大衝擊，因此容易在心中留下記憶點。由於我們通常不會對其他預測內容投注金錢，即使失敗也不容易留下深刻印象。

靈媒偵探

有些人據說擁有能協助破案的超自然能力，像是指認罪犯、尋找失蹤人口、搜尋被害者屍體，這些人通稱為靈媒偵探。他們成功協助執法人員破案的事蹟被媒體大肆報導，例如《通靈神探》（*Psychic Detectives*，暫譯）、《賴瑞金現場》（*Larry King Live*），以及《靈媒緝凶》（*Medium*）等節目或影集，都是廣為人知的代表。《通靈神探》將事件重新包裝，賦予片中的靈媒怪誕奇異的正義形象，總是能巧妙地指出兇手，或是揭發失蹤人口的下落。某些警局會聘請偵探協助案件調查，執法人員有時也會透露是靈媒提供了有用的資訊。有些人見識過靈媒偵探實際辦案後，便不再鐵齒，反過來相信靈媒的確擁有神奇的能力。靈媒本身則不吝宣傳自己曾協助破解哪些知名案件。

那麼，我們應該相信靈媒偵探真有破案的本事嗎？現在就要蓋棺論定，可能稍嫌言之過早。支持靈媒偵探的證據仍舊相當貧乏，甚至有許多方法能誤導我們信以為真。唯有藉由嚴格控制的科學測試，才能證實靈媒所宣稱的能力，但至今仍無人能做到如此嚴謹的驗證（電視戲劇以及缺乏對照組的觀察結果，都不能採用）。沒有任何科學證據顯示，有哪一件刑案是靠通靈而破解，哪一個失蹤人口是靠靈媒而尋獲。事實上，儘管幾十年來不斷有科學實驗試圖檢驗 ESP 和其他通靈行為，但至今仍未有充分的證據足以佐證（請見第六章的超心理學相關內容）。

反倒是有無數種方法能誤導大眾，灌輸世人錯誤認知。以下舉幾個例子：

- 靈媒偵探和媒體時常大肆渲染靈媒破案的能力，例如好幾年前，靈媒偵探卡拉・巴隆（Carla Baron）宣稱自己曾協助偵破五十個案子，並與布朗（Brown）一家人合力處理辛普森案

（O.J. Simpson）。但檢察官表示，這兩項言論皆與事實不符。

- 影集《靈媒緝凶》的主角是以艾莉森・杜布瓦（Allison Dubois）為原型，據傳她擁有靈視能力，是相當知名的靈媒。該劇官網表示她曾擔任亞歷桑納州格倫代爾（Glendale）警局和德州遊騎兵（Texas Rangers）的顧問，但是遭到這兩個單位異口同聲否認。

- 媒體報導南西・梅爾（Nancy Meyer）曾與警方合作，成功尋獲一名失蹤老人的軀體。據說她自己畫出地圖，明確指出老人陳屍處，而她的故事日後也成了《靈媒緝凶》的題材。不過參與辦案的警察後來指出，靈媒所提供的資訊並沒有太大的參考價值，事實上，因為太過模糊籠統，效用不大。例如靈媒告訴他們，往有水（目標眾多，包括池塘、湖泊和溪流）和鐵軌（基本上到處都有）的地方去，就能找到屍體。

- 媒體極少報導靈媒失誤，但靈媒其實很常給出錯誤線索。偵辦眾所矚目的謀殺案和綁架案時，警方時常收到各種來自靈媒的「指導」，但案件從未因此就順利落破案。有時，警方為了追查靈媒給的錯誤資訊，反而浪費了幾小時甚或幾天的寶貴時間，而這種一籌莫展的困境通常不會有媒體報導。

- 靈媒採取**事後追溯**的技巧，待破案後才將原本所給的模糊建議與事實相互匹配（有時靈媒的客戶和警方也會這麼做）。舉例來說，假如靈媒在通靈過程中看見受害者的屍體、數字 18、一座橋和水體。當警方找到屍體後，所有人（包括警方）就很容易從中聯想，例如陳屍處的地址、被害人住家附近的招牌、事發地點附近的路牌上有數字 18，甚至是屍體距離某個地標 1.8 公里；陳屍處附近有座橋、附近商店上有橋的圖案，或是路名中有「橋」；或是任一方位不遠處剛好有湖泊、溪流或池塘，這些都很容易渲染成長篇大論。人們傾向為靈媒不正確的言論尋

找自圓其說的解釋，就是事後追溯的進階應用。如果靈媒預測失蹤的當事人已不幸罹難，結果最後當事人幸運生還，檢察官或當事人的家人可能就會主張當事人的某一層面（心理或精神上）其實已經死亡。人們相信虛構事實的意志可以無比強大。

- 靈媒時常利用他們的正常能力（與生俱來的智力、才能和感官能力）蒐集資訊，例如查詢新聞報導、網站、地圖或詢問目擊者，從中尋找線索。他們可能運用傑出檢察官所需具備的技巧和資源，像是仔細觀察、直覺、推理，以及訪問所有與案情相關的人，甚至可能仰賴冷讀術（cold reading），從他人身上擷取實用資訊。這是一種造就「心電感應」假象的舊手法，在提問及陳述的同時觀察他人的表情和肢體動作，尋找與事實相關的線索。

或許靈媒偵探的確擁有超自然能力，但現有的證據和電視節目並不能提供充分理由，說服我們相信。

這種偏愛特定證據的傾向，有助於解釋為何迷信事蹟層出不窮。英國科學家培根指出：「各種迷信行為其實大同小異，不管是占星、夢境、預兆、報應之說……被迷惑的信徒只看到已經發生的事件，卻忽略或無視沒有發生的錯誤預言，儘管後者更為常見。」[54] 認定某一行為或情況會影響某件事，即使兩者之間沒有任何邏輯上的關聯，還是深信不疑，即為迷信。一旦我們相信兩件事之間有因果關係，就很容易只注意能證實此關係的事件。

舉月亮效應為例，大眾相信月亮能對人們的行為造成影響，傳說甚至可能使人發瘋──「瘋狂」（lunatic）一字的英文便是從

一個人對自己的無知毫無意識，就是無知的病徵。
──教育家阿莫士・艾考特
（Amos Bronson Alcott）

「月亮」（luna）衍生而來。然而科學研究始終未能證實這種說法。對此，心理學家凱莉（I.W. Kelly）、羅頓（James Rotton）和庫佛（Roger Culver）等人已有結論：「月亮運行和人類行為並沒有因果關係。」[55] 為何坊間普遍相信月亮效應？凱莉一行人認為，這是媒體無視物理法則的扭曲報導所致，加上前文所討論的各種認知錯誤推波助瀾，才讓這種似是而非的說法甚囂塵上。比起正常行為，剛好在滿月時分出現的怪異舉動更容易令人留下印象，導致我們誤判其發生機率。加上我們習慣只尋找符合論點的實例，便逐漸不再留意足以修正此認知的其他證據。

可得性錯誤不僅使我們忽視相關證據，也誤導我們無視相關假設。只要有任何一份資料或數據，原則上就能推導出各種足以解釋數據的假設。然而在實踐過程中，我們往往很難提出許多不同的假設，最後只會從中選擇心裡想到的那個假設（心理上容易取得）。

遇到不尋常的現象時，人們心中唯一想到的解釋時常與超自然或靈異事件有關。許多人沒辦法從自然或正常的角度來證明事件涉及超自然或靈異的力量，他們會這樣反問：「不然還能怎麼解釋？」

這是犯了訴諸無知的例子之一。無法證明從超自然或靈異角度看待事情的解釋方式不成立，不代表這些解釋就是事實。可惜的是，雖然這類論證在邏輯上有謬誤，在心理上卻很容易令人信服。

對其他不同假設的掌握程度，可能會影響我們對事件發生機率的判斷，以下實驗即可證實這點。[56] 受試者會拿到一份清單，詳列了汽車無法發動的各種可能原因，而他們的任務是要預估每項原因的發生機率。每份清單的最後都標示了一項「其他原因」的籠統假設。研究人員發現，受試者分配機率的方式，取決於該原因是否出現在清單上，也就是他能否輕鬆得知該原因。如果在清單中增加更多原因選項，受測者會更改每個原因分配到的機率，但不會更改「其他原因」的機率（理性思考的人應該會將這項籠統假設一起考

慮進去）。

　　雖然無法提出合乎自然或正常角度的解釋，並不能提高超自然或靈異解釋的成真機率，但許多人卻相信後者屬實的機率能因此增加。要想避免發生這種錯誤，請務必謹記，無法為現象找到合乎自然法則的解釋，不代表該現象具有超自然特質。我們無法解釋某事，或許只是因為我們不懂可以解釋那件事的法則或定律。

　　儘管針對探討的現象提供符合自然法則的正常解釋，就能削弱超自然或靈異論點的正當性，不過我們還是有其他方法對這類主張提出質疑。假說唯有與實際情況吻合，才會獲得採納。如果實際情況在假說成立的情況下不符合預期，即有理由相信假說不正確。

　　以名聲欠佳的以色列靈媒尤里‧蓋勒為例，他聲稱自己擁有念力，能透過心靈意志操弄物體。但心理學家尼可拉斯‧漢弗萊（Nicholas Humphrey）指出，此假說與實際情況不符：

> 如果蓋勒真能靠念力折彎湯匙，不需依賴任何機械力量，那麼我們大可提問：為什麼只限定特定形狀或大小的金屬物體（例如湯匙或鑰匙，而不是鉛筆、撥火棍或圓形硬幣）？為什麼僅限於手勁大的人就能折彎的物品？為什麼不拿起物體（就算只有短暫的時間），就無法對物體產生任何「魔力」？為什麼必須以手指觸碰，而不是用腳趾或鼻尖？諸如此類。如果蓋勒真的擁有念力，而非只是施展肌力，就不會產生這些問題。[57]

　　漢弗萊指出，這類質疑的論證立基於「無根據的設計」或「不必要的限制」，因為如果假說為真，觀察到的現象會比預期的更受侷限。假說必須與實際情況吻合，才值得接納。言下之意，假說不僅要能解釋實際情況，其所解釋的實際情況也要與假說的預期一致。如果預期無法得到實際情況證實，我們便有理由質疑假說。

代表性捷思法

為了充分理解這個世界，我們會依循經驗法則不斷嘗試，這種學習方法稱為**捷思法**（heuristics）。捷思法能加速決策過程，協助我

未能察覺自身的無知，往往只會受知識所誤導。
　　——神學家理查·惠特利

們在短時間內處理大量資訊。然而速度與準確度有時難以兩全，當我們要處理的資訊不準確、不完整或不相關，我們得到的結論便可能有誤。

其中一種捷思法仰賴「相似者相近」（like goes with like）的原則，來幫助我們分類事物與識別模式，稱為**代表性捷思法**（representativeness heuristic）。我們會認為同類型事物應與同一個原型相去不遠，且應具備相近的因果關係。雖然這些原則時常能引導我們做出正確判斷，但也可能誤導我們。棒球賽和棋賽都是比賽，但兩者間的差異可能更勝相似之處。小小的微生物也有可能引發疾病大流行。如果我們盲目遵循代表性捷思法，有可能會遇上麻煩。

想了解代表性捷思法如何影響我們的思維，可思考以下問題：[58]

> 琳達今年三十一歲，單身，個性直率，性情開朗。哲學系畢業的她相當關注性別歧視和社會公平正義等議題，也經常參與反核遊行。

現在，請根據以上描述，評判下列關於琳達的陳述何者最有可能為真：

A. 琳達是保險業務員。

B. 琳達是銀行行員。

C. 琳達是銀行行員，而且積極參與女權運動。

由於 C 看似比 A 和 B 更能代表琳達，因此大部分人會認為 C 最有可能貼近事實。然而 C 不可能是**屬實機率最高**的陳述，因為

銀行行員的人數勢必多過積極參與女權運動的銀行行員；後者是前者的子類別，人數必定不會超過前者。這就是所謂的**合取謬誤**（conjunction fallacy），因為兩個事件同時發生的機率，永遠不會高於其中一個事件單獨發生的機率。不具代表性的描述（銀行行員）加上較具代表性的描述（支持女權）後，雖然更確切地描述了琳達本人，屬實的機率反而降低。

代表性捷思法的影響力在醫學上最為顯著。中國人認為蝙蝠的視力好，以前會將蝙蝠入藥，用來治療視力出問題的病患；歐洲人相信狐狸的耐力驚人，因而一度將狐狸的肺當成藥物，治療氣喘患者；在美國，部分另類療法的執業醫生曾使用生腦治療精神疾病。這些案例基本上都是假設病患食用藥材後，能吸收藥材的某些特性，即所謂「吃什麼，補什麼」的謬論。

人類學家詹姆斯·弗雷澤爵士（Sir James Frazer）稱之為「模擬（模仿）魔術」（homeopathic/imitative magic）的心理，便是以「同類相生」（like causes like）為基本假設。世界各地都有人認為，透過模仿或模擬心中欲達成的樣貌，即可美夢成真。例如墨西哥的科拉族（Cora）印第安人將牲畜的蠟像或泥像擺放在山洞中，希望能藉此增加牲畜數量。不孕的愛斯基摩女性在枕頭下放置小娃娃玩偶，希望有助於受孕。北美印第安人在沙石、灰燼或泥土中畫出人形，再拿利器戳刺，希望能藉此打擊心中設想的對手，傷害其相對應的身體部位。[59]

> 比起接受事實，人心更容易受虛假所迷惑。
> ——中世紀神學家
> 伊拉斯莫斯
> （Desiderius Erasmus）

許多文化中的禁忌同樣也是基於「同類相生」的原則。為防止厄運或疾病降臨，人們會刻意避免特定行為。例如，愛斯基摩的孩童禁止玩翻花繩，以免長大後手指遭魚線纏繞。懷孕的愛奴民族女性禁止在生產前至少兩個月期間紡織或結繩，以免未出生的嬰兒臍帶繞頭。印尼加勒拉人（Galelareese）的漁夫釣到魚後不剪斷魚線，

以免下一次魚兒上鉤時掙脫魚鉤，成功脫逃。[60]

這些行為或許看似愚蠢，但現代人的許多作法其實也是依循同一套準則。例如占星術和筆跡學，這兩門盛行的偽科學同樣也是「同類相生」的實踐。如前所述，占星術主張某些星座的人會具有特定的心理素質和生理特徵。這種說法並未得到實證，因為一個人的星座與其人格特質之間並無重要關聯。那麼，這種理論是從何而來？顯然與代表性捷思法息息相關。舉例來說，人們自然而然會假設金牛座的人應該如公牛般意志堅定、固執己見，同樣地，處女座的人理應像處女般個性害羞、性格靦腆。如果你覺得這些既定成見乍聽之下理所當然，或許就能解釋為何占星術能如此歷久不衰。

筆跡學同是代表性捷思法的實際應用。人們聲稱能從筆跡洞悉一個人的個性，然而這兩者之間的關聯一樣是從代表性捷思法的原則發展而來，實際上尚未有任何科學證實。例如某個筆跡學老師宣稱，從甘地小巧俐落的字跡即可看出他是性情溫和的人，而拿破崙的筆跡有稜有角、粗獷有力，顯示他是驍勇善戰的人。[61] 但若實際讓老師從筆跡斷定一個人的職涯成就，會發現預測成效其實不比隨機猜測來得優異。[62]

就算是訓練有素的科學家，思考方式同樣可能受代表性捷思法影響。澳洲內科醫師貝瑞・馬歇爾（Barry Marshall）在一九八三年宣稱微小的細菌可能造成潰瘍，對此，范德比大學（Vanderbilt University）感染科主任馬丁・布雷瑟（Martin Blaser）表示：「這是我聽過最荒謬的事。」[63] 當時普遍認為潰瘍是壓力過大所引起，但這個論點似乎是以代表性捷思法為根據。發生潰瘍感覺像是處於高壓狀態下，因此潰瘍理應是由壓力所造成。現在我們知道這種假設並不正確。確認任何說法所揭露的因果關係是否僅以相似性為依據，是避免受代表性

捷思法誤導的不二法門。

擬人化偏誤

我們不僅容易以「同類相生」為基礎看事情，還傾向認為萬物皆與我們相似，即使是無生命的事物亦然。蘇格蘭哲學家大衛・休姆（David Hume）老早就認清這一點：

> 人類普遍具有一種傾向，就是容易設想所有生物都跟人類一樣，將自身熟悉的特質投射到萬物上。我們會在月球表面看見人臉、在雲層中瞥見軍隊，不是沒有原因的。若非借鏡實際經驗和個人省思而適度修正，我們還會出於習慣，逕自揣想任何傷害或取悅我們的事物具有敵意或善意。因為這樣⋯⋯樹木、山巒、溪河全都被擬人化，自然界無生命的一切均有了思緒和情感。[64]

休姆在這段文字中描述的不只是空想性錯視（對非人物體投射人類的生理特徵），也點出了擬人化現象（對非人物體加諸人類的想法、感受和欲望）。

每個人難免都會展現將物體擬人化的傾向。你是不是曾對電腦、汽車或手機講話（或大吼），彷彿這些東西可以理解你？希羅多德（Herodotus）記述薛西斯大帝（King Xerxes）因為暴風雨而無法順利渡過赫勒斯滂（達達尼爾海峽），下令士兵鞭打海水三百下，並大肆咒罵以為懲罰。人類學家史都華・葛斯瑞（Stewart Guthrie）記載了人們將萬物擬人化的各種案例，從飛機到雨傘，不一而足。[65]

心理學家弗里茨・海德（Fritz Heider）和格奧爾格・齊美爾（Georg Simmel）在一九四四年所做的實驗，最能貼切突顯我們的擬人化傾向。[66] 他們向受試者播放影片，片中有圓形、正方形、三角

形等各種幾何形狀在畫面上隨意移動。之後，他們詢問受試者影片呈現了什麼內容。受試者回答，片中的圖形代表不同類型的人，分別是惡霸、受害者和英雄，他們各自受到明確的欲望和目標引導而出現不同行為。在他們眼中，螢幕上並非只有幾何圖形到處移動，而是展現意圖、目的明確的一連串行動。其他研究改用移動的圓點、蜂群或小方塊，也得到類似的結論。

這些實驗顯示，人隨時可能因為微不足道的證據，自認察覺他者有意識及目的性的行動。這種傾向相當普遍，即使是小孩子也擁有這項能力，心理學家因此認為這是與生俱來的天性，深植於人類的基因之中。從演化的角度來看，這個論點完全說得通。古早時代的人類所遭遇的生存威脅，其中一種極有可能就是來自其他人類。只要能偵測敵人的蹤影或意圖，就能有更多機會存活下來，繁衍後代，而這種覺知偵測基因就會被流傳下來。久而久之，這種察覺他者意向的能力便在人類群體中變得普遍。

我們的覺知偵測能力越敏銳，存活的機會越高。但這項能力過度發達的代價，便是出現大量的誤報。我們可能在沒有他者的情況下，斷然認為他者就在不遠處。還好，這只是小小的誤會，無傷大雅，畢竟保障安全勝過發生遺憾。未能及時覺察他者可能會危及自身性命。錯誤察覺不存在的他者，好過未發現近在咫尺的威脅。

不過多位心理學家認為，相信超自然力量無所不在，正是我們為過度敏銳的覺知偵測能力所付出的其他代價。賈斯汀·巴雷特（Justin Barrett）便表示：「人相信鬼神妖靈，部分原因可歸咎於大腦的運作方式，尤其是覺知偵測機制（agency detection device）。這種能力過於活躍，使人容易察覺附近的動靜，包括超自然現象，不過目前的證據還不足以證實其真實性。」[67] 心理學家史考特·阿特蘭（Scott Atran）和阿拉·諾倫札揚（Ara Norenzayan）也同意他的看法。他們寫道：「在天擇的框架下，面臨不確定因素時，我們自然

上帝只是雲層中顯現的臉龐？

人類學家史都華‧葛斯瑞率先指出，我們對超自然力量的信仰源自我們習慣將萬物擬人化的傾向。他在著作《雲中的臉：新宗教論》（*Faces in the Clouds: A New Theory of Religion*，暫譯）中指出，僅憑片面證據便推斷某一行為體確實存在，正是出於這種傾向，我們便是以此預設世上存有超自然力量。他在書中寫道：「宗教的源頭來自我們感知上的不確定性，以及我們必須看見周遭所有人的心理需求。所有宗教的共同起源，都是來自我們對人類形體和行為的殷切探尋。」[68]

有些人或許納悶，為何要去臆測超自然力量（沒有實體型態的力量）是否存在？我們熟知的所有人類都有實際的軀體，為何要預設世上有不具形體的類人型生物？近期的發展心理學研究給了我們答案。研究顯示，小孩會預設心靈與軀體是分開存在。他們辨識出大腦在某些心理活動中具有重要地位，但不是全部。貝林（J. M. Bering）和比約克倫（D. F. Bjorkland）的實驗最能貼切體現這種二元論的認知傾向（將身、心個別獨立看待）。[69] 他們對不同年紀的小孩講述鱷魚吃掉老鼠的故事。事後，他們詢問聽故事的小孩，老鼠發生了什麼事。孩子們明白指出老鼠無法再吃東西或執行任何生物機能，但他們堅持老鼠仍會感覺飢餓，且保有欲望和信念。心理學家保羅‧布倫（Paul Bloom）對此論斷：「這種認為意識與軀體分開的想法並非後天習得，而是與生俱來。」[70]

這種內建的二元論可以從演化的觀點來解釋。從生物學角度來看，我們不僅要察覺其他人類的蹤跡，還要能預測對方的下一步行動，才符合最大利益。然而要做到這一點，我們必須知道對方的想法，而這需要一套理論予以支援，心理學家和哲學家稱此為「民俗心理學」（folk psychology）。這套理論告訴我們，信念和欲望如何產

生交互作用，終而引發實際行動。我們透過民俗心理學來解釋人類行為，同時運用我們對自然法則（例如重力和運動）的認識，解釋其他萬物的行為。因此，「我們才會認為物質世界基本上與心靈世界是分別獨立存在的，於是才會產生無靈魂軀體和無軀體靈魂之類的想像。[71]」我們仰賴兩個獨立系統來理解世界，因而衍生出對超自然力量的想像。

以上對於宗教信仰的論述能進一步衍生出以下問題：如果宗教能以擬人論予以概括論斷，我們能直接將宗教視為一種錯誤嗎？[72] 對葛斯瑞來說，答案是「可以」，因為他認為這種擬人化的作法並無充分的證據支持。但對巴雷特來說，答案是「不行」，因為他深信是上帝要我們相信祂。如同他所指出：「為什麼上帝不將我們設計成另一種模樣，使我們認為信神是一種理所當然的自然信仰？」[73]

誰對誰錯，你／妳覺得呢？

會觸發知覺偵測的認知基模（cognitive schema），腦海中很快就會浮現對超自然力量的揣想。」[74] 每當聽到可疑的聲響或看見神祕的人影，我們不一定都假設那是另一個人。有時我們會以為那是鬼神或邪靈之類的超自然靈體，尤其當身處在契合的情境下，我們更容易出現這類想法。

若覺得附近的威脅來自人，我們很容易就能確認（或駁斥）內心的假設，只要尋找實際的線索即可；當我們覺得應對的對象是超自然力量時，由於這類力量缺乏實體，幾乎不可能確認或反駁假設。人類社會對超自然現象的執念能如此歷久不衰，原因之一很可能就是因為始終無法徹底否決超自然力量。下次覺得自己遇上超自然現象時，不妨冷靜想想，或許那只是覺知偵測機制對你開的一個小玩笑。

出乎意料的機率

　　一名女性突然想起二十年未曾想起或見面的舊識，接著她拿起報紙，意外看見老友的訃告，驚訝不已。一名男性讀著每日星座小品，文中預測他會遇到一個改變他人生的貴人，隔天友人便介紹他認識未來的老婆。一名女性夢見隔壁鄰居家失火，夢裡的情景異常清晰，整棟房子付之一炬。她在睡夢中嚇出一身冷汗，驚醒之後隨手將夢境寫了下來，結果不出三天，鄰居的房子慘遭雷擊，引發火災。這些故事難道都是單純的巧合？事件之間的詭異關聯真的只是偶然嗎？

　　許多人大概會認為，這當然不可能只是巧合，這樣的機率未免太高了，高得難以想像。然而研究顯示，人們容易誤判機率，即便是訓練有素的科學家也一樣。每當我們宣稱事件不可能偶然發生，我們對機率的預估往往就會錯得離譜。你可以自我測試一下：假設你去某場派對，現場包括你共有二十三人，那麼任兩人同一天生日的機率是多少？（A）1/365、（B）1/1000、（C）1/2、（D）1/40 還是（E）1/2020 呢？答案是（C），也就是 50%，與絕大多數人的直覺正好相反。[75] 再試一題：連續擲一枚正常的硬幣五次，第一次人頭面向上的機率當然是 1/2。假設第一次擲出人頭面向上，剩下四次也全擲出同樣結果，亦即連續五次人頭面向上，請問第六次擲出人頭的機率是多少？答案與第一次一樣，機率為 1/2。每一次擲出正面或反面的機率永遠不變，前一次擲出的結果對下一次毫無影響。硬幣可沒有「前生」的記憶，若認為先前發生的事件會影響當前隨機事件的機率，便落入了**賭徒謬誤**（gambler's fallacy），但多數人似乎從不質疑這個概念。

　　問題在於，大多數人並不了解，在一般的統計規律下，**驚人的巧合很常見，而且勢必會發生**。看似極度不可能發生的事，其發生

機率多高？你大概不會相信

　　我們時常錯誤判斷事情的發生機率，有時甚至**大錯特錯**。真正的機率與我們的「感覺」徹底相反。數學家艾倫・保羅斯（Allen Paulos）提供了以下有違直覺、跌破眾人眼鏡的案例：

　　請先深呼吸。假定莎士比亞的劇本寫得沒錯，凱薩在嚥下最後一口氣前喘著氣問：「還有你嗎，布魯圖？」那麼，你剛剛有多少機率會吸入凱薩臨死前吐出的空氣分子？答案絕對超乎你的意料：你有超過 99% 的機率吸入了凱薩吐納出來的空氣分子。

　　如果你不相信的話，請再看看我的假設：超過兩千年以來，凱薩吐出的空氣分子均勻散布於全世界，且絕大多數成分仍然留在大氣層中。姑且就以簡便直接的方式來計算相關機率好了。如果世界上的空氣分子總數為 N，凱薩呼出的分子數為 A，我們吸入凱薩吐出之分子的機率為 A/N。反之，吸入空氣並非來自凱薩的機率則為 1-A/N。根據乘法原理，如果你吸入 3 個分子，這 3 個分子全非來自凱薩的機率是 (1-A/N)3。同樣地，如果你吸入 B 個分子，這些分子全非來自凱薩的機率約為 (1-A/N)B。因此，互補事件（也就是你吸入至少 1 個來自凱薩的分子）的發生機率為 1-(1-A/N)B。以 A、B（各自約為一公升的 1/30，或是 2.2×1022）和 N（約 1044 個分子）的概略數值計算之後，最後得到的機率會大於 99%。

　　饒富興味的是，如果是從這個狹隘的角度來看，所有人終將擁有彼此的某一部分。[76]

機率可能高得嚇人，若能給予足夠的機會，就幾乎肯定會發生。抽到同花順、中樂透、連續五次擲出硬幣正面，這些事件在單次嘗試下似乎都不可能成真，但只要嘗試的次數夠多，絕對會**在某個時間點發生在某人身上**。

回想一下之前提過的預知夢。如果一般人每晚會歷經二百五十個夢境，而美國住了超過兩億五千萬人，每天晚上就會有超過十億個夢，每年甚至會有幾兆個夢。有這麼多的夢境，而且還有這麼多可能符合夢境的真實事件每天都在發生，如果完全不會出現預知夢，那才叫人震驚。真正令人驚愕的或許不是預知夢本身，而是預知夢竟如此稀少。

假如你正在讀小說，就在你即將讀到描述帝王斑蝶奇特之美的段落時，你抬起頭，正好看見窗上停了一隻帝王斑蝶。假設你正坐在機場內思索某個老同學的姓氏，而隔壁的陌生人剛好在與其他人大聲交談中提到那個姓氏。的確，這些都是令人大嘆不可思議的奇妙巧合。這類奇怪的際遇難免讓人揣測，是否有不知名的力量暗中作祟。這種巧合的發生機率到底有多少？答案是**很高**。對此，心理學家大衛‧馬克斯和理查‧卡曼以下列方式佐證：假設一般人在一天之內能回想起 100 個不重複的事件，這些事件的順序組合數就是 99 + 98 + 97 . . . + 3 + 2 + 1，總計 4950 種組合。[77] 十年下來（約 3650天），1000 人預計能產生超過 180 億種組合（4950 × 3650 × 1000 = 18,067,500,000）。在這些人的這麼多事件組合中，**難免**會有人剛好發生如上述那般不可思議的事件巧合。[78] 這樣來看，看似不可能發生的事情其實並不稀奇。

如此看來，若將部分奇妙的事件組合集結成冊，並宣稱其中涉及某些靈異現象或外太空的神奇力量，會有多容易迷惑人心！

想起三十年前認識或耳聞的朋友，並在五分鐘內得知對方的

不可能的事情還是有可能發生。

——亞里斯多德

人的合理化行徑

　　人不僅容易妄下結論，還時常將結論合理化。心理學家貝瑞·辛格（Barry Singer）彙整多項研究結果，試圖證明人類的合理化技術有多高超。

　　在數十個針對問題解決及觀念形成的心理實驗中，受試者需在實驗人員告知其答案是否正確的情況下，找到正確解答。這類實驗的受試者通常會出現以下現象：

　　1. 他們會立即形成假設，並且只尋找能確認假設的相關證據。他們不會尋找證據來證明假設不成立，雖然這個策略也同樣有效，但他們會試著忽視任何不支持其假設的證據。

　　2. 如果在猜測的過程中，答案被偷偷換過了，他們會很慢才修改原本正確但突然變得有誤的假設。

　　3. 如果假設和題目提供的資料相互契合，他們就會堅持到底，不思考其他可能更符合資料的假設。

　　4. 如果眼前的資訊太複雜，受試者會採取簡化的假設或解題策略來應對，並忽視任何不利於假設的證據。

　　5. 如果沒有正確解答，實驗人員只是隨機告知答案是對或錯，受試者仍會根據這些資訊建立起他們認定的各種因果關係與假設，並且堅持到底，說服自己相信這些理論必定正確無誤。即使他們獲得的資訊並未涉及任何因果關係，受試者也會認為其中必定存在因果關係。

　　毫不意外的是，老鼠、鴿子和小孩通常比成人更懂得回答這類問題。鴿子和小孩不在乎每次是否都能選中正確答案，而且牠／他們尚未發展出成熟的自我說服能力，不會枉顧證據，一概相信自己的選擇正確無誤。[79]

死訊，這樣的機率有多高？答案可能比你預想的更高。事實上，我們還能算出這件怪事發生的機率。假設某人記得過去三十年內認識的三千人姓名，且在三十年內得知其中每一個人的死訊。在這些假設之下，只要利用統計數學，就能算出這起怪事發生的機率為0.00003。一如預期，機率很低，但是放到十萬人之中來看，即便是這麼低的機率，每天還是會發生約莫十起類似事件。[80]

> 論及罕見事件時，以數學計算出來的機率經常會違反直覺。但最後正確的往往是數學，而非我們的直覺。
> ——心理學家貝瑞・辛格

以上這些討論並不表示真正的預知夢或靈異事件不會發生，就算個人或許有過看似不可能發生的經驗，也無法代表這類經驗就是奇蹟或超自然現象。儘管當事人內心的巧合感多麼強烈，光憑個人經驗終究無法得知單一事件的真正機率。一旦發生過於巧合的事情，我們可能會感到震驚、困惑甚至害怕，心中起了疙瘩，誘使我們相信事情不太尋常。然而這些感覺無法證明發生了什麼大事，就像感覺暈眩不代表全世界都在天搖地動一樣。

軼事型證據：為何證詞不可信

現在既然知道人心的幾個古怪特點，就能更清楚地說明該如何從個人經驗明辨真偽：

唯有在毫無理由質疑個人經驗可信度的情況下，才能合理相信個人經驗是值得信賴的證據。

只要有理由合理懷疑個人的思緒或狀態受到前文所述的任一特性影響，就該暫緩判斷，蒐集更多證據。

一旦有理由合理懷疑個人經驗受到任何因素影響，就不該將

個人經驗視為任何事實的證明。在主觀認知可能受到限制的情況下產生的經驗，不僅無法證明事情真偽，甚至連低品質的證據都稱不上。因為在這種情況下，我們無法辨識經驗何時開始，以及限制何時結束。當我們已經抱有高度期待，視覺認知便容易受到美化，這樣的話，夜空中出現的究竟是外星人的太空船，還是金星？巧合事件是外太空同步感應的神祕力量使然，抑或只是我們未理解事件發生的真正機率？如果主觀限制可能扭曲我們的經驗，從個人經驗出發的證據便已受到汙染，不具有太多參考價值。這也是為什麼在科學調查中，軼事型證據（以個人證詞為基礎所構成的證據）通常無足輕重。只要無法克服合理懷疑，無法確保當事人不受任何外在或心理限制影響，我們就沒有充分理由相信當事人的言論等於事實。

信念可能使我們預設立場，導致我們錯誤解讀事實。理想上，我們應該要以事實為證據，並以此為基礎形成信念。

——艾倫・馬克羅伯特（Alan M. MacRobert）和泰德・舒爾茲（Ted Schultz）

　　現在你大概已能猜到，前文中費爾丁參與帕拉迪諾通靈過程的經驗為何不足以構成理想證據，支持其目睹真實超自然現象的種種主張。縱使他聲稱親眼目睹靈異現象，但他身處昏暗的房間，處在不尋常的環境中，直接感受現場的緊張氣氛，感知和判斷力勢必容易遭受扭曲。在類似情況下，任何一名（或多名）目擊者的證詞都值得懷疑。我們還有其他理由對帕拉迪諾的非凡神力提出質疑。她和同時期的其他多位靈媒一樣，巧妙地利用技巧欺騙在場的目擊證人。有人說她偶爾造假，也有人說她經常使用詭計。無論如何，她的手段曾多次遭人當場識破，這是不爭的事實。某次她在通靈時，就有人拆穿她把腳伸進布幕後出現魅影的小房間。

　　不必翻找古老的超自然現象實錄，就能了解為何軼事型證據如此不牢靠。我們平常可以接觸到各種另類療法（非傳統醫療），例如針灸、磁療、草藥、維他命、順勢療法、治療性觸摸（therapeutic touch）等，從諸多個人體驗實例中就能輕鬆找出問題的癥結。非另

過火求平安

　　只要付點錢，就能學會一門非凡技藝，來場驚奇的體驗——赤腳踩過燒紅的炭床，毫髮無傷！沒錯，坊間真有人在教這門過火技術。他們聲稱這其中涉及深奧技術，精通後能提振自信、幫助戒菸、治療不舉和慢性憂鬱、根除視力退化的問題，並提升溝通和說服他人的能力。安東尼·羅賓斯（Anthony Robbins）長期擔任過火工作坊的主要講師，斷言過火時需有神力或心智能量保護，當事人才能順利走過火堆，免於燙傷。然而科普作家柯特·巴特勒（Kurt Butler）對羅賓斯的說法提出反駁，他與其他多位專家同聲表示，過火其實只是簡單的物理原理，並非神功護體。

　　為破解羅賓斯的話術，我和幾個朋友舉辦了一場過火活動，並邀請民眾免費參加。我們的舉動上了報紙頭版，當地電視新聞也前來拍攝。如同其他過火儀式，我們當天準備的木炭與羅賓斯工作坊的木炭一樣滾燙，炭床的長度也比照辦理。活動結束後，有親戚朋友激動地向我們道謝，感謝我們親身示範，幫助他們勸退身邊的親友，讓他們不再繼續浪費錢報名過火工作坊及參加相關體驗。有一位母親說，她的女兒已花掉三萬多美元，跟隨大師到全國各地參加大大小小的工作坊和過火活動……

　　我們舉辦的活動從未標榜任何工作坊名義，過程中不強調正面思考的相關理念，也不禱告祈求什麼特別的力量加持，或喚醒大腦中沉睡的潛能。實際上，我們只花了兩分鐘說明安全須知，就讓參與者走過灼熱的炭床。雖然現場「好燙」的驚呼聲此起彼落，但在超過百人之中，只有一人燙傷起水泡。其他懷疑論者團體也起而效尤，舉辦類似的過火體驗活動，其中以

南加州懷疑論者協會（Southern California Skeptics）最為著名。
（儘管如此，我們強烈禁止任何人在沒有資深人員從旁輔助及
直接監督的情況下私下嘗試，絕對不可忽視多項法令規定的安
全預防措施。）

　　過火是一項體力活，與心靈層面無關。人能安然無恙地走
過炭堆，是因為木炭無法將熱能快速傳導給其他物體，尤其是
木炭上覆蓋著灰燼的時候。木炭的導熱特性與空氣相似。你可
以將手伸進炙熱的烤箱中而不燙傷，但如果你碰到烤箱內部的
金屬絕對會嚴重受傷。金屬不會比空氣更高溫，但其導熱速度
遠遠勝過空氣……

　　當然，發紅的滾燙木炭不像熱空氣。過火的人會快速走過
炭床，不會在木炭上停留，每隻腳只會有一秒鐘左右的時間接
觸高溫，之後便離開木炭表面，整趟過程一般最多只會花上七
秒。接觸時間越長，燙傷的風險越高，要是在木炭上停下腳步
就會燙傷。

　　說穿了，毫髮無傷地赤腳踩過炙熱的木炭，並非什麼神奇
事蹟。[81]

類療法所提出的大量論述，大多立基於個人經驗，而那些隨處可見
的推崇療效證詞往往很能打動人心。「我患有多發性硬化症，」故
事通常都是這樣開始，「醫生對我的病情束手無策。絕望之下，我
嘗試服用大量的維他命 E，所有症狀很快就消失了。維他命 E 真的
有效。」但事物的表象不一定可信，個人經驗也不一定就能證明療
法有效。以下原則充分說明了為什麼你不應該相信由個人經驗所建
構的證據：

光靠個人經驗通常無法克服合理懷疑，確定治療是否有效。

有三個理由可以說明此原則何以成立：（1）許多疾病本來就會自行緩解，（2）即使採取已知無效的療法，有時還是能夠減輕症狀；此外，（3）還有其他因素可能改善病情。

疾病的多變特質

人類生理構造錯綜複雜，想斷定是什麼原因造成身體出問題，遠不如解釋汽車引擎無法發動，或是九號球為何落入中袋那樣容易。由於疾病本身有自限性，這項複雜的因素讓判斷一項療法是否有效變得非常困難。事實上，不管是否接受治療，人體大部分的病痛都會自行好轉。此外，疾病的症狀（甚至包括嚴重或末期症狀）每天都有可能產生劇烈變化，時好時壞。類風溼性關節炎和多發性硬化症等慢性病的症狀可能會自行減緩，消失好一陣子，甚至消失好幾年。

就連最難搞的癌症也是變化多端。有些癌症病患可能活了幾個月，有些罹患相同癌症的病人可能活了數年。我們或許能推測罹患特定癌症後的平均剩餘日子，但要預測某個病患在接受特定治療後（或毫無治療）的病情變化，往往極度困難。正是因為這種多變特性，醫生對癌症病人的身後預測經常失準。當病人活超過醫生預測的期限，有些人會將此歸功於當下所接受的任何非傳統醫療。在許多醫療文獻中，其實不乏癌症自發緩解的相關記錄。自發緩解的情形很罕見，而且發生的頻率因腫瘤類型而異。但這種現象確實會也曾經發生，因此想要合理宣稱某個病人是經由任何特定治療而痊癒，都會顯得正當性不足。

病人通常會在情況惡化時接受治療。基於疾病固有的多變特

> 隔空治療：在家就能體驗正能量治癒療程，遠距治療，舒適自在。每節療程三十五美元，開放電話預約。
> ——報紙分類廣告

性，病情在歷經低潮後有可能會出現反彈。若因此就將功勞全歸於所受的治療，或許會有張冠李戴的疑慮。

安慰劑效應

人還有一個古怪的特質，有時即便接受無效或虛假的治療，仍會產生「好像舒服一點了」的感受，生心理狀態因此隨之改變。這種**安慰劑效應**（placebo effect）不全然只是心理作用，效應背後涉及的原理至今並不清楚，但有不少專家表示應是受到暗示感受性（suggestibility）、操作制約（先前接受治療的經驗）、預期心理等其他因素影響。

暗示的力量無比強大，研究已證實暗示具有改變身體狀況的功效。誘發水泡或是使皮疹消失，都能經由暗示來達成。
——衛生教育家
威廉·賈維斯
（William T. Jarvis）

在許多疾病中，至少有三分之一的病患在服用安慰劑後宣稱感覺身體狀況好轉（安慰劑與藥物一樣，同樣可能引發副作用）。服下安慰劑後，病患感覺頭痛、發燒、緊張、關節炎、噁心、感冒、高血壓、經前緊張、情緒變化、癌症病痛等身體狀況均獲得紓緩，然而紓緩的狀況通常只是暫時的。舉凡糖錠、無意義的注射和醫療手段、醫生的安撫、靈媒的咒語，甚至只是走進診間的動作，都可能產生安慰劑效應。[82]

有些人會因為安慰劑而感覺症狀紓緩，但在大部分案例中，當事人也有可能不會對安慰劑產生任何反應。至於誰會有反應、誰不會有任何感覺，很難預測。信任醫師或相信療法，都有可能提高安慰劑產生效應的機率。不過就算是不相信療法的病患，也可能對安慰劑有所反應。

安慰劑效應在紓解疼痛方面尤其效果顯著。心理學家李奧納多·佐斯尼（Leonard Zusne）和沃倫·瓊斯（Warren H. Jones）解釋如下：

眾所皆知，心理預期對個人經歷疼痛時所產生的痛苦程度具有深遠影響。透過客觀量測，對疼痛的預期可能比疼痛本身更令人絕望……如果病患預期安慰劑（對生理起不了太大作用的物質）有效，那麼它就有可能帶來和藥物一樣的效果。在信仰療法（faith healing）中，安慰劑效應明顯有助於排解苦痛。臨床研究顯示，部分病患術後出現嚴重疼痛，此時給予安慰劑即可有效紓緩，不必真的動用止痛藥（例如嗎啡）。從個案來看，約有 35% 的病患感覺疼痛有所消減。另一方面，只有 75% 的病患表示嗎啡能有效止痛。[83]

有鑑於安慰劑效應暗藏誤導的風險，科學家通常會在醫療研究中放入安慰劑對照組。他們會比較實驗組與安慰劑組所展現的變化。療法的成效必須優於糖錠或假療法，科學家才會認定該療法有效。安慰劑或許在現代醫學中占有一席之地，但同時，無價值的療法也可能因為安慰劑效應而看似有效。

> 玫瑰奇蹟：神壇上綻放的花苞能治癒癌症、關節炎，甚至愛滋病！
>
> ——小報新聞

各種被忽視的原因

你的腸胃已經不舒服兩天了。有個朋友拿水晶在你肚子上摩擦，幾個小時後，你的腸胃竟然不再絞痛。是水晶發揮療效嗎？

或許吧。但除了安慰劑效應和疾病的多變特質，還有其他可能原因。你前一天的飲食是否有所改變，因而減輕了消化負擔？是運動（或缺乏運動）、日常作息或排便習慣的改變，或是在瑜伽課上練習倒立，幫你紓解了腸胃不適？是你吃了什麼藥，還是停止服用特定藥物的緣故？是因為你得知汽車不會被收回，內心的煎熬瞬間解放所致？就個人經驗來看，要排除這類原因可能對身體狀況（不論是惡化或改善）造成的影響，實在極為困難。可惜人們時常忽略

這些可能的因素，只挑選最合乎直覺的原因。這種習慣最容易引導當事人得出錯誤的結論，而且屢試不爽。

然而這種習慣相當普遍，例如接受治療的癌症病患可能同時接受正規治療與另類療法，一旦病情好轉，他們時常選擇歸功於後者。[84] 心理學家雷伊・海曼對此表示：

> 如果醫學治療能像布丁成分一樣輕易檢驗，人生絕對會輕鬆不少。只可惜治療比做甜點複雜太多了。如果有位女士宣稱，她遵從指示改變睡覺的方位，從此睡眠品質有明顯改善，我們能接受這是靈擺幫她確定了「極性」的證據嗎？如果兩個病患在接受前世回溯療法（主張大多數疾病和情緒障礙皆肇因於前世）時經歷了激烈的情緒反應，結束後病情反而好轉，我們能將此視為「前生今世」的證明嗎？如果病患求助通靈療法後，疤痕或異常的子宮頸細胞便憑空消失，這能證明靈媒的神力起了療效嗎？[85]

科學家縝密設計各種研究，就是為了釐清這些源源不絕的可能因素。在研究中，使人困惑的因素受到嚴格的控制，希望能盡可能縮小摸索的範圍，匡列出真正的原因。這需要仰賴系統化的客觀研究方法才能辦到。就定義而言，個人經驗不屬於這類方法。

服用《聖經》中記載的療癒植物能延年益壽，活得更健康！
——小報新聞

由此看來，無數種宣稱有效的療法（雖然僅由眾多使用者見證療效）經過精密設計的科學檢驗後，紛紛被證實只是噱頭，一點也不意外。例如維他命 C 能預防一般感冒，苦杏仁苷（Laetrile，人工合成的化學物質，相當於杏仁和其他植物所含的扁桃苷成分）能抗癌，費因戈爾德飲食法（Feingold diet）能預防或治療孩童注意力不足、過動等問題[86]，你相信這些療法嗎？

科學證據：為何有對照組的研究值得信賴

科學試圖以系統化的研究方法彌補個人經驗的限制，透過一系列程序仔細驗證，以防落入自欺欺人的窘境。在控制得當的實驗中，科學家必須確認所觀察的現象未受任何限制所影響，或至少得確定這類影響微乎其微才行。因此，科學研究大致上不能將任何人的看法視為理所當然。科學家明白，在毫無專業協助的情況下，個人經驗隨時可能偏誤和扭曲，聲譽、權威和良善立意都將暴露於風險之中。所以他們會在實驗過程中，盡力排除非系統化的個人經驗影響。在情況允許之下，所有研究過程都必須採取客觀而非主觀的判斷。實驗結果必須經過其他科學家驗證，並公開接受社會檢視。所謂事實，不能單單取信權威專家的說法，而是必須奠基於客觀證據之上。科學家出錯（就像布朗洛教授），經常是因為不慎受到主觀判斷所圍限；唯有克服這些限制，科學才能不斷進步。

整體而言，相較於軼事型證據——即便是素質優良的軼事型證據，例如研究中時常可見的醫學臨床案例報告——受到嚴格控管的研究仍舊是追尋事實的路上更值得仰賴的指引。

臨床案例報告（case reports）是醫生對個別病患的觀察報告（也稱為病例報告、病例系列報告、描述性研究）。這類研究對其他醫師和醫療科學家極度珍貴。流行病學家史蒂芬・蓋爾巴哈（Stephen H. Gehlbach）表示：「一旦將這些寶貴的文獻記錄有系統地彙整，或許能成就振奮人心的重大突破。」他接續寫道：

> 因服用新藥物而出現不尋常的中毒或非典型起疹現象，這樣的說法就是最簡單的描述性研究實例。藉由這類警示，臨床醫生就能留意可能的藥物副作用、不正常的併發症，或是出乎意料的病徵。[87]

疫苗接種與自閉症

　　十幾年前，刊登於醫學期刊《刺胳針》（*Lancet*）的某篇科學報告，暗指自閉症與孩童注射麻疹、流行性腮腺炎和德國麻疹疫苗可能有關。該報告並未證明此因果關係，只是暗示其中的可能性。然而期刊一出，引發全球熱議，不僅許多家長拒絕讓小孩接種疫苗，更有家長怪罪疫苗害他們的小孩罹患自閉症。西方國家的疫苗接種人數驟減，麻疹案例數隨即攀升（麻疹可能造成嚴重後果，每年有上萬人因此喪命，其中大多數是發展中國家的孩童）。最後，《刺胳針》撤回那篇研究報告。獨立分析指出該研究報告有造假之嫌，隨後的相關研究也找不到麻疹疫苗與自閉症之間的關聯。美國國家醫學院（National Academy of Medicine）於更近期全面檢視當時公開的所有證據，最終確認 MMR 疫苗與自閉症之間沒有任何因果關係。

　　憑著證據稀薄的初步研究就斷然下結論，其實相當危險。這個道理在上述事件中顯而易見。不過這件事還有另一個課題同樣值得深思，那就是**後此謬誤**所帶來的風險。有些家長誤信是麻疹疫苗導致小孩自閉，因為**小孩是在接種疫苗後出現自閉症狀**。孩童接種疫苗的年紀與自閉症狀可能出現的年紀相符，這種巧合並非不可能。家長排斥麻疹疫苗（也許還牽連其他疫苗）、數量不明的孩童未能接種疫苗而必須承受麻疹發作的風險、西方世界的麻疹病例數急遽上升，這些都是不當的因果論證所帶來的苦果。

　　然而蓋爾巴哈也指出，這類資料「並未針對疾病成因提供詳盡的解釋，也未給予評估新療法療效所需的證據。」[88]

　　或許你已能猜到臨床案例報告有何限制，以及為何不能全盤採信的部分理由。舉凡疾病固有的易變特性、安慰劑效應，以及容易

被忽略的其他原因，都可能阻礙醫師論斷特定療法的療效。就像我們光憑親身經驗，同樣很難明確指出症狀紓緩的真正原因。雖然醫師仔細觀察病患並記錄結果，進而彙整成案例報告，但過程缺乏科學研究所採用的嚴謹對照機制，因此通常無法排除混淆視聽的各項因素。醫師施行療法，病患病情好轉，但病患的狀況原本是否能更好？是不是安慰劑效應？是否牽涉到其他因素？患者接受醫生治療的同時，是否改變了飲食方式、日常作息或睡眠習慣？身體活動量和壓力是否有所變化？接受醫生的照料時，病人是否同時接受其他療法（或許是自我治療）？案例研究通常無法回答這些問題。

　　案例研究也容易受幾種嚴重的認知偏誤所影響，相較之下，嚴謹的對照組研究更能妥善處理這些漏洞。**社會期許偏誤**（social desirability bias）就是其中一種。在這種傾向下，病患強烈希望能以他們認為正確的方式回應療法。有些患者會在接受治療後表示病況已經改善，只因他們覺得這是適當的回應，或因為他們想迎合醫生。

　　另一種偏誤來自醫生本身，稱為**研究者偏誤**（investigator bias）。已有不少相關文獻顯示，研究者或臨床醫師有時會因為自身的期待而導致他們看見療效。

> 某名醫大方公開水的神奇療效！
> ——小報新聞

　　　凡是對實驗投注心力，或期許研究對象可能給予特定回應，很容易就會形成自我應驗的預言（self-fulfilling prophecy）。這麼說並非是要質疑研究者的清白，公正客觀本就是一門很難實踐的學問。外科醫師很難不從自己最喜歡的痔瘡手術中發現優點和益處，以此佐證自己做了最理想的決定；社工很難不鎖定已知為高風險的群體，搜尋孩童受虐和遭遺棄的證據，揭發虐兒問題。[89]

　　在醫學研究中，科學家通常會搭配使用多種方法，試著將這些

偏誤的影響減至最低。但就臨床案例報告而言，偏誤時常會造成重大影響，實在難以控制。因此，我們不得不對醫生的臨床觀察證據得出以下結論：

一般來說，光憑臨床案例報告無法擺脫合理懷疑，確定療效。

評估應採用的療法時，這個原則以及稍早之前歸納出來（關於個人經驗）的準則尤其實用。因為很多時候，支持某療法正當性的唯一證據，只有臨床案例和個人經驗。

感官和大腦都可能愚弄我們。不幸的是，感知和認知錯誤總是自然而然地發生，而我們時常未能察覺。這些錯誤通常是推論過程（捷思法）衍生的副產品，在我們設法存活下來的時候提供絕佳幫助。若要避免這些錯誤，我們勢必得想辦法適時發現這類錯誤。幸好，科學家為我們提供了方法。下一章將會詳細說明這些方法，以及如何使用這些方法來提升我們追求知識的成效。

> 迎合市場趨勢的出版商、製造商、藥局、保健食品店、藥廠、書店，無不靠著假資訊和迷思獲利，而且商機無窮！
> ——科普與保健作家柯特‧巴特勒

重點摘要

看似真實不代表就是事實，這是評估怪誕現象的重要準則。需要如此警惕的理由在於人類感知機制與生俱來的建構能力。不管是否切合事實，我們的感知結果時常呼應我們內心的期望，有時還會錯誤詮釋模糊不明、無形體的刺激因素，誤以為看見獨一無二的真實景象。這種惡名昭彰的感知建構機制，在眾多宣稱目擊幽浮的事件中最為活躍。置身低光源環境的當事人在大腦的誤導下，誤以為漆黑天空中隱約閃現的光線是外星人的飛行器。

人的記憶同樣是建構的產物，容易受各種因素影響，包括壓力、信念、心理預期，以及新取得的資訊。除此之外，還有選擇性記憶的問題——我們都會選擇性記起特定事件，並忽略某些事件，導致記憶有所偏誤。目擊證人的說詞不甚牢靠，並非毫無原因。

人們理解實際情況的方式也有問題。我們時常拒絕接受與自身觀點相反的證據，幾乎每個人都有這種傾向，包括科學家和訓練有素的研究人員。我們通常容易相信籠統無奇的性格描述是專為我們一人所寫，這種現象稱為巴納姆效應。包括占星、算命、塔羅牌、手相、通靈、生理節律，都是巴納姆效應居中作祟。我們也時常淪為確認偏誤的囚犯，傾向尋找並認定能確認自身觀點的證據。我們容易受可得性錯誤所左右，寧願根據生動、記憶點鮮明的證據來判斷事物，而不重視值得信賴的可靠證據。有時我們還會被代表性捷思法誤導，深信「同類相生」的經驗法則。我們也不擅於判斷機率，一廂情願地相信事件不可能是單純的巧合。

這些傾向一再點出一個事實：軼事型證據並不牢靠，恐怕無法幫助我們釐清事實。適當的應對原則應是：唯有在無任何理由懷疑的情況下，才能合理相信個人經驗是可靠的證據。從我們試圖判斷某項治療或養生法是否有效的過程中，就能清楚體會這類證據的問題所在。光憑個人經驗無法克服合理懷疑、確立療法的療效，但嚴謹並受到控制的科學研究可以。

課後測驗

1. 晚上走過傳聞中鬧鬼的墓園時，感知能力的建構機制可能會扮演什麼樣的角色？
2. 哪些因素會影響你回憶三年前某件事的準確度？
3. 假設你的生活中發生了令人驚奇的巧合事件，而你的朋友認為發生這種事的機率微乎其微，只有超自然力量足可解釋。這段

論述有什麼問題？

4. 諾斯特拉達姆士的預言為何看似高度精確，但其實不然？

5. 思考個人經驗是否為值得信賴的證據時，我們應秉持什麼原則，據以決定對個人經驗的信任程度？

6. 什麼是確認偏誤？這會如何影響思考？

7. 什麼是可得性錯誤？這會如何影響思考？

8. 確認偏誤和可得性錯誤如何導致迷信？

9. 什麼是「不必要的限制」論證？這種論證如何削弱超自然現象相關主張的論述強度？

10. 什麼是代表性捷思法？這會如何影響思考？

11. 為何光靠個人經驗無法確定療法的療效？

12. 什麼是安慰劑效應？

請評估以下主張是否合理？為什麼？

1. 昨晚睡覺時，我感覺自己被傳送到太空船上。在那裡，我躺在診療台上，周遭有各種儀器對我來回檢查。幽浮不可能只是子虛烏有的都市傳說。

2. 華人文化中的幸運籤餅有時很準。我一月時抽中的籤文告訴我：「眼前即將展開漫長的艱難旅程。」結果到了五月，我就考進醫學院。

3. 我做過三次氣場分析，每次結束我都有新的發現。氣場是真有其事。

4. 磁療很有效。我用一般的磁鐵「磁敷」疼痛的手肘十五分鐘，隔天就不痛了。

5. 比起公路旅行，搭飛機危險多了。去年海外就發生了三起嚴重的空難事故，所有乘客和機組人員無一倖存。

6. 會發生校園槍擊案，是因為小學到高中沒有實行宗教教育。

討論題

1. 辨認某種作法是否屬實，唯一辦法就是確認那種作法對你有沒有效。這個原則合理嗎？

2. 一九七七年的某一天，新墨西哥州亞瑟湖（Lake Arthur）的主婦瑪莉亞·盧比歐在廚房烤玉米餅，其中一片玉米餅的焦痕貌似一張人臉。她一口咬定那是耶穌基督的肖像。消息一傳開，馬上吸引將近一千人上門朝聖她為玉米餅所設立的神壇。然而《聖經》並未詳細描述耶穌的樣貌。盧比歐女士如此深信玉米餅上的人臉就是耶穌，是否有其道理？為什麼？

3. 假如我們隨機街訪，向路人詢問一般人比較可能死於氣喘還是龍捲風，你覺得大多數受訪者會回答哪個答案？為什麼？

4. 珍妮想買新車，在 Mazda 和 Toyota 之間猶豫不決。她首要考量的是車子性能的可靠度。顧客意見調查顯示，Toyota 的性能比較優異，但她叔叔家的 Toyota 大小問題不斷。最後她買了 Mazda。珍妮的決定合理嗎？為什麼？

實際演練

有些人可能對特定主張深信不疑，即使提出再多反駁的證據也無法讓他們改變心意。你也會這樣嗎？親友之中有這種人嗎？

作業：請檢視以下陳述，挑選一則你最相信的說法（或自行發想），然後自問：什麼證據可以說服我改變對該論點的想法？若有這樣的證據，我真的會因此改變心意嗎？我會試著找藉口否決或忽視該證據嗎？自己回答完後，邀請一位朋友回答同樣的問題。

- 天堂——超脫凡俗的神聖國度——的確存在。
- 就任內表現而言，柯林頓總統比雷根總統更稱職。
- 就任內表現而言，雷根總統比柯林頓總統更稱職。

- 曾有外星人來過地球。
- 全知全能的上帝真實存在。
- 我曾親身經歷過真實的 ESP 事件。
- 有些人可以預知未來。

批判性閱讀與寫作

1. 請閱讀下方短文，並回答下列問題：

（1）文中的敘述者聲稱她看過尼斯湖水怪。她提出什麼證據支持這個主張？

（2）她的主張站得住腳嗎？為什麼？

（3）有任何理由懷疑她的個人經驗嗎？如果有，理由有哪些？

（4）她的論述能說服你嗎？為什麼？

（5）如果能增加哪種證據，她的論述會更有力？

2. 請針對以下短文的論述寫一篇兩百字的評論，並務必在文中指出，你覺得該論述是鏗鏘有力還是薄弱貧乏，同時說明理由。

短文：一九九〇年九月底，我在從印威內斯（Inverness）開車回家的路上，親眼目睹了尼斯湖水怪。我開上山坡，湖畔風光映入眼簾。我的視線不經意地掃過湖面，突然間，我瞥見一團龐然大物——這大概是最好的形容了。我所能想到最傳神的比喻，就是一艘上下倒放的船。就像現在外頭停的那艘一樣，而且就是那個大小。如果把那艘船拖到湖灣口，也就是我看見水怪的地方，就會是我看見的大小。長約九公尺，從水面到最高處將近三公尺。那天的天氣晴朗明亮，湖面一片湛藍，水怪的身影相當清楚，牠的顏色揉合棕色和綠色，像是泥土的顏色。當時我在開車，前前後後大概打量了幾秒鐘。牠的身影至少出現三到四次，但就在我看最後一眼之後，牠消失了！[90]

第 **6** 章

科學與偽科學

科學方法是追求知識最強大的工具。透過這類方法，人類發現了原子構造、星體組成、疾病成因、生命演進、成長機制，以及傳染病的治療方法。不過科學方法的使用並不僅限科學領域。每當需要有系統地評估各種解決方案的可行性，進而解決問題，我們其實已在運用科學方法。於是，了解科學研究涉及的層面與要素，勢必能有助於提升解決問題的能力。科學家透過科學方法獲取現實世界的各種知識，但許多人非但不認為科學是追求真相的學問，反而覺得科學只是製造商品的一種方法。一提到科學，他們聯想到的是電視、DVD、微波爐等商品。

商品的製作過程多少都實際應用了各種科學知識，但製造商品並非科學的目的。科學的宗旨在於理解統御宇宙的通用法則，而非生產各式設備。

> 科學家是透過鑰匙孔窺探永恆的偷窺狂。
> ──作家亞瑟・柯斯勒
> （Arthur Koestler）

設備製造屬於科技的範疇，即運用科學知識解決實際問題。同一批人或許會同時追求科學和科技成就，所以很難明確劃分兩者的界線。科學家從事研究期間，可能會製造出特殊設備；科技人員在設計各種設備時，需要有系統地進行大量實驗，可能因此促成科學

發現。總體來說，科學主要在產生知識，科技則聚焦於生產商品。科學家的目標在於理解運作原理，科技人員則以製造實用產品為主要目的。對科學家來說，展現自己了解這些原理的最佳方法，就是成功預測科學的未來發展。也就是說，科學家歸納出兼具解釋和預測性質的通用準則，來確認自己對世界的理解。[1]

科學與法則

人們可能會認為，科學與其他探究事實的方法之間最大的差異，在於科學從不先入為主。但這種說法其實不太正確，因為在實際著手任何科學研究之前，我們必須至少接受一個命題：這個世界**能為世人所理解**。這個命題至少有三層涵義：（1）世界具有確定的結構；（2）我們能理解該結構；（3）所有人都能學習這類知識。

如果世界的結構不定（例如無固定形體、難以形容），導致無法解釋或預測，我們就無法以科學方式理解。唯有能識別模式，才有解釋或預測的可能。要是世界缺乏能辨識的規律和模式，便會超出我們的理解範圍。

然而光有確定的結構，我們仍無法從科學的角度深入理解，還需藉助合適的理解方法才行。如前所述，人類至少擁有四種有助於理解世界的能力：感知、內省、記憶和推論。或許還有其他能力，但目前只有這些能力經過實證，並且還算值得信賴。這些能力並非百分之百可靠，而科學方法的珍貴之處就在於它能判斷並且提醒我們，這些能力是否有正常運作。科學方法能自我修正，是我們在探尋事實時最值得倚靠的嚮導。[2]

科學要為世人所理解，關鍵在於科學知識的立基資訊要公開透明，而且所有人都能夠取得。任何人只要願意採取適當的方法，就能自行判斷某個主張是否屬實，不必全盤接納他人的言論。一切都是公正公開的，每個人都有權審視。科學主張必須禁得起最嚴密的檢驗，唯有如此才能被接受為事實，我們才能合理確定該主張正確無誤。

科學一旦採納信條，等於自毀前程。

——赫胥黎

科學與科學主義

某些科學評論家認為，科學並非追求事實的公正大道，而是一種擁護特定世界觀的帝國主義式意識型態，具體來說，就是機械論、唯物主義和原子論。這類意識型態俗稱為**科學主義**（scientism）。評論家指出，科學主義主張世界是一部龐大的機器，由微小的物質分子組成，分子之間就像撞球般彼此碰撞。這樣的世界觀對人類並不友善，因為在這個世界，人類的存在如同機器一般，不具備自尊與人性，思想、感受和欲望都不重要。評論家指稱，登上夜間新聞頭條的那些「主角」，貼切說明了這種世界觀對現實的破壞力。[3]

這些評論家建議，人類需要不同的世界觀，必須更全面、更重視過程，並且從生物的觀點出發。我們不該將世界視為一部獨立的龐大機器，相反地，世界應是一個龐大的有機體，裡面的各種分子彼此依賴，相輔相成。唯有採取這樣的世界觀，我們才能恢復社會、心理和生態平衡，以利人類繼續在地球上生存。[4]

雖然科學界可能在某個時期崇尚特定的世界觀，但因此就將科學與任何世界觀畫上等號，這種作法並不正確。科學是挖掘事實的方法，而非事實本身；科學是解決問題的途徑，並非問題的解答。猶如我們不能拿科學的用途來定義科學本身，同樣不能將科學與其

科學是解狂熱和迷信之毒的良藥。
——經濟學家亞當·史密斯（Adam Smith）

研究結果畫上等號。過去幾年來，科學家信奉的世界觀已大幅改變，量子力學顯然與十七世紀的機械論相去甚遠。

評論家認為人類需要更偏重生物視角、更全面的世界觀，是因為他們相信這種世界觀比機械論和原子論更能精準描述現實世界。這或許是事實，唯一的驗證方法就是確定是否有任何足以支持的證據，而採用科學方法是評估各種理論的最佳途徑。

科學研究方法

很多人認為，科學方法是由以下步驟構成：

1. 觀察
2. 針對觀察結果歸納出概括性的假說或可能的解釋
3. 以演繹法測試假說成立時勢必也會屬實的確切事物
4. 檢查從演繹法得到的意涵，檢驗假說是否成立[5]

然而這樣的認知會衍生對科學研究的錯誤迷思。唯有先確立假說，才會有科學研究，而且歸納法也不是產生假說的唯一方法。

稍微思考一下就能理解，在沒有假說的情況下胡亂蒐集的資料，幾乎沒有任何科學價值。假如哪天你決定當個科學家，回想起曾讀過有關科學研究方法的介紹，於是想開始蒐集資料。你該從哪裡蒐集起？先將房間內的所有物品分類、測量尺寸、秤重、辨識顏色和成分，諸如此類？接著再將物品一一拆解，以類似的方法歸類各個零件？是否該留意物品之間的關係，以及物品與房內擺設和房外世界的關係？顯然你的房間就夠你忙上一輩子了，但到頭來也只是白忙一場，因為你所蒐集到的資料無法衡量任何科

科學不過就是成熟的感知行為、妥善詮釋的意圖，以及面面俱到且經過清晰表達的常理。
——哲學家喬治·桑塔亞那（George Santayana）

學假說。

　　科學研究的目標是要找到兼具解釋與預測性質的通用準則，若沒有假說引導研究的計畫和方向，就無法保證蒐集到的資訊能協助我們達成這個目標。

　　哲學家卡爾‧波普生動地說明了假說對於觀察的重要功用：

　　　　二十五年前，我在維也納的課堂上請學生「拿出一支鉛筆和一張紙，開始觀察，並寫下觀察結果」。當然，他們馬上問我到底要觀察什麼。「開始觀察」這個指示顯然相當荒謬（這甚至不是我們習慣的講話方式，除非後面加上要觀察的對象）。觀察行為一向包含了選擇的意圖。我們需先選定物件、任務、興趣、觀點、問題，才能著手觀察。[6]

　　科學探究始於提問。為什麼會發生這件事？這些事情之間有什麼關連？這是由什麼所組成？當然，我們需要利用觀察力，來確認問題的確存在。但在著手觀察任何現象之前，都需要先有假說，才能引導觀察方向。[7]科學觀察需有假說來帶領，因為假說能訂下觀察目標，協助我們區分相關與無關的資訊。

　　科學假說能告訴我們，一旦滿足特定條件會產生什麼結果。藉由實驗室確立這些條件，或實地觀察要探討的問題，我們才能評估假說是否可信。如果真的發生了事先預測的結果，我們就有理由相信假說成立；反之，則大可相信假說不成立。

> 若觀察結果要能發揮作用，勢必得明確支持或反對某個確切的觀點。竟然有人不懂這個道理，怪哉！
> ──生物學家達爾文

　　雖然假說旨在解釋資料內涵，但我們鮮少能從資料本身得出假說。有別於以往對科學方法的認知，我們其實很少採取歸納法來產生假說。當然，要形成特定的基本假設還是不成問題，例如：釣客從這個湖中釣到的都是鱸魚，因此這個湖只能釣到鱸魚。然而科學假說通常更為縝密，無法光靠歸納法產生，原因在於科學假說時常

假定資料中未提及的實體。譬如，要探討物質的原子理論，得先假定有原子存在，不過原子理論據以立論的所有資料都能在未提及原子的情況下加以描述。由於科學假說採用的概念時常是參考資料中沒有的概念，擬定假設時自然沒有制式程序可循。[8]

假說是人發想出來的，而不是從現實中被發現的。擬定假說的過程就像藝術創作，開放且毫無設限，沒有任何參考公式，但這不表示理論建構的過程不理性。科學家會依循特定標準來判斷何者為最佳解釋，例如可驗證性、豐碩度、精簡度和保守度，但符合任何上述標準並非理想假說的必要或充分條件。簡言之，科學其實是理性與想像相互碰撞所產生的成果，缺一不可。

不過，精心琢磨的假說，最後依然可能證明為假。科學家堅持對照現實情況，一一檢驗所有假說，原因在此。以下就舉醫學研究為例，來說明這類檢驗的執行方式。

醫學研究中，臨床研究（clinical studies）能建立禁得起合理懷疑的因果關係，針對療法是否有效提供最清楚且具備強度的支持證據。科學家透過臨床試驗，控管並排除無關的變數，一次檢驗一項因素。妥善執行的臨床試驗如今已然成為醫學證據的黃金標準，這一點已反覆得到應證。

在檢驗療效為目的的臨床試驗中，研究人員會對實驗組施行需要驗證的治療法；控制組（對照組）也會進行極為相似條件的實驗，但不會接受該療法。科學家將比較兩組受試者所呈現的相關差異，確認治療法是否產生任何效果。若缺少控制組，就沒辦法分辨治療是否有效，也無法得知受試者的身體狀況在不接受治療的情況下是否會有所變化。控制組可以幫助科學家釐清是否有治療之外的其他因素（例如受試者的生活型態）造就了正面結果、安慰劑效

應是否發揮作用,或是受試者治療期間的行為改變導致病情出現變化。由此可知,控制組是試驗不可或缺的一部分。

為了盡可能減少干擾因子,控制組的受試者時常會服用安慰劑(稱為**安慰劑對照試驗**)。研究人員會以安慰劑充當治療法,給受試者施打或服用。原因如同上一章所述,即使接受毫無價值的治療,許多人依然會感覺病情好轉(安慰劑效應)。科學家會比較實驗組和安慰劑控制組的試驗結果,如果實驗組的療法確實有效(而非只是安慰劑),臨床表現應該會比真正的安慰劑理想許多。

很多時候,控制組不是拿到安慰劑,而是接受早已證實有效的療法,尤其在藥物測試中,這種設計更是常見。這類研究的目的,是要確認新療法的功效能否勝過既有或標準療法。

臨床試驗還有另一項極其重要的技巧,稱為**遮盲**(blinding),目的在於確保受試者(有時也包括研究人員)不知道誰會接受試驗療法或服用安慰劑。這麼做可以避免與實驗相關的認知影響試驗結果。如果受試者知道何為安慰劑、何為真正的療法,有些人可能會在接受治療時「感覺」身體狀況好轉,不管療法本身是否真的有效。或者,如果他們知道自己服用的是安慰劑,或許就會改變個人習慣,予以彌補,甚至可能試圖自行接受真正的治療。參與研究的科學家也有可能會受類似的問題影響。如果研究人員知道哪些人接受了治療,可能會無意識地對試驗數據產生偏見。設計良好的臨床試驗都會採取**雙盲**設計(double-blind),也就是說,受試者和科學家都不會知道是誰接受了真正的治療。

醫學研究是力求嚴謹的工作,但是在許多環節上還是有可能出錯,而且經常發生。好幾篇探討醫學研究的科學評論指出,在現今已發表的研究中,

> 消除偏誤是科學最重要的特性,也是採取隨機分派、盲性作業、適當抽樣等方法的宗旨所在。幾乎所有非科學醫療都輸在這一點。
> ——布蘭威爾衛斯里(Patrick Bramwell-Wesley)

> 我們需憑靠智慧、勇氣、警覺心和專注力,才能在充斥著疑惑和欺騙的汪洋大海中找到不甚顯眼的真相。
> ——天文學家卡爾・薩根

富蘭克林與盲測的起源

電的發現與研究，是班傑明‧富蘭克林（Benjamin Franklin）在科學上最廣為人知的成就。而他最重要的科學貢獻，大概要屬發明了對照實驗的盲性設計，至今仍是所有實驗的黃金標準。

一七八四年，法國國王路易十六任命富蘭克林率領一批科學家，調查催眠之父法蘭茲‧安東‧梅斯梅爾（Franz Anton Mesmer）的說詞。梅斯梅爾認為所有動物體內都有俗稱的**動物磁性**（animal magnetism）在流動，並宣稱能操控這股無形的磁性流體，用以治療各種生理和心理疾病；原理很像印度醫生聲稱能操控生命力量（稱為 prana），或如同中醫師所謂的運「氣」，藉此達到療癒的效果。因為磁性的流動受阻，人體才會產生各種疾病。只要為病患挹注額外的磁性，就能打通阻塞處，恢復自然的磁性流動。

為病患治療時，梅斯梅爾會坐在病患正對面，與對方雙膝互碰，握住對方的大拇指，並深深凝望著對方的雙眼，開始「催眠」他們。他的手會在患處上方移動，如同現今的「治療性觸摸」手法一樣，把動物磁性灌注到病患體內。病患會因此產生溫熱或疼痛的感覺，有時甚至會開始抽搐，代表治療已發揮作用，磁性堵塞的地方已經被疏通了。

為了確定這種流動物質是真的存在，或是梅斯梅爾（與其病患）憑空想像的產物，富蘭克林和科學家決定進行實驗，挑選看似對動物磁性異常敏感的人接受測試。他們將受試者的雙眼蒙上，由磁療師將磁流導入身體的特定部位——蒙住雙眼後，受試者便無法正確指出接受磁療的部位。[9]在另一系列的實驗中，受試者同樣蒙起雙眼，並且被告知治療師會在旁邊幫他們治療，但其實房內只有受試者一人。即便如此，受試者還是聲稱能感受到磁療的效果。因此，富蘭克林一行人認為，療效只是想像力的產物，並非體內真有

無形的磁性流竄。

　　在眾多實驗中，有一項實驗的結果最能服眾，也最廣為流傳。科學家請梅斯梅爾的門徒查理・德世朗（Charles Deslon）幫一棵樹進行磁療。根據梅斯梅爾的理論，如果一個人夠敏感，一定能夠察覺樹的磁性高於平常。為了維持實驗的公正立場，科學家請德世朗挑選一名高敏感的合適受試者（一名十二歲的小男孩）。科學家將男孩的眼睛蒙上，帶他走入一片樹林，接受磁療的那棵樹就在那片樹林中。科學家將他分次帶到未接受磁療的四棵樹前方，來到最後一棵樹時，「他突然失去意識，四肢也變得僵硬。科學家把他抬到附近的草地上，讓德世朗為他急救。」事後，調查團對此實驗得出結論：「這項實驗的結果與梅斯梅爾的磁療理論完全相反……如果小男孩來到接受磁療的樹前方仍毫無感覺，我們可以說他的感受不夠敏銳，至少在做實驗的那天是如此。然而小男孩竟然是在未接受磁療的樹前方昏倒，可知這種作用並非源自身體本身，除了想像力之外別無其他原因。」[10]

　　梅斯梅爾的名聲從此一蹶不振。他於是在一七八五年離開巴黎，最終於一八一五年黯然辭世。

　　在當時首次執行的遮盲對照實驗中，受試者的雙眼皆已蒙上，基本上與盲人無異。到了現代，只要受試者不清楚自己是否會接觸研究標的，這樣的試驗便稱為遮盲實驗。

　　雖然上述實驗屬遮盲實驗，不過不是雙盲，因為調查團知道受試者是否受磁性流體的來源所影響。實驗人員可能會不自覺地給出暗示，使受試者察覺真正的情況。在雙盲實驗中，連實驗人員都不會知道現場的情況，算是更可靠的測試方法。

很一大部分有嚴重瑕疵。引用某篇評論所述：「如果僅憑研究報告已公開發表的事實，即使是公開發表於最富盛譽的科學期刊上，也無法保證這些研究成果的品質。」[11] 某位醫學文獻專家提出警告：「（發表臨床研究的）作者很有可能提出無效的結論。」[12] 各種變數令人眼花撩亂，加上可能隱含偏差，導致結果有失公正。研究取樣可能太少或不具代表性，數據的統計分析可能有誤，在極少數情況下甚至可能發現數據造假或經過操弄。或許還有許多已發現或未發現的缺失，而這些問題的嚴重程度已足夠摧毀研究，並且對其結論提出嚴重質疑。

為了盡可能減少這類潛在的錯誤、缺失或造假等問題，醫學領域的科學家往往會試圖重現試驗結果，也就是反覆執行實驗，以確認能否得到相同結果。相較於以單一實驗驗證假說，如果多次實驗都能得出基本上一致的結果，假說符合事實的機率就更高。流行病學家湯瑪斯·沃格特（Thomas Vogt）表示：「不同實驗發生的錯誤或偏差很少源自同一個問題，若把三到四項研實驗放在一起檢視，發生相同錯誤的機率更低。」[13] 在多次實驗反覆驗證之下，與特定療法相關的正面或反面證據就會慢慢累積，形成有力證據。儘管媒體報導時常給人一蹴可幾的印象，但醫學上的重大突破鮮少來自單一實驗的成果。

從以上對於醫學研究的概略描述應該就能清楚了解，為何科學方法是獲取知識的有效途徑。如前所述，資訊必須克服合理懷疑才能形成知識，而透過擬定明確的假說並仔細控制觀察程序，科學家已盡可能消除各種可能遭懷疑的瑕疵。雖無法達到完美無瑕的地步，但已足以從研究中淬鍊出知識。

科學是不受任何限制地運用智慧。
——物理學家布里奇曼
（P. W. Bridgman）

然而並非所有自然現象都能為人所控制，對照實驗亦非適用於所有科學領域。地理和天文方面的假說通常沒辦法在實驗室中檢測，就算再怎麼努

力，我們對於地震、火山和滲穴都無能為力，更別說彗星、流星和小行星了。不過這類假設能透過田野調查來檢驗，只要鎖定假說所指定的環境或天象條件，地理學家和天文學家還是有辦法確認他們所預測的事件是否如期發生。

許多正規科學無法在完全受到控制的條件下進行對照實驗，因此科學方法不能與實驗方法畫上等號。事實上，科學方法不等於任何一種特定程序。想評估假說的可信度，其實可採取許多不同方式。一般來說，**任何能有系統地消除合理懷疑的程序，就能視為科學的方法。**

不是只有科學家可以使用科學方法來確認事實，其實我們許多人每天都在使用。生物學家赫胥黎領悟到：「科學只是最理想狀態下的常理，亦即嚴格要求準確觀察，並毫不留情面地批判邏輯謬誤。」[14] 當尋找正確答案成為重要任務，我們就會盡其所能地確保證據和解釋能盡量完整且精確，這麼做等於已經在實踐科學方法。

確認及駁斥假說

科學探究的結果永遠不會是最終定論，只是暫時的結論，隨時可能翻盤。沒有任何科學假說可以得到千真萬確的結論，因為誰都無法保證哪天會不會發現完全相反的證據。科學假說所包含的訊息量永遠都超出現有的資訊，不僅解釋之前發現的事實，也要預測日後可能發生的現象。預測不保證會成真，因此沒辦法百分之百肯定科學假說正確無誤。

我們無法斬釘截鐵地斷定科學假說成立，也不能如此駁斥假說的真實性。一般認為，如果科學研究結果是否定或負面的，就能證明假說錯誤。如果事實的預測僅來自單一假說，這個想法就會是正確的——但實際

科學是經過組織的常理，許多華麗理論可能因為一個醜陋的事實而破局。

——赫胥黎

上並非如此。唯有背景理論的支持，我們才能依憑假說做出預測。背景理論提供了研究對象和研究方法的相關資訊。萬一預測有誤，我們可以修改背景理論來保住假說。哲學家菲利普・基徹（Philip Kitcher）指出：

> 科學主張也不是無法逐一對照證據。相反地……「假說都是成批檢驗」……我們只能驗證相對大量的主張。意思是，當實驗得與假說出不相符的結果，我們不會因為邏輯所需而把任一特定主張視為罪魁禍首。我們永遠能捨棄其他任何假說（不管多麼不合情理），拯救珍視的假說免於遭到駁斥。[15]

為了體會這個觀點，以下舉哥倫布的地圓說為例，深入探討。

哥倫布和哥白尼都基於預測結果有違實際經驗而反駁地平說。他們認為，如果地球是平的，隨著船逐漸航向大海，船身的所有部位應該會以相同速度從我們的視野中消失，但實際的觀察結果並非如此。只要站在岸邊遠眺船隻，就會發現船身先消失，之後才逐漸看不見聳立的桅杆。因此他們兩人得到的結論都是：海洋並非平坦一片。此外，他們也指出，如果地球是圓的，船身就會比船桅更早從視野中消失。他們實際觀察到的現象，讓地圓說的假設更為可信。

但如果地球是平的，唯有光線直線前進的前提下，船隻的所有部位才會同時從視野中消失。要是光線以凹面曲線前進，船身會比桅杆更早消失。隨著船隻航向大海，船身的光線會比船桅更早沒入海面，使我們更快看不見船身。[16] 因此，只要我們願意修改對光線

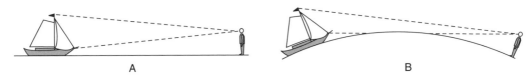

在光線直線前進的世界中，如果地球是平的，我們會看見圖 A 的景象；如果地球是圓的，我們的視野會如圖 B 所示。

特性的想法，就能維持地平說的假設。一般來說，遇到證據與假說相斥的狀況時，只要我們願意適度調整背景信念，任何假說都能保全下來。由此可知，我們無法駁斥任何假說，並以此獲得結論。

然而假說的品質有好有壞。雖然邏輯上沒有證據迫使我們反對任何假說，但在面臨不利證據時強行袒護假說顯然並不合理。因此，即使我們無法絕對斷定某一假說有誤，但往往能評定假說不合理，並以此為結論。

例如，地平說顯然就不合理，但至今仍有許多人為之辯護。雖然早在十五世紀，哥倫布和其他冒險家的遠征幾乎扼殺了該理論的生存空間，但是在一八四九年，一位自稱 Parallax、真實姓名為山謬·伯利·羅伯瑟姆（Samuel Birley Rowbotham）的巡迴講者在英國重新賦予該理論一線生機。他認為世界是狀似扁平的圓盤，北極位於中心，最外圍是四十五公尺高的冰牆，也就是南極。根據 Parallax 的說法，環遊世界只不過是繞了一個很大的圓圈。至於船身會比船桅更早從視野中消失，是因為大氣折射，以及他稱為**視野探尋定律**（zetetic law of perspective）的原因使然。[17]

視野探尋定律的確切意涵並不清楚，但羅伯瑟姆利用此一理論的方式卻發人深省。他引介了一種常見的辯解方法，也就是建構**特設假說**（ad hoc hypothesis），來保護假說免受不利證據攻擊。當假說遭受反對的資料嚴重威脅時，擁護者時常會另外假設一個實體或屬性以解釋該資料。如果能有獨立公正的方法證實該實體或屬性真實存在，這種作法也就合情合理；反之，要是沒有適當的方法予以認

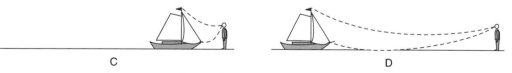

在光線以曲線前進的世界，當船隻近在眼前，我們會看見圖 C 的景象；
如果船隻距離遙遠，我們的視野會如圖 D 所示。

杜恩假說

　　法國科學哲學之父皮耶爾・杜恩（Pierre Duhem），大概是第一個體認到假說無法單獨檢驗的人。哈佛哲學家威拉德・范奧曼・奎因（Willard Van Orman Quine）如此闡釋杜恩的觀點：「假說是以群體之姿接受經驗的審判。」

　　杜恩的說明如下：

　　人們通常認為，物理學的每個假說都能單獨看待，透過實驗予以驗證，經過不同測試確定其效度後，便能在物理領域中賦予其最終定位。然而事實並非如此。物理學不是可以拆解的機器，無法將每個零件分開測試，而且唯有仔細檢驗其完整性，才能著手調整。物理科學是必須一體視之的系統；在這個有機體中，各部件無法在缺乏其他部件支援的情況下單獨運作。儘管各部件的情況不一，但多少都具有這個特性。要是有哪個部件發生問題、哪個機構感覺不對勁，物理學家就必須依據整個系統所受到的影響，全面釐清需修補或修正哪個機構，而非將該機構挑出來單獨檢查。

　　我們將故障的手錶送修之後，錶匠會拆解出所有齒輪機構，逐一檢查，最終找到故障的零件。但是在看診時，醫生無法拆解病患的肢體以協助診斷，只能檢查全身感到不適的狀況，以此為據來猜測病灶和病因。兩相對比之下，物理學家修正有瑕疵的理論時，採取的方法比較像是醫生看病，而非錶匠修理手錶。[18]

證，該假說即為特設之下的產物。

特設的意思是「僅為此案例而生」。特地設計一個假說來解釋特定現象，並非假說之所以為特設的主要原因（若是如此，**所有**假說都會是特設假說）。真正的原因在於，該假說無法脫離其理應解釋的現象，單獨接受檢驗。

舉例來說，一八四四年時，據傳天王星並未沿著牛頓萬有引力定律和行星運動定律所預測的軌道運行，而是偏離預測的軌道 2 角分（minute of arc）。當時已知的所有行星皆未曾出現如此嚴重的偏差。一八四五年，天文學家奧本·勒維耶（Urbain Jean Joseph Le Verrier）提出假設，認為是未知行星的引力影響了天王星的運行軌道。他利用牛頓的萬有引力和運動定律計算該行星的位置，並以計算結果為基礎，請柏林的天文學家約翰·格弗里德·伽勒（Johann Gottfried Galle）鎖定天空中的特定區域，搜尋新行星的蹤跡。伽勒開始搜尋不到一個小時，便發現天邊有個陌生的星體。隔天晚上再次觀察時，該星體的位置已大幅移動。那顆星體就是我們現在所熟知的海王星！

要是天王星偏離常軌的現象未獲得合理解釋，牛頓提出的定律可能就會陷入危機。由此來看，勒維耶假設還有其他行星存在，是在試圖挽救牛頓定律，以免定律受到不利的證據挑戰而降低可信度。不過他提出的假設並非特設假說，因為該假設能接受獨立檢驗。要是他主張是某股無法偵測的未知（神祕）力量造成天王星偏離軌道，那就是特設假說了。就定義上而言，我們沒辦法確認世上是否真有這種力量存在。

當科學理論需仰賴特設假說，以對抗不利於己的佐證資料，繼續堅信該理論便顯得不再合理。燃素說（phlogiston theory）就是再貼切不過的例子。

伽利略在一五九三年發明溫度計（或他所謂的測溫器）後，科

地平之說再起

在人們普遍認知中，地球在過去兩千五百年來一直都維持圓球形狀的外觀，因為這能為眾多實際情況提供最佳解釋，尤其是我們最容易觀察到的現象——站在岸上看著船隻航向大海，船身會比船桅更早從視野中消失。早在西元前四世紀，亞里斯多德便已指出，從不同地方看到的星象不盡相同，而且月蝕期間，地球映照在月球上的陰影會是圓的。[19] 如果地球是平的，上述這些現象全都不會發生；如果地球是圓的，這些都是合理現象。西元前三世紀，數學家艾拉托斯特尼（Eratosthenes）發現，夏至正午十二點時，埃及塞萊尼（Syrene）一地的太陽會處於頭頂正上方，但在亞歷山大港（Alexandria）則仍會映照出陰影。艾拉托斯特尼假設陽光照射兩座城市的角度相同，推論出地球必定是球體的結論。不僅如此，他更在亞歷山大港立起一根木棒，利用木棒影子的角度以及塞萊尼到亞歷山大港的距離，準確算出地球周長。十六世紀，麥哲倫（Ferdinand Magellan）創下航行全球的首例，為地圓說提供了直接證據。進入二十世紀後，人類不僅登上月球、拍下地球的全貌，更發射了上千顆衛星在地球的軌道上繞行。

即便如此，至今還是有人深信地球是平的，包括嘻哈歌手B.o.B、籃球明星凱里・厄文（Kyrie Irving），以及業餘火箭發明家麥克・休斯（Mike Hughes）。休斯決心要親眼見證地球是圓的，甚至獨力打造蒸汽火箭，試圖把自己送上太空。二〇一八年三月二十四日，他的火箭將他帶到五百七十公尺的高空，最後他背著降落傘回到地面。可惜，那高度還不足以觀察地球的圓弧外觀。但他並未因此洩氣，還打算下次要建造「氣球火箭」（由氣球帶到大氣層再發射），以達到觀察地球所需高度。[20]

他們並非地平說的唯三支持者。市調公司 YouGov 在二〇一八

年四月所做的調查顯示，約有 2% 的美國人相信地球是平的[21]，而其中的 52% 受訪者表示自己相信地平說是因為宗教。雖然《聖經》並未明白指出地球是平的，但某些人深信部分經文暗示了這個事實，像是〈但以理書〉4:10-11：「我看見世界中央有一棵樹，極其高大，那樹漸長，而且堅固，高得頂天，從世界盡頭都能看見。」唯有地球一片平坦，我們才能從任何一地看見同一棵樹。有人則認為《聖經》已指出地球是圓的，像是〈以賽亞書〉40:22 寫道：「神坐在地球大圈之上，地上的居民好像蝗蟲。他鋪張穹蒼如幔子，展開諸天如可住的帳篷。」[22] 早期的教會創始人，像是聖巴西略、聖安布羅斯和聖奧古斯丁都認為地球是圓球狀。到了八世紀，世人已普遍接受地圓說，以至於「沒有任何一位值得一提的宇宙學家質疑地圓之說。[23]」

我們的世界觀是由不同信念交織建構而成，一旦有任何信念改變了，其他信念通常得隨之調整，否則整體結構恐怕會分崩離析。若要接受地平說，勢必要放棄我們習以為常的其他信念，例如星星是距離極遠的天體，我們往南移動時，南邊星座的位置也會隨著改變。為了解釋此一現象，地平說的擁護者聲稱星星「很小，而且僅距離海平面幾千公哩。」[24] 他們認為，星星比地球大好幾倍而且距離遙遠等說法都是精美編造的謊言，是天堂研究者（天文學家、天體物理學家、宇宙學家等）選擇隱瞞真相，為什麼？地平說學會（Flat Earth Society）會長查爾斯・強森（Charles Johnson）認為，這些都是試圖以科學取代宗教的作為。[25] 科學家擁護地圓說已長達千年，如果真有這麼多人參與這場超大規模的掩飾行動，而且沒人走漏任何風聲，簡直不可思議。要數千人守著「祕密」長達好幾個世紀，這樣的陰謀論毫無證據。在缺乏合理證據的情況下，地平說可以說是毫無道理。因此在這個議題上，哪一派的支持者是盲目受騙的一方，應當顯而易見。

學界便興起一波研究「熱」的風潮。幾年後，科學家發現，不同物質不僅吸收熱能的速度不一，在不同溫度下也會呈現不同狀態（固態、液態、氣態），受熱後延展的速度也不盡相同。為了解釋這些現象，德國化學家格奧爾格・恩斯特・史達爾（Georg Ernst Stahl）在十七世紀末期指提出一項假說：所有可燃物質和金屬都含有一種名為燃素（phlogiston）的無形成分。

史達爾認為燃素是一種彈性液體，組成分子會互斥（所以加熱後才能延展），而且會受其他強度不同的物質分子吸引（所以有些物質的加熱速度較快）。當燃素的分子接觸到其他物質的分子，應當會相互結合，形成新狀態的物質（所以冰受熱後才會變成水）。另外，燃素似乎也能解釋為何物質燃燒後會變成灰（因為失去燃素）、為何金屬氧化物以木炭加熱後會變回金屬（因為獲得燃素），以及為何物質經過敲打後能向外延展（因為釋出所含的燃素）。由於燃素說似乎能解釋許多現象，因此成為十八世紀的主流理論。

然而燃素這種物質實在太神祕了，不僅無色無味，也無重量，以至於該理論始終不乏批評聲浪。根據理論，燃素理應流入受熱的物質內部，物質燃燒後理當也要釋放燃素。但經過嚴謹的實驗發現，當物質的溫度上升時，重量並未增加。燃素理論最終遭到推翻，因為有人發現某些物質燃燒後反而變重。法國科學家拉瓦節就發現，錫燃燒後所產生的金屬氧化物竟比原本的錫還重。如果錫在燃燒過程中釋放了燃素，重量根本不可能增加。

燃素說的支持者假設錫所含的燃素具有負重量，所以錫釋放燃素後反而變重。但這個假說的目的很快就遭人揭穿——擁護者試圖拯救理論，免得理論與事實不符而遭人摒棄。有別於勒維耶對於海王星的假設，此案例中的負重量假說無法單獨驗證或反駁，這就是貨真價實的特設假說。

這個例子告訴我們，假說要能透過某些方式確實檢驗，才能充

實我們的知識，否則我們根本無法辨識該假說是否成立。

充分性標準

　　要有效地解釋某件事情，首先要提出一個有助於了解事實的假說。例如，我們假設硬幣的材質是銅，當銅氧化後，硬幣會變成綠色，藉此解釋棄置在戶外的硬幣變綠的原因。面對任何事實，我們可以提出任何數量的假說來解釋。如果有人想知道日光燈的原理，其中一種假說是每個燈管內都住著一個小精靈，拿著尖鋤敲打管壁才點燃燈光。除了一個小精靈的假說，還有兩個小精靈的假說、三個小精靈的假說，以此類推。因為永遠有一個以上的假說可以解釋任一事實，而且沒有任一事實可以全然確認或反駁任何假說，我們必須尋求事實之外的輔助，以決定哪一個假說才是最佳解釋。這裡所說的輔助就是「充分性標準」。如同第三章內容所述，任何最佳解釋推論都會使用這些標準，以確定假說在增進理解方面的效力。

　　假說能整合知識並予以系統化，增進我們對事物的理解，使看似不相關、毫無條理的事實亂中有序。知識的系統化程度則取決於假說符合多少充分性標準。在設法理解事物的過程中，科學家會試著尋找最符合條件的假說。如同人類學家馬文·哈里斯（Marvin Harris）所言：「科學研究的目的在於形成能解釋事物的理論，且該理論（1）能預測（或逆向預測）、（2）可供驗證（或否證）、（3）簡約（精簡）、（4）涉及廣大範疇，以及（5）能與連貫且不斷擴充的理論體系整合或累積。」[26] 假說越吻合這些標準，越能促進理解。以下進一步檢視這些標準的內涵。

> 科學的目標並非開啟通往無窮智慧的大門，而是替無止盡的錯誤加上門擋。
> ——劇作家
> 貝托爾特·布萊希特
> （Bertolt Brecht）

否證與精神分析

　　許多作家同意波普的主張，認為精神分析無法否證，因此並非正統的科學理論。精神分析總是能提出「不容質疑」的故事來解釋任何可能的行為，等於無法透過觀察或實驗來證實理論錯誤。波普特地點出他對精神分析的不滿，解釋如下：

　　　　崇尚佛洛依德學說的分析師強調，他們使用的理論均已經過「臨床觀察」反覆驗證。至於阿德勒，某次與他的對話令我印象深刻。一九一九年某天，我向他報告一件我認為不怎麼吻合阿德勒學派的病例，但他竟能援用他的自卑情結理論，輕鬆完成分析，而且他從未見過那個小孩……但我後來回想，這其實沒什麼大不了，因為所有可以想到的案子都能援引阿德勒或佛洛依德的理論來詮釋。我想利用以下兩種截然不同的人類行

可驗證性

　　既然科學是為了增進我們對世界的理解，它只會對**可以驗證**的假說產生興趣──如果假說不能驗證，便無法確認假說是否成立。然而假說無法單獨驗證，如前文所述，唯有將假說置於背景理論的脈絡之中，才能觀察其驗證結果。為了使假說可以被驗證，必須與背景理論結合，而假說的預測必須超越背景理論原有的預測。[27] 如果假說未能超越背景理論，等於未擴充既有的知識，就不會是科學有興趣探討的對象。

　　以小精靈假說為例，我們必須要能執行某種測試（除了開燈之外），偵測小精靈是否真實存在，才能確認該假設具有科學性質。假說對小精靈的預

信念實際產生的效力，是對信念健全度的真正檢驗。
──歷史學家
詹姆斯・弗洛德
（James A. Froude）

為來說明這點：一是故意將小孩推進水裡，試圖使其溺斃；二是不顧自身安全，全力搶救小孩性命。不管是使用佛洛依德還是阿德勒的語彙，都能輕鬆地解釋這兩種行為。根據佛洛依德的理論，第一種行為是壓抑的表現（壓抑源可能是戀母情結的某個元素），第二種行為則已達到昇華（sublimation）境界。從阿德勒的觀點來看，這兩種行為都是起因於自卑情結，前者需要以犯罪來自我證明，後者則需以救人證明自我價值。我想不到任何無法以這兩種理論來詮釋的人類行為。正因如此，這些理論永遠可以契合實際情況、永遠能獲得證實，而在擁護者眼中，這就是支持這些理論最有力的論證。我逐漸明白，這種顯而易見的優勢其實也是弱點所在。[28]

資料來源：Karl Raimund Popper, *Conjectures and Refutations: The Growth of Scientific Knowledge* (Psychology Press, 2002), p. 61

設，決定我們能否找到驗證方法。如果假說指出小精靈是肉眼可見的，我們只要拆開日光燈尋找小精靈的身影即可。如果假說預設小精靈非肉眼可見，但對高溫很敏感，而且能發出聲音，我們就能將日光燈放進滾水中，聽聽看有沒有微弱的尖叫聲。如果假說表示小精靈沒有形體或生性害羞，一旦驚覺風吹草動就會消失不見，那麼我們便無法驗證這項假說，而假說也就脫離了科學關照的範疇。

於是，我們能以下列原則區分科學假說與非科學假說：

唯有能接受驗證，假說才具備科學性質；換言之，假說要能比背景理論預測更多事實。

小精靈假說預測，如果我們打開日光燈的開關，燈就會發光。

但這動作不代表小精靈假說能接受檢驗，因為我們提出小精靈假說的目的，就是為了解釋日光燈能發光的事實，而此事實屬於背景理論的一部分。假說必須提出超過背景理論的預測，才能接受檢驗。所謂預測，是要說明特定條件滿足後，就能觀察到特定結果。如果能從假說和背景理論中得出預測，而且僅靠該背景理論無法做出這般預測，則代表假說可接受檢驗。

波普很早前就明白，無法檢驗的假說並非正規的科學假說。他認為，真正的科學假說與偽科學假說之間的差異，在於前者可以**否證**（即被證明為偽）。原則上，如果可能找到證據來駁斥假說，即表示該假說在邏輯上可以容許反例的存在。舉例來說，縱使我們從未飛出銀河系，但原則上有可能辦到的話，那麼，其他銀河系有生物的這個假說就有可能被反例推翻。相較之下，天氣是下雨或沒下雨的這個假設無法否證，因為我們找不到足以駁斥該假設的證據。不論天氣情況如何，該假設都能契合實際天氣，等於未傳達與天氣相關的任何資訊。假說必須排除部分事實，才有提供資訊的功用；反之則無法提供任何與世界相關的資訊。

雖然波普的見解有其優點，但也有兩處缺失：第一，他的說法並不完善，因為嚴格來說，所有假說均無法否證。原因在於，一旦發現不利已論的證據，只要適度修改背景脈絡，假說永遠都能維持於不墜，就像前文討論的地平說和視野探尋定律一樣。[29]

波普理論的第二個弱點，是未解釋我們遭遇不利於己的證據時，為何仍要堅守某些假說。每當新假說問世，時常就會出現眾多反對的證據接踵而至。猶如科學哲學家伊姆雷·拉卡托斯（Imre Lakatos）所言：「牛頓出版《原理》（*Principia*）一書時，該著作甚至無法適當解釋月球的運行。事實上，月球移動的情形反駁了牛頓的主張……從這個角度來看，所有假說自始至終難免都會遭受挑

建構理論時請務必把窗戶打開，以便必要時能丟棄不合宜的理論。
——小兒科醫生貝拉·席克
（Béla Schick）

戰。」[30] 即使如此，有些假說還是會受到支持和擁戴，有些則遭人鄙棄。波普的理論未能解釋箇中原因。若能認清評估假說時還有其他同樣重要的標準，即可了解箇中道理。

豐碩度

即便有人提出不利證據，某些假說依然有其魅力，原因在於這些假說成功預測了新的現象，為後續研究開啟了新支線。可以這麼說，這類假說具有**豐碩度**這項優點。例如愛因斯坦的相對論預測，由於龐大物體附近的空間會扭曲變形，因此光線前進到巨大物體周圍時會產生類似折射的現象。愛因斯坦提出這項理論時，科學界普遍認定，由於光線不具體積，因此會以歐幾里得假定的直線前進。為了檢驗愛因斯坦的理論，物理學家亞瑟·愛丁頓爵士（Sir Arthur Eddington）在一九一九年遠赴非洲觀察日全蝕現象。他推斷，如果光線會因巨大物體而折射，只要恆星發出的光會經過太陽附近，星體看起來理應會偏離實際位置。只要將日蝕期間拍攝的照片，與夜間對著天空同一區域拍下的照片相互比較，應該就能發現偏離的現象。愛丁頓對照兩張相片後發現，在日蝕期間，太陽

> 科學事實可定義為最合適當下的有效假說。在此假說的引領下，我們能找到下一個更理想的假說。
> ——動物學家
> 康拉德·勞倫茲
> （Konrad Lorenz）

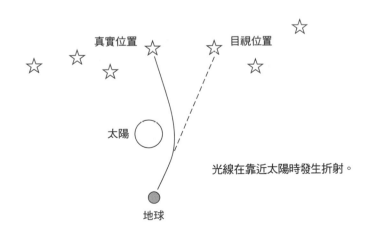

真實位置　目視位置

太陽

地球

光線在靠近太陽時發生折射。

附近的星星的確偏離較多，而偏離的距離正如愛因斯坦的理論所預測（愛因斯坦預測會偏轉 1.75 角秒，愛丁頓的觀察結果是偏轉 1.64 角秒，顯然仍在測量誤差之內[31]）。由此可知，愛因斯坦的理論成功預測了無人知曉的現象，同時擴大了人類的知識疆域。

有鑑於假設只能在更廣闊的背景知識體系下形成預測，與其使用「假說」一詞，拉卡托斯更喜歡稱之為**研究綱領**（research program）。拉卡托斯認為，優良（進步）與不良（劣質）的研究綱領之間的差別就是豐碩度。

> 令我讚賞的所有研究綱領都有一個共通特質，亦即能預測新奇的事實。這些事實可能從未有人提過，要不就是與先前提出或互相競爭的綱領有所矛盾……真正重要的預測往往引人注目、出乎意料、令人驚嘆，而且只要幾個預測就足以改變現況。要是理論落後於事實，表示該研究綱領的品質低落，令人無法忍受。[32]

他指出，馬克思主義是劣質研究綱領的經典案例之一。

> 馬克思主義是否曾成功預測什麼令人驚豔的新奇事實？從來沒有！倒是有幾次廣為人知的預測失敗記錄。馬克思主義曾預測勞動階級會陷入絕對貧窮、首場社會主義革命會發生在工業最強盛的社會、實行社會主義的社會將不再發生革命，以及社會主義國家之間不會發生利益衝突。早期，馬克思主義提出的預測大膽驚人，但最終還是以失敗收場。擁護者為這些挫敗緩頰。他們提出帝國主義的相關理論，解釋勞動階級的生活水準提高，甚至解釋為何社會主義革命最早發生於工業落後的俄羅斯。他們「解釋」一九五三年柏林的示威活動、一九五六年布達佩斯爆發的革命，以及一九六八年的布拉格之春。他們

「解釋」中俄之間的齟齬。然而，他們用以輔助說明的假說都是在事件發生後刻意編造，目的是為了保護馬克思的理論免遭事實擊倒。牛頓的研究綱領揭示了前所未聞的事實，馬克思的綱領則是落後於現實情況之後，毫無前瞻視野。[33]

馬克思主義之所以被認為是卑劣質的研究綱領，原因不僅在於無法預測任何嶄新事實，甚至還大肆動用特設假說，其中的啟示顯而易見：

在其他條件維持不變的情況下，內涵最豐碩者才是最佳假說；換句話說，假說要能成功預測前所未聞的現象。

在同樣滿足其他充分性標準的情形下，豐碩度越高的假說越理想。不過，豐碩度較高的假說不一定就優於其他假說，因為在其他充分性標準的表現可能差強人意。維利科夫斯基的金星起源理論就證明了這點。

一九五〇年，伊曼紐・維利科夫斯基（Immanuel Velikovsky）出版《碰撞的世界》（*Worlds in Collision*）一書，指出許多描述世界大災難的遠古傳說都能以西元前一五〇〇年的天文活動來解釋。那時，木星朝地球射出一團炙熱氣體組成的發光火球。從地球上看，這個龐大火球就像巨大的彗星，後來變成現在所說的金星。維利科夫斯基聲稱，彗星尾巴從地球附近掃過時，地球上降下了一場流星雨，天空布滿爆炸的火球。彗星的引力極大，致使地球傾斜、自轉速度減慢。城市在地震來襲後滿目瘡痍，溪河逆流，強烈颶風肆虐大地。最後，金星在落入目前的軌道之前，還將火星拉離原本的軌道，使其朝地球直衝而來，進而引發新一波災難。[34]

維利科夫斯基認為金星近期才與木星分離，因此他預測金星

的溫度仍高。這個預測與最新的科學認知相悖，當時科學界認為金星表面寒冷，毫無生命跡象。然而 NASA 的「先鋒計畫」（Pioneer program）發現，維利科夫斯基的預測正確，金星表面溫度確實很高。此一發現等於證實了維利科夫斯基的理論預測了前所未聞的事實，因此算是符合豐碩標準。只不過，他的其他主張在物理學上似乎不可能實現。例如薩根就計算出木星要脫離金星那麼大的天體，需耗費 10^{41} 爾格（erg），「相當於太陽一整年所散發的能量，其威力更是有史以來最大規模太陽閃焰的一億倍。」[35] 維利科夫斯基並未說明木星為何能產生這股力量，也未解釋地球自轉的速度減緩後又是如何恢復轉速。他的其他主張也與化學、生物學和天體物理學嚴謹的定律相互背離。[36] 這些定律或許有錯，但除非維利科夫斯基能找到正確的定律，證明新定律比當時普遍接受的舊定律更能解釋天文現象，否則我們沒有理由相信既有的定律是錯的。

範圍

　　假說的**範圍**（假說所能解釋及預測之各種現象的數量）也是衡量的重要標準。假說能解釋並預測越多，越能將知識整合並系統化，不成立的機率也就越低。舉例來說，愛因斯坦的相對論之所以比牛頓的萬有引力和運動定律更受人推崇，正是因為其涵蓋的範圍更廣。牛頓的理論所預測及解釋的事情，相對論都能辦到，而且有過之而無不及，例如愛因斯坦的理論能解釋水星軌跡不規則等其他現象。

　　自十九世紀中葉起，世人便知道水星的近日點（距離太陽最近的位置）並非永遠不變——該點會以每世紀約 574 角秒的速度繞著太陽旋轉，或稱為**進動**（precession）。若使用牛頓的萬有引力和運動定律，可算出此運動速度約為 531 角秒。勒維耶試著以解釋天王星軌道偏差的方式，解釋兩者之間 43 角秒的差距，也就是假設水星

和太陽之間還有另一顆行星。他將這顆行星命名為瓦肯星（《星際爭霸戰》的影迷一定耳熟能詳），但他始終找不到這顆星。然而愛因斯坦的相對論並未假設其他行星的存在，就成功解釋了水星近日點的進動現象。相對論指出，龐大物體周圍的空間會扭曲。由於水星離太陽很近，其經過的空間會比其他行星行經的空間更為扭曲（《星際爭霸戰》的影迷想必同樣也不陌生）。只要使用相對論，就有可能算出空間扭曲的程度，而計算結果剛好能夠解釋水星近日點進動現象中短少的 43 角秒。[37]

科學值得讚嘆之處，在於科學能解放靈魂、破除心理上的桎梏、鬆綁大腦的思緒、賦予思考的勇氣，使世界充滿憐憫、正義與喜悅。
——作家羅伯特・英格索爾（Robert G. Ingersoll）

比起牛頓的理論，愛因斯坦的理論具有更廣闊的範圍，進而形成了支持後者的強力論點。如同巴黎科學院（Paris Academy of Sciences）的物理學家朗之萬（P. Langevin）對相對論的稱頌：

這是唯一能真正代表所有已知實驗事實的理論，而且具備卓絕的預測，諸如在太陽的重力場中，光線偏向行進和光譜線位移等現象，便已證實該理論之預測成就，實在令人驚豔。[38]

對朗之萬來說，愛因斯坦的理論優於牛頓的理論，因為前者具有更優異的解釋和預測能力。他所憑據的原則如下：

在其他條件維持不變的情況下，範圍最廣闊者才是最佳假說；換句話說，優異的假說要能解釋及預測最多現象。

精簡度

有趣的是，雖然許多科學家推崇愛因斯坦理論的重要原因在於豐碩度和範圍，但愛因斯坦本人反倒認為其理論最大的優點在於**精簡**。他寫道：「相

追求精簡，同時保持懷疑。
——數學家與哲學家懷海德（Alfred North Whitehead）

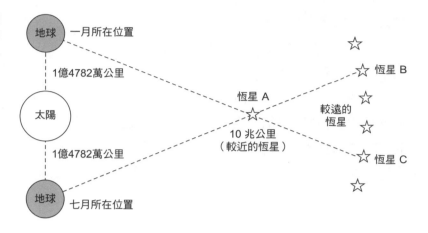

視差現象：隨著地球繞太陽旋轉，最近的那顆恆星後面的恆星會不斷改變。

地球 一月所在位置

1億4782萬公里

太陽

1億4782萬公里

地球 七月所在位置

恆星 A
☆
10兆公里
（較近的恆星）

☆

☆ 恆星 B

較遠的恆星

☆

☆ 恆星 C

☆

對論能預測幾個透過觀察即可發現的微小事實，如果從這個角度看，我並不覺得該理論有何重要之處，立論基礎的精簡性和邏輯一致性，才是我認為重要的地方。」[39] 對愛因斯坦而言，精簡是使理論卓越的美德。

眾所皆知，精簡度極難定義。[40] 就目的而論，我們可以這麼說：預設條件越少的假說越精簡。[41] 精簡度之所以重要，理由與範圍相同──理論越簡單，越能整合知識並系統化，而且可以證實理論出錯的方式越少，錯誤的機率也就越低。

從泰利斯（Thales，古希臘時代的哲學家與科學家）的時代以降，精簡度就是篩選理論的重要條件。舉個例子：哥白尼的日心說（地球繞著太陽轉）能比托勒密的地心說（太陽繞著地球轉）解釋更多現象。若以範圍和豐碩度為標準，哥白尼的理論不比托勒密的理論更有優勢。事實上，哥白尼的理論甚至與實際觀測的資料不符，說是處於劣勢也不為過。反對者指出，如果哥白尼的理論正確，相對於遙遠的恆星，離地球較近的恆星位置應該會隨著地球繞太陽跑而不斷改變。但當時人們並未觀察到恆星的位置有出現這種視差（parallax）現象。預測失敗並未撼動哥白尼與其支持者的看

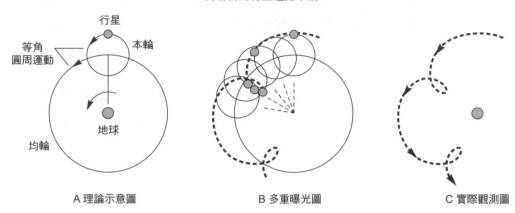

托勒密的行星運動系統

行星
等角
圓周運動
本輪

地球

均輪

A 理論示意圖　　　　　B 多重曝光圖　　　　　C 實際觀測圖

法，使他們捨棄理論。他們認為，這是因為恆星的距離太過遙遠，遠到無法產生視差現象。最後，事實證明了他們的想法才是正確的。即使是距離地球最近的恆星（太陽除外），依然遠在十兆公里之外。直到一八三八年，哥白尼辭世將近三百年後，人類才終於觀測到恆星視差現象（更精良的望遠鏡問世，人類才能更準確地觀測星象，因而證實視差現象）。然而在此之前，世人早就接受了哥白尼的理論，並以此解釋太陽系的結構。

　　有鑑於哥白尼的理論比托勒密的理論更簡約，科學家才會在面對疑似與理論相悖的證據時，選擇接納哥白尼的理論。解釋星體運動最困難的地方，在於某些行星會在特定時間反向移動。托勒密解釋這種逆行現象的方式，是預設行星都會循著既定的軌道運行。他假設行星會繞著一個中心點運行，稱為本輪（epicycle）；該中心點會同時繞著地球移動，稱為均輪（deferent）。

　　哥白尼指出，很多時候，這種本輪現象是為了捍衛行星繞著地球旋轉的說法而設下的不必要假設。哥白尼的理論不必頻繁動用本輪的預設，就能解釋恆星的運動情形，比托勒密的理論更為精簡。因此，我們能歸結出以下原則：

在其他條件維持不變的情況下，最簡單者才是最佳假說；換句話說，假說要盡可能擁有最少的預設。

如前所見，假說時常會預設特定實體的存在，據以解釋某個現象。而「精簡」這項標準告訴我們，在其他條件維持不變的情況下，理論動用越少預設越好。於是，尋找解釋方法時最好堅守奧卡姆剃刀法則（Ocam's Razor）：如無必要，勿增實體。換言之，在足以解釋所探討之現象的前提下，切勿有額外的預設。如果沒理由假設某事物存在，刻意為之就是不理性的舉動。

此法則最富盛名的應用實例，來自法國數學家兼天文學家皮耶・拉普拉斯（Pierre Laplace）。拉普拉斯向拿破崙報告他的第一版宇宙理論後，據說拿破崙這麼問道：「在你的理論中，上帝在哪？」拉普拉斯就事論事地回答：「我不需要那個假設。」[42]

保守度

既然邏輯一致性是知識的必要條件，我們理當自我警惕，別輕易接受與背景資訊有所衝突的假說。如前所述，接受這類假說不僅有損我們聲稱了解事物的主張，還得否決與其相斥的舊有信念。如果既有的信念立論堅實，新假說成立的機率就相對較低。總歸來說，假說越**保守**（與立論紮實的信念越少產生衝突），越有可能成立。[43] 關於保守的標準陳述如下：

最少受到質疑的假設往往最應該質疑。
——解剖學家保羅・布羅卡
（Paul Broca）

在其他條件維持不變的情況下，最保守者才是最佳假說；換句話說，假說最好盡量與既有的信念契合。

然而，萬物並非一概平等。或許某個假說不保守，但符合其他

充分性標準，接受這樣的假說完全合理。只可惜，保守度何時應讓出優先考量的地位，改以其他標準為主，在判斷上沒有萬無一失的捷徑。

的確，我們沒有公式可以衡量充分性標準的優先順序，也無法將假說在任一標準的表現量化。有時保守度可能優先於範圍（尤其當假說不夠豐碩時），有時精簡度可能優先於保守度（尤其當假說與既有假說在範圍方面不相上下時）。挑選理論並非如一般人認為的那樣，單憑邏輯思考即可完成，反而比較像判決，有賴裁決者做出非制式化的人為判斷。

儘管如此，挑選理論並非憑主觀意識。雖然許多差異無法量化比較，但還是能仰賴客觀的標準來評判。例如，我們無法準確地說出白天何時變成黑夜，或滿頭秀髮的人何時禿了頭，然而天亮天黑和頭髮是否禿了，都是可以客觀判斷的狀態。當然，偶爾還是會出現理性的人無法苟同的模稜兩可狀況，也有一清二楚、明明白白的例子，卻被不理智的人所否決。硬要認為滿頭真髮的人是禿頭，甚至對此深信不疑，那才是大錯特錯，失去理智。同樣地，相信燃素理論是優秀的科學原理，也是錯得離譜。總而言之，相信一個顯然不符合充分性標準的理論，必定是不合理之舉。

從充分性標準看創造論和演化論

要想判斷哪個假說最能解釋某現象，我們需要參考充分性標準。能妥善解釋現象，同時符合充分性標準的假說，就是最佳選擇。要在眾假說之中做出理性抉擇，務必要先了解這些評比標準與運用方式。哲學家與史學家湯瑪斯·孔恩（Thomas Kuhn）對此深表贊同：「在培養科學家的過程中，教導他們如何評估這些特性，並提供符合標準的清楚範例，這一點相當重要。」[44]

近年來，有些人宣稱創造論和演化論一樣好，學校應安排相同的時數教導相關理論。前文所述的充分性標準正是我們評估這項主張的利器。如果創造論值得與演化論平起平坐，該論點應該會和演化論一樣符合各項充分性標準。以下我們就來看看是否真是如此。

雖然演化論並非達爾文所發明，但他的確是最重要的推手。一八五九年，他發表了《物種起源》（*The Origin of Species*）一書。書中指出，由天擇所推動的演化論為幾個不同現象提供了最佳解釋：

> 我們很難設想一個錯誤的理論能像天擇理論一樣，針對上述幾個主要類別的事實提出令人滿意的解釋。近來出現反對聲浪，認為這是不安全的論證法。但是在判斷一般生活事務時，我們就是使用這種方法，況且最偉大的自然哲學家也時常使用這種方法。[45]

達爾文發現，在與世隔絕的棲地（例如島嶼），生物會發展出與鄰近棲地生物相近卻又獨一無二的型態；親緣關係相近的物種之間存在著解剖學上的構造相似性，親緣關係遙遠的物種則是長得越大，外觀越差越多。此外，化石能顯示物種從簡單型態演進到複雜型態的獨特過程。[46] 達爾文認為，生物會透過天擇的過程逐漸適應環境，就是這些事實的最佳解釋。上帝在彈指之間創造出所有生物的假說，並未為這些事實提供任何解釋。

如果真有上帝，理智是祂給我們最好的禮物。否定演化的地位並非真正虔誠或道德的表現……現代演化論並沒有任何意圖阻擋世人培養對於宗教的深層感受，或阻止人們去過合乎道德的美滿人生。
——生物哲學家麥克·魯斯（Michael Ruse）

達爾文發現，世上生物這麼多，但其中有很多無法活到可以繁衍後代的年紀；牠們擁有不同的生理特徵，而且多半是從上一代遺傳而來的。他推論，一旦遺傳特徵能延長生物的壽命，進而增加繁衍的機率，該特徵就會傳給下一代。隨著這個過程不斷持續，該特徵便會隨著時間越來越普遍。達爾文將此過程稱為**天擇**（natural selection），也就是

物種演化的驅動力。達爾文當時並未發現使特徵得以傳遞的生物機制，後來的科學家發現近緣物種的染色體數目和結構很類似，形成了後來的遺傳學，進一步支持了達爾文的理論。[47]

科學創造論

科學創造論（scientific creationism）主張宇宙、能量和生命都是相對近期（大約六千到一萬年前）才從無到有創造而成；現代科學則認為宇宙約莫誕生於一百四十億年前，地球大約在四十五億年前形成。科學創造論對於生命的看法與演化論相反，世界萬物不可能源自單細胞生物、不可能經過突變和天擇而逐漸演化至今、同一物種的不同個體之間幾乎沒有差異、人類並非從猩猩演化而來、現今的地質構造歸因於地球曾經發生的各種災難和大洪水[48]……這些描述宇宙和生命起源的說法主要來自《聖經》的〈創世紀〉。[49]

創造論的擁護者堅信演化論是一種有害的學說，會為社會帶來危害。創造論研究協會（Institute for Creation Research）榮譽會長亨利・墨瑞斯（Henry Morris）和馬丁・克拉克（Martin Clark）宣稱：

> 演化論不僅反對《聖經》和基督教，而且完全不是科學，不可能真實發生。但在過去這一百年來，演化論奠定了偽科學的基礎，服務著無神論、不可知論（agnosticism）、社會主義、法西斯主義，以及其他無數種錯誤且危險的哲學。[50]

他們深信，在課堂上講授創造論能讓上帝重獲其應有的地位，有助於消弭這些負面風氣。然而在公立學校宣揚宗教，違反了美國憲法第一修正案的條文：「國會禁止立法確立國教。」因此法院一概認定，立法規定學校必須教導創造論是違憲之舉。最高法院大法官威廉・布倫南（William Brennan）解釋：

創造論與倫理道德

在創造論研究所經營的創造與地球歷史博物館（Museum of Creation and Earth History）中，牆上掛著兩幅海報，一幅寫著「創造樹」，另一幅寫著「演化樹」。創造樹的海報上有一棵青翠茂盛的樹木，樹枝上方分別印有「真正的基督論」、「真正的福音」、「真正的信仰」、「真正的道德」、「真正的美國精神」、「真正的政府治理」、「真正的家庭生活」、「真正的教育」、「真正的歷史」、「真正的科學」；演化樹的海報上有一棵枯萎凋零的樹木，樹枝上分別印著「共產主義」、「納粹主義」、「無神論」、「道德虛無主義」、「物質主義」、「色情」、「奴隸制度」、「墮胎」、「安樂死」、「同性戀」、「虐童」、「人獸交」等詞語。海報試圖傳遞的訊息再明顯不過——演化論是萬惡的根源。喬治亞州法官布拉斯威爾・狄恩（Braswell Dean）深表贊同，他表示：「達爾文的理論妖言惑眾，是放縱、雜交、嗑藥、避孕、墮落、懷孕、墮胎、色情、汙染、中毒等問題的根源，是各種犯罪行為的養分來源。」[51] 這種看法成為創造論與演化論爭議的核心，然而其中的觀念衝突無關科學，是對道德本質的認知差異。

創造論者認為，演化論會撼動《聖經》的權威地位，與人們對〈創世紀〉的解讀有所衝突。他們也認為，如果《聖經》有任何不實之處，便不值得全盤相信。但要是沒有《聖經》，我們就無法分辨是非。所以，演化論削減《聖經》的權威，就會連帶破壞道德的基礎。

此觀點背後所支持的道德理論稱為神諭論（Divine Command Theory）。根據此觀點，是上帝的旨意決定我們的行為是否正確。即便這套理論廣泛流傳，卻極少倫理學家或神學家表達支持，他們認為這套說法不僅為「強權即公理」（Might makes right）的錯誤道德觀

背書，同時也剝奪了我們敬仰上帝的唯一理由。現代微積分之父萊布尼茲（Gottfried Wilhelm Leibniz）是極為虔誠的教徒，對於上述爭論，他如此解釋：

> 僅以上帝的旨意為良善標準來評斷事情好壞，對我而言，無非是在摧毀上帝的愛與榮耀而不自知。如果祂逆向而為仍同樣值得讚揚，那麼，因為他做了什麼而讚頌祂，又有什麼意義？如果祂只擁有特定的專橫力量，如果武斷即將取代祂的明理，如果根據暴君的定義，所謂正義是以最有權勢者的喜好來決定，那麼，祂的正義和智慧何在？此外，出於個人意志而為的每個行為，背後理應都有某個理由支持該意志，而理由當然必須優先於行為。[52]

萊布尼茲的論點在於，如果行為沒有上帝的旨意便無法分出好壞，上帝就無法根據道德的高下而偏好特定的行為。那麼，一旦上帝選中特定行為，祂的選擇必然是專斷的。行為專制且武斷者，不配受他人敬仰。

根據萊布尼茲的論述，上帝的選擇並非使某項行為正確合宜的原因。相反地，上帝是因為某項行為正確合宜而選擇了它。行為的正當與否無關上帝的旨意，而是行為的正當性引領上帝做出選擇。道德不由上帝決定，就像上帝無法決定數學一樣。上帝不能把三稱為偶數，因為本質上，三就是奇數，無庸置疑。同樣道理，上帝不能將正義或憐憫定義為壞事，因為本質上，這些都是美德。

由此可知，縱使演化論的確削弱了《聖經》的權威（事實上，大部分的基督教派皆不這麼認為），也不會因此破壞了倫理道德的根基。

鑒於創造論法案旨在宣揚特定的宗教信仰，這種為宗教背書的行為違反了憲法第一修正案……該法案試圖利用政府的財政支援，塑造獲得政府支持的形象，以達到宗教目的，故違反第一修正案的政教分離條款。[53]

不過我們想討論的重點不是教導創造論是否符合憲法，而是創造論是否符合充分性標準，以及是否可視為科學理論。我們想知道，創造論是否和演化論一樣，具備科學理論應有的素質。

諷刺的是，即便創造論者自稱其理論為科學，試圖爭取社會支持，但他們也公開承認創造論「不是那種東西」。他們不認為這有什麼問題，因為他們同樣不認為演化論是科學理論。創造論研究協會資深副會長杜恩・吉許（Duane Gish）解釋：「沒人親眼目睹宇宙、生命或任何生物的起源。這些都是獨一無二、無法重現的歷史事件，無法從大自然中觀察而得知，也不能透過實驗再現。因此，創造論和演化論都不符合科學理論的資格，兩者的信仰性質不分軒輕。」[54] 在這段話中，吉許採用了前文所探討的可驗證性。他的主張是，既然創造論和演化論均不能驗證，兩者皆不宜視為科學理論。

但兩者真的都無法驗證嗎？若假說能比背景理論提出更多關於某項事實的預測，該假說便能接受檢驗。演化論顯然符合這項條件，因為演化論正確預測了島嶼上的生物與鄰近大陸上的生物關係較密切、不同岩層能找到不同類型的化石，以及化石能展現不同時期的生物漸變進程。演化論的其他多項預測還有助於解釋免疫學、生物化學和分子生物學所發現的事實。[55] 總之，演化論的確可供驗證。如果科學家曾證實這些預測不實，世人早就捨棄演化論。

創造論同樣可供驗證，原因在於其提出的幾項主張都能透過觀察予以查證。例如，創造論宣稱宇宙形成至今約六千至一萬年、所有物種都在同時間誕生、地球的地質特徵是由一場大洪水所造成，

這些主張都能一一檢驗。檢驗結果顯示，這些主張與立論紮實的科學發現相互衝突。[56] 因此可以這麼說，創造論可供檢驗，而且的確也已經過查證，但最終未能成立。

　　吉許的說法彷彿暗指兩個理論皆缺乏目擊證人，無法驗證，因此都屬於信仰而非科學。但要是理論缺乏目擊證人，就注定只能成為宗教信仰，許多科學上奉行的原理都必須重新定位為宗教，因為科學家研究的許多現象都沒有人類親眼見證過。例如，沒人見過、未來也不會有人看見太陽的內部構造，但不代表任何與太陽結構有關的理論都是神學。與恆星內部結構有關的理論，能透過觀察恆星的運動方式來驗證。同樣地，與宇宙或生命起源相關的理論，可經由觀察宇宙星體或地球生物的行為予以印證。

> 如果外太空的高等生物曾來過地球，為了評估人類文明的水準，他們必定要問的第一個問題會是：他們發現演化現象了嗎？
> ——生物學家理查・道金斯

　　達爾文以化石呈現的演進歷程作為演化論辯護的證據之一：古老地層發現的生物化石結構最簡單，年輕地層出土的生物化石則有著複雜的組織結構。創造論者宣稱這種證據根本算不上是證據，據他們所說，岩層的年齡取決於出土化石的複雜程度。換句話說，創造論者認為演化論者陷入了循環論證的謬誤，根據地層中的化石推測地層年齡，再根據化石所屬的地層回溯化石的年代。[57]

　　最簡單的化石通常來自位置最底部的岩層，創造論者並不否認這一點。他們的解釋是，大洪水退去後，構造最簡單的生物（海生生物）自然首先沉積於海床上。所有生物（包括恐龍和人類）都在同一時間出現，一場世紀大洪水淹沒了地球上的萬物，而化石在岩層中的沉積順序是不同生物的浮力差異所造成，不能代表化石所屬的世代。

　　創造論者提出這般論證後，勢必得解釋現代生物是如何從大洪水浩劫存活下來。大多數人都支持《聖經》的說法，宣稱是諾亞建造的方舟拯救了這些生物。此話一出，方舟理所當然成了問題核

演化論只是理論？

創造論和演化論最近期的衝突現場發生於賓州多佛（Dover）。當地的學校董事會投票通過，教師必須在生物課朗讀以下聲明：

鑒於達爾文的演化論是一種理論，每當科學界發現新證據，該理論便持續接受檢驗。該理論的缺陷至今仍無證據足可證明。根據定義，理論是指通過層層檢驗的健全解釋，能整合廣泛的各種觀察結果。智慧設計論（Intelligent Design）是一套能解釋生命起源，但有別於達爾文觀點的論述。

多佛學區的十一名家長對學校董事會提告，理由是以上聲明等於是以科學教育之名，行宣揚特定宗教信仰之實。最後法官判定家長勝訴。

這項聲明饒富興味之處，不僅是企圖在科學課堂上偷渡宗教理念，更在於其對事實和理論本質的誤解。聲明中對理論的定義基本上正確，但因為演化論不斷接受檢驗，就聲稱演化論並非事實，則是一大錯誤。理論與事實有別，原因不是理論是否持續受到檢驗，甚或世人對理論的篤定程度，而是理論能否針對某些現象提供最佳解釋。

證實成立的論點謂之事實，理論則是描述世上現象的論點。如果世界真如理論所述般運作（亦即理論為真），理論即為事實。舉例來說，如果哥白尼的太陽系理論證明屬實（即行星繞著太陽運行），該理論就是事實。如果愛因斯坦的相對論證實沒錯（即 $E=mc^2$），該理論就是事實。同樣地，如果演化論證實為真，那演化論也會是事實。

問題來了：在什麼情況下，我們能合理相信某件事為真？前文曾提到答案：當事情能提供某些現象最佳解釋，便能信以為

真。生物學家將演化論視為事實，原因如同費奧多西・多布贊斯基（Theodosius Dobzhansky）所言：「除非透過演化論的視角來觀看，不然生物學上的一切都無法言之成理。」[58] 演化論是解釋生物長期變化最理想的理論，因此可視為事實。

這類討論中，有一點時常被大家忽略忽視，那就是 —— 每個事實都是理論。以你現在正在看一本書的這個事實為例，你大可直接相信這是一個事實，因為這最能解釋你目前的感官體驗。但這並非解釋此感官體驗的唯一理論，畢竟，你有可能正在做夢、出現幻覺，你可能是「桶中之腦」（a brain in a vat），你可能活在虛擬實境之中，你可能收到外星人傳來的心靈訊息，諸如此類。這些理論都能解釋你當下的感官體驗，但其提供的解釋都比不上最平凡簡單的那種說法（就是你正在閱讀一本書），因此不該接受這些理論。

認同智慧設計論，相當於相信外星人在你腦內灌輸思想，意指這是可能的解釋角度，但不甚理想。因為就像外星人理論一樣，智慧設計論並未指出設計者是誰，也未揭露實際的實行方式，不像演化論一樣符合充分性標準。若在法庭上解釋案情時無法指出罪犯或犯罪手法，相信沒人會認真看待你的說詞。場景換到科學教室，如果無法識別原因或說明因果關係，勢必無法引人正視。這兩件事，演化論都能清楚解說，而且成效比任何同台競爭的理論更出色。因此，我們大可相信演化論的真實性。

心。根據計算，這艘方舟必須容納至少兩萬五千種鳥禽、一萬五千種哺乳類動物、六千種爬蟲類生物、兩千五百種兩棲類生物，以及超過百萬種昆蟲。[59] 除此之外，創造論者還相信人類和恐龍同時存活於地球上，所以方舟必須至少再載上每種恐龍各兩隻，包括兩隻超龍（身長三十公尺、重達五十五公噸）、兩隻迷惑龍（身長二十

一公尺、重二十公噸），更別說還要載兩隻飢腸轆轆、重達七噸的暴龍。諾亞夫婦和三個兒子與其妻子，要如何蓋出這麼大的方舟，載著上述所有生物逃過水劫，遑論要供應糧食和飲水，甚至清理船上的豢養環境？這些爭議難免惹人好奇，但創造論者始終絕口不提。

事實上，地質學或人類學研究從未發現過去一萬年曾發生全球大洪水的證據。[60] 此外，對於演化論者詮釋化石的循環論證謬誤，其實只是創造論者的認知錯誤。目前已有其他多種方法可以追溯化石所屬的年代，不必再以化石出土的岩層來判斷。

就算不靠化石和岩層，也能推算出宇宙的年齡。只要確定銀河系之間的距離及其遠離彼此的速度，就能推知宇宙開始膨脹的時間。目前科學界估算，宇宙大約是在一百五十至兩百億年前誕生，遠遠超過創造論者所說的六千年。

對於宇宙年齡和生命起源抱持不同看法，正好突顯創造論的一項重要缺陷：無法與公認的信念呼應連貫。換言之，創造論未能符合保守這項充分性標準。誠如生物化學家暨作家艾薩克·艾西莫夫指出：「捨棄現代生物學、生物化學、地質學、天文學等領域的所有發現，簡單來說，就是放棄所有科學立論。」[61] 若不這樣做，我們就無法接納創造論。就採納單一理論而言，這是相當大的代價。如果創造論者無法證明其推崇的理論比演化論具有更優異的範圍、豐碩度或精簡度，將無法彌補其在保守標準上的缺陷，因而無法與演化論平起平坐。

創造論並未預測任何前所未聞的事實，因此並非內涵豐碩的理論。儘管創造論提出了幾項新穎的主張，例如宇宙是在六千至一萬年前形成、所有生命是在同一時間誕生、世界曾發生一場大洪災，諸如此類，但沒有任何一項主張獲得證據支持。相較之下，演化論預

測了近緣物種的染色體和蛋白質應該類似、物種有可能發生變異、生物會適應環境的變動等，而且皆已獲得證實。就豐碩度而言，演化論的確優於創造論。

從精簡度來看，演化論同樣略勝一籌。別忘了，精簡度著重的是理論有多少預設論點。比起創造論，演化論的預設較少。其一，演化論並未預設上帝存在。其二，演化論也未預設世上有未知的力量。創造論兩者兼備，吉許的言論明確揭示了這一點：

> 我們不清楚造物主怎麼創造世界，也不知道確切的過程，**因為這個過程目前並未發生於其他自然宇宙中**。因此創造論才又稱為特殊創造說（Special Creation）。我們無法利用任何科學探究方法，發掘造物主創造世界的確切過程。[62]

於是，創造論才會預設世上有超自然的實體存在，而且擁有超自然力量。演化論並無這些預設，無疑是相對簡單的理論。

演化論勝過創造論的主要優勢其實在於範圍，也就是解釋的能力。演化論將不同領域的研究成果整合並系統化。艾西莫夫指出：「事實上，（與生物演化有關的）各領域科學家獨立研究的結果，**一再**強化演化與天擇的相關事實，**從未**弱化其真實性，這就是最有力的證明。」[63] 演化論符合我們對宇宙的認知，不僅適當解釋了達爾文發現的事實，也支持其他許多現象。相較之下，創造論與我們對宇宙的認識格格不入，甚至無法解釋達爾文提出的觀察資料。不僅如此，創造論衍生的問題比解答的問題還多。造物主如何創造世界？發生全球大洪水的原因為何？現存的生物當初是如何倖免於難？為什麼各種跡象顯示宇宙比創造論聲稱的年齡更古老？如果理論製造出的問題比回答的問題更多，就無法增進我們對世界的理解，反而適得其反。

此外，將疑問訴諸難以理解的神祕力量，永遠無法增進我們

對事物的認知。現在，假設你是工程師，上司要你解釋斷橋事故的發生原因。有人主動找上你，宣稱了解事故肇因。為了不遺漏任何可能的原因，於是你向他請教。結果對方告訴你，是小精靈以雷射槍破壞橋墩，導致橋樑崩塌。你禮貌地追問對方能否詳述小精靈的相關細節，他卻回答沒人看過小精靈，刻意尋找只會讓小精靈躲起來。接著你又問，為何小精靈要破壞橋樑？他回答，小精靈的動機難以捉摸，沒人清楚他做每一件事的原因。最後，你問他雷射槍的細節，他說雷射槍的威力強大，採用的是目前未知的技術。聽到這裡，你知道差不多可以送客了。若要解釋行為者的行為，勢必得回答三個問題：行為的內容、動機、方式。以上情境中的那位仁兄並未回答任何一個問題。針對這些疑問，創造論和智慧設計論的支持者均未給予完整的解答。他們未曾告訴我們誰是造物主、造物主為何要開天闢地，以及造物主如何創造世界，因此他們的解釋才會和斷橋事件的小精靈之說一樣空虛，不僅未能增加我們對事情的了解，恐怕只會使我們心中增生更多疑惑。創造論和智慧設計論的真正問題不在偽科學，而是「偽說明」（pseudoexplanation）。

如果創造論能像演化論一樣，確實滿足各項充分性標準，就能成為同樣出色的理論。但就這些標準逐一檢視的話，創造論在可驗證性、保守度、豐碩度、精簡度和範圍等方面的表現皆遠遠比不上演化論。創造論者聲稱創造論與演化論一樣優秀，可說是毫無根據。從柏拉圖的〈克拉底魯篇〉（Cratylus）可知，在兩千五百年以前，他便了解「上帝的旨意」無法說明任何事情，不過是缺少合理解釋的藉口罷了。

創造論者堅稱生物器官或肢體不可能是逐漸發展出來的，因為長到一半的器官或肢體對存活毫無價值。他們問：「半個翅膀有什麼好？」答案是，有總比沒有好。理查·道金斯這麼解釋：

亞當和夏娃有肚臍嗎？

如果宇宙誕生至今只有一萬年，為什麼從所有跡象來看，宇宙都不該這麼年輕？

舉個例子，為何出土的化石能追溯到數百萬年之前？其中一種可能的回答是上帝刻意放了這些化石，測試我們的信仰。不過這種說法有醜化上帝之嫌，現代的創造論支持者不喜歡這個論點。如同某個創造論者指出：「這會變成邪惡的創造論，而非世界的創造論，有違上帝的本性（原文引述）。」[64] 創造論者不希望上帝有絲毫類似騙子的形象。

然而十九世紀英國博物學家菲利普・戈斯（Philip Gosse）認為，如果是上帝創造了世界，祂必定借用了一些過去殘存的痕跡來創造。既然如此，何不預設在上帝創造世界之前，世界曾有一段輝煌的過去？馬丁・葛登能如此闡述戈斯的論點：

> 戈斯承認地質學的證據，證明地球上的動植物在亞當出現之前便已繁榮發展，且在地質上留下記錄。他也認同地球大約是在西元前四千年左右誕生，且如同〈創世紀〉所述，是在六天內成形。在這些顯然互斥的看法之中，他該如何找到立論的基礎？很簡單。就像亞當理應帶著肚臍來到世上，但是留下這個孕育證據的生產行為其實從未發生。同理，即使記錄著過去的所有化石在整個世界誕生時皆已存在，但過去只存在上帝的腦海中！
>
> 戈斯指出，上帝無法創造沒有年輪的樹木，同樣無法創造一個沒有肚臍的人類。你覺得呢？[65]

半個翅膀有什麼用？翅膀是怎麼長出來的？許多動物在樹枝間跳躍穿梭，有時會不小心掉到地上。這個時候，牠們會利用整個身體表面來捕捉空氣，就像粗糙的機翼一樣，輔助跳躍並緩衝落下的速度。這個現象在小型動物身上尤其明顯。任何能增加表面積與體重比的演化趨勢都能有所幫助，例如從關節處長出多餘的皮膚薄層，再以此持續演化，逐漸發展出能滑翔的翅膀，最後才長出能拍打的翅膀。起初，這些動物只有翅膀的雛形，顯然無法安全躍過較長的距離。同樣地，不論這些有助於騰空的表皮組織多麼原始，必定有些距離（不管多短）缺少拍打的動作就跳不過。[66]

不僅如此，出現在演化過程中出現的各種生物特徵，有許多仍然保留至今。道金斯指出：「正好與創造論所述相反，不僅擁有半個翅膀的動物很常見，只有四分之一或四分之三翅膀的動物一樣很普遍。」[67] 所以，發育到一半的器官和肢體不僅有可能出現，更是千真萬確的事實。

智慧設計論

近期還有另一種類似的異議聲浪從分子的角度提出質疑。理海大學（Lehigh University）生物化學教授麥可·貝希（Michael Behe）指稱，感光細胞屬於「不可化約的複雜結構」（irreducibly complex），不可能靠演化而來。他不像創造論者否認宇宙已有數十億年的歷史，也接受演化現象的事實，他只反對所有生物系統都是經由天擇演化而來的說法。

貝希對「不可化約的複雜性」提出以下定義：

所謂不可化約的複雜系統，指該系統由好幾個部位組成，各部位完美契合、相互作用，成就某種基本機能。一旦移除任

來自外太空的上帝

麥可‧貝希在課堂上談及智慧設計論時，經常開放學生提問。在某次問答時，有學生問：「造物主有可能是從外太空遠道而來的外星人嗎？」貝希答道：「有可能。」因為智慧設計論本身並未揭示這位全能設計者的任何細節，若認為設計者是外星人，這樣的想法完全可行。

無獨有偶，「雷爾教派」（Raelianism）正是法國記者克勞德‧佛里昂（Claude Vorilhon）以此前提為立論基礎所創立的組織。他曾爬上法國中部的拉索拉山（Puy de Lassolas），聲稱在沿著死火山口步行的過程中接收到來自外太空的訊息，深受啟發才創立此宗教。外星人告訴他，地球上的所有生命都是外星人以先進的基因工程所創造。根據雷爾教派的網站介紹，創教人從外星訊息得知，地球上的生命並非隨機演化的結果，也不是「上帝」的傑作。該教派認為，是某個科學技術先進的族群以「他們自身的形象」為範本，利用DNA技術精心創造了人類。該教派同樣將這個論點稱為「科學創造論」。[68]

雷爾教派的相關附屬機構「克隆援助」（Clonaid）於二〇〇二年十二月二十六日宣稱已成功複製出一名人類，該教派的國際名聲從此一蹶不振。「克隆援助」公開發表這個重大消息後，隨即同意接受獨立單位調查，以證明其聲明屬實。然而該機構又以保護當事人家庭的隱私為由，撤銷接受調查的承諾。截至二〇〇四年，該機構聲稱已成功複製出十三名人類。[69]他們的最終目的是要運用複製技術實現永生的理想，目前正在研究如何將人類的記憶和性格移轉到複製人身上。

何一個部位，就會阻礙系統發揮正常機能。不可化約的複雜系統無法透過事後對前導系統不斷微幅修正而直接生成（亦即持續改善始終以相同機制運作的初始機能），因為該前導系統只要缺乏任一部位，就定義而言，即無法具備正常機能。[70]

「無法直接生成」是這段文字的重點。貝希指稱，生物不可能自然產生特定的生理系統。也就是說，只要證明這類系統能在不違反自然法則的情況下生成，即可反駁這項主張。

貝希最喜歡舉捕鼠夾為例，說明何謂不可化約的複雜性。捕鼠夾有五大主要部件：木頭底座、壓環、彈簧、誘餌板，以及設置陷阱時固定壓環的金屬扣環。要是移除任何部件，整個誘捕機制就會直接癱瘓，因此可說是具有不可化約的複雜性。貝希指出，纖毛、視覺、凝血功能等諸多生物系統都是不可化約的複雜系統，一旦缺少任何要素，這每一個系統就無法正常運作。

看著宇宙中的所有生命和人類，我們會忍不住相信，這些都是精心設計的智慧結晶。

——達爾文

不可化約的複雜系統似乎無法經由天擇而成，這的確為演化論出了一道難題。唯有生理特徵（例如視覺系統）能正常運作，才有助於增進生物存活的能力，而該特徵要能正常發揮作用，必須先具備所有必要組織。因此，貝希的結論是，生物不可能透過不斷修正原本的生理機制而發展出視覺系統，必定得仰賴某個高智慧的全能設計者，才有可能創造出如此精密的構造。

貝希並未提供關於高智慧設計者的任何資訊，也未提及實際的設計方法。這位設計者可能是來自外太空的外星人，可能仁慈友善或心懷惡意，甚至可能不只一名設計者，而是多方共同合作設計。不論如何，即便貝希的論證充分而健全，但顯然並未提供任何足以支持上帝存在的證據。

然而大部分生物學家不採用貝希的論點，原因在於，他們不認

為不可化約複雜系統的組成部位無法獨立於系統本身，單獨演化而成。諾貝爾獎得主暨生物學家穆勒（H. J. Muller）在一九三九年指出，某基因序列起初或許可有可無，但日後依然有可能成為系統的必要元素。生物學家艾倫・歐爾（H. Allen Orr）如此描述這個過程：「元件 A 原本具有某種功能（或許成效不是很理想），後來增添元件 B 以輔助元件 A，只是為了改善功能，並非必要。不過後來元件 A（或其他因素）可能發生變化，使元件 B 成了不可或缺的元件。」[71] 舉個例子，鰾（魚肺的雛形）讓某些魚類可以取得新的食物來源，但這個器官並非魚類存活的必要生理結構。若當魚類長出其他生理特徵（例如手腳），肺就成了不可缺少的重要器官。由此可知，不可化約的複雜系統其實不必像貝希所指稱，所有組成元素需要一步到位。

到頭來，以下論證終究比邏輯更有說服力：我（請代入個人姓名）想不通這個現象（可替換為任何生物現象）何以能一步步演變成目前的樣貌，所以我認定這是不可化約的複雜現象。
——生物學家理查・道金斯

　　事實上，這類複雜系統中的某些元素也會出現在其他系統。例如凝血酶（Thrombin）是血液凝固的必要成分，它也可以協助細胞分裂，同時與促進消化的胰蛋白酶有密切關係。[72] 同一種蛋白質可能在不同系統扮演不同角色，即便這種蛋白質屬於不可化約複雜系統的一部分，不表示就不可能在天擇的過程中自然生成。

　　達爾文就曾發現，許多系統的組成元素原本是為了其他用途演化而成。他寫道：

　　　　如果某部位據信是為了因應某種特殊用途而有所調整，我們必定不得預設該部位原本就是只為了這個確切用途而生。當原本服務某一目的的部位緩慢改變，最後滿足了截然不同的其他需求，似乎才是事情發展的正常途徑。[73]

　　當某結構從原本擁有的功能發展出其他功能，史蒂芬・古爾德（Stephen J. Gould）和伊莉莎白・弗巴（Elizabeth Vrba）將此過程稱

為「擴展適應」（exaptation），而且這種現象似乎相當普遍。達爾文也有相同的體悟：「在自然界中，幾乎每種生物的各個部位大概都曾稍微調整過，以因應不同的生存需求。許多遠古及獨特的生命型態皆曾發現這種現象。」[74] 由於同一種構造能在不同情境下發揮不同功用，我們實在不必認為，不可化約複雜系統中的所有組成要素都得在同一時間生成。這樣看來，不可化約的複雜系統在生理上就有可能自然發生。

生物學家不清楚每一種不可化約的複雜生化系統是如何誕生，況且沒有化石記錄呈現這些系統的演化過程，我們大概永遠無法確定真相。不過生物學家明白，在天擇機制的推波助瀾下發展出不可化約的複雜系統，原則上並非毫無可能，沒必要「召喚」全能的高智慧設計者來解釋這一切。

創造論者時常援引他們認為演化論無法解釋的確切事實，試圖攻訐演化論。請注意，這是虛偽不實的辯論策略。他們一方面指稱演化論無法驗證（因此不算是科學），另一方面，他們又宣稱演化論未能通過檢驗。這兩種論點不可能同時成立。如果演化論無法驗證，就不會找到足可反駁該理論的資料；如果找得到反面資料，就表示演化論並非無法驗證。

除此之外，創造論者時常引用的兩個論點 —— 沒有過渡化石（transitional fossil），以及演化現象不可能觀察得到 —— 其實都是謬論。他們堅持，如果某一物種真能演化成另一種物種，地球上就應該留有中間或過渡階段的化石遺跡。但他們認為現有的化石記錄並不齊全，未能呈現生物演化中間階段的真實型態，因此他們斷定演化並未真實發生。然而只要了解化石是如何形成，就能理解為何化石無法齊全。地球上的生物極少能成為化石，不過生物學家至今還是發現了數千件過渡化石。從原始魚過渡到硬骨魚、

我們已見識到物種分家的現象，而物種分化的戲碼每天仍不斷上演。
——細胞與分子生物學家克莉絲蒂·威爾科克斯（Christie Wilcox）

魚類過渡到兩棲生物、兩棲生物過渡到爬蟲類、爬蟲類過渡到鳥類、爬蟲類過渡到哺乳類、陸生動物過渡到早期的鯨魚，以及從早期的猩猩過渡到人類，相關的文獻記載極為豐富。[75] 不僅如此，與哺乳類生物多樣性相關的記錄也相當詳盡，並細分成馬、象、鹿、牛、蝙蝠、兔子、海牛、嚙齒動物、肉食動物等眾多種類。根據哈佛大學生物學家史蒂芬・古爾德的說法：「古生物學家已發現多個中間型態和基因序列的絕佳範例，必能揭露生命在生理遺傳上的真實樣貌，說服立場公正的懷疑論者。」[76]

創造論者更錯誤地指稱，沒人真正觀察到演化現象。從最廣義的角度來說，生物演化是指生物群體在不同時間的基因組合變化，目前已有不少相關發現。例如害蟲對殺蟲劑產生抗體、細菌對抗生素產生抗藥性，這兩個都是人人耳熟能詳的生物演化現象。然而這些生物演化實例並未讓創造論者改觀，對他們來說，這些現象只是特定物種基因產生變化的「微演化」（microevolution）。創造論者認為，「巨演化」（macroevolution）才是我們未曾觀察到的演化型態，亦即跨物種間的基因變化。實際上，科學界早已發現這類變化。實驗室研究人員發現了八種新的果蠅，以及其他六種新的昆蟲物種；過去兩百五十年來，法羅群島出現一種新的老鼠；過去五十年間，還有十幾種新植物和一種新海生蠕蟲被記錄下來。[77] 要說微演化和巨演化的相關觀察記錄付之闕如，實在有失精準。

創造論者以為任何反對演化論的資料必然是贊成創造論[78]，這種想法等於是犯了假兩難推理謬誤，亦即認為兩種選項之間彼此互斥，但其實不然。吉許製造假兩難的方式，是假設「宇宙只會起源於機制明確的自然演化過程，或是由超自然力量所創造。」[79] 此論證淪為假兩難謬誤有幾個原因，首先，即便不支持演化論，也沒必要預設宇宙是由神祕力量所創造。許多西方世界以外的民族認為，宇宙可能是永恆無垠的存在，亦即沒有起點或終點。相信上帝創造

了宇宙的人，通常也相信上帝永生不滅。如果上帝可以永生，為什麼宇宙不能永恆？[80] 再者，演化論並非生命起源唯一的自然解釋，創世紀亦非唯一的超自然解釋。世界上有各式多元的創造理論，維京人相信宇宙是從虛空中自然發展而成，諾斯底主義論者則認為宇宙是邪靈的超自然傑作。就算創造論者可以完全否決演化論，仍無法以此證明他們自身的論點正確，因為在這兩種理論之外還有其他眾多可能。

此外，假設真如創造論者所認為，宇宙誕生的所有理論都差不多（因為都只是理論），那麼，只要在課堂上教授任一理論，就應該一併教導其他所有理論。堪薩斯州教育局在二〇〇五年收到鮑比・韓德森（Bobby Henderson）的公開信，信中指稱，飛天麵條神創造宇宙的理論與智慧設計論不相上下，學校應一併列為教材。[81] 他的言論看似滑稽可笑，卻也傳神地突顯出創造論者的盲點。這封信廣為流傳，不僅《紐約時報》、《華盛頓郵報》和《芝加哥太陽報》都刊登了公開信的內容，甚至還催生出全新宗教——飛天義大利麵神教（Pastafarianism），這在荷蘭和紐西蘭可是獲得法律認可的合法宗教。[82] 當然，宇宙起源的相關理論素質參差不齊，智慧設計論和飛天麵條神的說法都不符合充分性標準，自然無法與演化論相提並論。唯有證明創造論至少與演化論一樣符合充分性標準，其支持者才有機會說服眾人該理論值得獲得相同的教學時數。

既然創造論的缺陷如此顯著，為何還能流傳至今？這問題不難回答。許多人認為演化論與宗教水火不容，不僅與《聖經》的創世故事相互矛盾，更暗示人的生命是漫無目的、隨機發展而來的結果，無法賦予寶貴的生命任何意義。然而許多主流教會並不認同這種看法，例如羅馬天主教會、聯合衛理公會、美國福音路德教會、非洲衛理公會、長老教會、美國聖公會、希臘正教美國總教區、聯合基督教會，這些教會對於創造論研究協會所擁護的科學創造論敬

人類是精心設計的智慧結晶？

伯特蘭‧羅素曾說：「如果我有全知全能的力量，而且有幾百萬年可以盡情施展才能，我應該不會大肆宣揚人類是我用盡全力創造出來的最終成品。」[83]

生物學家布魯斯‧卡恩斯（Bruce A. Carnes）、傑‧歐宣斯基（S. Jay Olshansky）和羅伯特‧巴特勒（Robert N. Butler）皆同意羅素的說法，他們一致認為人類的生理構造還有很大的改進空間。

©Patricia J. Wynne

椎間盤凸出、骨頭脆弱易斷、髖關節破裂、韌帶撕裂、靜脈曲張、白內障、聽力受損、疝氣、痔瘡……隨著年齡漸長，我們對身體的各種疑難雜症如數家珍，不堪其擾。[84]

誠如他們所指出，人體應該要有更長的使用期限，且更不容易遭受疼痛侵擾才對。從此角度來思考，你是不是開始對智慧設計論產生懷疑了呢？

謝不敏，並認同演化論是較合理的物種起源論述。[85]

此外，我們大可相信，演化論是唯一可能與上帝建立起深遠關係的理論，進而賦予生命意義。生物學家肯尼斯・米勒（Kenneth R. Miller）解釋：

> 人們常說，在達爾文的宇宙理論中，隨機性與意義無法共存。我不認同。神祇凌駕人類之上，操控著人類的一言一行，甚至所有物質分子都在神的旨意下運作，這樣的世界才是使生命意義蕩然無存。在這樣的世界中，關於生理和生物的一切事件都會受到嚴謹控制，邪惡與苦難少之又少，歷史的進展也將受到嚴格管制。世間萬物都會朝著造物主清楚、獨特、明確的目標發展。這種強力控制和可預測性勢必會犧牲個體的獨立性。造物主時時掌控天地，必定不會給予萬物任何了解及崇敬祂的機會——真正的愛需要的是自由，不是操控。演化論開放的偶然性最能提供這種自由。[86]

所有行動都由上帝決定的人生，肯定沒有什麼意義。如果我們無法自主決定，與機器人有何差異？唯能擁有行動的自由，我們才是行動的主人。誠如米勒所言，唯有活在非由外力操控的世界，才可能享有真正的行動自由。總而言之，演化論不僅不會減損我們與上帝的關係，反而有助於強化這段關係。

超心理學

創造論者並未運用科學方法驗證假說，超心理學家則是不斷嘗試從科學的角度切入探討，所以超心理學協會（Parapsychological Association）才會在一九六九年獲美國科學促進會（American Association for the Advancement of Science）授予附屬機構的地位。

軍事與 ESP

一九八四年，美國陸軍研究院（Army Research Institute）委請國家科學研究委員會（National Research Council）調查以超自然力量提升人體表現的可能性。超自然現象在軍事上的應用，一直是軍方特別感興趣的議題。

> 他們的想法是，如果 ESP 確有其事，而且能受控制，軍方就能善用這類能力來蒐集情報，預知能力還能協助預測敵軍的行動。據信，要是真能產生念力，就能破壞敵軍的電腦系統、出其不意提早觸發核子武器，或使對方的武器和武力全數癱瘓。更多明確的應用方式包括改變行為、誘發疾病、混淆方向感、遠距殺敵、與潛水艇通訊、潛入敵人腦中植入想法、遠距催眠敵方、研發各式精神電子武器、構築靈力護盾以保護敏感資訊或軍事設施，諸如此類。軍方還提出了「第一地球營」（First Earth Battalion）的概念，這支由「武僧」組成的軍隊精通委員會所設想的幾乎所有技術，包括使用 ESP、靈魂出竅、飄浮、靈療及穿牆。[87]

此次的研究範圍包括許多超自然現象，像是遙視、念力、心靈感應和植物感知。最後，委員會得到以下結論：

> 整體的實驗設計力有未逮，無法評斷超自然現象正反兩方論述的真假。雖然素質最高的研究展現了優於許多評論家所預期的品質，但整項研究並未符合應有標準，無法擴大目前的科學知識範疇。勢必得仰賴更健全的研究設計取得證據，才能確立結論。[88]

超心理學主要研究超感官知覺（ESP）和念力。顧名思義，超感官知覺並非生物藉由一般感覺器官所獲得的知覺。ESP 主要有三類：心靈感應（不使用感官能力即可得知他人思緒）、靈視（不使用感官能力即可得知遙遠的事情）、預知（不使用感官能力即可預測未來事件）。所謂念力，則是身體不必有所行為，只要想著目標物體就能對其產生影響。這些現象時常泛稱為超能力現象。

超能力現象之所以如此迷人，其中一項原因在於，這些現象似乎是在挑戰我們對知識和現實本質的許多基本信念。舉例來說，現代科學的知識理論認為，感覺經驗是我們對外界的唯一知識來源，但所有類型的 ESP 似乎都能動搖此一信念。現代科學的現實理論指出，萬物是運動中的物質或質量／能量，但心靈感應（讀心術）似乎能撼動這個立論基礎。「果不能先於因」是所有人根深蒂固的信念，但預知似乎能推翻這點。如果這些現象真有其事，我們的世界觀恐怕得大幅翻新。

許多人都曾有過符合以上定義的經驗：可能是才剛想起某個朋友，就馬上接到對方來電；直覺家人可能遇到危險，後來發現真有其事；夢到中樂透，結果夢境成真。這類經驗似乎很常見，一份訪問一千四百名美國成人的調查發現，67% 的受訪者有過 ESP 經驗。[89] 但是別忘了，我們不能只看經驗的表象就信以為真。有些事情乍看之下神祕難解，最後往往只是平凡無奇的小事。

歡迎前來參加「匿名心靈感應」，就不勞煩您自我介紹了。
——藝術家本森·布魯諾
（Benson Bruno）

相信靈異事件之前，我們應先確定要探討的現象是否無法以眾所皆知的程序來充分解釋。

有些人認為，如果超能力事件屬實，世界將會有趣許多。例如，從個人立場出發，心靈感應能改善人際溝通，預知能力有助於為未來做好準備，念力則能幫助我們達成目標。從國家和全球的角度來看，效益可能更為驚人。想像一下，不必闖入敵方陣營，就能

看透敵人的心思、檢視他們的機密文件，甚至光靠念力就能癱瘓敵人的武器。賴恩（J. B. Rhine）是研究超能力的先驅，對於人類未來能否利用這類能力，他表達了以下想法：

> 全球事務勢必遭逢巨大轉變。不管哪個國家，戰爭計畫和任何型態的運籌帷幄都將因受到監控而東窗事發。既然什麼事都隱瞞不了，戰爭似乎也就永遠不會發生。奇襲不再有任何優勢，所有祕密武器和暗中擬定的戰略都將攤在陽光下。各國不再需要戒慎恐懼，提防檯面下的陰謀詭計。

不論是任何規模的犯罪活動無法再隱匿蹤跡，一旦邪惡勢力的黑暗計畫曝光，貪汙、剝削、壓榨等陋習將無法繼續滋長。[90]

但是，超能力真的百利而無一害嗎？要是擅長讀心術的人能知道你每分每秒的動態，並藉此控制你的行動呢？難道這不會衍生出更恐怖的社會控制型態，形成喬治・歐威爾的《1984》，或阿道斯・赫胥黎的《美麗新世界》（*Brave New World*）等書中壓抑難受的社會氛圍？馬丁・葛登能就是抱持這種看法，他認為超能力是「助長壓抑和恐懼的一種工具，影響範圍遠遠超過監聽電話、拆閱信件或竊聽電子裝置。」[91]

奇怪的行跡源自奇怪的思想。
——詩人雪萊
（Percy Bysshe Shelley）

五角大廈早就覬覦超能力在軍事領域的潛能。專欄作家傑克・安德森（Jack Anderson）在一九八一年報導，五角大廈的最高機密「超自然專案」，光是在一九八〇年就耗資超過六十億美元，試圖研發超能力武器。美軍高層認為，蘇聯從一九三〇年代起便全力支持超能力研究，史達林希望能開發出超能力武器，制衡美國的核子威脅。軍方顯然對此焦躁不安，企圖在 ESP 研究上急起直追。

一九七〇年代，希拉・奧斯特蘭德（Sheila Ostrander）和琳恩・施羅德（Lynn Schroeder）合著了《鐵幕後的超自然研究成果》

（*Psychic Discoveries behind the Iron Curtain*，暫譯），加上其他類似書籍推波助瀾，社會上儼然形成一種刻板印象，認為蘇聯在運用超能力的發展上遙遙領先，一支獨秀。當時民間謠傳，俄羅斯女人能將打入碗中的雞蛋分離出蛋白和蛋黃（這是相當驚人的能力，若不藉助隱藏的磁鐵或絲線根本辦不到），而且能靠念力停止青蛙的心跳。如果蘇聯能全心發展及強化這類能力，沒有美國人能安心度日。

不過，倒不是軍事方面的隱憂引發賴恩對超能力的興趣，哲學意涵才是促使他深入研究的主因。賴恩和創造論者一樣，相信普世追逐物質主義必將帶來惡果。

> 順從個人意志的自由（或所謂精神自由），將帶來最影響深遠、最令人反感的後果。在機械決定論的統御之下，以個人為基礎的珍貴唯意志論將淪為一無是處的華麗矯飾。若不從物理定律的禁錮中稍微解脫，民主、角色責任、道德判斷等概念將無法從批判性分析的利刃下全身而退。心靈秩序的概念（不論是個人或超脫個人）必將失去合理的定位。事實上，當社會徹底轉向物理主義，人類社會據以發展至今的整個價值體系終將所剩無幾，蕩然無存。[92]

他以為，如果超能力成為事實，物質主義的世界觀將遭世人揚棄，由更契合傳統價值觀的世界觀取而代之。

一九三〇年，賴恩在杜克大學展開超能力現象的研究。他利用

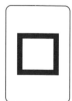

齊納卡的各種符號。

同事卡爾·齊納（Carl Zener）設計的牌卡，檢驗受試者能否在不使用任何感官能力的情況下，正確辨識卡片上的符號。一副齊納卡共有二十五張，十字、星星、圓圈、波浪、正方形等各種符號各有五張。在每一回合中，受試者需試著辨識每一張牌。就算單憑運氣，受試者應能在任一回合中正確辨識五種卡片中的其中一種符號。

為什麼從來沒有「靈媒中樂透」之類的新聞？
——美國脫口秀主持人傑·雷諾（Jay Leno）

在賴恩最早期也最成功的實驗中，受試者和實驗人員對坐在桌子兩側，中間立著隔板，以免受試者看見牌卡。測試心靈感應時，實驗人員會凝視每一張牌，一次一張，而受試者需試著辨識實驗人員所注視的符號。測試透視力時，實驗人員不注視牌上的符號，而是輪流拿起每一張牌，讓受試者辨識其手上牌卡的符號。另一種方式是，牌洗好後，正面朝下疊放在桌上，由受試者從最上面往下逐一識別每張牌的符號。測試預知能力時，受試者需在洗牌前，提前寫下牌卡的順序（但是如果測試成功，不一定就能證明人類擁有預知能力，因為受試者可能動用念力影響洗牌過程）。

一九三四年，賴恩將實驗結果整理成《超感知覺》（*Extrasensory Perception*，暫譯）一書出版，書名是賴恩創造的新詞。受試者在將近十萬次的嘗試之中，每一回合平均能正確識別 7.1 張卡。在憑運氣猜測的情況下，一般人只能正確辨識 5 張卡。比起單純的運氣，受試者動用超能力的可能性遠遠超過 $1/10^{100}$。根據這項研究結果，賴恩斷定，世上一定有某種超越感官的力量。

對照物理理論中各種能量的相關概念，我們真的無法延伸同一套邏輯，以此為基礎假設世上真有超能力嗎？……從目前物理理論中廣義的能量概念，過渡到感知器官無法攔截的特殊狀態能量，兩者間的差距並非大到無法跨越……所以大概可以試探性地假定，超能力現象背後勢必存在一股能量，能與物理

上所熟知的其他能量狀態相互作用與轉換。[93]

但賴恩的結論是最佳解釋嗎？為了確定，我們必須探討其他幾個假說，看看是否比賴恩的說法更符合充分性標準。

根據精簡和保守等標準，每當我們試著解釋事情：

唯有當一般假說無法解釋時，才應接受特別的假說。

然而賴恩早期的研究不需動用特別的假說，從一般的資訊傳遞角度就能完全解釋其研究結果。心理學家李奧納多·佐斯尼（Leonard Zusne）和沃倫·瓊斯（Warren H. Jones）解釋：

> 賴恩會得到這樣的研究結果，運氣顯然不是幕後功臣，以感官手段識別卡片符號的各種機會才是。這類機會為數眾多，俯拾皆是，賴恩在一九三〇年代的大多數研究正是善用了這樣的機會，才能安然通過世人的質疑與檢視。研究測試時常以面對面的形式進行，試驗者和受試者之間的隔板極薄，有些甚至沒有。試驗者坐在受試者對面時，可以看見卡片背面。ESP研究所以前使用的牌卡是以重壓的方式印刷而成，符號在牌卡上形成凸痕，從卡片背面即可辨識。一九三八年，有人發現卡片可以透光，有利於辨識符號。若卡片上有任何其他記號，受試者當然有可能以指尖從卡片背面或側邊感覺符號。[94]

既然受試者有這麼多機會能運用感官能力得知卡片上的符號，我們自然毫無理由相信人有超感官知覺。於是對賴恩研究結果的最佳解釋，無非是受試者在有意無意間透過一般方法識別出卡片，因而猜中卡片上的符號。這是解釋實際情形最簡單、保守的論點，所以是最佳解釋。

關於賴恩的假說還有其他值得注意之處。他告訴我們，世上有某種超越感官的力量，卻未提供足夠的相關資訊供其他研究者獨立查證，等於是提出了特設假說，沒有比小精靈點亮日光燈的說法高明到哪裡去。事實上，說是小精靈（而非神祕力量）在試驗者和受試者之間來回傳遞訊息，才塑造出人有 ESP 的假象，也不會與賴恩的假說相差太多。在賴恩能提供充足資訊以供他人獨立查證之前，我們實在沒有理由相信他的結論。

　　如果賴恩所說的力量屬實，其他人應該可以效法他所採用的方式測試這股力量。儘管有科學家模仿賴恩的實驗，但極少有人獲致相同的結果。心理學家克朗堡（J. Crumbaugh）的經驗足以為代表：

> 　　當時（一九三八年）開始實驗時，我滿心期待實驗能順利解開謎雲。我完全沒料到，過了二十八年之後，我心中的疑惑一如當初，絲毫未減。我重複了好幾次在杜克大學舉行的那場實驗，但經過 3024 回合的 ESP 牌卡測試（仿效賴恩在他第一本書中所說的測試次數），所有結果無一吻合。一九四〇年，我進一步使用其他方法測試中學生，結果同樣不如預期。[95]

　　心理學家約翰・貝洛夫（John Beloff）也無法找到任何支持超能力的證據。

> 　　最近我剛完成一項長達七年的超能力研究計畫，期間聘請了一名全職助理協助研究。如果找到有利的證據，我想沒有人會比我們更開心。但從研究結果來看，ESP 很有可能只是子虛烏有的傳言……對照其他超心理學家的說法後，我發現……我的經驗沒有任何特殊之處。[96]

　　實驗有太多環節可能出錯，除非經過多人反覆重現實驗結果，否則我們無法確定結果就是事實（而非只是實驗設計的影響所

超自然百萬挑戰

　　如果超能力真的存在，理應能在嚴格控制的環境下被觀察，換句話說，觀察環境必須先排除造假、欺騙和詭計等所有可能。然而，除了實驗室之外，很難找到符合這項標準的環境，而且往往很難找到願意進實驗室接受檢驗的奇人異士。為了更容易說服人們展示特異功能，許多組織主動提供獎金作為誘因。《科學人》（*Scientific American*）雜誌身先士卒，在一九二二年提供兩份兩千五百美元的獎金，只要有人能在嚴格控制的環境拍下靈魂出竅的照片，或是產生肉眼可見的超能力表現或幻影，就能得到獎賞。研究團隊請來當時一流的魔術師亨利・胡迪尼（Harry Houdini）協助調查，他能分辨上門的挑戰者是賣弄詭計，還是真正擁有超能力。最後，這兩份獎金皆未送出。

　　更近期一點，身兼魔術師和教育家身分的麥克阿瑟天才獎（MacArthur Genius）得主詹姆斯・蘭迪（James Randi）提供一百萬獎金，懸賞任何能在適當觀察條件下展現超自然能力的奇人異士，該能力必須非比尋常或神祕難解，才符合懸賞標準。從一九九六年到二〇一五年為止，沒人成功拿走這筆獎金。蘭迪向幾個全球知名的靈媒下戰帖，邀請他們前來競逐獎金，包括尤里・蓋勒、詹姆斯・范普拉（James Van Praagh）、席爾維亞・布朗（Sylvia Browne）和約翰・愛德華（John Edward），但沒人成功奪下獎賞。布朗聲稱能與亡魂溝通，她曾在二〇〇一年的《賴瑞金現場》節目上答應接受挑戰，但她在二〇一三年過世前未曾主動報名接受檢驗。

　　雖然目前蘭迪不再提供超能力懸賞獎金，還有許多組織仍有類似計畫。印度理性主義者組織（Indian Rationalist Organization）、澳洲懷疑論者（Australian Skeptics）、獨立調查小組（Independent Investigation Group）等諸多團體仍祭出高額獎金，試圖尋找能在適

當觀察條件下展現超自然能力的人，但至今尚無任何人抱走獎金。即使真有人獲得獎金，這件事也無法證明該得主的特異功能就是千真萬確。科學需要反覆重現實驗結果，確保觀察到的現象並非僥倖獲得，也非其他原因所造成。如果有人可以在嚴格控制的環境中反覆施展超能力，我們就有充分的理由相信這類能力確實存在。

致）。但在超心理學領域中，實驗結果往往未能再現。即使是同一組研究人員、同一批受試者，也無法每次都得到相似的結果。因此，我們有充分的理由質疑超能力的真實性。

　　不過我們也不能就此斷定超能力一定不存在，不管證據多寡（或缺乏證據）皆無法援以為證，因為我們無法保證某件事永遠不會成立。實驗無法反覆重現相同結果，這件事只能顯示，在既有的證據基礎上，超能力的相關主張禁不起合理懷疑，因此任何人都沒有充分理由相信這類能力確實存在。

大自然的規律是世界上最大的奇蹟。
——傳教士喬治・包德曼（George Dana Boardman）

　　或許超心理學家是因為尚未發現相關變數，才無法設計出能反覆驗證的實驗。只要情況允許，科學家一向都會執行對照實驗，以確保相關變數能在實驗期間維持不變。如果做不到這點，實驗便失去意義。超心理學家現階段還無法重現實驗結果，尚未找到能讓超能力正常發揮的相關因素，或許是其中一種解釋。

　　不過，對於他人無法重現實驗結果，超心理學家自有一套說法。**綿羊與山羊效應**（sheep–goat effect）是最常聽見的解釋，其中以葛楚・施梅德勒（Gertrude Schmeidler）的研究關照範疇最廣。[97] 此假說指出，超能力實驗的結果會受到實驗人員的態度影響，如果研究人員對超能力抱持懷疑的態度（山羊），實驗就不會成功；如果研究人員認為超能力確實存在（綿羊），實驗就會成功。但克朗

堡和貝洛夫皆聲稱他們是抱持相信的態度展開實驗，結果卻大失所望，這該怎麼解釋？他們的例子不就顯示綿羊與山羊效應錯誤嗎？根據綿羊與山羊效應的說法，這些實驗人員可能自認相信超能力，但其實內心深處還是半信半疑。例如史考特・羅戈（D. Scott Rogo）就宣稱，蘇珊・布萊克摩爾（Susan Blackmore）耗費十六年仍找不到任何能證實超能力的證據，就是因為她抱持著偏見而不自知。[98]

這種假說的特設性質應該顯而易見，而且沒有任何說法足可反駁，因而無法驗證。任何明顯的反例都能以當事人沒有自覺為理由來打發。此外，要是接納這種假說，更會使整個超心理學成為無可驗證的專制學門，再也沒有實驗結果可以駁斥超能力。因為一旦出現不利的結果，全都能歸咎於實驗人員立場偏頗。這種論證方式說服許多研究人員相信超心理學就是一門偽科學。

不過超心理學家不必採取這種論證法，許多人也的確不這麼做。心理學家雷伊・海曼指出，目前完成的超心理學實驗計畫超過三千個，其中不少是由傑出的學者主持。[99] 確實有些實驗看似成功，但沒有一個能穩定重現，且許多令人驚豔的實驗最後都證實有欺騙之嫌。

舉個例子，一九四一年至一九四三年期間，超心理學家山謬・索爾（Samuel Soal）在倫敦利用牌卡，找來貝希・沙克頓（Basil Shackleton）當受試者展開實驗。那副牌卡有別於齊納卡的一般符號，上頭印有鮮豔的動物圖案。索爾的理論是，如果使用更有趣的實驗道具，受試者的表現可能會更好。雖然沙克頓的測試結果與隨機猜測相去不遠，但他的回答與目標下一張牌卡不謀而合的現象異常引人注目。據估計，在隨機猜測的情況下，發生這種現象的可能性超過 $1/10^{35}$。

許多人認為，索爾的研究是目前最能為超能力佐證的證據。超心理學家華特利・卡靈頓（Whately Carrington）這麼說：

如果我必須選擇一項研究作為證據，據以全心相信超自然現象真實存在，或利用該研究說服頑固的懷疑論者（暫且不論這種說法是否自我矛盾），我會毫不遲疑地挑選這一系列實驗。據我所知，這是目前最值得信賴的實驗，得到的研究成果也最令人矚目。[100]

然而索爾對數據動了手腳的事情終究東窗事發。葛麗特·艾伯特（Gretl Albert）多次以助理身分參與沙克頓的測試，她告訴索爾的某個同事，她曾看見索爾擅自修改記錄。後來，經由電腦分析相關測試記錄的結果顯示，索爾可能逕自動手修改了數據，或取得隨機亂數的方法與他宣稱的方式有所出入。[101]

另一起實驗造假的著名事件與小華特·李維（Walter J. Levy Jr）有關。他是賴恩信任的人選，在賴恩卸任後接棒主持超心理實驗室。有人發現，李維刻意拔掉自動記錄機的電源，試圖讓機器只記錄有利於實驗的測試結果，形成測試結果異常優異的假象。

並非所有超心理學家（和所有超心理學實驗受試者）都有造假的嫌疑，只是超心理學領域的造假事件已超過正常範圍。除非能先在合理懷疑的基礎上，確認超能力實驗絕無造假之虞，我們才能接受實驗結果。杜絕造假的方法之一，就是由專業魔術師從旁協助判斷。下文所述的「超能力研究計畫」（Project Alpha）便相當重視這項防弊措施。

目前既有的證據仍禁不起合理懷疑，因為實驗無法穩定重現這些證據，無法確立超能力的真實性。既然其他研究人員無法複製超能力實驗的成果，表示除了超能力本身之外，尚有其他因素可能影響實驗成敗。原始實驗的相關人員或許深受感知或概念偏誤所囿（本書第五章所提），或許他們未運用充分的控制手段，防止其他因素左右結果；又或者，他們根本刻意詐欺。若要確保一切並非自

欺欺人或受人蒙蔽，實驗結果要能反覆重現，這是不可或缺的必要條件。少了這道把關程序，便無從確知造成結果的真正原因。

然而有人宣稱，雖然沒有一項實驗能反覆重現結果，但是將所有成功的實驗集結起來，就能證明超能力真有其事，而且禁得起合理懷疑。貝洛夫就這麼寫道：

> 我無意爭辯先前是否已有任何實驗完美無缺……或完全不受批評……此外，除非實驗能達到更高的重現度，否則實驗太過草率粗糙，甚至是一名或多名實驗人員不自覺或有意的欺騙才造就實驗結果，諸如此類的質疑聲浪仍會層出不窮，而且令人信服。不過我個人認為，這些……研究本身儼然已形成一股接受超能力現象為事實的風氣，不得不正視。[102]

當然，每個人都有表達看法的權利，但我們認為，貝洛夫的看法是否言之成理，才是應該探究的重要問題。將原本缺乏說服力的個別研究匯整成整體來看，就比較值得相信？當然不。品質低落的研究無法以量取勝。研究本身不可靠，其提出的證據很可能也不太可信，不管數量多寡都無法改變這個事實。

超能力現象有大量軼事型證據，許多人都曾有過幾次自認是物理定律無法解釋的特別經驗，但如同第五章所述，許多奇怪的經驗都能以廣為人知的感知過程來解釋，例如空想性錯視、潛抑記憶、選擇性注意、主觀驗證、巴納姆效應、自動移位效應等。出了實驗室之後，我們無法百分之百確定這些影響因素是否發揮了作用，因此我們不能滿足於軼事型證據的表面假象便信以為真。

想檢視超能力的真實性，還有另一類證據必須列入討論範圍：從賭場蒐集來的證據。特倫斯·海因斯的觀察指出：「這世界彷彿是一項不間斷的超心理學研究，在賭場每轉一次羅盤、每擲一次骰子、每抽一張牌，都可視為研究中的一次試驗。」[104] 如果真有超能

超能力研究計畫

唯有實驗結果無法以一般感官知覺（OSP）來解釋，才能視為 ESP 的證據。可惜的是，科學家並未接受「欺騙術」的訓練，尤其不擅長判斷哪些結果可歸因於 OSP。專業的魔術師可是這門學問的行家，因此超心理學家大可在研究中善用他們的專業。「超能力研究計畫」的靈感來自「神奇蘭迪」（James Randi），這項實驗真切突顯了超能力實驗室對魔術師專業能力的需求。

在蘭迪的建議下，兩名年輕魔術師史帝夫·蕭（Steve Shaw）和麥可·愛德華茲（Michael Edwards）主動接洽密蘇里州聖路易斯華盛頓大學的麥當諾超自然研究實驗室（McDonnell Laboratory for Psychical Research），為超能力研究計畫揭開序幕。該實驗室由麥當諾道格拉斯航空製造公司（McDonnell-Douglas Aircraft Corporation）董事長詹姆斯·麥當諾（James McDonnell）出資五萬美元所創立，可說是現今全球資金最充裕的超自然實驗室。

蕭和愛德華茲輕易說服實驗室的研究人員，使其相信他們擁有貨真價實的特異功能，於是實驗室對這兩名魔術師展開了為期三年的測試計畫。兩人在施展「特異」功能時極少失敗。他們利用「超自然」力量折彎金屬、透視他人的心靈、在神祕力量的輔助下成功預測密封信封中的內容、發功燒斷受到嚴密保護的保險絲，甚至讓相機內的底片浮現「靈異」的神祕影像……蘭迪鉅細靡遺地說明其中的奧祕，描述如何輕易地製造這些假象。

在蕭和愛德華茲開始接受麥當諾實驗室測試之前，蘭迪就曾寫信聯絡實驗室負責人，也就是華盛頓大學物理教授彼得·

菲利普博士（Dr. Peter Phillips）。信中，蘭迪概略提示了實驗室應運用哪些控制機制，防範魔術師的巧妙手法與其他類似把戲。他還主動提出願意自費前往實驗室，協助研究人員準備「防詐」措施，且不對外公開自己的貢獻。然而實驗室婉拒了蘭迪的好意，最終並未採納他的提議。顯然，測試中採用的防弊措施完全不夠，絲毫不影響蕭和愛德華茲施展魔術本領。眾人仔細檢視錄影後，認為魔術技法在影片中清晰可見，但實驗室中熱切鑽研特異功能的研究人員卻未能察覺。[103]

力，賭場的輸贏應該會與機會法則所預測的結果不符，但現實並非如此。從全世界賭場每年數十億次的試驗來看，未曾發現能支持超能力的有力證據。有人指稱，這類證據之所以缺乏，是因為超能力不能用於謀取個人利益。但這種特設假說還是無法推翻證據在證明一項假說上占有重要地位。

倒是沒有任何非特設假說能夠解釋賭場的實際狀況。其中一項假說指出，賭場內人聲嘈雜，導致超能力無法正常施展。近來有實驗利用感覺剝奪（sensory deprivation）技術來測試超能力，似乎能為此假說增添些許可信度。

超心理學家查理斯·荷諾頓（Charles Honorton）認為，假如世上真有超能力，必定也是極度微弱的一種力量。因此，他決定盡可能抑制人體正常的感覺能力，試圖偵測超能力量。他的實驗會先讓受試者進入**甘茲菲爾德**（ganzfeld）狀態，排除所有感官所能接收到的外在資訊。受試者需閉上雙眼、戴上耳機，臉上照著明亮的紅光，聽著耳機裡播放的白噪音。處於這種狀態下約十五分鐘後，受試者便會開始出現幻覺。他們會看見類似臨睡幻覺（hypnagogic hallucination）的影像——一般人進入睡眠前，有時會產生這種幻

覺。一旦受試者進入這種狀態，傳訊者（通常是由親友擔任）會試著向受試者「傳遞」一段長約一分鐘的影片內容。影片會由電腦從四十組短片中隨機挑選，每組包含四支短片，所以就連研究人員也沒辦法知道傳訊者會在哪個時間點播放哪部影片。一旦傳訊者看完影片，受試者便需描述他們看見的影像。荷諾頓假設，如果人真的擁有超能力，受試者看見的影像應該會符合傳訊者所傳遞的影像，且兩方契合的機率會高於單純靠運氣瞎猜。在實驗接近尾聲時，受試者會看到那一組四支短片，研究人員會請他們選出最接近其所見影像的短片。

　　若全憑運氣猜測，受試者選中正確片段的機率為 25%。在這項實驗中，兩百四十名受試者正確識別影片的比例為 34%。如果單純憑運氣猜測，要得到如此高比例的實驗數據，可能性不到百萬分之一。其他科學家試圖重現這些結果，但並非所有人都能成功辦到，有些人得到的效果量（effect size）遠大於荷諾頓的實驗。截至一九八五年為止，經文獻記載的甘茲菲爾德實驗超過四十個。華盛頓大學心理學教授雷伊・海曼對這些研究做了統合分析（meta analysis），試圖釐清這些實驗結果是否真是超能力所致。[105] 統合分析旨在整合類似的研究，先依研究品質予以評判，再以統計技術整合評述。透過這種研究方法，研究人員得以確定顯著的結果是否與低落的研究品質有所關連。若是如此，我們就有理由相信，出色的研究結果應歸功於超能力以外的其他因素。海曼發現，實驗結果得以成功支持超能力，的確與實驗缺陷有關，例如受試者利用一般感官知覺輔助猜測，或是隨機程度不足，都可能影響實驗結果。因此他認定，這些原創的甘茲菲爾德實驗並非證明超能力的有力證據。[106]

　　為了回應海曼的評論，荷諾頓使用不同的評比標準，重新做了一次統合分析。他發現研究結果均相當顯著，受試者純靠運氣猜測的可能性極低，與海曼的分析結果相去甚遠。[107] 他的結論與海曼不

同，部分原因在於，他的評判標準從失敗實驗中找到較多缺陷，對於成功的實驗則較少異議。

為提升甘茲菲爾德研究的品質，減少結論分歧的機會，荷諾頓和海曼合寫了一篇研究報告，彙整出一套確保甘茲菲爾德研究可信度的標準。[108] 荷諾頓依據這些標準，設計出新型態的實驗，稱為**自動甘茲菲爾德實驗**（autoganzfeld），以採取自動化資料蒐集方式而得名。一九九〇年，他發表了超過 355 場自動甘茲菲爾德實驗的測試結果，在超過 241 名自願受試者中，成功率遠高於只憑運氣猜測的正確率。一九九四年，康乃爾大學心理學家達里爾‧貝姆（Daryl Bem）與荷諾頓在心理學領域極富盛名的研究期刊《心理學公報》（*Psychological Bulletin*）上共同發表一篇研究報告，針對一系列甘茲菲爾德實驗進行統合分析，結果顯示成功率同樣遠遠超過隨機表現。他們在結論中明確表示：「甘茲菲爾德測試的重複率和效果量目前已達一定水準，相關研究資料值得心理學界正視。」[109]

然而，英國赫福郡大學（University of Hertfordshire）的李察‧韋斯曼（Richard Wiseman）和愛丁堡大學的茱莉‧米爾頓（Julie Milton）近來額外納入 30 份甘茲菲爾德實驗進行統合分析，結果顯示沒有證據能證明成功率高於隨機猜測的說法。[110] 此外，海曼進一步分析貝姆與荷諾頓研究中所探討的文獻，發現幾個統計異常現象。確切來說，他發現目標要出現至少兩次，受試者才能正確識別。也就是說，可能有超能力以外的某種因素成為左右實驗結果的主因。海曼建議，每部影片的播放次數都要保持相同，以排除該因素的影響。[111]

統合分析是相對新穎的統計分析法，有人指出，超心理學運用此分析的方式容易產生不準確的結果。為確保分析準確度，務必針對探討的研究類型完整納入所有同類研究。但並非所有研究都有文獻記載可循，不僅發表版面有限，研究成功與否和獲得的關注程

超感官「性」知覺

　　近來，達里爾・貝姆在同儕審核的期刊中發表了一份研究報告，提出預知能力（在事情發生前預先得知）的支持證據，為心理學界投下震撼彈。貝姆指稱，「感覺未來」（Feeling the Future）這項實驗結果顯示，未來會影響過去，暗示我們日後將發生的事。[112] 實驗中，受試者（大學生）坐在電腦螢幕前，螢幕上顯示了兩片並列的簾幕。研究人員告訴他們，其中一片簾幕後方會出現中性、負面或帶有情色意味的圖片，而他們的任務就是找出該簾幕，用滑鼠在簾幕上按一下。乍看之下，受試者需在看不見圖片的情況下辨識出圖片的位置，因此這項實驗似乎是要測試受試者的透視（遙視）能力。不過貝姆刻意安排，讓電腦在受試者選擇後才決定將圖片放在哪片簾幕背後。因此，這項實驗其實是要測試預知能力。如果受試者找到圖片的比例超過 50%，似乎就有可能感覺得到未來。

　　貝姆發現，當簾幕後面是中性圖片時，受試者正確辨識的比例只有 50%（相當於隨意猜測的機率）；當簾幕後面是色情圖片時，受試者揭開正確簾幕的比例是 53%，這在統計上具有顯著意義。受試者顯然能感覺到哪道簾幕背後會有色情圖片，此測試結果暗示受試者擁有史蒂芬・科伯（Stephen Colbert）所謂的「超感官性知覺」（extrasensory pornception）。

　　科學終於證實 ESP 確實存在了嗎？大多數心理學家不這麼認為。其一，如果人類真能「鑑往知來」，貝姆的實驗方法恐怕會出現重大瑕疵。過去許多超心理學家都曾聲稱，實驗結果在統計上具有顯著意義，然而經嚴格審視後，往往發現實驗結果只是虛有其表。其二，貝姆並未遵守標準的科學實驗程序，例如在實驗進行到一半時逕自修改色情圖片與非色情圖片的數量，並且加入了幾張尺度更大的色情照。在實驗期間變更實驗程序，勢必會破壞實驗的控

制機制，連帶影響實驗結果的說服力。其三，其他研究人員皆無法重現貝姆的實驗結果，這是最重要的一點。實驗能否複製並重現，是科學研究上很重要的指標。唯有能夠重現，才能確定實驗並未造假。有三個不同實驗室的三位研究人員分別執行貝姆號稱最成功的實驗，查證貝姆聲稱的結果是否屬實，而這三個實驗的結果都未高於隨意猜測的正確率。[113] 貝姆的實驗無法複製，暗示可能有 ESP 以外的其他因素作祟。

度也不盡相同。有些不如預期的研究時常被塞入抽屜深處，永不見天日。為了抵消這種「檔案抽屜效應」（file drawer effect）的影響，統合分析通常會計算應有多少失敗的研究，成功率才能與隨機猜測的正確率持平。在一九八五年針對 28 份甘茲菲爾德研究的統合分析中，荷諾頓的結論指出，必須要有 423 份不如預期而未發表的研究，成功率才能下降到隨機猜測的水準。鑑於從事甘茲菲爾德實驗的研究人員不多，荷諾頓認為假定有這麼多這類研究並不合理。

　　然而統計學家道格拉斯·史托克斯（Douglas Stokes）指出，研究以失敗收場，很有可能是受試者的正確率比隨機猜測更低。根據史托克斯的計算，想中和甘茲菲爾德實驗成功的顯著數據，遠不需要這麼多正確率低於隨機猜測的研究。只要有 62 個未發表的研究，就能抵銷荷諾頓原實驗的結果，而這個數字並非不可能。[114]

　　儘管實驗無法重現，而且統合分析有所缺陷，超心理學研究並未因此卻步。二〇一〇年，蘭斯·史多姆（Lance Storm）、帕吉歐·特雷索迪（Patrizio Tressoldi）和羅倫佐·迪里西歐（Lorenzo Di Risio）等人針對一九九七年至二〇〇八年期間的 29 項甘茲菲爾德研究，發表了統合分析結果。在 1498 次試驗中，受試者總共答對 483 次，正確率為 32.2%，遠高於隨機猜測的基準 25%。他們在結論中

寫道：「我們主張，解釋這些結果時應謹慎以對。不過本研究的分析結果顯示，甘茲菲爾德實驗是超心理學領域中極度穩定可靠的實驗典範。」[115]

海曼同意詮釋研究結果時應小心謹慎，但不贊成甘茲菲爾德實驗是穩定可靠的研究方法，因為其高度仰賴統合分析，「就驗證假說及確立實驗的重現性而言……此法恐怕有嚴重限制。」[116] 此外，布洛頓（R. S. Broughton）和亞歷山大（C. H. Alexander）試圖複製史多姆等人所分析的實驗類型，但最後並未成功。[117]

傑佛瑞·魯德（Jeffrey Rouder）、理查·莫瑞（Richard Morey）和喬丹·普羅文斯（Jordan Province）同樣檢驗了史多姆等人的分析結果。他們使用貝葉斯統計分析法（Bayesian statistical method）評估超能力為真的機率，結果發現效果量不夠高，無法有力支持超能力之說。他們指出：「就探討超能力真實性的前提而言，這樣的數據並不出色，因為不僅沒有可行的機制，也幾乎可以確定重現失敗的實驗會遭到排除。」[118] 由於不清楚超能力的原理或檔案抽屜效應的程度，這些研究無法成為我們相信超能力的可靠依據。大衛·馬克斯在一九八六年對超心理學研究的描述，至今仍精闢而傳神：「時至今日，超自然科學仍未提出一項能不斷重現及驗證的實驗結果。在能做到這點之前，科學界將普遍把此視為有失條理的信念系統，充斥著幻想、假象和謬誤。」[119]

甘茲菲爾德程序目前仍是最有可能證明超能力的方法。貝姆等其他德高望重的心理學家仍選擇相信，這類研究的確發現了異常現象，只是目前科學仍無法提出充分的解釋。嚴格控制的甘茲菲爾德對照實驗，日後很有可能被反覆重現及驗證。如果這天真的到來，我們或許就必須開始改變既有的世界觀。

不過我們大可相信，符合上述標準的研究終將不會出現。暫且不論經過七十五年的研究，ESP 研究人員至今仍無法提出禁得起反

覆重現及驗證的實驗結果，哈佛大學多名心理學家更於最近完成一系列實驗，宣稱能提供至今最有力的證據，證明 ESP 只是子虛烏有的臆測。

山謬·莫爾頓（Samuel Moulton）和史蒂芬·科斯林（Stephen Kosslyn）提出一項假設：「如果真有超能力，也是發生於腦內，因此直接研究腦內活動應該會比間接的行為觀測更加細膩。」[120] 為了偵測超能力刺激對大腦的影響，他們以功能性磁振造影（fMRI）掃瞄大腦，追蹤血液流動和含氧量，記錄腦內活動。這項實驗的目的是要偵測三種超感官知覺，分別為心電感應（感知他人想法）、靈視（感知遙遠的物體）和預知（感知未來）。在每回的實驗中，接收者需躺在大腦掃描儀器內，觀看兩張依序播放的照片。與此同時，傳訊者（接收者的親友或雙胞胎手足）的電腦螢幕上會出現那兩張照片中的任一張，看完後必須將圖像「傳遞」給接收者。接著，研究人員會請接收者猜測傳訊者所傳遞的圖像，並第二次觀看照片。由傳訊者傳遞圖像，是要測試心電感應；在電腦螢幕上顯示照片，是要測試透視能力；第二次播放照片，則是要測試預知能力。共有 19 組受試者參加實驗，最後共計得到 3687 筆答覆記錄。如果人類真有超能力，大腦應該會對圖片產生不同的回應方式，但實驗並未發現任何跡象。再者，接收者正確指出圖片的比例也未超過 50%，也就是理論上隨機猜中的機率。因此，莫爾頓和科斯林總結指出：「實驗結果支持超能力並不存在的假設。無論是整體或個別而言，受試者的大腦對超能力與非超能力刺激的反應，並未形成統計上的顯著差異。」[121] 儘管該次實驗未能得到正面結果，但不能就此論斷超能力並不存在，因為新的證據隨時可能出現。不過他們認為，該實驗採用了普遍認為與超能力息息相關的各種變數（像是受試者間的情感或基因關聯，以及給予受試者情緒刺激），其實已能高度支持超能力不存在的主張。

當然，超能力的擁護者能毫無節制地利用各種特設假說反駁實驗結果。例如，他們可以宣稱超能力不會影響腦內活動，或是受試者沒有特異功能的天賦。但如前所述，只要你願意充分調整背景理論，就能找到藉口反駁任何實驗結果。重點在於，至今仍沒有令人懾服的理由值得我們調整背景理論，這麼做除了保全對超能力的信仰之外，絲毫沒有其他好處。就目前而言，仍無任何可獨立驗證的證據能證明這些可能的解釋是否屬實。ESP 的爭議尚未蓋棺論定，但要提出足以翻轉現況的論證，可說越來越難。

現在我們已更了解科學的求證過程，清楚如何區分假說的優劣。在下一章，我們要探究這些求證過程如何協助我們評量各種怪誕現象，找到最合適的解釋。

重點摘要

有別於某些評論家的主張，科學無法與任何特定的世界觀直接畫上等號。科學是明辨是非的方法，並非某些事實的集合。這些年來，科學家奉行的世界觀經歷了巨大改變，目前最新的量子力學世界觀已和十七世紀崇尚的機械論相去甚遠。

科學研究需依賴假說的引導，確立目的，而不是漫無目的地觀察。在展開科學探究之旅前，必須先鎖定問題，立定假說。這麼做能為我們指引探索的方向，協助我們分辨相關與不相關的資訊。雖然假說的宗旨在於解釋資料和數據，但假說鮮少能獨立於資料之外。假說是人發想出來的，不是被發現的。擬定假設的過程就像藝術創作，開放且毫無設限。我們必須依照現實情況來核對假說是否正確，而查核的過程通常需要有系統地觀察以及控制變因，確保過程不受主觀立場、偏誤和無關的變數所影響。例如在醫學研究中，

受到嚴格控制的臨床研究就是確認療法是否有效的黃金標準。運用安慰劑、對照組和雙盲設計等機制，對測試結果反覆驗證，都是保障試驗素質的必要條件。

任何科學假說都不能視為最終結論，因為我們無法保證永遠不會出現足以翻轉現況的相反例證。我們也不能斷然否定任何科學假說，斷定該假說永遠不會成立。唯有結合背景理論，我們才能以假說為基礎提出預測。要是預測證實有誤，我們隨時可以修改背景理論，拯救假說於不墜。建立附屬假說，是保護假說免受不利證據威脅的一種方法。如果該附屬假說能夠經由科學方法獨立驗證，便能正當使用；要是沒辦法驗證，這類假說便具有特設性質。一旦科學理論需仰賴特設假說的保護，堅守該理論便顯得不甚合理。

理論產生的認知多寡，取決於理論符合以下充分性標準的程度：可驗證性（能否被證明為偽）、豐碩度（能否成功預測新現象）、範圍（能解釋多少不同現象）、精簡度（預設條件的數量）、保守度（與既有信念的契合程度）。

若以充分性標準來判斷演化論和創造論的相對價值，可發現後者的評價偏低。創造論與立論穩健的現有信念不符，未符合保守標準；創造論未預測任何新事實，稱不上是豐碩的理論；創造論預設世上有不明的實體（上帝）和不明的力量，不如演化論簡約；演化論解釋了許多科學領域的現象，創造論則衍生出更多問題，涵蓋的範圍比演化論狹隘。

若同樣利用這套充分性標準檢視提倡 ESP 的理論，會發現該理論的評比結果差強人意。目前仍無任何科學證據能克服合理懷疑，證實 ESP 確實存在。相較之下，一般理論（例如 ESP 只是偶然事件）不僅更簡單，也更符合保守標準。

課後測驗

1. 科學和科技之間有何差異？
2. 科學方法的功能為何？
3. 為何不能斷然確定或否定科學假說，並將其視為最終結論？
4. 各種充分性標準（可驗證性、豐碩度、範圍、精簡度、保守度）主要是衡量假說的哪一項明確特性？
5. 創造論是與演化論同等優異的科學理論嗎？
6. 我們有充分理由相信超感官知覺確實存在嗎？

請評估以下主張是否合理？為什麼？

1. 珍住在自家房子十年了，最近開始在屋裡看見鬼影。她最近也開始看恐怖小說。因此，鬼影一定是來自她豐富的想像力。
2. 你必須先全心相信人能飄浮，才能證明這是貨真價實的超能力。除非真心相信，否則無法獲得令人信服的證據。
3. 輪迴是事實，因為每個人都經歷過好幾輩子，才來到這一世。
4. 史密斯教授是在服用 LSD 致幻劑的情況下想出該理論，我們怎麼可能認真看待他的理論呢？
5. 科學家已先入為主認為，世間萬物都是運動中的物質。既然超自然現象的相關主張與此相斥，科學家當然不會接受。
6. 月圓的時候，暴力事件或奇怪事蹟特別多，你注意到了嗎？顯然有股與月圓有關的實質力量能改變人的行為。

討論題

1. 我們需要哪類證據，才能言之有理地主張曾有其他星球的高智慧生物來過地球？
2. 科學家從溫度計的指針得知溫度為攝氏四十度。這個測溫度的

過程使用了什麼背景資訊？

3. 雷蒙‧伯納德博士（Dr. Raymond Bernard）聲稱幽浮來自地心，而非來自外太空。他深信亞特蘭提斯沉沒後，所有居民都移民到了地心。假設我們握有充分證據，可證明幽浮屬於某個科技先進的文明，那麼，相較於幽浮來自外太空的說法，伯納德博士的主張是否更合理？為什麼？

實際演練

以色列靈媒尤里‧蓋勒最廣為人知的事蹟，是他聲稱可以用念力折彎湯匙。他在電視節目、私人聚會等大小場合示範過無數次這項特異功能。有些魔術師（其中以詹姆斯‧蘭迪最知名）複製了蓋勒的表演，宣稱只要耍點「手段」就能辦到。

作業：上網搜尋相關資料，了解蘭迪和其他魔術師如何像蓋勒一樣成功折彎湯匙。接著回答以下問題：魔術師重現蓋勒假說（以念力折彎湯匙）一事，給了你什麼啟示？

批判性閱讀與寫作

1. 請閱讀下方短文，並回答下列問題：
   （1）文中提出什麼理論來解釋麥田圈現象？
   （2）根據作者的說法，有哪些證據支持該理論？
   （3）該理論符合保守標準嗎？夠精簡嗎？
   （4）該理論可以被驗證嗎？如果可以，該如何驗證？
   （5）還有什麼理論可以解釋麥田圈現象？

2. 請以兩百五十字的篇幅，比較短文中提到的理論與其他可能理論（例如麥田圈是一般人以平凡無奇的方法製作而成），以此評述文中理論的價值。分析時請運用充分性標準，判斷哪個理

論比較合理。

短文：麥田圈是指農田穀物遭外力踩踏或強壓所形成的大型幾何圖騰，堪稱這個世代的前幾大謎團之一。麥田圈通常是圓形或任何形狀，從簡單的圖形到複雜的象形符號都有可能，直徑從幾公尺到幾十公尺不等。自從一九七〇年代英國南部的農田出現麥田圈之後，引發世人探索此一神祕現象的興趣。在麥田圈中間，受外力壓垮的地方整齊平整，農作物倒下的方向井然有序。一九八〇至一九九〇年代，隨著全球各地陸續出現更多麥田圈，讓世人對此現象感到更加好奇。

但是，哪個理論最能解釋麥田圈現象呢？答案在此：**麥田圈是由小範圍的帶電旋風（又稱為電漿漩渦）所造成**。這種類似於塵捲風或小型龍捲風的帶電氣旋在農田上空形成後降到地面，一邊放電一邊壓垮農作物，形成漩渦圖案。但與龍捲風不同的是，電漿漩渦並未破壞農作物本身。

支持此理論的證據令人印象深刻。雖然科學界尚不清楚這種氣旋何以自然產生，但據說已有實驗室成功製造出類似的氣旋。少數人聲稱曾在廣闊的農田上看過這種氣旋。放電過程中，電漿漩渦可能會產生光。某些目擊者指證歷歷，說他們在麥田圈附近看見「光球」或其他發光現象，這一點毫不意外。還有人宣稱曾在麥田圈附近聽到奇怪的嗡嗡聲響。

第 7 章

異常現象個案研究

我們現在差不多可以聊聊具體案例了！

在前幾章中，我們探討了許多重要的思考原則，能幫助我們在面對怪誕現象時理性思考。我們知道，即使是在怪誕事物的領域，也不是任何事都有可能發生：有些事在邏輯上不成立，有些在物理上不可行，有些則是在技術上力有未逮。另一方面，或許我們認為某些事不可能發生，但終究還是可能成真。同時我們也知道，只因為某件事在邏輯或物理上可能實現，不代表那就是事實（或日後會成為事實）。

前文探討了為何個人經驗不一定能提供可靠證據，支持我們相信某件事。從個人感受來看，即便當事人的主觀意識對個人經驗再怎麼篤定，連帶產生的強烈感受依然無助於提高該經驗的可靠度。唯當毫無任何理由質疑該經驗時，親身經驗才足以視為尋求事實的可靠線索——但事實上，我們時常能找到質疑經驗的理由。以個人經驗作為立論基礎，不管主題是談論幽浮、鬼魂、女巫或維他命 C 的療效，你會發現很多時候個人經驗比想像中更不牢靠。

> 簡單純粹的事實鮮少純粹，也絕不簡單。
> ——詩人王爾德
> （Oscar Wilde）

我們在前面幾章以討論過，聲稱了解某事所代表的意義——只要我們有充分理由相信，且毫無理由質疑，我們就能說我們了解這些事情（包括怪事在內）。要是某個命題與我們有充分理由相信的其他命題、立論健全的背景資訊，或與證據相關的專家意見相違背，我們就有充分的理由對該命題提出質疑。如果有充分理由質疑命題，就不能聲稱了解該命題。依證據多寡調整相信該命題的程度，是最理想的作法。如果不了解一件事就輕易相信，永遠無助於了解實情。光是相信某事是事實，無法使該事成真。只憑信念接受命題，等於毫無理由地盲目相信。同樣地，神祕色彩濃厚的個人經驗無法提供任何有助於了解事實的捷徑。若遇上以這類經驗為根據的主張，務必以同樣理性的標準確實審查

需穿過茂密的懷疑之林，才能踏上堅實的信念坦道。
——劇評家喬治·尚·奈森
（George Jean Nathan）

前文探討了為何科學禁得起合理懷疑，雖然無法一勞永逸地否決或反駁任何事，但算得上是確立經驗性命題最可靠的方式。針對任何怪誕現象和奇人異事的新假說或新主張，科學能提供有效的評估模式，不論是科學家或一般人都能從中受益。想知道假說是否正確，可利用科學模式謹慎求證。求證時，我們必須參照其他可能的替代假說，以最有效的衡量標準（充分性標準）逐一衡量，找出最符合標準的假說。在充分性標準的檢驗下，某些假說可能會因為缺少有力的證據或周全的論證而崩壞，有些假說可能會顯露出根基薄弱、架構搖搖欲墜的嚴重問題。不過最理想的假說往往也會因此從眾假說之中脫穎而出，因為它有紮實的論證基礎和穩健的架構，經得起考驗。

本章會統整上述所有分析工具，示範如何有條理地運用先前提及的所有原則，審慎評估現實生活中關於怪誕現象的各種說法。簡言之，這一章就是本書的實際應用章節，且誠如前文所述，期望能藉此落實本書應用認識論的宗旨。

首先，我們會說明清楚的流程，讓你在遇到任何怪異主張時能夠按圖索驥，逐步檢驗。這些流程會提醒你前幾章所提及的各項原則，點出適當的使用時機和方法，引導你從論證中梳理出事實。這些原則並非權威不可更動，然而要從任何非比尋常（或只是稍微特殊）的論述中理出頭緒，勢必得妥善運用這些原則。

本章後半篇幅將會說明我們是如何實際應用這套原則，評估多種不尋常的熱門話題，最終統整出值得相信的結論。我們試著以實例輔助說明，我們提出的結論既非獨一無二（許多科學家和哲學家皆已得出類似結論），也不是絕對正確，不過我們真心認為這些結論都有最適當的論證為根據。當然，你有否決這些結論的自由，但是在這麼做的同時，我們希望你能提出充分且適切的論證為根據。看到這裡，你應該早已了解好壞論證之間的差異，以及辨識論證良莠的重要性。

SEARCH 準則

探究事實的準則由四個步驟所組成，縮寫為 SEARCH。這幾個字母分別代表四個重要步驟：

1. 陳述（**S**tate）主張
2. 檢視主張的相關證據（**E**vidence）
3. 考量替代（**A**lternative）假說
4. 客觀評分（**R**ate），依據充分性標準（**C**riteria of Adequacy）評比各項假說（**H**ypothesis）

此縮寫是我們武斷拼湊的產物，儘管是刻意為之，至少能協助你記住準則的重要元素。每當遇到不甚尋常的主張，不妨依循這些步驟，深入探究。

請注意，本章會交替使用**假說**和**主張**兩種說法。會這麼做，是因為所有怪異的主張（例如任何有關靈異事件和靈體的說法）都能視為一種假說，猶如對特定現象的解釋。想要有效衡量這類主張，基本上與科學領域評估假說的程序無異，因此將怪誕現象的主張視為假說可謂相當重要。

步驟一：陳述主張

　　仔細探討主張之前，你必須先徹底理解主張的內容。務必盡量以**清楚**且**具體**的方式陳述主張。「世上有鬼」既模糊又不夠具體，不是值得深入探究的主張。「不具實體的亡者靈魂確實存在，而且肉眼可見」會是比較理想的說法。同樣道理，「占星術說的是事實」並未提供太多實質內容，最好改成「占星師能利用太陽星座正確識別一個人的性格特徵」。這些主張即便經過修改，還是有模稜

評判一個人，要以他／她提的問題為依據，而非他／她給的答案。
　　——哲學家伏爾泰

兩可、不夠明確之處。例如我們可以更進一步定義主張所使用的詞彙：「靈魂」是什麼意思？「正確識別一個人的性格特徵」代表什麼意思？不過平常會遇到的奇異主張通常都是意義模糊不明。重點是，著手探討任何主張之前，務必以最清楚、具體的方式重新表達主張內容。

步驟二：檢視主張的相關證據

　　不妨自問，有哪些理由能說服你接受主張？換句話說，有什麼經驗證據或邏輯論證能支持主張？要回答這個問題，勢必得盤點論述的質與量，以此為是否相信主張的基礎。誠實且全面的論述評估必須包括：

1. **判斷經驗證據的真正性質和限制**，不僅應評估證據內容，還應考量是否能對證據提出合理懷疑。你必須試著釐清，該證據是

否具有本書先前所述的任何缺點，像是感知、記憶、判斷能力等造成的扭曲現象，或是科學研究的錯誤和偏誤風險，或是資料曖昧不明所造成的理解困難等。有時候，只要初步調查一下事實就可以知道，其實沒有什麼奧祕需要解釋；又或者因為探查神祕小事，結果不知不覺發現更深奧難解之謎。無論如何，想要客觀評估證據其實需要勇氣。許多人對某事深信不疑，卻從未認真實踐這項最基本的功課。

2. **探究是否有任何論點名不符實。**如前所述，人們支持主張的原因時常需要打個折扣。這些原因包括信仰、一廂情願、主觀認定，以及毫無根據的直覺。但問題在於，這些原因都算不上理由，因為它們無法提供任何有力支持。

3. **判定假說是否確實解釋了證據。**如果未能解釋證據（例如遺漏了重要因素），表示假說有待商榷。或是說，理想的假說必須與欲解釋的證據有關。若兩者之間沒有關係，便沒有理由繼續深究下去。

步驟三：考量替代假說

光是思考想要探究的假說及接納假說的理由，恐怕不足以釐清事實。如果你希望釐清事實，就必須同時考量**其他**假說與其背後的支持論點。

姑且以下列假說為例：紅鼻子馴鹿魯道夫（聖誕老人的毛茸茸雪橇領頭鹿）真的存在，而且住在北極。我們或許可以提出以下論點支持這個假說：幾百萬人（大部分是兒童）都相信真有其「鹿」；聖誕節期間到處可見牠的圖像；世界上的馴鹿數量龐大，加上人類很早就發現了馴鹿，在演化及必要突變的前提下，歷史上可能曾出現過會飛的馴鹿；有人宣稱曾親眼目睹魯道夫。我們可以為了這個假說，繼續端出各種看似合理的說法——你甚至可能很快就會開始

相信自己掌握了什麼真理。

　　單看一個假說，難免會覺得看起來很有道理，但與其他假說（例如魯道夫是某首聖誕歌曲所創造出來的虛構角色）並列比較之後，便會發覺原假說的荒唐可笑。歌曲假說能提出相當有力的證據，而且未與生物學既有的理論發生衝突（原假說在生物學上並不成立）。有別於原本的假說，這個替代假說不需假定世上有新物種的存在。

停止提問是愚蠢的開始。
　　　──數學家
查理斯・史坦梅茲
（Charles Steinmetz）

　　步驟三需發揮創造力，抱持開放的心胸，自問是否還有其他假說可以解釋探討的現象；如果有，有什麼理由能支持這些替代假說。此步驟需擴大實踐步驟二的內涵，全面檢驗其他可能的解釋。

　　還有一點需要注意：一般人遭遇非比尋常的現象時，時常會直接從超自然或靈異的角度提出假說，之後腦中便再也容不下其他想法，無法從符合自然法則的角度解釋該經歷。他們會先入為主地認為超自然或靈異假說必定正確無誤，但是這樣的想法毫無根據。想不到其他正常的解釋不等於沒有，或許只是因為你不了解相關的知識罷了（這在歷史上早已發生過許多次）。如同第二章指出，面對神祕難解的現象時，不斷尋找契合自然法則的解釋，才是最合理的回應方式。

　　我們都有一種內在偏見，只聽得進符合個人喜好的假說，忽視或抗拒其他可能的解釋而不自知。我們可能會認為最順眼的假說一定正確，不必再考慮其他解釋。這種傾向或許能讓我們心情愉悅（至少會開心一下子），但也保證我們總有一天受騙上當。我們必定得想辦法克服這個天性。抱持開放的心胸，就是願意考慮任何可能的假說，一旦發現更適當的論點，也願意改變自己原本的看法。

步驟四：客觀評分，依據充分性標準評比各項假說

現在該著手權衡各個競爭假說，釐清哪個假說值得（或不值得）相信了！只是將各假說的證據分門別類不夠，還需考量其他有助於審核證據的元素。牽涉到怪誕現象時，往往沒有任何證據可供評判，我們必須將有利於評估假說的因素全部納入考量。不尋常的主張必須提出模範解釋，才能博取認同。也就是說，這類主張必須要能比其他競爭主張更完善地解釋現象才行。呼應第六章所述，充分性標準能協助我們確定何為最佳解釋。以這套標準逐一檢視，通常可以立即刪除某些不合格的假說，讓我們把力氣放在更值得檢視的假說上，進而挑出最理想的假說。這些充分性標準包括：

1. **可驗證性**：這個假說能接受檢驗嗎？有沒有辦法確定假說是否成立？許多涉及不尋常現象的假說都無法檢驗，這不表示假說有誤，而是提出這種假說沒有意義，因為我們永遠沒有辦法確定這類假說是對是錯。假設有人指出人偶爾會頭痛，是因為腦袋裡住著一個看不見、找不到的小精靈。以這個角度解釋頭痛的原因很有趣，但毫無價值。因為從定義上來看，我們根本無法確認小精靈是否存在。事實上，這個假說並未提供任何實用資訊，我們不必為這樣的假說浪費時間。

2. **豐碩度**：這個假說能否提出可觀察的新奇預測，解釋新的現象？這可說是假說的「加分題」。在其他條件相同的情況下，若某個假說能提出準確且意想不到的預測，當然更有可能成立（如果假說未能提出預測，也不表示假說有誤）。與怪誕現象有關的假說，大多未能提出任何具體可觀察的預測。

3. **範圍**：這個假說還能解釋多少其他現象？在其他條件相同的情

況下，若某個假說能解釋越多現象，該假說越不可能有誤。誠如第五章所探討，人的感知能力有建構事實的傾向，這已經是備受肯定的假說。這個假說能解釋諸多現象，包括幻覺、大小感知恆常、空想性錯視，以及對刺激產生誤解，造成誤以為目擊幽浮等烏龍事件。要是假說只能解釋其中一種現象（例如幽浮是外星人來訪地球所搭的太空船），除非還有其他因素能予以支持（例如有利的證據），否則相形之下會顯得遜色不少。

4. **精簡度**：這個假說是解釋該現象最簡單的方法嗎？一般來說，解釋越簡單越好，因為這樣越不可能出錯。所謂**最簡單**是指預設的前提最少。在探討怪誕現象的領域中，精簡通常是指涉及最少神鬼之說。假設某天早上，你坐進車內、插好鑰匙，準備發動汽車，卻發現汽車發不動。汽車電池沒電是其中一種假設，另一個假設是車上鬧鬼，才讓汽車發不動。電池這個假設最簡單（而且能夠檢驗、提出預測，以及解釋多種現象），因為不需預設世上有任何神祕的靈體。相較之下，鬧鬼假設先行預設了世上有鬼，而且認為鬼魂擁有特定的能力和行為傾向。因此，以精簡的標準來看，電池假說正確的機會較大。

5. **保守度**：這個假說是否符合其他有事實根據的信念？換言之，它是否吻合經驗證據，包括有效觀察和科學測試的結果、自然法則，或是立論充足的理論？試著回答這個問題，不僅只是將假說的證據分門別類，更能**全面檢視並根據所有有用的證據**，實際為每個假說分配權重。在其他條件相同的前提下，與我們的背景知識最契合的假說就是最佳選擇，該假說成立的機率也會最高。

如果假說與立論基礎豐厚的證據相悖，假說為真的機率勢必極低。例如有人宣稱昨天德州的天空落下數以千計的貓和狗，這種奇特現象在邏輯上可行，但與人類對於天降物體的無數經驗互相衝

突。或許哪一天，天空真的會掉下來小貓和小狗，讓人喜出望外，但根據龐大的經驗數據來看，這種現象發生的機率勢必極低。

假如有人聲稱打造了一部永動機，這部裝置一旦運作，必能顛覆熱力學的定律（單就理論而言，永動機永遠不會停止運作，而且不必使用外部動力——機器能自我供應能量，這個概念直接違反了質能守恆定律，亦即質量和能量不會憑空增減）。多個世紀以來，熱力學的定律受到眾多經驗證據所支持，歷史上也曾出現多個打造永動機失敗的案例。有鑑於此證據，我們不得不認定熱力學定律不太可能被顛覆。除非能有人提出充分證據證明他做得到，否則我們勢必得認為，建造永動機的主張極不可能是事實。

同樣地，如果有人提出的假說與某個高度受肯定的理論相違背，除非有證據顯示該假說正確且該理論有誤，否則我們必須先認定該假說不太可能成立。以此定義來看，超自然現象的相關主張都不可能真實發生。這類主張違反了我們的認知，也與成千上萬的證據背道而馳。唯有掌握推翻現況的充分證據，才能改變這項定論。

> 大腦跟胃一樣，重點不是你塞了多少東西進去，而是你消化了多少。
> ——作家艾爾伯特·傑伊·諾克（Albert Jay Nock）

順勢療法

找到引發疾病症狀的物質，讓病人服用極小劑量，能有助於減緩類似症狀，這就是順勢療法的理念基礎。德國醫師山謬·哈尼曼（Samuel Hahnemann）率先將這個療法使用在病人身上，此外還提出了所謂「無窮小量法則」（law of infinitesimals），主張藥物的劑量越少，藥效越強，與現今科學研究結果完全相反。他在許多順勢療法處方中加入大幅度稀釋的物質來治療病人，甚至稀釋到連一個完整的分子都檢驗不到。哈尼曼承認這一點，但他相信治療物質會留下無法察覺的「精華」，像是該物質的「精神」，因此而產生療效。

我這一生遇到了兩個重大啟示：一是咆勃爵士樂，二是順勢療法。

——爵士樂手
迪吉‧葛拉斯彼
（Dizzy Gillespie）

這種精華理應能恢復人體內的「生命力」，使人重獲健康。

哈尼曼的理論和療法至今依然屹立不搖，在美國就有數百名順勢療法醫師（其他國家更多），實際嘗試順勢療法的病人更多達數十萬人。順勢療法的藥方可能取自生牛睪丸、搗碎的蜜蜂、顛茄（一種有毒的茄科植物）、毒芹、硫、砷、西班牙蒼蠅、響尾蛇毒液、毒葛植物、狗的乳汁等多種物質，不勝枚舉。醫師使用這些物質為病患紓緩諸多疾病症狀，包括過敏、感冒、腎疾、心臟問題、耳內感染。

透過哈尼曼所謂的「驗證」程序，他「發現」某些療法能減輕特定症狀。所謂驗證，是指哈尼曼和他的學生會親自服用各種物質，觀察身體出現什麼症狀。他相信，如果病人主述某些症狀，就應服用驗證程序中發現可能造成相同症狀的（稀釋）物質，如此應該就能減輕症狀。這些驗證程序儼然成了順勢療法的基礎，使此療法盛行了好幾個世代。

綜合以上所言，我們將順勢療法的主張陳述如下，並檢視其相關證據。

假說一：**找出使健康人體產生症狀的物質，竭盡所能地稀釋，其溶液能用來治療出現該症狀的病患。**這個假說是要解釋為何病患接受順勢療法後，症狀似乎有所減輕。病情會減緩，是因為順勢療法有效。

順勢療法的驗證程序其實並未證明任何事，這一點並不令人感到意外。如同第五章所述，個人經驗和病例報告一般無法確認療效。其中可能還有安慰劑效應、疾病的多變特性、不明原因的發生機率、實驗偏誤等其他因素的影響，驗證程序甚至無法有效證實某種物質會引發特定症狀。

不過順勢療法的擁護者時常引用其他證據作為辯護。迄今已有

不少關於順勢療法的科學研究，探討各種不同治療情況。這些看似支持順勢療法的研究都有一個嚴重的通病，使研究結果有必要再三商榷。近來有好幾份文獻研究，其中一篇指出了幾個癥結：

克萊伊能（J. Kleijnen）、尼普斯喬德（P. Knipschild）和萊爾特（G. ter Riet）等人檢視了一百〇七項順勢療法的臨床對照試驗，認為這些試驗的證據不足以支持順勢療法的主張。希爾（C. Hill）和多揚（F. Doyon）檢視了其他四十項臨床研究，結論同樣指出沒有可接受的證據能證實順勢療法有效。[1]

二〇〇二年，恩斯特（E. Ernst）在《英國臨床藥理學期刊》（*British Journal of Clinical Pharmacology*）發表〈順勢療法文獻回顧之通盤檢視〉（A Systematic Review of Systematic Reviews of Homeopathy，暫譯）一文。他的發現如下：

從找到的十一篇獨立系統性文獻回顧來看，這些研究皆未能提供支持順勢療法的有力證據。尤其這些研究皆未說明何種症狀在接受順勢療法之後，能比安慰劑或其他嚴謹的醫療行為更有效果，以此服眾。同樣地，研究也未展示任何順勢療法藥方的臨床效果與安慰劑有何差異，無法令人信服。[2]

二〇一五年，澳洲的國家衛生暨醫學研究委員會（National Health and Medical Research Council，NHMRC）以類似的方式檢視文獻，最後得到相同的結論：

本研究針對治療人體健康狀況的順勢療法，尋找旨在評估療效的全面性回顧報告，從中蒐集順勢療法的相關證據。總體來說，我們一共找到五十七份全面回顧報告，其中涉及一百七十六項個別研究。唯有比較兩組特性類似受試者分別在接受及

磁療

在網路上閒晃時，難免會看見提倡磁療的廣告或網站。這類網站往往聲稱磁療能治多種症狀，從膝痛、背痛、偏頭痛、關節炎、運動傷害、血液循環差，甚至癌症，無所不治。市面上宣稱具有療效的磁石會包裝成各種型態販售，包括手鐲、項鍊、耳環、手環、鞋墊、護膝、座墊、床墊、梳子，不一而足。這類產品有些便宜，有些動輒上千美元。大部分商品採用靜態磁石，如同一般冰箱或汽車保險桿上的磁性貼紙，會產生固定不變的小型磁場。此外，**電磁脈衝**能產生磁場和電磁場，據說能影響生物系統。這種技術目前應用於治療復原緩慢的骨折患部，研究人員也已著手研究其治療憂鬱症和多種疼痛的潛能。

一般的靜態磁鐵有療效嗎？許多用過磁石產品的人聲稱症狀獲得改善，其中甚至不乏知名運動選手為特定的磁石產品背書。然而實際上，使用者心得（尤其是健康方面的產品）的證明力低落。由於安慰劑效應、疾病的多變特性等影響因素，加上難以確定因果關

未接受順勢療法下身體狀況的差異（亦即對照組研究），這樣的研究才會列入 NHMRC 的探討範圍……

目前仍無相關人體研究提出可靠證據，證實順勢療法能有效治療預定範圍內的症狀。沒有高品質、設計完善的研究在參與者足夠的情況下，得到有意義的研究結果，確認順勢療法能比安慰劑更有效改善健康，或產生與其他療法同等的療效……

NHMRC 針對順勢療法效果評估相關證據之後，得出的結論顯示，沒有任何可靠證據足可證明順勢療法能有效提升任何健康狀況。[3]

係，要想透過個人經驗確立療法效果，實在難上加難。

相較之下，科學證據是確定效果較為理想的指標，但關於靜態磁鐵的研究少之又少，而且皆未提供有力結論。雖然有幾項研究與此主題相關，但大多問題重重（例如受試者太少、缺乏安慰劑對照組），可信度堪慮。曾有幾項試驗企圖確定靜態磁石能否減輕疼痛，但試驗結果相互矛盾，有些顯示稍有紓緩功效，有些則顯示毫無效果。這類磁療研究的主要障礙在於，雖然釐清物體是否經過磁化相當簡單，但受試者時常透過各種方法發現自己接受的是真正的磁療或是安慰劑療法，而使研究功虧一簣。

此外，還有幾項證據對磁療不利。雖然提倡者宣稱磁療能促進血液循環，以達到治療目的，但研究顯示，靜態磁場不會影響血液循環。有些研究指出，即使是很強勁的磁場（強度高於磁石產品），對生命組織的影響仍舊微乎其微。例如磁振照影儀器產生的高強度磁場幾乎不會對人體造成任何影響，不管是對健康或生病的人都一樣。

至此，不妨考慮另一個假說。

假說二：**服用順勢療法藥方後，病人因為安慰劑效應而感覺病情好轉。**也就是說，順勢療法並非如宣傳有效，但病人會因為眾所皆知的安慰劑效應而誤認為療法發揮了作用。這是大部分醫學專家比較偏好的假說，而且論證充分。我們在前文就已介紹，安慰劑效應的相關文獻豐富，病人嘗試新療法時常會出現這種現象。此外，沒有研究能支持順勢療法的假說，更確切來說，是研究顯示順勢療法的功效不比安慰劑好。於是，順勢療法的「療效」**來自**安慰劑，成了值得相信的說法。

現在，我們要以充分性標準來檢視以上兩個假說。這兩個假說都能驗證，所以我們必須評估其他標準，來協助我們判斷假說的價值。順勢療法假說（假說一）未能提出可實際觀察且出人意表的預測，所以在豐碩度方面沒有優勢。不過該假說關照的範圍或許比安慰劑假說更廣，因為它旨在解釋**所有**症狀如何獲得紓緩。

從精簡度來看的話，順勢療法假說可就有問題了。它預設有種無法偵測的精華以及不明的神祕力量，幫助病患恢復健康。在其他條件一樣的情況下，假說以越多未證實的預設說法為根據，越不可能成立。光是這些預設說法就已構成嚴重問題。相形之下，安慰劑假說並未預設任何未知力量或處理程序。

更糟的是，順勢療法與生物化學和藥理學上的眾多科學證據有所衝突，違反了保守的標準。沒有任何實例能證實，任何物質在大量稀釋後還能產生更強的效果；也沒有文獻記載，任何稀釋到極致的溶液（已不含原成分物質的完整分子）能對任何生物系統產生影響。另外，目前與此主題相關的所有可得證據皆無法或難以為順勢療法佐證。

以上論述一致顯示，順勢療法假說比安慰劑假說更不可信。事實上，綜合以上疑慮可知，順勢療法藥方有效的機率可說微乎其微。

代禱

代替他人祈禱（簡稱為代禱）相當普遍，數百萬人深信此行為具有效力。全球無數宗教團體將禱告奉為圭臬，對其效果深信不疑，因此會有相信代禱的風氣並不令人意外。近來有些人聲稱信仰的力量已獲科學證實，為病人禱告有助於病情好轉，或至少能讓病患感覺好一些。大多數人將代禱的療癒效果歸功於神明幫忙，也有人認為，這是未

禱告吧，讓上帝來擔心。
——神學家馬丁·路德
（Martin Luther）

知的能量或超自然力量（例如念力）的功勞。無論如何，許多人直覺認為代禱能為健康帶來正面改變，功效不容置疑。

我們先仔細檢視這項主張。

假說一：代禱能減緩症狀或改善病患或殘疾人士的健康狀況。此主張企圖解釋為何祈禱他人早日康復或身體健康，病人似乎就能感覺狀況好轉。由他人代為禱告後，病人就感覺身體好多了，因此禱告是病情好轉最理想的解釋。

支持上述觀點的人通常會以個人或他人的經驗為證據。親友病情嚴重，身邊的人代為禱告，祈求病情好轉，結果病人很快就奇蹟似地康復。這樣的故事不計其數，數不勝數。知名基督教牧師華理克（Rick Warren）就曾說過以下故事：

> 證明上帝存在的一大證據，就是禱告後得到回應。我有個加拿大朋友最近遇到移民方面的問題。他在本教會實習，所以有天傍晚，我在外面散步時禱告說：「神啊，我需要你幫忙。」走著走著，我遇到一位女士。我無意間向她提及朋友的煩惱，結果她說：「我是移民律師，我很樂意協助處理這個案子。」某些事如果一生中就發生這麼一次，我會說：「那只是巧合。」但如果發生了成千上萬次，恐怕就不是巧合可以解釋得了。[4]

你或許會想，這類軼事記錄與大部分個人經驗一樣，都有同樣的可信度問題，例如確認偏誤、可得性錯誤、記憶建構、輕率概括、機率誤判。故事可能很動聽，但以這類故事證明禱告的功效，勢必得不到很高的評價。

還有其他證據出自科學研究，研究對象包括患有憂鬱症和焦慮症、酗酒、不孕、愛滋病相關疾病的病患，而更多的研究鎖定心臟病患為對象。心臟病學家倫道夫·柏德（Randolph Byrd）在一九

八八年發表的知名研究中，將研究對象分為有人為其禱告的心臟病患（實驗組）與無人代禱的心臟病患（對照組），並觀察兩組病人的併發症嚴重程度。有人代禱的病患似乎病情進展狀況較佳。一九九九年，一項大型研究試圖檢驗，心臟病患在有人為其禱告「早日康復，沒併發症」的情形下，是否會比病情類似但無人代禱的病患更順利康復。研究人員表示，有人代禱的病患最後併發症較少。二〇〇一年的一項研究把將近八百名心臟病患分成有人代禱與無人代禱兩組，並觀察病人出院後六個月內的身體狀況。研究結果顯示，代禱並未對病患健康產生顯著成效。最後，二〇〇六年一項研究調查曾動過心臟手術的一千八百名病患，發現代禱對病人復原毫無幫助，而且奇怪的是，知道有人為其禱告的病人甚至比對照組產生更多併發症。

禱告研究在設計上大多隱含嚴重缺陷，或是研究規模太小，導致無法產生有意義的研究成果，不然就是涉及其他問題，使研究功虧一簣。至今仍無研究證實，代禱能有效改善一個人的健康狀況。

不僅如此，許多評論家（不管有無宗教信仰）異口同聲指出，這類研究從一開始就注定失敗，主要原因在於研究並未清楚定義或解釋何謂代禱——是指與神祇溝通，抑或是一種念力（以心靈控制物質）？影響力是否會因禱告人數、禱告者的個性或虔誠程度，甚或神祇的性格和意願而異？如果是惡意的禱詞，是否會對他人造成傷害？研究能否順利排除無數**未**參與研究者的影響力，防止其禱告對研究產生作用？一般來說，不管病人是否參加科學研究，病人的親友時常會為其禱告。當然，還有許多宗教人員會為受疾病所苦的陌生人禱告。如果神祇能在事情發生的過程中介入（不管是否為了回應禱告），科學家如何能肯定研究結果客觀正確？試圖以嚴謹的對照試驗證實代禱的功效時，這些問題都有可能影響研究成果。

另一種主流解釋是假說二：**代禱看似有效是出於巧合與後此謬**

靈乩板經驗談

你用過靈乩板嗎？是否對背後的原理感到好奇？你是真的接收到靈界的訊息，抑或只是自言自語？心理學家認為後者的機率比較大。心理學家安德魯・奈爾的解釋如下：

> 靈乩板表面平滑，正面印有數字、字母以及「是」和「否」等簡單字詞。使用者將雙手放在乩板上（乩板背面貼有氈毛，能輕易滑動），專心想著希望解惑的問題。研究指出，當人全心想著嚮往的事物，就足以產生細微的潛意識動作，引導手往適當的方向移動，而這個動作一旦被放大，就能將乩板推向答案。使用靈乩板的人通常不會意識到自己移動了乩板，看到答案後也經常大感驚奇，導致這一切看似是由一股神祕力量暗中牽引所致。就我私下的親身體驗來說，靈乩板似乎有可能挑起記憶和潛意識印象，但表面上看起來就像不受意識影響似的⋯⋯

雖然靈乩板（或乩板）看似是揭露潛意識的簡易用具，但似乎沒有任何研究顯示靈乩板的原理是受控於任何形式的超自然力量。[5]

誤。換言之，就是某人祈禱親友能盡早恢復健康，後來親友碰巧順利康復。由於禱告發生在病人康復之前，於是當事人誤以為是禱告的力量幫助親友重回健康生活。鑒於一般人並不擅長判斷事件的發生機率，因此假設一切都是巧合所致，的確輕鬆容易許多。每當有人信誓旦旦地說：「不可能這麼剛好！」事實反而證明當事人時常徹底低估了可能的機率。

若以充分性標準來看，以上兩個假說的可信度簡直天差地遠。

根據前文所提的各個論點，代禱假說（假說一）似乎無法驗證，而且其預設了未知的靈體（神祇、鬼魂或力量）和不明的程序，因此不符合精簡的標準。此外，代禱假說違反了我們對生心理健康和疾病的既定認知，因此不符合保守的要求。由於該假說不僅未能解釋現象，反而製造出更多疑惑，在範圍方面的得分勢必趨近於零。綜合這些判斷，代禱假說並不可信。相較之下，巧合假說（假說二）沒有這些缺點，因此就目前而言，巧合假說是比較理想的解釋。

外星人綁架

近幾年來，舉凡書籍、雜誌、電影、電視節目，隨處可見以下這種言論，教人直呼不可思議：外星人綁架人類，對他們做出千奇百怪的行為（做實驗、威脅恐嚇或發生性關係），之後再將受害者釋放，然後從地球上消失。惠特利·史崔柏（Whitley Strieber）在暢銷書《外星交流》（Communion，暫譯）中表示，他曾遭外星人綁架，那些有著大頭和奇怪眼睛的生物不顧他極力反抗，強行在他身上施行可怕的手術，包括拿針插入他的頭，以及把不知名的裝置放進他的肛門。[6] 之後這本書被拍成了同名電影。巴德·霍普金斯（Budd Hopkins）在《外星入侵》（Intruders，暫譯）一書中集結了聲稱曾遭外星人綁架的個案，每個人述說的親身經歷都有如戲劇般精彩無比。[7] 霍普金斯指出，至今外星人已在數百人身上執行令人害怕的基因實驗，之後再將他們釋放。霍普金斯以羅波民調機構（Roper Center）的調查為依據，認為至今已有數百萬人曾遭外星人綁架。

羅波民調機構在一九九一年調查近六千人，試圖確定究竟有多少人曾遭外星人綁架。受訪者需回答他們是否曾遭遇以下情形：（1）醒來後全身癱

關於看到幽浮這檔事，比起相信是未知的外星生物所造成，歸因於地球人的非理性思維還是容易多了。
——物理學家理查·費曼（Richard Feynman）

痪，感覺房內有其他陌生人、生命體或其他不明生物；（2）儘管不清楚原因或方式，但感覺自己在天空飛行；（3）明顯失去意識，但事後想不起來原因或去過哪些地方，此過程前後歷時至少一小時；（4）在房間中看見不正常的亮光或發光的球體，但不清楚原因或光線的來源；（5）在身上發現來路不明的疤痕，但自己或其他人都不記得造成疤痕的原因或地點。這項民調是由巴德·霍普金斯和大衛·雅各（Dave Jacobs）共同設計，他們指出，如果有人指認自己有過上述四至五種經驗，就表示他們曾遭外星人綁架。結果約有 2% 的受訪者符合此條件。由於研究的樣本數代表一億八千多萬人口，因此他們推估約有四百萬名美國人曾被外星人綁架。（曾有人告訴本書作者，兄弟會成員幾乎百分之百都曾經歷上述四至五種特殊經驗，難道他們都曾遭外星人綁架？）

這幅猴子地畫出自史前納斯卡文明（Nazca culture），繪於安地斯山脈上的平原地帶。人類只要使用簡單的工具就能完成如此大範圍的畫作，不需要外星人幫忙。

許多案例中，在綁架故事浮上檯面以前，受害者會先歷經栩栩如生的夢境或惡夢（有時發生於童年時期），夢中出現來自異世界、令人毛骨悚然的神祕生物，使他們留下深刻印象。或者，他們發生「記憶斷片」，意識到自己不記得某個時期發生的一切。又或者，他們在夜空中看見奇怪的亮光，一廂情願地認定那是幽浮。之後，當這些受害者接受催眠，試著更進一步釐清這些奇特的往事，綁架經驗就此正式浮上檯面。在催眠狀態下，這些遭外星人綁架的受害者會鉅細靡遺地描述他們自認遭綁架期間看見或感覺到的所有事情，包括外星人的外貌，甚至在某些個案中，當事人還記得外星人說的話。**前世回溯**（regressive hypnosis）一向是人們證明以及挖掘外星人綁架真相時，最愛使用的一種方法。有些人甚至不需要進入催眠狀態，就能描述外星人綁架的過程和細節。

不願意論證者是偏執狂；不懂如何論證者是傻子；不敢論證者是奴隸。
——詩人威廉·德拉蒙德
（William Drummond）

現在，讓我們依循 SEARCH 準則來評估綁架假說，同時比較幾個主流的替代論點，看看能得出什麼結論。

假說一：**外星人曾綁架過好幾個人，以各種方式與這些人互動，再將他們釋放。**此假說的支持者提出數項證據，首先是當事人在催眠狀態下供出的驚人證詞。對支持者而言，催眠彷彿「誠實藥」，能引導當事人針對過去的某段經驗親口說出精確細節。還有一些「證詞」是在當事人沒有被催眠的狀態下提出來的。可以發現不同當事人遭綁架的經歷相當雷同，許多人都指出「記憶斷片」的現象，而且少數人（包括史崔柏本人）曾通過測謊試驗。另外還有實體證據佐證，像是當事人身體上來路不明的疤痕，以及疑似幽浮降落而被破壞的草地。

說到催眠，並非像許多人所相信的那樣，能使一個人全盤托出真相。研究顯示，即使進入深層催眠狀態，被催眠者還是可以任意說謊，而且可以假裝受到催眠。有些人甚至可以騙過資深催眠師。

更進一步來說，被催眠的受試者接獲指示回想過往事件時，他們會毫不設限地自由幻想，捏造出從未發生過的記憶。對於這種情形，擅長以催眠術從往事擷取資訊的頂尖專家馬丁·奧恩（Martin T. Orne）總結如下：

> 以催眠引導受試者重新經歷過去某段往事，尤其在詢問具體細節的情況下，會給予受試者不得不提供資訊的龐大壓力……這或許能喚醒受試者的記憶，提高回想的效率，但也會使受試者移植其他時期的記憶或幻想，拼湊出看似合理的細節。以催眠協助受試者回想過往時，催眠師很難分辨哪些說法是事實、哪些是虛構片段（捏造的資訊與真實事件混為一談）……除非能落實獨立驗證的把關工作，否則包括心理師或長期深耕催眠領域的精神科醫師在內，任何人都沒辦法判斷特定資訊片段是否為真實記憶，抑或是虛構內容。[8]

奧恩與其他專家也強調，在催眠狀態的受試者極易受他人的暗示影響，而且催眠師就算不故意為之，還是很容易擷取到受試者的假記憶。

> 如果目擊證人在不經意間從報紙上得知事實資訊、在先前的審問中聽到他人粗率的評論，或是與對事實略知一二的其他人討論過，一旦他們進入催眠狀態，經由以上各種方式一點一滴搜羅而來的片面資訊便會開始形成假記憶的基礎，穿插許多從各種管道獲得的資訊片段……如果催眠師對事實抱有先入為主的認知，很難不在不知不覺間引導受試者回想細節，使受試者最終能「想起」催眠師認為發生過的經歷。[9]

奧恩描述一項他曾重複執行的簡單實驗，以此說明催眠的限制。首先，他確認受試者在某天晚上是否於某個時間上床睡覺，

先進飛行威脅辨識計畫

二〇一七年十二月，《紐約時報》揭露美國政府曾暗中推動先進飛行威脅辨識計畫（Advanced Aviation Threat Identification Program），調查幽浮目擊事件，因而掀起一波陰謀論的討論熱潮。[10] 在捐款人羅伯特・畢格羅（Robert Bigelow）的強烈要求下，此計畫由時任參議員的哈利・瑞德（Harry Reid，D-NV）所推動。二〇一二年計畫終止時，已經花掉納稅人兩千兩百萬美元，其中大部分落入了畢格羅航太公司（Bigelow Aerospace）的口袋。國防部發言人奧德里西亞・哈里斯（Audricia Harris）少校指出，該計畫旨在「評估美國長期所面臨的外國先進飛航威脅。」[11] 顯然這項計畫企圖尋找能展現超凡能力或行為的飛行裝置，並試圖辨識其製造者。計畫負責人路易斯・艾里桑多（Luis Elizondo）表示：「我們多次發現這樣的飛行器並不屬於任何人。」[12] 針對他的說法，《紐約時報》在新聞網頁內附上兩支不明飛行物體的影片予以佐證。就是這些影片說服了艾里桑多放棄「合理懷疑」，相信外星人的確曾經從外太空遠道而來，造訪地球。[13]

然而美國國防部並不認同艾里桑多的分析。雖然《紐約時報》聲稱這些影片來自國防部，但國防部予以否認。哈里斯少校表示：

而且一覺到天亮。接著，他把受試者催眠，請受試者回憶當晚的情形。他問受試者，那晚是否聽見兩聲巨響（事實上並無任何聲響）。通常受試者會回答他／她被聲音吵醒，接著描述起身查看的經過。如果奧恩請受試者看看時鐘，受試者還能說出確切的時間，但是當下受試者其實在床上熟睡。催眠結束後，受試者會記得剛才所形容的經過，彷彿一切都曾真實發生。假記憶就是在這樣看似完

「國防部未曾公開與此計畫相關的影片。」[14] 所以這些影片應該是不小心外洩，或是媒體經由其他來源取得。不管如何，這些影片似乎不是機密，因為影片中找不到任何機密內容理應要有的警告標示。[15] 結論就是，國防部判定影片中的飛行物體不會構成太大威脅，而誠如哈里斯少校所言，「還有其他更重要的議題值得投注資金，深入調查。」[16]

專家仔細看過影片後表示，影片時間太短且缺乏輔助資訊，無法光憑影片就驟下定論。還有其他人指出，影片中的幽浮出現明顯加速和快速轉向的現象，均可以視差效應來解釋，而記錄這一切的熱成像攝影機在過程中翻轉鏡頭，也是可能的原因。總之，因此就認定這些飛行物體來自外太空，實在毫無理由。[17] 即使目前尚無合理的解釋，但一廂情願地認為那是外星人的飛行裝置，未免有失理智。來源不明不代表就是來自其他星球。

儘管如此，艾里桑多仍未放棄外星人的追尋之旅。他轉而投入搖滾樂團 Blink 182 前成員湯姆・迪朗格（Tom Delonge）籌組的「追星學院」（To the Stars Academy，暫譯），擔任全球安全與特殊計畫（Global Security and Special Programs）主管。迪朗格相信外星人曾來過地球，而且美國政府握有相關資訊。[18] 對他來說，真相近在咫尺，垂手可得。

全中立的引導問答下形成。

甚至有一項研究調查，如果一個人從未看過幽浮，也未接觸過太多與幽浮相關資訊，能否在催眠的狀態下說出遭外星人綁架的「真實」經歷。研究的結論是：可以。受試者能想像自己遭綁架，輕易且急切地捏造許多狹持過程的細節。研究人員發現這些描述與聲稱曾遭綁架的受試者給出的描述「並無重大差異」。[19]

研究人員也指出，催眠不僅會引發假記憶，還會提高當事人對假記憶深信不疑的機率。心理學家海因斯表示：

> 催眠的作用在於大幅提高受試者對證詞的自信，使其認為他們在催眠狀態下喚起的記憶全然屬實，尤其與幽浮相關的部分更是如此。不管記憶是否正確，受試者的自信都會有所提升。因此，即便催眠可能製造錯誤記憶，但受試者會對這些記憶深信不疑。他們真心相信這些錯誤記憶是千真萬確的，而反覆述說這些記憶可讓一切看似值得採信。然而，就算他們再怎麼有信心，記憶內容還是無法確認是真是假。[20]

綁架假說（假說一）的擁護者指出，有些人在接受催眠前便已表示他們曾被外星人綁上幽浮。但如同任何個案的證詞一樣，這些都必須接受可信度方面的所有檢驗。有鑑於我們對證人與其經驗情況的了解（下文很快就會提及），有必要將**供述證據**（testimonial evidence）視為一種低可信度的證據。

即使受試者的綁架經歷相似，同樣難以成為支持假說的證據。評論家指出，由於書籍、電影和電視大肆討論，外星人綁架地球人已成為眾所皆知的話題，也難怪坊間流傳的故事如此雷同。心理學家羅伯特·貝克（Robert A. Baker）表示：

> 如果有任何人需要假裝曾遭外太空或異世界的外星人綁架，他／她所捏造的故事在細節或主軸上，必定會與霍普金斯著作中被綁架者所描述的經歷相去不遠。這些憑空想像出來的故事情節、對話、描述，必定會與《外星交流》和《外星入侵》等作品中對第三類近距離接觸的描述，以及與嬌小灰色外星人的對話極其相似。外星人的交通工具會是碟狀，外表會貌似人類，同樣有一雙眼睛，但外型矮小，皮膚為灰色、白色或

綠色，而他們來訪的目的會是（1）拯救地球、（2）尋找更好的居住地、（3）終止核子戰爭並阻止人類繼續驚擾銀河系其他星球的平靜、（4）帶給人類知識和啟蒙，或是（5）增進外星人對其他生命體的知識和認識。[21]

許多遭外星人綁架的故事雷同，也有可能是因為催眠師在不知不覺中給出相同的暗示，導致受試者建構出類似的假記憶。如果催眠師缺乏適當的催眠訓練，而且深信受試者的確有過被外星人綁架的經歷，就可能發生這種暗示缺陷——而且這種狀況可能是常態。

更進一步調查，會發現記憶斷片現象幾乎無法為綁架假說提供任何支持。原因之一在於該現象相當普遍，尤其當事人倍感焦慮或壓力太大時，更是容易發生。

> 摩托車騎士通常會在長途騎車後的某個時間點，驚覺自己對前一段時間的旅程際遇毫無印象。平心而論，有些人將此現象稱為「斷片」、「短時間失憶」或「人生拼圖少了一塊」。[22]

此外，有研究深入探討為何許多人不記得被綁架的經過，發現背後的原因平淡無奇。[23]

通過測謊也無助於提高綁架故事的可信度。至今，在執行刑事調查或履歷查核時仍會對當事人測謊。不過研究已證實，以測謊機來驗證某人是否吐露實情，其實是極度不可靠的調查方法。[24]

相關的實體證據則時常模稜兩可。例如被綁架者身上的傷疤可能是外星人留下，也可能是當事人不小心造成而不自知，就像我們偶爾會發現身上出現抓痕或傷口，但始終想不起原因。當事人也有可能刻意製造這些疤痕。總之，沒有明確的證據可以證明這些傷疤是外星人所為。看似遭外力壓扁而死亡的草地也是同樣道理，沒有證據能將此現象與幽浮降落直接連接在一起，反倒是有些案例已確

史蒂芬維爾夜空中的亮光

　　二〇〇八年一月八日晚上，德州史蒂芬維爾（Stephenville）的居民在空中目睹一幕奇景：接連好幾個極其明亮的光點在夜空中排出多種圖案。麥克・歐登（Mike Odom）如此形容：「亮點水平排列，一共有七個，後來變換成弧形，接著又變成垂直排列，空中頓時呈現出兩個明亮的矩形。當下我意識到，這會是我畢生難忘的重要經驗。」[25] 許多人跟歐登一樣，認為這些亮光與外星人有關。但真的是這樣嗎？

　　有人問那些亮點是不是軍機上的燈，海空軍聯合預備基地（Naval Air Station Joint Reserve Base）的公共事務官回答：「當時本單位的 F-16 戰機並未執行勤務。」然而，空軍在一月二十三日的新聞稿中改變了說法，文中指出：「第 457 戰機中隊的 F-16 戰機那時正在附近訓練，範圍包括伊拉斯郡（Erath County）上空。」[26] 為何說詞南轅北轍？軍方聲稱內部發生一些溝通上的問題。有些人認為這樣的反覆說詞正好突顯政府掩蓋真相的企圖，其中必有陰謀。不

認是真菌致使野草脫水而亡，使它們看起來像被火燒過一樣（有時這些菌類植物會長成一圈，俗稱「仙女環」或「蘑菇圈」）。

　　雖然綁架假說並未違反邏輯或科學定律，但由於在技術上看似不可行，因此仍未脫離怪誕不經的範疇。如同第二章所述，星際飛行需要龐大能量，遠超過人類現階段的技術水準。此外，外星人想從地球上綁走人類，需要先有相當先進的傳輸技術，把人從自己的床上傳送到太空船上。近來 IBM 的科學家指稱，這種傳輸技術在物理上的確有可能實現。[28] 不過要在合理時間內傳輸並重建人體，所需的資訊量極其龐大，這項技術水準目前仍無人能及。物理學家山

過從人為錯誤的角度來解釋，不是比較簡單嗎？

　　空軍退休飛行員詹姆斯・麥加哈（James McGaha）也抱持相同的看法。他表示當時空軍正在執行訓練勤務，訓練項目包括施放極為明亮的信號彈。LUU/2B/B 信號彈可能與你想像中的標準信號彈不一樣。這批信號彈的亮度可達兩百萬燭光，功用是要照亮大範圍的地面，以利發動夜間空襲。一旦釋放後，信號彈會乘著降落傘緩緩降落（但也經常會因為信號彈散發的熱氣而懸浮在空中或甚至上升），照亮超過方圓一公里的地面達四分鐘。信號彈殼和降落傘最後會燃燒殆盡。即使從兩百四十公里外觀看，單發信號彈的亮度仍可媲美金星。[27]

　　一名美國陸軍退休飛行員當晚在附近駕駛直升機，證實了麥加哈的分析。他聲稱在布朗伍德（Brownwood）軍事作業區看見數架軍機施放信號彈。總之，史蒂芬維爾空中的亮光縱使啟人疑竇，但沒必要搬出外星人來解釋。從軍方發射信號彈及感知建構偏誤的角度，反而更能找到令人信服的答案。

謬・布朗斯坦（Samuel L. Braunstein）這麼解釋：

　　暫且不論原子識別及運動速度等問題，單純將目標設定為每個方向均為一個原子長的解析度，就會產生約 10^{32} 位元的處理需求。這是很大的資訊量，就算使用目前最高規格的光纖來傳輸，還是需要超過一億世紀的時間才能傳輸所有資訊！讓當事人自己走路都還比較容易！如果將所有資訊存進光碟，還能堆成一千公里高的圓柱體！[29]

　　以光束將人傳送到異地的傳輸裝置或許理論上可行，但就目前

來看，這項技術似乎永遠無法實際應用。

假說二：**宣稱曾遭外星人綁架的人有嚴重的心理疾病。**換句話說，沒人真正被綁架，那些自稱是受害者的人單純是瘋了。事實上，若是發現其中少數人患有精神疾病，大概不會太意外。但要說大部分人都有精神方面的疾病，就缺少證據可以佐證了。

雖然不是所有疑似遭綁架的人都曾接受心理測驗，但其中少數人確有此經驗。幽浮研究基金會（Fund for UFO Research）委託專業心理學家伊莉莎白·史萊特（Elizabeth Slater）研究九名聲稱曾遭外星人綁架的被害者。研究期間，史萊特並不知道這些人都認為自己曾與外星人接觸。經過廣泛測試之後，她認為這九人的精神狀態正常，並未發瘋。[30] 其他研究也得出類似結論。

當然，心理學家和精神科醫師都知道，展現極度奇怪的行為或擁有極其怪異的經驗，並非瘋子的專利。此外，值得注意的是，史萊特指出，雖然受試者沒有瘋，但也說不上完全正常。她表示這九個人「不能視為一般大眾的正常代表」，其中好幾人甚至稱得上是「古怪或怪異」，而且在有壓力的情況下，有六人「或多或少顯露出短暫的精神異常表徵，包括未通過現實檢驗，以及異常的疑惑和思維紊亂。」[31]

假說三：**宣稱曾遭外星人綁架的人是蓄意欺騙。**幾個遭外星人綁架的自述故事疑點重重，或遭人揭穿故事全是謊言。例如，幽浮調查專家克拉斯便指出，崔維斯·瓦頓（Travis Walton）的綁架故事雖然拍成了電影《外星追緝令》（*Fire in the Sky*），但很可能是騙局一場。[32] 只不過沒有證據能證明這類經歷絕大多數都是虛構的故事。觀察者大多同意，宣稱曾遭綁架的人顯然都很真摯誠懇。

假說四：**遭外星人綁架的言論是「幻想傾向人格」（fantasy-prone personalities）的虛幻想像，而催眠能進一步渲染及強化這些幻想。**科學家發現，有些人看似正常且適應良好，但時常在清醒

的狀態下產生貼近事實的幻覺和幻想，而且時常會有類似被催眠誘導的經驗。發現此現象的研究人員如此描述：

（此研究）顯示，有一小群人（約占總人口的4%）大部分時間都在幻想，他們通常能透過「看」、「聽」、「聞」及「觸摸」，完全體驗其幻想的內容。這些人可歸納為「幻想傾向人格」。既深且廣地沉浸於幻想中，似乎是他們的基本特徵，而他們似乎也能從充滿幻想的生活中獲得或發展出其他能力，像是自發產生幻覺、在催眠狀態下展露優異表現、對人生經歷保有栩栩如生的記憶，以及擁有靈媒特質或敏感體質。[33]

當這些人深陷幻想中，對外在時空的意識會下降，與許多聲稱被綁架的人擁有相似的感受（即記憶斷片的經驗）。此外，他們不僅容易受到催眠，即使在清醒期間，也時時展現彷彿處於催眠狀態的行為。

當我們下達「催眠暗示」，例如視覺和聽覺上的幻覺、負幻覺、年齡回溯、肢體僵硬、麻醉、感覺幻覺等暗示，等於是在要求他們去做平時不用我們給予指令就能做到的事。[34]

有趣的是，部分研究指出，聲稱遭外星人綁架的人其實都具備幻想傾向人格。某項研究找來一百五十四名受試者，他們自稱曾被外星人綁架或與外星人多次接觸。研究人員深入追查他們的來歷，發現其中一百三十二人雖然看似健康的普通人，其實擁有許多幻想傾向人格的特質。[35]貝克指出，《外星交流》的作者史崔柏就屬於這一類人格。

任何人只要熟悉幻想傾向人格，閱讀史崔柏的《外星交流》時，必定一眼就能認出重要特徵而倍感衝擊！史崔柏是典

型的幻想傾向人格範例：容易被催眠、經常忘記某一段期間內發生的事情、出生在對宗教非常虔誠的家庭、對早年的記憶歷歷在目，而且經常活在幻想之中。他的小說具有濃烈的神祕色彩，充斥著高度想像的情節，給予讀者非比尋常的強烈感官體驗，尤其以嗅覺、聽覺和鮮明的夢境最為突出。[36]

　　還有其他證據顯示，幻想傾向人格更常產生與睡眠相關的幻覺。我們大可相信，這些現象在外星人綁架的故事中必然扮演了重要角色。許多疑似外星人綁架的故事都發生在當事人上床睡覺後，而且通常會有全身癱瘓或貌似靈魂飛離自身軀體的奇異感受。這類幻覺無比逼真，類似所謂的「清醒夢」。這不代表當事人患有精神疾病，相反地，這樣的經驗也會發生在清醒理智的普通人身上。對於他們將幻覺當真的認知表現，貝克的解釋如下：

　　　　有幾個線索可以幫助你判斷某種感知是否為催眠或入睡後產生的幻覺。第一，這種情形總是發生在入睡前後；第二，感覺就像全身癱瘓、無法移動，或是感覺自己離開了身體，產生靈魂出竅的感受；第三，幻覺內容怪異無比，非比尋常，例如看見鬼魂、外星人、怪獸等等；第四，幻覺結束後，通常會重新回到睡眠狀態；第五，深信整個過程都是真實經歷，態度堅定不移。[37]

　　總之，如果幻想傾向人格者幻想自己曾遭外星人綁架，之後接受催眠時，在催眠師的問題引導下，他／她就會深信這段外星人綁架的際遇是真實經歷。當幻想的內容可能獲得確認，或進一步渲染及描述，不僅在他人聽來相當可信，當事人更是深信不疑。

　　假說五：遭外星人綁架的言論源自於某人的夢境，後來經由催眠才得以進一步闡述或強化。我們知道，許多自稱遭綁架的人是從

某天做了極其真實的夢之後才出現這種想法。他們先是表示自己夢見登上幽浮或遭外星人綁架，接著在催眠狀態下，他們會鉅細靡遺地述說被綁架的過程。例如，在霍普金斯的《外星入侵》一書中，許多聲稱遭綁架的受訪者便以這樣的模式道出事情的來龍去脈。誠如海因斯所述：

> 當事人在經歷遭外星人綁架如此駭人的夢境後，不斷接受催眠以回想更多細節，加上催眠師又明示夢境為真實經歷，於是，這般恐怖的夢何以能感覺如此真實，就不難理解了。如果當事人早就難以分辨事實和幻想，會更快相信夢境或幻想是事實。醒來後認為夢境可能曾真實發生（至少短暫出現這種錯覺），這種現象並不罕見。事實上，幾乎所有人都曾因為夢境太過寫實，導致醒來後難以判斷夢境是否曾經發生。[38]

假說六：**自稱遭外星人綁架的人，是因為顳葉出現過量的腦電活動**。神經科學家麥可·帕辛格（Michael Persinger）指稱，難以解釋的經驗、靈魂出竅經驗，甚至貌似遭綁架的經驗，都與大腦內部不尋常的活動有關。具體來說，是顳葉的腦電活動劇增所致。有些人的「顳葉極度不穩定，時常發生腦電活動突然增加的現象。」帕辛格發現，比起「正常人」，顳葉極度不穩定的人較常聲稱自己經歷了難以解釋的奧祕或靈異現象，以及出現飛行或出竅的感受。帕辛格曾在實驗中對大腦額外施加磁場，促使顳葉在短時間內產生大量腦電活動，成功誘發這類經驗（包括遭綁架的經驗）。[39]

帕辛格表示，顳葉極度不穩定的人可能偶爾會產生曾遭綁架的感覺。腦電活動劇增的現象可能在睡眠中發生，因而引發在夜晚遭到綁架的感受（這正是許多人的說法）。

地震會產生磁效應，促使顳葉的腦電活動激增。帕辛格預測，當事人聲稱遭外星人綁架或目擊幽浮的時間，會與地震活動的日期

羅斯威爾幽浮墜毀事件

一九四七年七月八日，《羅斯威爾日報》（*Roswell Daily Record*）的頭版斗大地印著：RAAF 在羅斯威爾地區牧場尋獲飛碟。牧場主人布拉塞爾（W. W. Brazel）在牧場內發現一些不尋常的物體。隔天，《羅斯威爾日報》如此形容這個物體：「殘骸與錫箔紙、紙張、膠帶和枝狀物綑成一團，約莫長一公尺，厚十八至二十公分，橡膠部分厚四十五至五十公分。他（布拉塞爾）估計整體重量大概有兩公斤多。」[40] 雖然普遍認為飛碟的重量遠超過兩公斤，但許多人深信，這只是飛碟墜毀後留下的一片殘骸。

羅傑·雷米准將（Roger M. Ramey）和湯瑪斯·杜柏斯上校（Thomas Dubose）查看羅斯威爾幽浮墜毀事件的殘骸。

為了釐清這起事件，國會議員史蒂芬‧史地夫（Steven H. Stiff, R-NM）要求美國審計總署（General Accounting Office）找出與羅斯威爾事件相關的所有記錄。美國空軍特地發表了一份「羅斯威爾事件空軍研究報告」，報告指出布拉塞爾在牧場發現的物體牽涉一項祕密計畫，代號為「莫古爾計畫」（Project MOGUL）。這項計畫採用高空氣象氣球和雷達反射器，試圖監控蘇聯的核爆實驗。

民眾報案時指稱的物體，其實是一種特殊氣球，稱為「氣象氣球」，不過在雷米將軍和馬塞爾少校於沃斯堡（Ft. Worth）拍下的知名照片中，絕大部分的殘骸是掛載在氣球上的雷達目標裝置。這種裝置的特徵符合七月九日新聞報導的描述「錫箔紙、紙張、膠帶和枝狀物」。此外，「飛碟」的說法也與 FBI 達拉斯辦公室於一九四七年七月八日發送的電報相互呼應。後來與幽浮相關的作品時常引用這份文件，作為陰謀論的支持證據。電報部分內容引述如下：「……碟狀物呈六角形，懸掛於氣球上，以纜線連接氣球，氣球直徑約六公尺……民眾發現的物體貌似掛載著雷達反射器的高空氣象氣球。」[41]

當時參與莫古爾計畫的科學家至今仍有三人在世，查爾斯‧摩爾（Charles B. Moore）為其中一位。他同意以上這番論述。各界時常將殘骸膠帶上的標誌視為外星人的證據，對此，摩爾表示：

這件事大概有四個人參與，我們全都記得，在計畫所使用的目標裝置上，有一個類似花朵形狀的特殊設計。我這一生中大概經手超過一百個像這樣的高空目標裝置。每次準備裝置時，我總是好奇這膠帶上的標誌究竟有何用意。有個名叫約翰‧彼得森（John Peterson）的少校聽到我的疑惑，笑著對我說：「玩具工廠製造的目標裝置，你還能期待什麼呢？」[42]

相互契合。於是他著手檢驗，發現上述推測沒錯，地震事件和怪誕經驗之間的確有緊密關係。

接下來，我們要利用充分性標準來檢視以上這些假說。所有假說都可以驗證，因此我們必須仰賴剩下的四項標準，從中選出最適當的假說。以下開始探討這四項標準能否協助我們淘汰部分假說。

在豐碩度、範圍和精簡度等方面，假說四（幻想傾向人格）、假說五（夢境內容）和假說六（腦電活動）大致平分秋色，唯有假說六的豐碩度略勝一籌。在保守程度方面，假說二（精神疾病）和假說三（詐騙）顯然比假說四、五、六吃虧，前兩者與現有的證據有所衝突，而後三者則與諸多證據不謀而合。

現在剩下假說一（綁架經歷屬實）、四、五、六。就各個面向來看，假說一比不上其他三個假說。假說一未提出任何前所未聞的預測。除了外星人綁架一事之外，假說四、五、六還能解釋其他多個現象，關照的範圍更廣。至於精簡度，假說一預設了世界上有外星人，因此比其他假說略遜一籌。

針對保守度這項標準，我們知道，支持假說一的證據極其薄弱，支持其他三個假說的證據則相對強大得多。此外，假說一與眾多外太空訪客相關的人類經驗相互矛盾；至今，我們仍無充分證據證明曾有任何人發現任何外星人。除此之外，就我們目前所知的宇宙大小、預估有外星生物的機率，以及太空旅行所需滿足的物理條件來看，再再顯示外星人從外太空遠道而來拜訪地球的機率極低（但不是毫無可能）。

綜合以上這些理由，假說一勢必不太可能成立，假說四、五、六似乎比較有可能是事實。如果必須從剩下的三個假說中擇一，必定會是假說六勝出。該假說提出一個令人意想不到的預測，亦即遭綁架的言論與地震活動間存在奇妙關連，因此在豐碩度的表現出眾。

人類要變得文明，並非與他們願意相信的程度成正比，而是取決於能否提出質疑。
——記者與諷刺作家孟肯（H. L. Mencken）

不過，針對遭外星人綁架的相關主張，剩餘的這三個假說依然還是有可能是正確解釋。而且除了上述這些假說，可能還有其他更多的解釋。日後的研究可能會縮小或擴展相關的討論範疇，無論如何，我們從分析中得出一個有充分理由支持的結論：人類遭外星人綁架的假說站不住腳，勢必還有其他合理的假說值得我們去相信。

通靈

十九世紀最使人疑惑、不安的職業，非巫師莫屬。巫師專門與神祕力量打交道，聲稱能與亡者直接溝通，他們的種種事蹟甚至成為茶餘飯後的熱門話題。他們在無數個昏暗的接待室舉辦降靈會，召回逝者的亡魂，並扮演中介的角色，讓在場的人能與逝去的親友對談。有時，巫師還能飄浮離地，或使周遭的傢俱騰空，或是房內出現奇怪的交談聲，甚至黑暗中憑空掉落物品，彷彿是從另一個世界傳來的。

如今巫師不再風光，詐騙事件頻傳，甚囂塵上。飄浮、交談聲、物品掉落等現象均已被證實為造假的伎倆，巫師所提供的亡者資訊也是透過一般手法得知的消息，甚至只是幸運猜中而已。

新舊世代交替，新型態的「巫師」興起。現在他們以靈媒之名出書、上電視節目，宣傳其神通廣大的通靈本領。與舊時的巫師不同，靈媒不再製造交談聲和飄浮等實境噱頭，取而代之的是為人們提供過世親屬的相關消息，而這些消息時常準確到令人震驚。現代靈媒代表包括詹姆斯・范普拉、約翰・愛德華和席爾維亞・布朗，他們聲稱能與亡者直接溝通，因而成為知名人物，擁有眾多信徒，過著優渥的物質生活。家屬透過通靈活動「知道」逝者在「另一個世界」過得很好，因此而感到放心。許多人與亡者「接觸」的經驗可

大家都該知道的常理其實很少人知道。
——美國報紙出版商
霍勒斯・格里利
（Horace Greeley）

能充滿渲染的情緒，有人從中獲得慰藉，有人則滿懷悲傷。

這些令人驚奇的行為該怎麼解釋？相關假說主要有四種。

假說一：**靈媒從無形的亡魂接收到資訊或消息**。換句話說，靈媒的確擁有他們所宣稱的通靈能力。這項主張最重要的證據是靈媒本身的行為表現。一般來說，他們會在多人面前通靈，同時與亡者的家屬對話。靈媒似乎知道亡者生前的狀況，他們會說一些只有真正能與亡者溝通才會知道的事情，雖不是每件事都能說中，但通常要夠「準」（資訊正確），才能在眾人心中留下深刻印象，進而使人相信。

靈媒的通靈能力倒是很少在嚴謹控制的環境下接受檢驗。不過，亞歷桑那大學（University of Arizona）的心理學家蓋瑞・史瓦茲（Gary Schwartz）近來宣稱，他已透過研究取得靈媒能與亡者溝通的證據。在一連串小型實驗中，他與同事找來幾位知名靈媒（其中包括約翰・愛德華），請他們幫一到兩位參與者（稱為「諮詢者」）通靈。靈媒說出諮詢者過世親人的事蹟，而後由諮詢者為靈媒的準確度評分。史瓦茲聲稱，靈媒能穩定且精準地道出具體的事實和姓名，無法單純解釋為冷讀術或幸運猜中。

不過其他科學家表示，這份研究在許多面向都有嚴重缺失，無法證明任何事。例如，他們指出，靈媒所獲得的準確度評分完全取決於諮詢者的主觀判斷。靈媒以模糊不明的方式陳述亡者的過往，但諮詢者其實有許多詮釋方式，能將靈媒的說法與事實對號入座。以該研究的某次通靈實驗為例，當時靈媒說，「我最先看到的是一個男性的形象，真要我說的話，那最像是一種父親的形象……事情應該是發生在五月……他暗示我是大寫 H，與 H 有關。我認為是 H 跟子音 N 的組合。」心理學家海曼解釋，為何諮詢者會輕易（且幾乎無可避免地）判斷這是正確的資訊：

媒介即訊息。
——哲學家
馬歇爾・麥克魯漢

諮詢者把這段描述影射到她過世的丈夫。他叫亨利（Henry），在五月過世，她「親暱地叫他『溫柔的巨人』」。聽到靈媒所說的其他內容，諮詢者也能擅自詮釋，認為靈媒指的就是她過世的另一半。

　　請注意，諮詢者在比對靈媒的說法與自己的情況時，擁有很大的彈性空間。「最像是一種父親的形象」可以指她丈夫，因為她丈夫也是她孩子的父親。這也可以是指她自己的父親、她的祖父、其他人的父親，或任何有小孩的男性；甚至也可以是膝下無子的男性，例如牧師或神父之類的角色，包括聖誕老人。如果她的丈夫恰巧是在五月出生、在五月結婚、在五月確診罹患某種危及性命的疾病，或最喜歡五月，諮詢者大概也能解釋成靈媒一語中的。要是諮詢者的名字是海娜（Henna），或她丈夫養了一隻狗叫漢克（Hank），這些都說得通。[43]

　　以上這類研究中，諮詢者的判斷偏誤占有很重要的地位。但這不是唯一的問題，評論家在史瓦茲的研究中還發現了其他致命錯誤。

　　這項研究試圖以靈媒行為表現作為證據，然而基於兩個事實，我們不得不對這樣的作法提出質疑。首先，靈媒的正確率比大多數人預期的低許多。有位研究人員在范普拉的好幾場通靈活動現場就近觀察，他發現靈媒的正確率只有16-33%（靈媒敘述或提問內容與諮詢者實際情況相符的比例）。這個比例遠遜於轉盤隨機猜測的平均正確率。如此差強人意的表現當然不會在電視節目中呈現出來，因為節目經過剪接，觀眾可能無緣看到許多靈媒失誤的鏡頭。再者，靈媒每次失誤，總是會端出特設假說來自圓其說，那些假說都是無法單獨接受檢驗的推托之詞。特設假說無法證明任何事，時常只是為了拯救某個薄弱解釋的亡羊補牢之舉。

　　假說二：**靈媒利用心電感應能力，從親友腦中擷取亡者的相關**

消息。這項假說最重要的先決條件，應是確定現場有人熟知死後世界的所有資訊。如果心電感應真的管用，這項先決條件才能進而支持這項解釋。但目前並無獨立證據顯示心電感應的假說切合事實。

假說三：**靈媒施展「冷讀術」**。冷讀術是算命師和現代心靈魔術師（號稱能感應他人心思）的一種古老技藝。只要善加運用這種巧妙手法，靈媒就能看似擁有超能力。使用這項技術時，「靈媒」（或稱為讀心師）單純透過提問、陳述，以及仔細觀察現場所有人的反應，從中獲知諮詢者的相關資訊──同時塑造能與某種神祕資訊來源交涉的假象。

意識的統一只是一種錯覺。
──心理學家
厄內斯特‧希爾加德
（Ernest R. Hilgard）

讀心師通常精通好幾種讀心（或假裝能洞悉他人心思）的技巧，以下列舉一二：

1. 大量提問，並將對方的肯定答覆視為對問題的確認。

> 讀心師：這位生病的人是誰？
> 諮詢者：我母親。
> 讀心師：我感應到她飽受疾病折磨，非常渴望能恢復健康。

2. 陳述的內容可適用於大多數人。例如提到照片、首飾、寵物、古董、疾病等大眾耳熟能詳的主題時，我們或多或少都能聯想到相關的個人經驗。

> 讀心師：我感應到貓或小狗。這隻動物的形象很強烈。
> 諮詢者：沒錯，我哥有養一隻貓。

> 讀心師：我強烈感受到，這位當事人有一件很鍾愛的首飾。我感覺得到您這位親人在過世前，對某些首飾情有獨鍾。
> 諮詢者：對，我母親珍藏了一枚胸針。

3. 根據諮詢者提到的事實，推論出準確（且顯而易見）的資訊。

讀心師：您父親生前是做什麼的？

諮詢者：務農。

讀心師：對，他很多時間都在田裡工作，雙手粗糙長繭。他時常煩惱天候不佳，擔心農作物的價格受影響。

讀心師：您是說，您的祖母生前飽受憂鬱症所苦？

諮詢者：對，很嚴重。

讀心師：我能感覺得到，她對事情的結果相當感傷⋯⋯她甚至一度想自我了結。

諮詢者：沒錯。

4. 陳述的內容涵蓋多項變數，大幅提升說中實際情況的機率。

讀心師：我感覺得到，令尊生前承受巨大的苦痛，或遭遇挫敗，或許精神上也備受折磨。

諮詢者：對，他走之前活得相當痛苦。

5. 邀請諮詢者填補空缺的資訊。

讀心師：我感應到某種很像頭或臉的影像。

諮詢者：對，我母親偏頭痛很嚴重。

讀心師：不知為何我感應到藥，某個有大量藥物的地方。

諮詢者：我父親罹患癌症，當時在接受化療。

藉由上述冷讀術的技巧和其他手法，讀心師就能像優秀的心靈魔術師一樣，輕易營造出能感應他人想法的假象。只要勤加練習，幾乎所有人都可以是「靈媒」。更進一步來說，一般人只要善用冷讀術的技巧，同樣能擁有專業靈媒的大部分（或全部的）驚人本領。范普拉、愛德華和其他靈媒或許真能與亡魂溝通，但他們的行

為表現似乎與冷讀術相差無幾。

假說四：**靈媒事先取得諮詢者的相關資訊**。據聞，有些靈媒和心靈魔術師會在通靈及表演前了解諮詢者和觀眾的相關事蹟。他們會提前針對在場的人蒐集資料，從中尋找能打動人心的個人資訊，或許是另一半的小名、家族軼事，或帶有情感價值的私人物品。

沒有證據顯示頂尖的靈媒每次都會如法炮製，但有些靈媒在通靈前，總是會竭盡所能地蒐集諮詢者的資料，再假裝自己是從另一個世界得知這些消息。目前已知某些頂尖靈媒在上電視節目表演前，會向節目製作人打聽現場觀眾和來賓的相關資訊。

綜合以上所述，哪個假說最理想？以上假說都能接受檢驗，但從其他充分性標準來看，素質參差不齊。通靈假說（假說一）在所有標準上全都墊底，不僅未能提出任何令人耳目一新的預測，基本上也未解釋其他現象，因此探討的範圍有限。這項假說預設世上有靈體（亡魂），而且有種從未得到印證的溝通模式，所以不符合精簡標準。最後，假說有違目前我們對

（唯心論者）不僅缺乏批判力，也缺少最基本的心理學知識。他們打從心底不想增進學識水準，單純只想繼續相信。
——心理學家榮格
（Carl Gustav Jung）

死亡、心靈和溝通的一切認知，因此也未滿足保守標準。光是從這兩點來看，此假說不太可能成立。

心靈感應假說（假說二）在各方面的水準均與通靈假說類似，不僅未提出任何新預測，還預設世上存在著未知的靈體或力量，而且與現有的科學證據相違背。這項假說的範圍比通靈假說稍微寬廣一些，但還是無法提升假說成立的機會。

蒐集資料假說（假說四）在範圍、精簡度、保守度等方面的表現皆優於假說一和假說二，但現階段的證據無法證明事前蒐集資料是普遍作法，也無從得知靈媒的言論準確度是否直接受益於事前蒐集的資料。

冷讀假說（假說三）在範圍和精簡度方面與假說二平分秋色，

但比其他假說更符合證據所呈現的事實。研究已顯示，利用冷讀術即可達到媲美靈媒的「通靈」效果，而且大名鼎鼎的靈媒似乎也會運用冷讀術技巧。因此我們大有理由可以相信，范普拉、愛德華和其他靈媒都是冷讀術高手。雖然他們的觀察能力令人印象深刻，但是不免讓深信通靈的人大失所望。

瀕死經驗

班傑明・富蘭克林曾在給尚巴蒂斯特・勒羅伊（Jean-Baptiste Le Roy）的信中寫道：「這世上只有賦稅和死亡是不可避免的。」然而少數研究人員認為，富蘭克林最多只說對了一半。稅金的確無法避免，但死亡（理解為自我的消滅現象）可能甚至不會發生。身軀必定會死，這毫無疑慮，但研究人員表示，這不代表**我們**就會隨著身軀死去。因為有證據指出，我們能在軀體死亡後繼續存活在世上。據聞，最令人印象深刻的永生證據來自瀕死經驗。

瀕死經驗（near-death experience，NDE）一詞是由雷蒙・穆迪醫師所創，主要描述他從死裡逃生的人身上所發現的一系列共通經驗。他曾深度訪談幾名五十歲的病患，他們皆曾經歷過臨床死亡（心肺均停止運作），但後來奇蹟似甦醒，或曾遭遇意外事故、受傷或生病而差點喪命。他早期提出的瀕死經驗概念即以這些訪談內容為基礎。他發現，縱使每個人的經驗不盡相同，但還是有幾處共通點。一九七五年，他將研究結果統整成《死後的世界》（*Life after Life*）一書出版，創下銷售佳績。該書針對瀕死經驗提出以下「理想」或「完整」說明：

> 男人瀕臨死亡，他的生理狀態一步步往最糟的情況發展，然後他聽見醫師宣布他正式死亡。他開始聽到令人不安的聲

響，像是刺耳的鈴聲或嗡嗡聲，與此同時，他感覺自己正快速通過長長的幽暗隧道。接著，他突然發現自己離開了軀體，但仍處於實體環境中。他從一小段距離之外看著自己的身體，彷彿是個旁觀者。他從不尋常的制高點目睹了醫療團隊的搶救過程，情緒激動地看著這一切在眼前上演。

一會兒過後，他收拾好情緒，稍微習慣了自己這種怪異的狀態。他發現自己仍有「身體」，只是本質和力量都與他原本的身體大相逕庭。很快地，他看見其他「人」前來迎接他，是那些逝世親友的靈魂。此時他的眼前出現一個溫暖和藹、由光芒包圍的靈體。他從未有過那種感覺。這個靈體以非言語的方式問他一個問題，並透過超自然的形式，將他一生中的重要時刻在他面前播放出來，幫助他回想自己這一生是否值得。[44]

雖然穆迪在《死後的世界》中記錄的訪談病患無一經歷過上述所有情節，但在他後來遇見的人之中，確實有幾人曾經歷這段完整的過程。[45]

當穆迪首次提出瀕死經驗的概念時，收到了來自各界的懷疑。急救過數百名病患的醫生表示，他們從未遇過這樣的事。還有人說他的樣本數太少，參考價值太低。[46] 不過這個概念倒是引發專家和社會大眾熱烈討論，幾位科學家和醫師開始著手研究這個現象。一九七七年，瀕死現象科學研究協會（Association for the Scientific Study of Near-Death Phenomena）成立，負責推廣該相關現象的研究成果。

有不少更大型且更嚴謹的研究證實了穆迪發現的現象。在與死神擦身而過的人之中，穆迪所形容的瀕死經驗相當普遍。有研究指出，一個人瀕臨死亡或歷經臨床死亡後奇蹟復生，經歷上述情節的機率大概有 50%。

《死後的世界》出版前，丹佛聖路克醫院（St. Luke's Hospital）

心臟血管外科住院總醫師弗萊德・斯昆梅克（Fred Schoonmaker）就已投入超過十年的歲月研究瀕死經驗。他在一九七九年發表了研究結果。[47] 在他檢視的兩千三百個案例中，當事人大多曾經歷心搏停止的危急時刻，其中 60% 宣稱擁有穆迪所形容的瀕死經驗。亞特蘭大心臟科醫師麥可・薩伯姆（Michael Sabom）訪談過七十八名曾在鬼門關前走一遭的病患，發現 42% 曾歷經穆迪描述的過程。[48] 一九八二年的一項蓋洛普民調顯示，每七個美國人就有一人曾經差點命喪黃泉；而在那些差點命喪黃泉的人之中，每二十人就有一人擁有瀕死經驗。[49] 康乃狄克州的心理學家甘尼斯・林（Kenneth Ring）對瀕死經驗進行了非常詳盡的研究，他透過醫院記錄和報紙廣告，找到一百零二名曾經差點失去性命的受訪者。他先請受訪者大致描述這段親身經歷，接著再由他提問，釐清具體細節。將近 50% 的受訪者擁有瀕死經驗。[50]

甘尼斯・林將瀕死經驗分成五個階段：

1. 浮現平靜與幸福感
2. 靈魂出竅
3. 遁入黑暗
4. 看見光明
5. 進入光亮的世界 [51]

前幾個階段比較常出現在當事人的陳述中：60% 的受訪者指出曾經歷第一階段，37% 曾經歷第二階段，23% 曾經歷第三階段，16% 曾經歷第四階段，10% 曾經歷第五階段。一個人會歷經的瀕死階段並不受年齡、性別或宗教信仰所影響。事實上，跨文化研究發現，不管當事人來自什麼背景，瀕死經驗的核心元素大致相同。心理學家卡利斯・奧西斯（Karlis Osis）和厄爾蘭德・哈羅德森（Erlendur Haraldsson）檢視印度宗教導師的瀕死經驗，發現與西方

《聖經》的靈魂觀

　　許多人認為，靈魂能獨立於身體之外單獨存在，是基督教教義的核心信條。然而鑽研《聖經》的學者並不贊同。他們指出，《聖經》崇信一元論，認為身心無法彼此分離。英國神學家阿德里安·柴契爾（Adrian Thatcher）解釋：

　　　《聖經》學者難得異口同聲，一致認為《聖經》對人的觀點屬於非二元論。對於人的核心是靈魂或靈魂可與身體分開，《聖經》基本上不支持這樣的說法。當然，二元論者或許會回答，不管《聖經》的觀點為何，二元論為現今的基督教教義提供了令人信服的框架。即便如此，從《聖經》的出發點來看，二元論仍舊格格不入，這是無法否認的事實。對此，神學家林恩·德西爾瓦（Lynn de Silva）概述如下：「《聖經》學者的態度已大致底定，他們認為《聖經》中對人的概念並非希臘或印度思想中的二元形式。《聖經》將人視為一個整體，與二元論相去甚遠。靈魂在人誕生時進入人體，人死亡後便脫離人體，這種靈魂不滅的觀點並不見於《聖經》。人是一個整體，靈魂、身體、骨肉、心靈等所有元素構成完整的人，任何元素都不能從整體架構中脫離，也無法在人死亡後續存。」[52]

　　為何研究《聖經》的學者會一致同意，《聖經》並未給予我們任何理由去相信靈魂不滅？因為我們現在熟知的「靈魂」（soul）一詞，譯自希伯來文「nephesh」和「psuche」，意指會呼吸的生命體。而且靈魂要是永生不死，耶穌復活的故事便會顯得不合理。柴契爾這麼解釋：

　　　從耶穌復活和升天的相關經文來思考，即可排除二元論

的觀點。耶穌是真正而且徹底死亡，並非只有肉體死亡。準確來說，是神將耶穌從死亡中喚醒，造就了耶穌復活的奇蹟，並非先將耶穌的身軀救活，再讓身體與不滅的靈魂相結合。如果耶穌當時並未完全死亡，我們或許就會反問：那耶穌復活的故事意義何在？只是要說服門徒相信死亡的枷鎖已永遠解除？很難。因為門徒相信靈魂不滅的話，就不會試圖確認這點；如果他們需要確認，復活的奇蹟也無法提供佐證，只會讓他們更加困惑而已。另外，在二元論的框架下，耶穌升天的故事將顯得多餘。耶穌的身體死亡後，靈魂本來就會在沒有軀體的情況下繼續存在，回到天父的身邊。這樣的話，升天的神蹟代表什麼意義？以清晰的形象向門徒道別？耶穌蛻變後渾身散發光芒，以具體化的理想樣貌返回天國？歷史上沒有任何人這樣詮釋《聖經》而廣獲認同。不論在身體死亡前或死亡後，所有人都是身心靈合為一體的實體，在此預設之下，耶穌復活和升天等神蹟所表達的神學信仰比較合理。[53] 值得注意的是，《聖經》看待人的觀點較類似神經科學的看法，而非一般人所謂靈魂和身體可分離的說法。

資料來源：Adrian Thatcher, "Christian Theism and the Concept of a Person," Persons and Personality, (Oxford: Black-well, 1987)

人的經驗基本上並無二致。[54]

　　前述研究都屬於回溯性研究，亦即該研究建立在多年前發生的瀕死經驗之上，最久甚至可回溯至十年前。由於事隔多年，想要準確評估當事人經驗中涉及的生理及心理因素，可謂難上加難。然而在二〇〇一年，荷蘭醫師皮姆・范羅梅爾（Pim van Lommel）和三名同事以瀕死經驗為主題的前瞻性研究通過同儕審核，登上了備受

重視的英國醫學期刊《刺胳針》。[55] 該研究橫跨十所荷蘭醫院，訪談了三百四十四名甫歷經心臟病發的病患。為衡量此事件的長期影響，他們分別在兩年及八年後追蹤同一批病患，寫成研究報告。范羅梅爾和同事發現，只有18%的病患表示經歷了瀕死經驗。一個人是否經歷瀕死經驗，與心臟病發和失去意識的時間長度，以及是否接受藥物治療或害怕死亡，全都沒有關連。不過瀕死經驗的深刻與否，則受到性別（女性比較有可能經歷深刻的瀕死經驗）、急救地點（在醫院以外地方搶救的病患比較容易有深刻的瀕死經驗），以及對死亡的恐懼（怕死的人比較容易記得深刻的瀕死經驗）所影響。

假如瀕死經驗如此常見且普遍，我們能得出什麼結論？瀕死經驗能提供靈魂永生的證據嗎？穆迪的確這麼相信。他認為這類經驗最好的解釋，就是靈魂或靈體在死亡後脫離身軀，去到另一個世界。[56] 這個結論無疑是大多數人選擇相信的說法，所以我們先來評估這個假說。

假說一：**在瀕死經驗中，靈魂或靈體離開身軀，去到另一個世界。** 穆迪提出兩個論點，說明瀕死經驗為何可信。第一，有這種經驗的人時常能準確描述其本身處於臨床死亡的狀態下，身體周遭所發生的一切；第二，這樣的經驗常會改變當事人原本的個性[57]，他們不再恐懼死亡，人生也多了新的意義、目的和價值。

這項假說等於主張人類能在大腦停止運作期間持續感受身邊的人事物，若這項發現屬實，必定徹底顛覆心理學和神經科學領域，在科學史上占有重大地位。大腦是掌管思緒的器官，換言之，思考、感知及感覺等能力都需要仰賴大腦。如果人類不必透過大腦運作，就能正常發揮這些能力，那麼心理學和神經科學的所有教科書都必須重寫。

然而，在否定整個領域的研究之前，我們最好確定證據的可信度是否足以為此決定背書。我們先檢視認為大腦是心智中樞的觀

點。誠如神經生理學家貝瑞・貝葉斯坦（Barry Beyerstein）指出，支持此觀點的資料證據可分為以下類型：

系統發生型（Phylogenetic）：大腦的複雜度與物種的認知屬性之間存在演化關係。

發展型（Developmental）：隨著大腦發展成熟，不同行為能力才逐一出現。相反地，若大腦發育不成熟，心智發展便會受限。

臨床型（Clinical）：若大腦遭逢意外事故、中毒或感染而受損，或大腦在發展期間獲得的營養或刺激不足，都會造成可預期且大多不可逆的心智機能障礙。

實驗型（Experimental）：心智活動與腦波、生物化學、生物磁性和解剖等各層面的改變有關。在神經外科手術中透過電波或化學手段給予大腦刺激，產生的動作、認知、記憶和食慾，與相同細胞在正常活動下所觸發的反應類似。

經驗型（Experiential）：許多天然與合成物質都會與腦細胞發生化學反應。如果這些大腦修飾因子（modifier）無法為意識帶來愉悅及可預測的影響，那尼古丁、酒精、咖啡因、LSD、古柯鹼和大麻的娛樂價值，基本上只與吹泡泡差不多。

儘管上述各類資料數量眾多、內容多元，而且彼此強化論點，但資料本身無法保證心理神經同一論（psychoneural identity theory）的觀點即為事實。然而，該理論兼具簡約樸實（精簡）和研究生產力（豐碩）等優點，能解釋的現象眾多（範圍），而且缺乏具說服力的反證（保守），對所有神經科學家而言，不啻是值得相信的主張。[58]

於是，人類仰賴大腦來思考的觀點不再只是心理學和神經科學的假設，而是幾經確認的堅實理論。因為比起其他候選理論（包括

身心可分離的假說），這個理論更簡單、內涵更豐富、涉及的範疇更廣，而且更符合保守標準。這個理論並未預設任何無形物質存在（簡約），並且成功預測了幾個新奇現象（豐碩），例如利用電波刺激大腦，能產生有別於正常情形的精神狀態；它不必動用特設假說，即可解釋上述所有現象（範圍），而且未與任何可靠資料相悖（保守）。

但瀕死經驗的研究人員指出，上述理論確實與可信的實際狀況有所衝突，亦即部分親身經歷過瀕死經驗的人在大腦停止運作的狀態下，仍舊能精確感知身邊發生的一切。如果大腦機能喪失後，感知能力仍可照常運作，意味心智不必仰賴大腦。就體現認知論（disembodied cognition）的觀點而言，瑪麗亞（Maria）[59] 和潘姆．雷諾茲（Pam Reynolds）[60] 兩個案例是公認最有力的證據。

瑪麗亞是華盛頓州的移工，她在一九七七年心臟病發，住進西雅圖的港景醫療中心（Harborview Medical Center）。住院期間，她的心臟停止跳動，醫護人員馬上展開搶救，成功將她救回。後來她認識了社工金百莉．克拉克（Kimberly Clark），向她回憶起那次極為深刻的親身體驗：「最奇怪的是，當醫生和護士忙著為我急救時，我發現自己竟然從天花板看著他們在我身上忙東忙西。」[61] 瑪麗亞所描述的事件正是典型的靈魂出竅。更引人注目的是，她聲稱在她顯然是靈魂出竅的這段期間，她「在思緒的引導下」來到醫療大樓的北側，看見三樓的窗沿上放著一隻網球鞋。她請克拉克去找那隻鞋，但克拉克走到大樓外面，在窗沿上遍尋不著任何東西。她改從三樓的窗戶往外看，這樣一來，她就必須把臉貼著玻璃才能看見窗沿。努力搜尋一會兒後，她終於找到了鞋。

乍聽之下，瑪麗亞似乎知道某件除非她真的靈魂出竅才可能知道的事。根據克拉克的說詞，從大樓外面看不見那隻鞋，即使從大樓裡面往外看，若非把臉貼著玻璃仔細尋找，也無法輕易發現，而

瑪麗亞理應不曾這麼做才對。不過，誠如前文所述，表象可能是場騙局，尤其是軼事型證據，因為我們永遠無法確定記錄內容是否受到認知或感知方面的偏誤、記憶偏差或其他混淆視聽的因素所影響。

　　一九九四年，就在事情發生十七年後，海登・艾本（Hayden Ebbern）和西恩・莫利根（Sean Mulligan）試著驗證瑪麗亞的故事。他們先訪問克拉克，了解網球鞋在三樓窗沿上的位置，之後在同一位置放上另一隻鞋，想確認到底有多難發現鞋子的蹤影。出乎意料地，要發現那隻鞋一點也不困難。他們「對於輕鬆就能看見及識別鞋子感到萬分驚訝。」[62]另外，他們也發現，從房間內很容易就能看見鞋子，「不論如何都不需要刻意把臉貼在玻璃上，其實只要走進房間幾步，就能清楚看見。」[63]總之，不必動用超自然或靈異說法，就能解釋瑪麗亞與網球鞋的一面之緣。她或許是在住院期間瞥見了那隻鞋，或是無意間聽到別人說起這件小事。

　　聽聞大部分瀕死經驗時，我們其實很難判斷當事人的大腦是否完全停止運作，因為在搶救的當下，根本沒有時間或機會幫當事人接上腦波檢查儀器，也就是俗稱的 EEG，記錄大腦最外側部分（新皮質）的腦波活動。舉個例子，如果病患的心臟在手術過程中停止跳動，醫療人員會馬上展開急救，緊接而來的醫療行為繁雜忙碌，很難有人有空幫病患接上 EEG。心臟停止跳動約十秒後，腦電圖就會開始產生變化；約二十秒後，腦電圖就會趨於平坦的直線，表示儀器已無法從新皮質偵測到任何腦波活動。[64]然而腦電圖趨於平坦不代表整個大腦已停止運作，因為腦部更深層的結構（例如腦幹）不在 EEG 的偵測範圍，而且需要更多時間才會完全癱瘓。即便有少數幾個案例幸運接上了 EEG，且病患本身的腦電圖已「毫無波動」，我們還是很難判定瀕死經驗是否發生於這段期間。在腦電圖趨於平緩之前，以及病患開始恢復意識之際，都有可能發生瀕死經驗。不過在研究中，的確有令人驚豔的案例。該案例的病患在接

上腦波檢查儀器後，有超過半小時之久，儀器均未測得任何腦波活動，但病患事後聲稱擁有深刻的瀕死經驗。

一九九一年，雷諾茲接受腦部動脈瘤（動脈膨凸）切除手術。該手術採用一種不常見的醫療手法，稱為「深低溫循環中止」，亦即將人體降溫到攝氏十五度左右，使心跳和呼吸都暫時停擺，並停止腦部的血液供應。這麼做的目的是要盡可能降低大腦接受精密手術時受損的風險。病患進入這種「靜止」狀態後，腦波便不會再有任何活動跡象。雷諾茲甦醒後，聲稱她經歷了瀕死經驗。那段期間，她感覺靈魂脫離身體、目睹醫療人員的手術場景，還聽見其中一個外科醫生說她的動脈管徑太小。[65] 這些經歷縱然短暫，但她的描述卻相對準確。[66] 如果這些經歷都發生於靜止狀態下，就可以成為支持體現認知論的有力證據。

然而，她所敘述的事件並非發生在靜止狀態期間。基斯・奧古斯丁（Keith Augustine）仔細分析手術流程的時間順序，發現雷諾茲所指瀕死經驗的發生時間遠早於身體降溫之前。

> 誠如薩伯姆的記述所示，她所宣稱靈魂出竅的時間與身體的靜止狀態毫無關連──在醫療團隊開始著手降低她的體溫前二小時又五分鐘，她的瀕死經驗就已正式上演，那時她的體溫還處在正常水準。[67]

麻醉師傑拉德・沃爾里（Gerald Woerlee）認為，雷諾茲在大腦仍然正常運作之時發生了瀕死經驗，並且能夠回想起手術的相關細節，是因為她經歷了「術中甦醒」，即病患在施行麻醉的期間恢復意識。[68]

一般來說，麻醉需施打三種藥劑：鎮靜劑（引發睡意）、肌肉鬆弛劑（避免肢體移動）以及麻醉劑（止痛）。如果鎮靜劑的藥效比其他藥物更早消退，病患就有可能出現術中甦醒的現象。實行深

低溫循環中止手術時，一旦病患體溫下降後，麻醉師通常不再注射鎮靜劑，因為低溫狀態已足以抑制病患的意識。因此沃爾里認為，「雷諾茲可能短暫經歷了術中甦醒，因此才記得那些符合實際情況的手術過程。」[69] 這種符合自然法則的詮釋足以闡釋她精準的感知結果，實在沒必要從超自然的角度過度解釋。

如果能打破合理懷疑，證實有人能在靜止狀態下（甚或是毫無腦波活動之際）獲取知識，即可成為支持體現認知論的有力證據。不過目前未出現無這種案例。誠如神經心理學家塞巴斯帝安·迪艾格斯（Sebastian Dieguez）表示，體現認知論「甚至連一個讓人無法反駁的個案都無法提出，因而無法證明在大腦停止活動（或只是無意識狀態）期間，我們仍然可以感受到『真實感知』」，才會到現在依舊備受質疑。[70]

為了證明人能在不運用大腦的情況下獲取周遭環境的相關知識，瀕死經驗研究人員需要軼事記錄以外的證據來佐證，包括從嚴謹控管的對照試驗中彙整臨床證據，且過程中需防止正常的認知能力對試驗產生任何影響。近來有項剛完成的研究正是試圖蒐集這類證據。在 AWARE 計畫（AWAreness during Resuscitation，急救期間的意識表現）中，研究人員於手術房的架子上擺放超過一千幅圖片，這些圖片只能從天花板的視角才能看見。[71] 如果心臟病患者能在手術期間精準識別其中一幅圖像，即可成為支持體現認知論的有力證據。為期四年的時間，在英國、美國和澳洲一共十五間醫院，有兩千零六十名心搏停止的病患成為分析的個案。這些病患全都未能精準識別圖片。有個病患準確形容了急救過程的某些面向，但沒有直接證據能證明當時的他處於無意識狀態。[72] 因此，我們可以這麼說，支持體現認知論的可靠證據至今仍無著落。

要在嚴謹控制的條件下研究瀕死經驗，其中一種辦法是以人工方式讓受試者進入死亡狀態，就像電影《別闖陰陽界》（*Flatliners*）

採用的方法一樣，再請他們辨識經由雙盲程序所選出的特定物件，最後再恢復他們的生命跡象。然而礙於道德方面的顧慮，這類實驗仍無法實際執行。

幸好，還有其他方法能使人產生靈魂出竅的感知體驗，我們不必為了驗證靈魂出竅的真實性而「殺人」。就目前研究所知，冥想、壓力、藥物和疲勞都能產生類似靈魂出竅的感覺，甚至有人宣稱能以個人意志自主引發這種體驗。超心理學家特地研究這些人，但研究結果模稜兩可，無法確實證明靈魂出竅是否真正發生。回顧所有主要文獻後，心理學家蘇珊・布萊克摩爾（Susan Blackmore）提出以下結論：

> 這些實驗的宗旨，都是希望確認受試者能否在靈魂出竅的狀態下看見一段距離之外的物體。這之中充其量只有極少數實驗符合對照實驗的標準（有些評論家認為無一實驗符合標準），但這些實驗依舊無法提出明確證據，證明受試者能在正常感官能力以外，以其他方式得知環境資訊。雖然這些實驗性質的靈魂出竅體驗與自然發生的案例終究有別，但從這些實驗研究中，我們依然能歸結出一個簡單結論：假如真正發生靈魂出竅，人在那狀態下的視力必定奇差無比。[73]

總歸來說，這些實驗提出的證據終究無法戰勝合理懷疑，證明人能在靈魂出竅或瀕臨死亡的狀態下獲知真實世界的相關資訊。

不僅如此，靈魂假說還衍生不少棘手難題。要是我們仰賴靈魂思考，那大腦的功用是什麼？大腦只是扮演中繼站的角色，在靈魂和身體之間協助傳遞訊息嗎？要是這樣，大腦受損就不會影響思考能力，只有傳遞思緒的機能會受影響。以此觀點來看，患有失智症、阿茲海默症、嚴重智能障礙等疾病者，其實就跟你我一樣神智清醒，只是他們體內與靈魂聯繫的基地台不幸損壞罷了。這個說

法可信嗎？如果靈魂不必仰賴大腦就能看見世間萬物，為什麼我們還是只能看見雙眼能感知的可見光？為何我們看不見紅外線和紫外線？[74] 如果靈魂不需仰賴大腦即可自行創造及儲存記憶，為什麼注射麻醉劑後，我們就記不得手術中發生的事？[75] 如果靈魂理論真的值得相信，就必須要能回答以上所有問題。

問題還不只這些。一個高可信度的靈魂理論應該要能告訴我們，靈魂究竟所指何物。人們宣稱，靈魂可以四處飄浮，還能穿牆而過，所以靈魂顯然能在空間中占有具體位置。此外，靈魂顯然也有形體，因為依據普遍的說法，靈魂和人一樣有身軀、手腳等部位，並非完全無形。那麼，靈魂究竟是由什麼構成？鑑於靈魂具有某些形體特性，科學家理所當然會試著去偵測靈魂。研究人員曾使用紫外線和紅外線裝置、磁力儀、溫度計、熱敏電阻等工具，試圖捕捉靈魂的蹤影，只不過沒有一次成功。

如果靈魂能在脫離身體之後獲知真實世界的資訊，勢必與世界有所互動。如果靈魂與世界產生互動，我們勢必就能觀察得到靈魂。心理學家威廉·羅許頓（William Rushton）這麼解釋：

> 我們知道，外界傳來的資訊會先由感覺器官接收，再由神經加以編碼。假如視網膜或腦神經稍有受損，就會導致視覺缺陷，而我們通常可以據此正確推斷受損的部位。人眼具有上億個光感受器和數百萬條傳導訊息的視神經，如果人在靈魂出竅後，雙眼一樣能接收視覺影像並予以編碼，那麼，靈魂出竅狀態下的眼睛到底算是怎樣的「器官」？你能想到任何類似眼睛且具有這種功能的活體組織嗎？如果這種能飄在空中的組織能看見周遭的一切，它必須要能接收光線，因此不可能是透明無色，附近的人必定能夠看到。
>
> 事實上，迄今沒人找到這種「飄浮之眼」，未來大概也不

會有人發現，因為這只是幻想的產物。[76]

由於靈魂非肉眼可見，靈魂脫離身體後能獲取環境知識的說法不免令人懷疑。我們將問題癥結簡單梳理如下：如果靈魂有形體，就應該能偵測得到。有鑑於迄今無人成功偵測到靈魂，於是靈魂有形體的說法令人質疑。要是沒有形體，靈魂何以具有形狀、在空間中占有位置，又如何能獲取真實世界的知識，這些都無從得知。在缺乏更多資訊的情況下，我們不曉得靈魂的本質為何，也不清楚靈魂如何與真實世界交流，自然沒有充分理由嚴肅看待無形靈魂的相關假說。因為沒有充足的資訊，此一假說只能告訴我們，有種東西能獲取資訊及自由行動，但至於那是什麼東西、如何獲取知識，以及何去何從，我們一無所知。無庸置疑，這樣的假說當然無法為我們帶來任何啟發。

天文學家薩根在其著作《布洛卡大腦》（*Broca's Brain*，暫譯）中擁護一項極其熱門的瀕死經驗假說。[77] 該假說最早由心理學家史坦尼斯拉夫・格羅夫（Stanislav Grof）和喬安・哈里法克斯（Joan Halifax）提出，他們宣稱瀕死經驗是出生經驗的鮮明記憶。[78] 這個解釋顯然可說明瀕死經驗為何如此普遍，因為出生是所有人類都曾有過的歷程。此外，這顯然也能說明通過隧道（進入黑暗）看見亮光的經驗，因為許多人所想像的出生過程正是如此。因此，我們有必要更仔細地審視這項假說。

假說二：**瀕死經驗是出生經驗的鮮明記憶**。此假說預設每個人都記得出生時通過長隧道的過程，然而關於嬰兒認知的研究顯示，嬰兒的大腦尚未發展完全，無法記住出生的確切細節。[79] 就算嬰兒有能力記住，這種說法還是值得懷疑，因為生產過程中，嬰兒的臉會緊貼著產道，基本上看不見任何景象，更不用說會有穿過隧道的印象。

如果瀕死經驗是源自出生記憶，剖腹產的嬰兒理應就不會擁有通過隧道的經驗。布萊克摩爾給兩百五十四名受試者填寫問卷，其中三十六人是經由剖腹產來到這個世界。她發現剖腹產和自然產的受試者，記得隧道經驗的比例大致相同。這是目前對於出生記憶假說最稱職的檢驗，只是結果不如預期[80]。

若要徹底解釋瀕死經驗，出生記憶假說必須要能解釋，為何接近死亡之際，當事人只會想起出生的記憶，而非人生中的其他經歷。有種說法是死亡時的生理狀況與出生時相似，觸發了相關記憶，就像氣味會勾起記憶一樣。但出生與死亡的生理狀況真的那麼類似嗎？其他情況能否產生類似的狀態？如果可以，為什麼我們不會想起當時的情景？若無法確實回答這些問題，出生記憶假說就無法成為令人滿意的選擇。

假說三：**瀕死經驗是神經元不正常放電所導致**。人在許多情況下都有可能產生瀕死經驗，不一定要與死神擦身而過。舉凡藥物、昏厥、心搏停止、車禍、大腦直接受到刺激，以及從高處墜落，都可能引發瀕死經驗。光憑單一說法是否就能解釋這類經驗的所有面向，令人懷疑。不過神經科學家發現，「神經生理學上的相關表徵」（大腦神經元的放電模式）與瀕死經驗的主要特徵不謀而合。狄恩・莫布斯（Dean Mobbs）和卡蘿琳・瓦特（Caroline Watt）提出以下解釋：

> 在瀕死經驗中時常出現的鮮明愉悅感，或許是恐懼所誘發的類鴉片分子所致，而瀕死經驗伴隨的「人生跑馬燈」和類似快速眼動期的感受，則可歸因於藍斑核（locus coeruleus）和正腎上腺素（noradrenaline）系統所產生的作用。靈魂出竅與脫離身軀的感覺可能源於多感官程序停擺，而看見亮光和通過隧道的體驗，則是因為缺氧後，視覺系統從視網膜外圍到中央窩陸

續癱瘓所致。當事人事先即已相信典型的瀕死經驗，進而據以認定所經歷的一切，這種依據事前期望來理解事情的現象，或許也扮演著重要角色。[81]

人體承受壓力時，大腦分泌的多巴胺和類鴉片物質可以產生平靜、幸福的感覺；杏仁核或海馬迴與情緒和記憶方面相關，當這些部位受到刺激，可能促使大腦回顧人生片段；右顳頂交界區（temporoparietal junction，負責整合感覺器官接收到的資訊）一旦受到刺激，可能產生類似靈魂出竅的感受；隧道效應則可能是視覺系統缺氧所導致。莫布斯和瓦特歸結出以下結論：「綜合考量這些科學證據後，可發現瀕死經驗的所有面向似乎都能從神經生理或心理的角度找到論證基礎。」[82] 請注意，這只是一種可能的解釋，因為目前科學界仍未掌握人在瀕臨死亡之際，大腦深層神經活動的詳細狀況。儘管如此，有了神經學上的相關對應，很難不去正視瀕死經驗與腦部活動有關的主張。

至於為何瀕死經驗感覺如此真實，甚至讓部分親身經歷過的人宣稱「比現實還真實」[83]？其中一種解釋是因為缺氧。許多人因為缺氧觸發瀕死經驗，而缺氧時常會引發鮮活生動的感官知覺：

缺氧（氧氣供應不足）會迅速影響到大腦的上層中心區域，導致原本較細膩的感覺能力變得遲鈍，並使人喪失判斷和自我批判的能力。但受試者反而會感覺自己思緒清晰，而且感受敏銳。[84]

布萊克摩爾提出另一種解釋。她表示，大腦是資訊處理機制的中樞，隨時都在試著解讀接收到的資訊，以此建構現實模式。不論任何時候，我們往往會將最穩定的模式視為真實，換句話說，該模式最為符合現下所擁有的資訊。她的解釋如下：

我們的大腦有能力區別「現實」和「想像」，但大腦並非一開始就明白兩者間的差異。大腦必須判斷其建構的模式中，哪一個最能代表「身處」的世界，明辨異同。我認為大腦會比較所有模式，從中挑選最穩定者視為「現實」。[85]

一旦資訊的正常來源受到干擾，例如承受龐大壓力或瀕臨死亡，我們所建構的現實模式就會變得不穩。在這種情況下，大腦會參照僅有的資訊，試著建構起穩定的模式，此時參考的資訊來源就是記憶。然而我們腦中記得的事件都有一個特性：幾乎都是從鳥瞰的視角觀看。不妨試著回想你最近一次漫步沙灘或穿越樹林的景象。如果你跟大部分人一樣，你大概會從空中看見自己。她指出，這種記憶視角有助於解釋靈魂出竅的相關言論。人們會有這類經驗，單純是因為人體對現實的理解已從感覺模式切換成記憶模式。[86]

布萊克摩爾的假說有個優點，就是能解釋靈魂出竅狀態下所理解的現實。由於大腦認定最穩定的模式即為現實，要是記憶成了最穩定的資訊來源，大腦就會將此視為現實。異常事件可能會對我們帶來深遠影響，尤其是當大腦將這些異常事件視為現實時更是如此。至少可以這麼說，在瀕死經驗中發生的一切無疑非比尋常，由於這是當事人當下觀看現實最穩定的模式，因此一切看起來才會如此逼真。無怪乎人們歷經瀕死經驗後，世界觀時常發生劇變。

以上論點主張瀕死經驗是神經元不正常放電所致，這項假說解釋了瀕死經驗的主要特徵，值得讚揚。這會是最理想的假說嗎？讓我們簡單回顧一下截至目前為止的候選假說。靈魂假說（假說一）並未預測出任何未知現象，無法提供任何近乎認識論的啟發。就精簡和保守等標準來看，此假說比其他競爭假說略遜一籌，因為假說以靈體為立論前提，而現階段最理想的理論均未認同靈體。假說的範圍也值得商榷，因為其衍生的問題多過提供的答案。出生記憶假

說（假說二）不符合我們所知的出生經驗，且未能印證相關預測。相形之下，神經元假說（假說三）涵蓋範圍最廣，同時也是最精簡、豐碩、保守的說法。就我們目前所掌握的知識來看，這是瀕死經驗最合理的解釋。

鬼魂

一五七五年，住在法國都爾（Tours）的吉爾斯·德拉克拉（Gilles Delacre）指稱租屋處鬧鬼，憤而控告房東。房東的辯護律師提出世上沒鬼的論點，試圖說服法官駁回案件。德拉克拉的律師據理抗辯，引述歐里根（Origen）、塞內卡（Seneca）、李維（Livy）、西塞羅、普魯塔克（Plutarch）、老普林尼（Pliny）等權威的說法，證實鬼魂確實存在。法官認為此等證詞很有道理，於是判決德拉克拉勝訴。[91]

一九九〇年，紐約尼亞克（Nyack）的傑弗瑞·史坦鮑夫斯基（Jeffrey Stambovsky）控訴海倫·艾克莉（Helen Ackley）和艾莉斯·里亞樂蒂（Ellis Reality）準備賣給他鬧鬼的房子，希望能撤銷購屋合約。為了那棟維多利亞時期的古老別墅，史坦鮑夫斯基已付給艾克莉 32,500 美元（房屋總價 650,000 美元）。好幾年來，艾克莉總是對朋友和鄰居說那棟房子鬧鬼。

她在一九七七年《讀者文摘》的一篇文章中宣稱，其中一個鬼魂是「臉頰圓潤、笑咪咪的男人」，外表神似聖誕老人。一九八九年，一篇以尼亞克房地產為主題的新聞報導形容那棟房子是「維多利亞時期風格的河畔宅邸——裡面住鬼」。史坦鮑夫斯基一家人對這些事情一無所知，直到他們付了頭期款後才意外得知這一切。起初，下級法院拒絕審理他們的請願案，但在史坦鮑夫斯基一家人不辭辛勞地奔走下，州最高法院的上訴部門終於在一九九一年受理案

人體自燃

　　身體突然著火，而且燃燒得相當完全，最後只留下灰燼，這種現象稱為人體自燃（spontaneous human combustion）。文學巨擘狄更斯對此現象瞭若指掌，小說《荒涼山莊》（*Bleak House*）中便出現了相關描述：

> 房間裡有一股令人窒息的濃煙，牆壁和天花板上被燻出了一層油膩的黑。椅子、桌子，還有很少出現在那張桌上的瓶子，都像平常一樣立在原地……那裡有一小塊燒焦的地板……那到底是一小塊上面帶著白灰的燒焦碎木頭呢，還是一塊煤炭？噢，真可怕啊，他在這裡！……不論閣下用任何名字稱呼死亡……死亡永遠是死亡──那是命中註定，大限難逃，臭皮囊終歸要腐化──不管死亡有多少種，他只有可能是「自燃」而死。[87]

　　狄更斯的書出版後，描述人體自燃的內容引來哲學家喬治・路易斯（George Lewes）批評，認為該作品在宣揚庸俗無知的迷信。對此，狄更斯在《荒涼山莊》第二版前言中明確回應，表示他爬梳過至少三十件人體自燃案例的完整文獻，對此現象已有相當透徹的研究。從那時開始，更多的自燃案例被記錄在案。因此我們可以說，的確有人是以狄更斯所描述的方式慘遭燒死，這點無庸置疑。問題的癥結在於，那些人是否真的是自燃起火？

　　疑似人體自燃的案例有幾個共通點：（1）撇除四肢不談，身體有時會完全燒成灰燼；（2）除了與身體接觸的物品之外，同一空間內的物品通常完好無缺；（3）天花板和部分牆壁沾染一層油膩的煤煙，但通常只有在離地板幾公尺的範圍內。人體自燃案件之所以如此神祕，是因為焚燒人體通常需要攝氏八百七十度的高溫，不僅前

後需燒上兩個小時，甚至連骨頭都無法完全燒成灰燼（火葬場會將剩下的骨骸放進缽內，以杵搗碎）。照理來說，如此高溫的火焰不會只燒掉疑似自燃的人體。鑑於周遭環境未受波及，人體自燃從物理的角度來看似乎不太可能發生。

考量到人體不太可能無故自燃，有些人於是動用超自然力量的說法，以此解釋這類案例。他們將人體自燃視為一種天譴。許多自燃的受害者都有酒癮，而且過胖，但這些缺點不代表他們就該以如此戲劇化（而且痛苦萬分）的方式終結生命。還有人臆測，因為受害者飲酒過量，才會引發如此強烈的火勢。尤斯圖斯・馮李比希（Justus von Liebig）在一八五○年的實驗中證實了，即使把肉浸泡過酒精，也無法自行燒成灰燼。[88] 還有人天馬行空地設想，有種稱為「pyroton」的新亞原子粒子能從內部引發連鎖反應，進而產生自燃現象，原理類似原子彈爆炸。[89]

想解釋人體自燃事件，實在沒必要搬出超自然力量或修改物理定律，因為更符合常理的說法就能適切地解釋這個現象。目前，法醫生物學家認為，自燃者基本上可以比喻為人體蠟燭，穿著衣服的人體就像外翻的蠟燭，衣物是燭芯，脂肪是蠟。在人體自燃案例中，受害者的衣物先著火，融化了皮下脂肪。接著，脂肪融化後黏附到衣服上，或是受害者當時所坐的椅子上，產生火上加油的效果。在密閉的空間內，氧氣很快就會耗用殆盡，使原本猛烈的火勢趨緩，轉為小火悶燒，因而產生大量油膩的煙霧。煙霧中夾帶的油脂於是黏附在天花板和牆壁上。由於空間內的氧氣不足，因此未與被害者身體接觸的物品不至於會起火燃燒。不過被高溫煙霧吞噬的物品可能會產生破裂或融化等熱損壞的跡象。酒精的確有其重要角色，但並非一般人所想的那樣。酒精不會助長火勢，只會妨礙受害者的行動能力，使其無法臨機應變。

人體蠟燭的燃燒溫度不會達到攝氏八百七十度之高。不過，只

要燃燒時間夠久，不必那麼高溫也能將骨骼完全燒成灰燼。道格拉斯・德賴斯戴爾（Douglas Drysdale）這麼解釋：

> 火葬場需使用攝氏一千三百度的高溫（甚至更高），才能在相對較短的時間內將人體燒成灰燼。在客廳中要如此高溫才能將軀體化為灰燼，其實是錯誤觀念。只要仰賴燈芯效應並搭配小火悶燒，就能產生局部高溫，在這種燃燒條件下，連骨頭都能成灰。如果時間充足，只要以相對較低的溫度（例如攝氏五百度）持續燃燒，骨骼也能變成類似粉末的質地。[90]

　　總之，你不必擔心哪天走在路上身體會突然起火燃燒，但要是在密閉的房間內喝到酩酊大醉，嘴上還叼著菸，那可得小心了。

件，並認定艾克莉刻意隱瞞資訊而構成詐騙，最後判決史坦鮑夫斯基一家人勝訴。法官在判決書中寫道：

> 鑒於原告非「本地人」，未能及時得知他所簽約的房屋鬧鬼，情有可原。無論被告賣家所目睹的靈異現象起因於超自然力量或心理作用，由於全國刊物及地方報紙均曾撰文報導，被告無以否認此一事實，因此就法律上而言，該房屋鬧鬼應為屬實……最後，如果要將合約內文的敘述詮釋為被告有意暗示屋內有鬼，以此為其辯護，就無法同時解釋為被告已根據合約附加條款所述之賣方義務，確實履行了「清空」的前提。[92]

　　由此可知，法律認定房屋鬧鬼並非十五世紀歐洲的專利，二十世紀的美國也不遑多讓。

　　法官本人是否相信世上有鬼，不得而知。但近期的蓋洛普民調顯示，38% 的美國人相信世上有鬼。以前，鬼魂是指逝世者的靈

魂或亡靈。許多人宣稱曾遇鬼，這類經驗可能包括清楚目睹靈異現象、氣溫驟變、聞到異常氣味，乃至感覺附近「有東西」。這些無疑都是真實體驗。問題在於，這些現象是否都是脫離肉體的靈魂所造成？若想找到答案，我們必須確定這種說法能否提供最佳解釋。

雖然撞鬼經驗百百種，通常可分為兩個基本類型：鬧鬼和靈異事件。鬧鬼是指鬼魂反覆出現在同一地點，再三重複相同的動作。相對地，靈異事件則可能牽涉人鬼互動。有些靈異事件只會發生一次，企圖透露某些資訊或完成特定任務，有些則可能出現多次。以下就來探討這些現象是否真實。

假說一：**撞鬼經驗是由脫離軀體的靈魂所造成**。解釋撞鬼經驗最簡單的方式，就是直接相信表象——所見即鬼影，亦即相信世上真的有鬼。不過，如果鬼魂透明無形，實在很難理解為何我們看得見鬼。

相信靈魂或鬼魅的人一般可歸類於**二元論者**，因為他們認為世間萬物可分為兩種：實體與非實體。現代最具影響力的二元論提倡者為笛卡兒（Rene Descartes），他認為實體無法思考、感覺或產生慾望，因此心靈或靈魂必定是非實體的存在（許多人至今仍質疑人工智慧的前景，正是出於這個原因）。他指出，靈魂不具任何物理性質，包括沒有質量、不帶電荷、沒有空間延展性。然而，若靈魂不具備這些性質，靈魂之說會衍生出更多問題。由於光子無法從靈魂表面反彈，因此我們看不見靈魂；由於靈魂不具質量，所以我們觸碰不到靈魂；由於靈魂不散發任何分子，因此我們聞不到靈魂的味道。我們何以察覺這種靈體，便成了無解的謎。如果撞鬼經驗真的是靈魂所造成，必定不屬於笛卡兒所說的那種靈魂。

或許，鬼並非笛卡兒所想的那樣完全沒有形體。印度教認為人是由不同能量體所組成，包括實質肉身、星光體（astral body）和因果體（causal body）。星光體與肉身一樣是由原子構成，但這種原子

比構成物質世界的原子更有靈性。印度教性靈導師帕拉宏撒‧尤迦南達（Paramahansa Yogananda）稱此為「生命粒子」（lifetron），並聲稱這種粒子「比原子的能量更細緻」。[93] 這代表什麼意思？能量之間何以產生「細緻」之別？生命粒子也跟一般原子一樣，由質子、中子和電子所組成嗎？或是由截然不同的物質所構成？生命粒子也有不同種類，跟一般原子一樣能分門別類？生命粒子是否與一般原子一樣，以不同方式組合成不同物質？為什麼現有的儀器偵測不到這種粒子？鬼的組成元素至今依舊未知。

靈異研究學會前會長查爾斯‧里歇（Charles Richet）教授為構成鬼的物質發明了一個新名稱：**靈質**（ectoplasm）。該詞由希臘字「ektons」（內化）與「plasm」（物質）所組成。據說不只有鬼經過的地方會遺留這種物質（如同電影《魔鬼剋星》描述的那樣），鬼魂與靈媒接觸時也會產生這種物質。可是如果將降神會中產生的靈質送去化驗，一切便顯得平淡無奇，不再神祕。蛋白、過濾紗布和木漿是靈質最常見的成分。

如果鬼具有物理性質，應該要能被現代的測量儀器加以偵測。現代化的「捉鬼隊」之所以會攜帶電磁感測器，原因在此。這些超自然現象調查人員去到疑似鬧鬼的地方時，有時會發現儀器讀數異常。不過讀數異常不一定代表該地鬧鬼，這部分我們稍後會說明。

大部分人看到鬼的時候，鬼都穿著衣服，但鬼身上怎麼會有衣服？鬼的世界有服飾店嗎？他們的穿著風格是否從遠古的希臘服飾，乃至現代的嘻哈風格無所不包？為什麼鬼只會穿他那個時代的衣服？鬼會美容嗎？這些都是很重要的問題。鬼魂理論必須先能提出解答，我們才能正視這派說法。

撞鬼經驗除了上述客觀解釋（即歸因於真實察覺鬼的存在），還有幾種主觀解釋，將這一切歸咎於各種環境因素造成異常心理狀態。「石頭錄音帶理論」（stone tape theory）就是其中之一。

假說二：**撞鬼經驗源自於建築物或地標石材中儲存的聲音和影像**。此假說的概念是，撞鬼事件發生當下，當事人往往情緒激動，而這一切經歷會銘記在發生地點附近的石頭上，並且不時自動回放。這裡是以錄音帶和錄音機來比喻，石頭相當於錄音帶，人的心智則是錄音機。

問題是，就目前所知，人類世界沒有任何機制可將這類資訊記錄在石頭中，更別提事後還要播放出來。石頭本來就不具備錄音帶的特性。即使是磁帶，也無法在不使用特殊錄製裝置的情況下記錄聲音或影像。光是對著磁帶講話根本無法錄下任何內容，只是把磁帶放在耳朵旁邊，也同樣聽不到任何聲響。這兩種情況都必須使用有讀取／寫入功能的特殊裝置，但石頭錄音帶理論並未提供任何有關這類記錄機制的線索。

許多撞鬼經驗都發生在夜晚就寢前，或是早上剛起床的時候。在這些時間出現的鬼魂，通常是在黑暗中露出一張臉、在房間內移動，甚至叫出當事人的名字。當事人通常會全身癱軟，無法回應。之前我們就曾談過「睡眠癱瘓」現象，以此解釋外星人綁架的假說。某些撞鬼經驗或許也能以此現象來解釋。

假說三：**撞鬼經驗是睡眠癱瘓所造成**。快速眼動期（REM）是最容易做夢的睡眠階段，此時人的身體會呈現癱軟狀態，以免做出夢中的動作而使自己受傷。但是，如果入睡太快，人可能會在仍有意識的情況下進入 REM，結果就有可能發生夜驚（night terror）或清醒夢等現象，使意識經驗與夢境之間的界線模糊，產生鮮明如真的幻覺。

猝睡症患者比一般人更容易夜驚，因為他們幾乎隨時都能立即入睡。傳統的治療方法是開立各種興奮劑，協助病患保持清醒，以利正常睡眠。新藥莫達非尼（modafinil）能有效減少夜驚，同時又沒有興奮劑的副作用。臨床試驗中，服用莫達非尼的猝睡症患者比

對照組多出 50% 的清醒時間。[94] 由於此藥物能有效減少夜驚現象，有些人標榜這是「驅鬼藥」。

素有鬼屋之稱的房子和建築物經常成為鬼故事的搖籃，而且鬼故事時常發生於建築物的特定區域。赫福郡大學的心理學家暨超心理學者李察·韋斯曼好奇，鬼屋的環境是否具有什麼特殊條件，才會這麼容易傳出鬼故事。為了檢驗這個假設，他決定勇闖大不列顛最富盛名的兩個鬼屋，分別是英國的漢普頓宮（Hampton Court Palace）和蘇格蘭愛丁堡的南橋地窖群（South Bridge Vaults）。

漢普頓宮作為英國君主的宅邸已有超過五百年的歷史。傳聞亨利八世第五任皇后凱薩琳·霍華德（Catherine Howard）的幽魂仍不

漢普頓宮的監視器拍到疑似鬼魂的影像。

©Apic/Hulton Archive/Getty Images

時出沒於皇宮內，她因為遭控通姦而被判處死刑。據說當她得知自己的命運後，跑去向國王求情，慘遭宮內侍衛拖走。她悽厲的尖叫聲在長廊迴盪，造就了如今知名的「鬧鬼迴廊」。然而這裡並非漢普頓宮唯一鬧鬼的地方，其他空間也曾傳出鬼故事，包括「喬治王朝房間」。

愛丁堡地窖群於十八世紀末興建於南橋底下，由幾個小房間和走廊組成。這些空間原本是工坊、儲藏室和窮人住所，到了十九世紀中期，因漏水嚴重又過於擁擠，公共衛生堪憂，逐漸人去樓空，遭大眾遺忘。直到二十世紀末，才有人重新發現這些地窖。地窖群在一九九六年對外開放參觀後，特定區域便開始陸續傳出鬼故事。

為了解鬼故事是否與環境有關，韋斯曼和同事找了超過六百人進入這些建築內巡覽，並記下過程中經歷的所有不尋常現象。參觀漢普頓宮時，韋斯曼的團隊在不同地點放置電磁感測儀，監測整座皇宮的磁場。進入南橋地窖群時，他們監測氣溫、氣流、光線和磁場。觀察結果發現，即使參觀者事前全然不知哪些地方鬧鬼，但他們指出感覺異常的地點，磁場或其他環境變數波動往往最為明顯。對此，韋斯曼得出結論：「『鬧鬼』區域不斷傳出異常現象是因為環境因素所導致，而這些因素在不同地點可能不盡相同，我們的資料強烈支持此一論點……總之，研究結果明顯指出，這些疑似鬧鬼的控訴無法構成『鬼魂』出沒的證據，只能代表當事人對所處環境『正常』因素的回應（當事人本身可能渾然不覺）。」[95]

假說四：**撞鬼經驗是環境因素與威覺能力和大腦交互作用的結果**。帕辛格發現，磁場變化可能促成各種超自然經驗，包括外星人綁架、靈魂出竅、宗教經驗，而韋斯曼的研究證實了這點。其他研究人員也指出了類似的關連。舉個例子，威爾金森（H. P. Wilkinson）和高爾德（Alan Gauld）投稿到《靈異研究期刊》（*Journal of Psychical Research*）的論文指稱，太陽週期會使地球磁場產

生變化，而人們的撞鬼經驗與此有關。[96] 另外，西喬治亞州立大學（State University of West Georgia）的威廉・羅爾（William Roll）也發現，鬼屋與磁場變動有關。[97] 大腦就像一部電化學裝置，會受周圍環境的電磁場波動所影響，再合理不過。

超低頻音（次聲波）是另一種可能相關的環境因子。**超低頻音**是指頻率低於人類可聽見範圍的聲音，振動頻率通常每秒二十次以下。電腦專家維克・坦迪（Vic Tandy）發現，超低頻音很容易意外造成疑似撞鬼的假象。有天晚上，他在實驗室中工作，身體突然開始冒冷汗，並湧現一股被盯著看的不自在感。接著，他目睹空氣中浮現一個灰色形體，從眼前一掠而過。之後，他將西洋劍帶到實驗室，為劍術比賽備戰。當他拿起西洋劍時，劍身開始顫動，彷彿有股未知的力量搖晃著劍。坦迪知道聲波可以產生這種現象，所以他決定測量實驗室中的聲波。測量結果顯示，實驗室的空氣以每秒十九下的頻率振動，剛好是會使人類眼球共振的頻率。他也發現，當他關閉新裝設的排氣扇後，顫動的現象就會停止。風扇並非產生這種低頻振動的唯一物品。舉凡地震、打雷、灌入煙囪或走廊的風，都會產生超低頻音。鬼故事的場景時常會有呼嘯的風聲或暴風雨，原因或許就出在這裡。

為了研究超低頻音在更嚴謹的條件下能產生多少影響，韋斯曼和英國國家物理實驗室（National Physical Laboratory）的理查・羅德（Richard Lord）請觀眾記錄在倫敦大都會大教堂聆聽演奏會的親身感受。研究人員在演出過程中，不時以重低音喇叭播放超低頻音，並且經由六公尺長的汙水排水管傳到演奏會現場。現場聽眾似乎察覺得到超低頻音，他們寫下「後頸出現微弱的刺痛感」、「肚子湧現一股奇妙感覺」及「感覺有一股力量存在」等感受時，恰好就是研究人員暗中製造超低頻音的時候。[98] 如果磁場、光線、氣流和超低頻音發生波動的現象發生在幽閉的房子內，毛骨悚然的效果會遠比

發生在遊樂園那樣的開放空間要強得多。[99]

對於撞鬼經驗的成因，我們該相信哪方說法？以下針對各種假說的相對可信度深入檢視。靈魂假說（假說一）預設了世上有種未知物質，因此最不精簡。雖然該假說看似能解釋撞鬼經驗的大部分面向，其實衍生出更多問題：靈魂是由什麼物質構成？靈魂如何移動？靈魂具有肌肉、神經或大腦嗎？靈魂如何與世界互動？為何我們無法偵測到靈魂？靈魂怎麼會穿衣服？在能充分回答這些問題之前，靈魂假說並未達到解釋現象的目的，反而留下更多謎團。

石頭假說（假說二）並未預設任何未知靈體，但預設了世上有種未知程序。目前我們還沒有任何辦法能將聲音或影像儲存於石頭中。不僅如此，縱使人類哪天發現了這種儲存機制，頂多只能解釋鬧鬼事件，幽靈與人類究竟是如何互動，依然無解。總之，該假說的範圍相當有限。

比起這些假說，睡眠癱瘓（假說三）和環境因子假說（假說四）皆未假設世上存在某種未知的靈體或力量，相形之下較為簡單。這些假說能共同解釋撞鬼經驗的所有面向，包括為何人會感覺附近貌似有東西，乃至現蹤的全身鬼影，以及為何鬼時常以穿著衣服的樣貌「顯靈」──它們只是心智建構的產物，並不真實存在。

陰謀論

你有聽說過嗎？世界其實是由爬蟲類生物所控制，牠們來自四維空間，必須喝人血才能維持人形。阿波羅十一號登陸月球是NASA製造的假新聞。有個名為光明會（Bavarian Illuminati）的祕密組織從一七七六年創立以來，一直試圖毀滅所有宗教、顛覆全球政府、建立新的世界秩序。如果你有聽過以上這些言論，那麼你對陰謀論應該不陌生。這類「理論」總是將發生的事情歸因於隱藏在背

後的一小群藏鏡人，他們無所不能，一切盡在他們的掌控之下。通常沒有任何直接證據可以證實這些理論，將這些被指控的陰謀策劃者與其惡毒行徑畫上等號。然而陰謀論者聲稱，只要預設有個神祕團體在幕後操控一切，間接證據就能獲得最適切的解釋。

在這裡舉個例子：美國共和黨政治家約瑟夫‧麥卡錫（Joseph McCarthy）認為，美國在第二次世界大戰落幕後失去全球霸主的地位和威望，唯一的解釋是共產黨早就密謀摧毀美國。某次他在國會演說時問道：

> 除非相信政府高層有志一同地帶領我們邁向災難，不然該如何解釋眼前的狀況？這一切肯定是龐大陰謀運作的結果，其規模驚人，歷史上任何重大事件都難以望其項背。不名譽的陰謀如此邪惡黑暗，哪天被揭露的時候，幕後主使者應永遠遭受所有善良百姓的唾棄與憎惡。[100]

為徹底根除這些幕後主使者，麥卡錫在參議院召開公聽會，也就是後來惡名昭彰的麥卡錫聽證會。許多原本聲譽良好的公眾人物都因為他的指控而身敗名裂，甚或賠上職業生涯。最後事實證明，終究只有麥卡錫本人應遭所有善良百姓唾棄與憎惡。

然而麥卡錫對共產黨的態度，正好代表了許多陰謀論者對幕後主使者的看法。他們時常認為，這些躲在幕後操控大局的人無惡不作，掌握至高權力，而且組織嚴密。陰謀論者深信，這些人涉及的事件規模巨大，唯有掌握龐大權力才能辦到。大事勢必起因於強大動機──「同類相生」是代表性捷思法的其中一種版本，我們在前面的章節談過這種論證風格。倫敦大學皇家哈洛威學院（Royal Holloway）心理學家派翠克‧里曼（Patrick Leman）認為，許多陰謀論採取訴諸心理層面的手段，背地裡正是利用這種認知偏誤來達成其目的。[101]

里曼找來六十四名學生，安排他們在四篇捏造（但貌似真實）的暗殺事件新聞報導中，個別閱讀其中一篇。在第一篇報導中，槍手成功暗殺了某國的總統；第二篇，槍手的突襲使總統受傷，但沒有生命危險；第三篇，槍手的突襲使總統受傷，但總統最後因為其他原因而死亡；第四篇，槍手對總統開槍，但未射中目標。學生閱畢後，里曼詢問他們暗殺是場陰謀的可能機率。調查結果顯示，比起閱讀其他報導的學生，讀了第一篇報導的學生認為是陰謀的機率最高。為什麼會這樣？里曼指出，人本來就容易將大事（例如總統遭暗殺）與強大動機（例如陰謀）聯想在一起。為什麼這麼多人相信，關於甘迺迪總統、前司法部長鮑比・甘迺迪（Bobby Kennedy）以及令人尊敬的馬丁・路德・金恩（Martin Luther King）的刺殺事件皆非單一槍手所為，從上述實驗結果便可窺知一二。

一旦一個人接納了陰謀論的信念系統，另一種認知錯誤——確認偏誤——就會進一步強化相關信念。接受陰謀論後，尤其是認為幕後黑手決意要統治全世界，便會不自覺地戴上有色眼鏡看待世界情勢。社會學家唐娜・科西（Donna Kossy）的觀察指出：

> 陰謀論者就像黑洞一樣，不論內容或來源，所有資訊一概吸收。陰謀猶如通往其他宇宙的入口，這些宇宙構築於我們所在的世界，自成似是而非的平行空間。你熟悉或經歷過的一切不管多麼「無意義」，一旦碰到陰謀論的宇宙，便會隱沒於滿滿的惡意之中。這股漩渦不斷擴大、增強，吞噬你所觸碰的一切事物。[102]

陰謀論者會特別留意並記住那些似乎能確認其信念的事件，同時忽視那些與其信念相違背的事件。他們不斷地自欺欺人，認為有大量證據支持他們的觀點，但事實上，從更世俗的角度更能適當解釋這些證據。

人會接受陰謀論，通常背後都有其他心理因素作祟。活在這個瞬息萬變的世界，承受著毫無意義的苦難，若能將重大的社會動盪歸咎於不知道哪冒出來的強權組織，那麼，所有的不如意似乎就能變得合情合理了。於是世界不再這麼隱晦幽暗、難以理解，原本看似隨機、毫無關連的個別事件，現在都成了龐大計畫的一塊拼圖。為何壞事總發生在好人身上的大哉問，現在有了答案：因為有人在幕後策劃陰謀。這個答案還能帶給人力量和優越感，前者是因為陰謀論者自認發現了敵人，後者則是因為陰謀論者覺得自己了解別人都不了解的事。

　　即便你在相信陰謀論後獲得了某些心理慰藉，也不代表陰謀論就是事實。或許你認為你掌握了內幕，但事實上可能事與願違。我們討論過，相信某件事是事實並不會使事情成真。除非陰謀論真的能提供最佳解釋，我們才有充分理由相信其為事實。

　　陰謀論似乎能見微知著，亦即以極為簡單的模式揭示廣大的範疇，所以才會具有這麼大的吸引力。舉例來說，共濟會的「豐功偉業」是全球流傳最久的陰謀論。共濟會是全世界歷史最悠久且規模最大的兄弟會組織，就像所有大學兄弟會一樣，僅限成員能參加聚會。從法國大革命到開膛手傑克的殺戮行為，都有人認為是共濟會在幕後操盤。的確，範圍和精簡度是出色理論的必要條件，但就這兩方面來看，許多陰謀論可謂金玉其外，敗絮其內。

　　理論的精簡與否，並非從理解的難易度來衡量，而是理論的預設條件數量。雖然大部分陰謀論都很容易理解，但預設的前提數量往往令人咋舌。以共濟會陰謀論為例，該假說預設共濟會意圖控制世界，預設有個中央決策組織在幕後安排每個成員的活動，預設各個成員（不管社會地位有多高）都會遵從上級的吩咐行事，且無論上級交辦的事情多麼不道德，他們都使命必達。諸如此類的預設條件不勝枚舉。即使這些預設明顯有漏洞，但共濟會陰謀論要解釋得

阿波羅號陰謀：人類登上月球了嗎？

　　大多數人將 NASA 太空人登陸月球的事蹟視為歷史大事，但有些人並不相信。抱持懷疑態度的人透過書籍、網站，以及福斯電視台在二○○一年播映的節目《陰謀論：人類登上月球了嗎？》（*Conspiracy Theory: Did We Land on the Moon?*），堅稱人類從未登上月球，相關影像其實是在攝影棚內拍攝的。他們宣稱，舉世矚目的登月事蹟，包括阿姆斯壯的「一小步」名言、插旗、太空人打高爾夫球、駕駛月球車等，這些在月球上發生的事，都是在地球上捏造的假影像，因為 NASA 根本沒有如此先進的技術可以成功登月。換句話說，一九六九年至一九七二年間，六度登月的阿波羅計畫是極為成功的大騙局。這些懷疑論者表示，NASA 如此精心策劃這起陰謀，是為了在太空競賽中贏過蘇聯，就算造假也在所不辭。

　　陰謀論者多半鎖定太空人在月球上拍攝的影片和照片，從中找出疑點，並以此為支持論述的證據。他們從照片中指出許多細節，暗示照片並非在月球上拍攝，只是某個攝影師或電腦技師偽造的贗品。以下舉幾個例子：

- 照片中的背景沒有星星。如果照片真的是在月球上拍攝，一片漆黑的太空中應該會有幾顆星體才對。

- 在太空人插上美國國旗的影片中可以看見旗幟飄揚，但月球上理應不會有風。

- 在月球上，由於太陽光是平行照射，所有物體的陰影應該要互相平行。但在許多照片中，太空人和其他物體的影子皆未呈現平行狀態，彷彿是在攝影棚中動用多盞燈光所拍下的效果。

- 在一張太空人站在月球車旁的照片中，附近岩石上的字母「C」清晰可見，大概是道具公司不小心留下的標記。

這類疑點還有很多，在此恕不一一列出。重點是，這些發現真能成為陰謀論的有力證據嗎？各疑點所呈現的論證都有模糊不明的灰色地帶，效力極弱。那些影片和照片中的疑點可能都是假議題，或單純只是拍照當下湊巧捕捉到的反常現象。沒有證據可以證實這些疑點必定就是陰謀或騙局所造成。

　　另一方面，專家早就針對照片許多奇特之處提出可信度不低的解釋，包括陰謀論者大肆宣揚的那些疑點，大多都已獲得解釋。例如他們指出，照片中之所以沒有任何星星，是因為相機的曝光設定是為了拍出明亮的前景（亦即太空人活動的範圍）而特地調整，排除了背景中微弱的星光。國旗飄揚是因為太空人在插旗過程中搖晃到旗桿，導致旗面擺盪，加上月球上缺少風的阻力，國旗才會飄揚不止。由於觀看視角的緣故，縱使只有單一光源，影子看起來還是

這張照片中的三個亮點引發陰謀論者熱議——「飄揚」的旗幟、無星辰的夜空，以及登月小艇上，在暗處仍清晰可見的旗幟貼紙——同時也激起反方紛紛提出解釋。

©Corbis Historical/Getty Images

不會與物體平行，不論是在月球或地球上都是如此。月球岩石上出現字母「Ｃ」，是沖洗照片時不慎造成的效果（或許是沖洗時不小心掉落的一根頭髮），原始影像中並未發現字母「Ｃ」。

懷疑論者的言論似是而非，奠基於多個可疑的假設之上，而且最主要的問題是，這些言論「一點都不精簡」。舉例來說，陰謀論預設參與阿波羅計畫的數十萬名工作人員全都三緘其口，沒人對外透露這是一場詐騙；如此龐大複雜的陰謀進展順利，沒有任何吹哨者、心生不滿的員工或密謀者提早揭露真相；與 NASA 合作的數千家廠商毫無任何怨言，在超過三十五年後，仍無斬釘截鐵的有力證據浮上檯面，包括第一手資料、檔案、錄影等；參與計畫的科學家和工程師來自世界各國，即使他們能取得阿波羅計畫的豐富資料，但沒人提出質疑，進而昭告天下；蘇聯未曾也不願意揭發美國在冷戰時期最精心策劃的一場騙局；其他國家即使掌握先進技術，還是無法辨別阿波羅號的無線電訊號並非發自月球。

此外，陰謀論也與許多能為阿波羅計畫作證的有力證據相衝突。別的不說，地球上就有多座望遠鏡拍下阿波羅號升空的照片；太空人在月球上做了多項科學實驗，也蒐集了資料；阿波羅號太空人以及無數名科學家和技術人員的證詞一致；太空人從月球上帶回將近四百公斤的石塊，這些石塊的成分是月球獨有，不可能透過地球上的技術偽造。

通，勢必得先將這些預設視為理所當然。

至於範圍，則是依理論能解釋多少不同現象來判斷，而陰謀論的範圍似乎無窮無盡，「共濟會（或是共產黨、CIA、光明會、猶太人、蜥蜴人等）在幕後操控」這種說法幾乎可以用來解釋任何事件。除非陰謀論者能提出充分證據，證明是這些組織所為（而不

是其他可能的嫌疑人），並說明其實際運作方式，否則陰謀論等於沒有解釋任何事情。不妨回想一下第六章解釋斷橋事件的小精靈理論。任何理性的人都不會認真看待「是持槍的小精靈造成橋樑崩塌」這種說法，因為此說法並未提出任何證據證明是精靈（而非其他生物）所為，而且該說法並未針對小精靈的雷射槍提供任何資訊。總之，若沒有證據能證明是特定組織在為所欲為，並且為此說法提供最理想的解釋，那麼，相信陰謀論不會比相信持槍的小精靈好到哪裡去。

在精簡度和範圍方面有利於陰謀論的說詞，若繼續以保守度來檢視，通常就會原形畢露。言論內容符合既有知識即為保守；若與越多既有知識相衝突，就越不可能是事實。陰謀論時常與我們對人性和自然界的各種知識相違背。例如，人類的紀律和組織能力有其極限，但陰謀論者往往要我們相信，特定組織（例如共濟會）的成員各個嚴守紀律，遵從指示，就算有數千人知道祕密，該祕密也能保守好幾個世紀。

即便是最有權勢的團體，保密工作也不見得能滴水不漏。有個極其知名的祕密外洩事件，據說是現代所有陰謀論文獻的基礎，最後卻被證實是場世紀騙局。早在一九〇三年，俄國流傳著《錫安長老會紀要》（*Protocols of the Elders of Zion*）這本書，其宗旨在於指示新長老（猶太菁英領導小組的成員）如何實現統治世界的大業。事實上，這是公共安全與秩序保衛部（Okhrana，又稱為暗探局，沙皇的祕密警察組織）杜撰的虛構文件，其內容抄襲了毛里斯‧若利（Maurice Joly）在一八六四年寫成的政治嘲諷文學《馬基維利與孟德斯鳩地獄對話錄》（*Dialogues in Hell between Machiavelli and Montesquieu*，暫譯），但是這本對話錄中並未提到猶太人。《紀要》以猶太人為主角，這一點是從德國反猶作家赫爾曼‧高德士（Herman Goedsche）的小說《比亞里茨》（*Biarritz*）獲得的靈感。

顯然，由暗探局製作的《紀要》，目的不在為迫害猶太人的行為辯解，而是暗指當時的財政大臣謝爾蓋‧維特（Sergey Witte）受猶太人控制，導致其威望受損。《泰晤士報》在一九二一年揭發《紀要》的虛構本質，從此，《紀要》造假的事實便廣為人知。然而時至今日，《紀要》在某些阿拉伯國家仍是暢銷著作。還有其他陰謀論者聲稱，陰謀行動必定與猶太人有關，不管幕後主使集團是共濟會、光明會或蜥蝪人皆然，而證據就在《紀要》一書中。

除了嚴明的紀律，這些密謀者據說還擁有其他強大能力，例如能使用黑魔法或先進科技實踐其動機。有些陰謀論者主張，早在幾百年前，共濟會就知道如何製作反重力裝置，但始終不向世人公布此事，試圖以此永遠掌控世界。有人發明反重力裝置的說法就像有人自稱能穿牆一樣，與我們對世界運作的背景知識逆向而馳，因此可信度不高。陰謀論涉及越多這類主張，我們就越沒理由接受。

氣候變遷

科學家不斷發布地球氣候異變的研究報告，使許多人沮喪不安，但也有些人不願相信。關鍵在於全球平均氣溫持續攀升，過去一百年間已上升攝氏十七度。看似微不足道的改變其實在全球各地陸續引發了可能致災的巨大效應。地球本來就會在暖化與冷卻間自然循環，但專家指出，近年來天氣有越來越熱的趨勢，這種異常現象更勝於正常暖化，勢必造成無法挽回的致災型天氣型態。更重要的是，這些異變據聞並非出自大自然本身，大部分是人類活動所造成——人類只要調整相關行為，就能避免天災發生，或將災損降到最低。

氣候科學家表示，全球暖化起因於**溫室效應**（greenhouse effect），使太陽輻射與輻射熱能困在低層大氣層，無法散逸。太陽

輻射照射到地球表面後，部分輻射會被直接反射至外太空，而這其中的一部分又會被大氣層中的**溫室氣體**吸收。這些氣體能允許輻射穿過大氣層，但是會把輻射熱能阻擋下來，形成溫室般的效果，故名為溫室氣體，包括水蒸氣、二氧化碳、甲烷等。其中二氧化碳最令人擔憂。過去兩百年來，大氣層中的二氧化碳的含量不斷上升，近五十年更是顯著增加。部分原因在於過度伐木和火山噴發，但大部分都是因為人類的經濟活動大量燃燒煤炭、石油和天然氣等化石燃料所產生。科學家指出，如此毫不節制的結果，就是全球氣溫不斷升高。

　　氣候學家堅信全球暖化效應已出現好一陣子，未來勢必只會更加嚴重。美國全球變遷研究計畫（Global Change Research Program）的研究報告指出，全球各地與美國均已觀察到各種氣候變遷現象，包括氣溫和海水溫度升高、結霜的日子變少、降雨的頻率和強度增加、海平面上升，以及雪地、冰河、海冰、永凍土的分布範圍縮小。另外，研究團隊也發現，湖泊和河流結冰的時間縮短，生長季節延長，大氣層中的水蒸氣也有所增加。

　　這些氣候方面的變遷預計還會持續下去，且難保不會出現新的變化。未來，美國與鄰近海域預期會出現更強烈的颶風，其挾帶的風勢、雨勢和暴潮也會加劇（但登陸次數不一定會隨之增加）。相反地，美國西南方和加勒比海域則可能面臨更乾燥的天氣型態。舉凡農業、人類健康、濱海地區、水資源供應，以及社會和自然環境等方方面面，都躲不過氣候變遷的影響。[103]

　　有些人認為，人類活動導致全球暖化的說法頗有爭議。若追究其中的原因，可發現他們的顧慮大多著眼於政治與經濟層面。許多人指出，如果地球暖化的程度的確日益危險，而且燃燒化石燃料是主因的話，那麼我們應該設法停止或至少大幅減少耗用這類資源。一旦這麼做，目前仰賴化石燃料的所有社會和經濟系統都將面臨天

翻地覆的劇變，因此聽在某些人耳裡，氣候變遷只是挑釁的言論罷了。這兩種立場本身都沒錯，但是當政治觀點凌駕對客觀證據的評估，參與此論戰的黨派支持者便難免判斷錯誤。太多人因此犯了確認偏誤、否認證據、可得性錯誤，以及不當訴諸權威等謬誤。在這些不相干要素的影響下，我們或許能找到滿意的結論，但通常都毫無事實根據。

以下就來探討如何看待這項議題，對我們來說會是更好的作法。問題是，哪個理論最能適當解釋氣候變遷？

假說一：**全球氣候變遷是地球冷卻與暖化效應的自然變化，與人類活動關係不大**。這是目前最常見的主張之一。有些人援引地球冰河期（以及各段冰河期之間的間冰期）來支持此論點。在過去的三千五百萬年間，一共發生了二十四次冷暖交替的週期，現在科學家已破解其中奧祕。地球運行的軌道會規律地產生些微變動，定期往太陽稍微靠近或遠離一些，週而復始，因而形成寒冷與暖化交替的長期趨勢，稱為蘭科維奇循環（Milankovitch cycle）。

過去一萬年來，地球也經歷了某些較不明顯的氣候循環，似乎能反駁人類活動導致地球逐漸暖化的說法。例如，西元九五〇年到一二五〇年期間，全球氣溫就曾微幅攀升，也就是俗稱的中世紀溫暖期（Medieval Warm Period）。那時工業革命尚未發生，人類還沒開始將大量二氧化碳排放到大氣中。到了更近期的一九九八年至二〇〇〇年間，相較於其他年分，地球反而降溫了一些。

這項證據的效力如何？乍看能為假說一提供有力的支持，實則不然。幾個世紀以來，地球氣候的確發生了可預期的波動，冰河期和氣溫高峰皆曾發生。但科學家指出，這些變化無法解釋近年來地球表面溫度相對劇烈的攀升幅度。接下來一千年左右，地球應該會進入另一個冰河期，但目前的氣溫早比以前的溫暖時期高上許多。極具聲望的政府間氣候變遷專門委員會（Intergovernmental Panel on

Climate Change，IPCC）表示：

> 過去十二年間（一九九五年至二〇〇六年），就有十一年
> 擠進一八五〇年以來的高溫記錄前十二名⋯⋯暖化是全球皆然
> 的共通現象，而且在北半球較高緯度地區更明顯。陸地的暖化
> 速度比海洋更快。[104]

美國國家科學院（National Academy of Sciences）的研究報告也
提出類似的看法：

> 幾乎可以斷定，二十世紀最後幾十年間，全球地表平均
> 溫度比之前四個世紀的任一時期都來得高。多種不同地質記錄
> （取自冰芯、冰河、樹木年輪、鑽井記錄，以及珊瑚、海洋、
> 湖泊、洞穴等處沉積物的間接證據）均呈現一致的暖化現象，
> 足以印證這種說法。[105]

假說二：**全球氣候變遷是太陽輻射量波動所致，人類活動並
非罪魁禍首。**地球的天氣系統是由太陽驅動，而太陽輸出的能量發
生變化，可能會連帶影響地球的氣候，這個概念基本上沒錯。事實
上，科學家的確記載了與太陽黑子週期（十一年）和太陽磁場週期
（二十二年）相關的太陽輻射波動。有些人便以此為證據，試圖證
明全球暖化是太陽造成的現象，與人類活動無關。但 NASA 科學家
（和其他許多人）都反對這種說法，理由如下：

> 已有多項證據顯示，太陽輻射的變化解釋不了目前的全球
> 暖化現象：
>
> • 從一七五〇年開始，太陽釋放的平均能量只有維持不變或稍
> 微提高兩種情形。
> • 如果是因為太陽活動更活躍而導致暖化，大氣層所有分層的

溫度都應該全面上升。但科學家的測量結果顯示，較高層的大氣層溫度反而下降，暖化現象只出現在大氣層表面及較低層。這是因為溫室氣體將熱能阻擋在較低層的位置。

- 即使在氣候模型中納入太陽輻照度變化，若未考量溫室氣體增加的這項因素，就無法重現過去一百年或更久時間所觀測到的氣溫變化趨勢。[106]

假說三：**根本沒有所謂的全球氣候變遷，人類活動造成全球暖化的說法是科學家密謀捏造的謊言。** 如同大部分陰謀論，這個假說只有間接證據，缺少直接證據的支持。若要試圖梳理相關證據，時常又會落入確認偏誤和否決證據的雙重錯誤。

這項假說還有三大缺失，在範圍、精簡度和保守度等標準均不合格。該說法未指明密謀者與其施行的手段，因此幾乎沒有範圍可言，總之就是什麼都沒解釋。該說法以無數個預設為前提，包括背後有人密謀主導一切；科學家能遵照政黨設定的議題方向宣傳全球暖化的概念，又不引發外界懷疑；科學家能順利協調所有相關活動，並保守祕密；科學家願意賭上職涯，維護這個天大的謊言，而且科學界不會發現這是一場騙局，諸如此類，所以這種說法一點也不精簡。這些預設也違悖了我們對人性、科學家的操守和態度，以及科學研究的標準程序等各方面的認知，因而並不保守。另外，這也不符合我們對氣候的既有知識，明顯與幾乎整個科學界一致認定為事實的觀念有所出入，亦即全球暖化千真萬確是人類活動所造成的現象。

假說四：**全球暖化是正在發生的事實，主因是人類使用化石燃料。** 眾多氣候研究報告顯示，地球的確越來越熱。全球氣溫不僅持續升高，速度也更甚以往。科學家預測，如果地球持續變熱，世界各地必然會發生異常現象，包括海水暖化、海冰消融、海平面上

升、地表溫度升高、冰山縮減、格陵蘭和南極冰蓋縮小、（阿爾卑斯山、喜瑪拉雅山、阿拉斯加、安地斯山等地的）冰河退縮，以及美國出現更極端的高溫。這些問題確實都發生了。IPCC 的一份報告總結了科學界的共識：

> 氣候暖化是明確正在發生的現象，從全球氣溫與海水溫度攀升、冰川大範圍消融，乃至全球平均海平面上升，各項觀察均已一致證實。[107]

許多證據也印證了全球暖化的主因是燃燒化石燃料產生二氧化碳。現今大氣層中的二氧化碳含量比過去六十五萬年間的任何時候都高。工業革命前，大氣層中的這種溫室氣體濃度只有 280 ppm（體積濃度百萬分之一），現在濃度已上升至 380 ppm。隨著二氧化碳濃度顯著增加，地表溫度也跟著攀升。

氣候科學家利用精密的數學模型，發現只憑自然現象（火山活動、太陽輻射、地球運行軌道等）無法解釋這兩百年來地球的暖化趨勢。不過，只要將人類所產生的溫室氣體（主要是二氧化碳）考量進去，就能解釋這一切。

全球各大科學機構（包括美國國家科學院、IPCC、NASA 和國家海洋暨大氣總署）均已檢視氣候變遷的相關證據，並得到相同結論：全球暖化確有其事，人類對化石燃料的重度依賴正是罪魁禍首。

雖然化石燃料假說（假說四）顯然勝出，我們還是需要綜合檢視所有假說，了解其中原因。自然變動假說（假說一）可以被檢驗而且精簡，加上地球氣候的自然變動也能解釋某些氣候特徵顯著的時期，像是十八和十九世紀的小冰河期，因此在範圍的表現尚可。不過，此假說並未預測任何前所未聞的現象，在豐碩度上乏善可陳。最糟的是，該假說與已證實的全球暖化規模和模式相衝突，因此從保守的標準來衡量，該假說並不合格。地球正常的暖化和冷卻

週期根本無法吻合科學界對地球異常暖化趨勢的觀測。

太陽能量假說（假說二）同樣可以被檢驗，而且符合精簡標準。與假說一相同的是，此假說能解釋太陽輻射週期的相關現象，在範圍方面或許能夠加分。不過它缺乏豐碩度，也稱不上保守，原因與假說一相同：太陽輻射週期與現今所知的地球暖化情況不符。

承前所述，陰謀假說（假說三）在範圍、精簡度和保守度等方面均不合格，而且毫無豐碩度可言，比不上其他競爭假說。

化石燃料假說既可驗證，也稱得上精簡、豐碩及保守，在此議題的討論中脫穎而出。此假說成功預測原本未知的現象，從海平面上升、冰河退縮到大氣層的降溫及升溫等，內涵堪稱豐碩。此外，它也符合科學定律、既定事實和事實根據穩固的理論，堪稱保守。

科學旨在追尋事實，試圖確定世界運行之道。但有人認為，每個人都在建構所處的現實，尋求事實的過程早已偏離正道。同樣一件事在不同人眼中不盡然都是事實。對這些人而言，客觀事實不僅是無法達成的目標，也是過時的迷思。下一章就讓我們來試著探索事實的真相。

重點摘要

怪誕現象是指有違我們對世界的理解、似乎不可能發生或存在的事件或事物。為解釋這些現象，人們時常需要先假定某些同樣怪異的能力或特性。然而，唯有這些能力或特性能為可疑的現象提供最理想的解釋，我們才有充分理由相信它的真實性。我們能根據這些解釋是否協助我們增加對世界的了解，來評估每種解釋的好壞和差異。至於解釋能增進我們對世界了解的多寡，取決於其系統化及整合知識的程度。用以評判此程度的標準稱為充分性標準，包括範

圍、精簡度、保守度和豐碩度。SEARCH 方法濃縮了評估解釋時應納入考量的重要步驟：陳述（**S**tate）主張；檢視主張的相關證據（**E**vidence）；考量替代（**A**lternative）假說；客觀評分（**R**ate），依據充分性標準（**C**riteria of Adequacy）評比各項假說（**H**ypothesis）。

　　面對本書所討論的事物或現象時，請勿將這些標準的評定結果視為最終結論。我們的用意是試著提出最理想的思考方式。你可以不同意我們的看法，但有任何不同意的地方，我們相信你都是以周全的論證為根據，才下此決定。

　　既然明白論證好壞的差別，表示你已握有基本的思考工具，足可評估各種千奇百怪的主張和說法。希望你能善用這些工具，因為你所做的選擇決定了你的生活品質，而選擇的品質則取決於論證的品質。

課後測驗

1. 什麼是 SEARCH 準則？
2. 什麼是充分性標準？
3. 在美國數十萬人接受順勢療法，光有這個事實能否證明順勢療法有效？
4. 你如何看待外星人綁架人類的相關證據？為什麼？
5. 外星人綁架人類的假說涉及許多未獲證實的預設，一點都不精簡。這些預設包括？
6. 通靈假說為什麼比其他假說更不保守？
7. 瀕死經驗的最佳解釋為何？為什麼這能成為最佳解釋？

利用 SEARCH 準則評估以下主張是否合理

1. 有種現象稱為「人體自燃」，即使受害者的身體及其坐著的椅子燒成灰燼，房內的其他物體卻相對不受影響。此現象顯示，

世上有種新的亞原子粒子（稱為「pyroton」）能與人體細胞產生作用，使受害者起火燃燒。[108]

2. 許多鬼故事都與過往所發生的戰爭、死亡或謀殺事件有關。由此現象可知，特定物體（例如石頭）可以像錄影機一樣，記錄下以前的事件和當下的情緒。[109]

3. 沒人真的曾被外星人綁架。其實，宇宙中住著某種高等智慧物種，他們與地球上的生命共生，是他們將外星人綁架的過程投射到當事人的腦海中，使其認為自己曾有這類經驗。[110]

4. 有人盯著我們看時，我們時常會感覺得到。這種現象顯示，感知不僅是雙眼接收從物體反射而來的光線，也涉及將影像投射到物體上。[111]

5. 人類擁有肉身和星光體兩個身體，所以夢境才會時常與清醒時的經驗如此相似。我們做夢時，星光體會離開肉身，去到夢境真正發生的星光層（astral plane）。[112]

6. 將食物保存於類似古夫金字塔形狀的建築內，保鮮期比放在建築外的食物更久。金字塔必定具有類似鏡片的功用，將外太空的能量聚集到食物上。[113]

7. 珮姬早上醒來後，古怪的夢境仍記憶猶新，而且相當鮮明真實。夢中，外星人在她睡著後進入她的房間，將她擄走。那天，她偶然發現左膝蓋上有一塊瘀青，原因不明。前晚的夢一定不只是夢，外星人必定曾將她綁走。

實際演練

　　回想一個你認為詭譎難解的怪誕經驗（如果你沒有符合此描述的經驗，可想想親朋好友是否曾告訴你類似的經驗）。列出至少三個可能的解釋，其中需包括至少一個從超自然或靈異角度切入的說法。接著，依循 SEARCH 準則檢視這些假說。如有必要，你可以上

網查詢資料，驗證各個假說，最後得出結論：根據你的分析，哪個解釋最合理？

批判性閱讀與寫作

1. 閱讀下方短文，並回答下列問題：
   （1）短文中解釋了什麼現象？
   （2）短文中提出哪些理論來解釋該現象？
   （3）是否有任何理論在邏輯上不可行？
   （4）短文中提供了哪些符合自然法則的解釋？
   （5）還有哪些符合自然法則的理論可以解釋該現象？
2. 請寫一段兩百五十字的短文，評判鬼影人就是鬼的這種說法。比較以下這個從正常角度看待鬼影人的理論：鬼影人是視覺症狀（例如飛蚊症，玻璃體細胞碎片所產生一種眼前不時有小黑點游移的視覺景象）導致誤認的正常現象。請適時運用 SEARCH 準則。

短文：深夜時分，你坐在電腦前工作，螢幕的幽微光線是房內唯一的光源。你養的貓坐在書桌旁的小茶几上，看起來心情很愉悅。周圍寂靜無聲，你感到舒服自在，沉浸在手上正在處理的事情中。突然，一個黑影從你的眼角閃過，打斷了你的工作思緒。你立刻站起來查看，但一無所獲。

你有幾次類似的經驗？如果你對自己誠實，我敢肯定，一定比你預期中多次。通常你會一笑而過，嘲笑自己太神經質，又或許是工作太累。越來越多人將此稱為「鬼影人」（Shadow Poeple），如果你相信他們的主張，就會以此來解釋黑影。

鬼影人是誰？目前沒有太多相關資訊。也許是想像的產物或曲解的神話，或許是我們自以為看見了什麼奇特的景象，其實只是再

尋常不過的動物在陰影中移動而已。我聽過太多故事，各個都宣稱能揭露鬼影人的真面目。他們是鬼嗎？外星人？還是跨維度生物？（擷取自網站 shadowers.com）

第 8 章

相對主義、事實與現實

先講個寓言故事：有四個人偶然間發現一隻鴨子，或應該說是一種樣貌像是鴨子的動物。

第一個人說：「呱呱聲和走路搖擺的樣子都與鴨子如出一轍，就是鴨子沒錯！」

第二個人說：「你覺得是鴨子，但我不認為。每個人都在建構自己的現實。」

第三個人說：「在你的社會中，這可能是隻鴨子，但在我生活的地方，這不叫鴨子。現實是依附著社會常規建構而成。」

第四個人說：「你的概念架構可能將此歸類為鴨子，但我的不是。現實是由概念架構構成。」

以上對話或許看似奇怪，但你可能曾經歷過類似的討論。有沒有人對你說過「你覺得這是事實，但我不認為」？如果有，表示你親身領略了相對主義的問題。問題在於：現實是否獨立於我們的描述之外客觀存在？還是個人、社會或概念架構會分別建構現實？接受前者的人稱為「外部現實主義者」（external realist），或簡稱為「現實主義者」（realist），他們認為現實不需取決於我們對

現實的想法。採納後者的人稱為「相對主義者」
（relativist），他們認為世界的樣貌是由我們對世界
的想法所決定。

　　雖說現實獨立於我們的描述之外，但不表示有
「正確」的描述方式。現實能以許多不同方式描述，猶如土地能以
諸多方式標示一樣。想想街道圖、地形圖、地勢圖等不同類型的地
圖，就可理解這個道理。這些地圖使用不同符號來呈現土地的不同
特徵。各種地圖上顯示的符號不盡相同，若因此就斷定哪種地圖不
正確，這麼做並不合裡。每種地圖都能準確描述土地的不同面向。

　　許多人之所以推崇相對主義，是因為他們錯誤地預設現實主義
必定意味著絕對主義（absolutism），也就是說，他們認為現實只有
一種描述方式。誠如艾倫·布魯姆（Allan Bloom）指出：

　　　有件事，教授百分之百能肯定：進入大學時，幾乎所有
　　學生都認為事實是相對的……事實的相對性質不是理論上的真
　　知灼見，而是道德上的預設、自由社會的條件，或至少他們是
　　抱持這種想法看待事實……從學生遭受挑戰時的反應（情緒中
　　帶著懷疑與憤慨），就能得知這是道德議題：「你相信絕對主
　　義？」這是他們唯一知曉的其他立場，他們回問時的語氣彷彿
　　是在問：「你支持君主專制？」或「你真心相信女巫？」[1]

　　在道德上，絕對主義通常惹人厭惡，因為這會導致思想狹隘，
容不下異己。畢竟，不就是有人相信客觀現實，且深信這才是正
道，進而引發歷史上的所有迫害事件嗎？相形之下，相對主義則認
為不同觀點同等真實，應享有同樣程度的尊重，因而理當能促進社
會包容不同聲音的風氣。

　　現在我們知道，相對主義者認為現實主義就等
於絕對主義，其實是誤解。即便現實與我們對現實

的描述之間毫無絕對關連，但從這一點無法推知哪種方式能正確描述現實。至於相對主義能否促進社會的包容力，仍有待商榷。想評估這種說法，我們必須更進一步檢視不同類型的相對主義。

每個人都在建構自己的現實

在開頭那則寓言中，第二個人認為現實是由每個人各自建構而成。自古至今，許多人認為這種想法開明又具有深度，因此挺身擁護。例如演員莎莉・麥克蓮在著作《心靈之舞》（*Out on a Limb*）的前言中這麼寫道：

> 心智感知了事物不代表創造了事物，如同眼睛看見玫瑰不代表創造了玫瑰。
> ——作家暨思想家愛默生（Ralph Waldo Emerson）

> 如果我追尋內在事實的過程能帶給讀者一點啟發，就是我最好的回報。不過，我最大的收穫還是自我探尋的旅程，那是唯一一趟值得走一回的旅程。過程中，我學會的道理深刻而充滿意義：人生、生活、現實體現於每個人的認知。人生不是平白無故發生在我們身上，是我們主導了我們的人生。現實並非獨立於我們而存在，我們時時刻刻都在創造自己的現實。對我來說，事實是人生最大的自由，也是最後的責任。[2]

後來，她循著上述主張，領悟出符合邏輯的結論：唯我論（solipsism），亦即認為「自我是唯一的存在」，所有現實都由自我創造而來。在《自我追尋》（*It's All in the Playing*，暫譯）一書中，她回憶曾在某場跨年聚會上表達唯我論的觀點，震驚了現場的賓客。

> 一開始我說，我體會到現實是由我自己所創造，因此基本上我必須接受，**在我的宇宙中，我是唯一活著的人**。此話一出，我馬上感覺到同桌賓客的震驚反應。我繼續表達內心的想

法，指出對於周遭發生的一切，我應一肩扛起所有責任，而且我有**權力**控制所有事情，因為這一切只發生在我的現實中。而且，人們感覺到痛苦、恐懼、沮喪、驚慌等情緒，其實只是我**內心**對於痛苦、恐懼、沮喪、驚慌等這些情緒的部分**投射**！……我知道是我創造了晚間新聞發生的事，那是我製造的現實。其他人是否也**各自**體驗了那些新聞報導，我不清楚，因為**他們**同樣存在於我建構的現實中。如果他們對世界上發生的事有所反應，是我讓他們產生反應，這樣我就有對象可以互動，而我能從這過程中更了解我自己。[3]

早在麥克蓮的創造現實言論之前，一本在一九七〇年問世的著作《靈界的訊息》（*The Seth Material*）也提到了相同的問題。市面上有不少暢銷書以假定靈體「賽斯」（Seth，一種「物質實相不再重視」的靈性存在）的開示內容為基礎，這本正是其中之一。小說家珍・羅伯茲（Jane Roberts）將自己與賽斯「通靈」所獲得的「賽斯資料」提綱挈領地書寫成冊，該書的核心主題在於闡釋物質實相是我們創造的成果。

賽斯說，就像呼吸一樣，我們也在不自覺間形成了物質宇宙。我們不應該把它想成一個有一天會逃脫的監獄，或是一個我們無法脫逃的行刑室。相反地，**我們形成物質**，是為了在三次元的實相中活動，發展我們的能力並幫助他人……我們不自覺地投射意念，造成了物質的實相，而身體是我們對自己的想法的具體模樣。我們全都是創造者，這個世界是我們的共同創造物。[4]

這麼說來，我們每個人都在創造現實世界嗎？生物學家泰德・舒爾茲曾一度著迷於這個概念，但他的態度很快轉為質疑。

我開始思考「共識現實」（consensus reality）、「個人實相」（personal reality）和信念的力量等衍生的邏輯問題。假設有個精神分裂症患者全心相信自己會飛，他就真的能飛上天嗎？如果可以，為什麼精神疾病機構仍未頻繁發表研究報告，證實其收容的病患成功創造了奇蹟？耶和華見證人（Jehovah's Witnesses）等大型團體的教徒相信，耶穌必定會在某一天重返世間，這又該怎麼解釋？在該教派的發展史上，耶穌降臨的主張不是已經兩次破局（分別是一九一四年和一九七五年），迫使虔誠的教徒重設日期？如果其他太陽系居民奉行的天文物體定律與地球上的我們不同，會發生什麼事？兩套定律能同時成立嗎？如果不行，宇宙會遵行哪套定律？地球上信奉天主教的人口為數眾多，難道天父和眾聖人就會因此變成事實？如果我不信天主教，應該為此擔心嗎？在哥倫布之前，地球難道會因為世人普遍相信地平說，就真的是平的嗎？難道地球是在輿論風向改變了之後，才「變」圓嗎？[5]

只要相信，事情就會成真，還有什麼主張比這個更令人嚮往？誠如舒爾茲指出，光有信念就能美化現實的概念，其實隱含著嚴重的問題。首先，這在邏輯上就相互矛盾了。如果信念可以改變現實，要是不同人抱持相反的信念，會發生什麼事？假設甲相信 P（某個與現實有關的論點），於是 P 成了事實。然而乙相信非 P，而這也成了事實。這樣來看，同一件事既存在又不存在，在邏輯上無法成立。如果甲相信全球的全部恐怖分子皆已身亡，但乙深信還有恐怖分子倖存，我們該怎麼定奪？如果甲相信地球是圓的，但乙深信地球是平的，究竟哪個才對？既然信念能創造現實的命題會導致邏輯矛盾，我們勢必能得到以下結論：現實獨立於個人信念之外。

> 事實不僅比你想像中的更奇怪，甚至超過你所能想像。
> ——遺傳學家霍爾丹
> （J. B. S. Haldane）

唯我論者可以避開這個問題，因為在他們的觀點中，世界上只有一個人，因此只有一人決定是否相信一件事。但要說這世界上只有一個人，而且那個人只憑信念就創造了世間萬物，合理嗎？我們不妨從個人經驗來思考。

　　家裡有個水龍頭漏水。你在下方擺了一個水桶接水，之後就出門了。回來後，你發現不僅水桶裝滿了水，連水槽都滿到水溢出去，浸溼了地毯。像這樣簡單的事情（還有其他數之不盡的日常瑣事）就能使我們相信，不論我們是否正經歷其中，因果事件還是會繼續發展下去，就好像獨立存在於我們的心智之外。

　　你打開書櫃的門，突然間，好幾本書掉下來砸中你的頭，嚇了你好大一跳！你完全沒料到書本會掉下來，彷彿這件事起因於你心智之外的某個原因，非你所能掌握。

　　你躺在床上睡著了。隔天醒來後，房裡的一切還是和你失去意識前一模一樣。不論你是否想著身邊的事物，房間依然存在著。

　　你手上拿著一朵玫瑰。你能看見那朵玫瑰，你感覺得到花瓣的觸感，聞得到花的香氣。各種感官體驗匯聚在一起，賦予你對這朵花的整體認知，就好像它是獨立存在的。如果這朵花只是心智的產物，那麼各種感覺匯聚所形成的整體認知，就更難解釋了。

　　日常生活中充斥著你自行創造的經驗（例如白日夢、思緒、想像）與外在現實強加在你身上的事實（像是臭味、噪音、冷風），你能清楚分辨兩者之間的差異。如果有個獨立運行的世界，這些差異就很合理。然而，如果世界並非獨立存在，而你所在的現實是由你創造，這其中的差異就難以解釋了。

　　這裡要說的是，比起其他任何已知論點，世界獨立存在的主張最能解釋我們的親身體驗。我們大可相信世界所呈現的樣貌（這似乎不受我們的心智所影響）；換句話說，我們沒有理由去相信世界是心智的產物。科學作家葛登能在一篇探討唯我論的論文中，如此

闡述這個論點：

> 當然，我們都不認同唯我論，也都相信世上還有其他人。所有人都能看見基本上相同的景象，不就是一連串令人驚訝的巧合嗎？（對質疑外在世界的人來說，的確是無比震驚。）我們走在同一座城市的相同街道上，我們在同一處能看見同一棟建築物；不同人透過望遠鏡能看見同一個絢麗的銀河系，而且還能看見相同的漩渦結構。預設有個外在世界是由個人心智之外的**其他**元素構成，獨立存在，這樣假設的成效顯而易見，而且長久以來，個人經驗總能一再佐證這個觀點。對此，我們可以毫不誇大地說，這比其他所有經驗假設獲得更多人確認。這個假設的效益龐大，除了瘋子和專業的玄學家之外，幾乎不可能有人能理解任何質疑此假設的論述。[6]

以一個獨立存在的外在現實作為一切論述的基礎假設，不僅便利，對我們每天所經歷的一切也是最佳解釋。

雖然相信心智能創造外在現實貌似荒唐可笑，但若相信心智創造了我們對外在現實的信念倒是完全合理。如前所述，心智不僅止是資訊的被動接收者，而是主動操縱者。當每個人試圖理解及應對外在世界時，會對世界形成許多不同的信念。信念於是形成「對你來說是事實，但我不這麼認為」的分歧情形。不同人認定的事實不同，但光是相信某事是事實，無法使其成真。

> 我從不知道我說的話有多少是事實。
> ——歌手貝蒂·米勒
> （Bette Midler）

有些人認為，每個人都在創造各自的現實，稱為主觀主義（subjectivism）。這不是二十一世紀才出現的新潮觀念，早在兩千五百年前的古希臘時期，這個概念就曾蔚為風潮。當時擁護主觀主義的學者稱為詭辯家（sophist）。這些修辭學專家靠著教導富有的雅典人維生，教人們如何交朋友，以及如何發揮群眾影響力。他們並

你我背景或許同，但對我來說，相對主義並非事實。
——整合生物學教授
艾倫·賈范克
（Alan Garfinkel）

不相信客觀事實，所以他們教導學生對任何事情都要從正反兩面加以論證，這在當時引起了軒然大波（**詭辯**一詞便是形容那些似是而非的論證之辭）。普羅塔哥拉斯（Protagoras）是當時最有名氣的詭辯家，他對主觀主義的描述如下：「人是衡量萬物的尺度，萬物存在或不存在，皆由人來決定。」[7]現實是思考的產物，無法脫離人的心智而獨立存在，因此，任何人相信的任何事情都是事實。

柏拉圖清楚看透了此觀點隱含的意義。若任何人相信的任何事情都是事實，那麼，所有人的信念都會是事實。這樣一來，認為主觀主義是謬論的信念，就會與認為主觀主義是真理的信念同為事實。對此，柏拉圖如此說明：「從普羅塔哥拉斯的觀點來說，承認所有人的意見都是事實，非得同時認同反對者對自己信念的看法，亦即認同自己的主張有誤。」[8]這樣看來，普羅塔哥拉斯所擁護的主觀主義本身便自我矛盾。如果他的論述為真，也會同時為假。既成立又自證有誤的主張不可能是事實。

誰要是說出了事實，連續走過九個村莊都不會有人收留他。
——土耳其諺語

普羅塔哥拉斯傳授論證法，這件事本身就很諷刺，因為在他的世界中，理當不會發生任何論證。唯有合理的理由相信他人的主張錯誤，才會產生論證。然而，只要相信就能使事情變成事實的話，就不會有人有錯；換言之，所有人的信念都絕對正確，世上也就不可能出現錯誤的信念。因此，如果普羅塔哥拉斯的學生認真看待他提出的理論，他就會失業。如果所有論述都一樣正確，我們自然不需要學習論證方法。

主觀主義使意見分歧變得不再有意義，而很少人發現這一點。舒爾茲指出：

> 矛盾的是，許多新時代運動的倡導者一味認定客觀事實只

是愚蠢理性主義者的無病呻吟，根本無法實現，對自己信仰的那套體系卻又堅持細節不容妥協。畢竟，如果「你的事實」不一定是「我的事實」，那我還需要擔心藍慕沙（Ramtha）預言的地質劇變，或是荷西・阿奎列斯（Jose Arguelles）預言在二〇一二年降臨地球的「太空兄弟」嗎？[9]

如果新時代運動的主張正確，我們根本不需擔心這些苦難，因為人人都能建構自己所在的現實，沒人會出差錯。

儘管我們都想成為絕對正確的一方，我們也深知每個人難免都會犯錯。在新時代運動浪潮中，即使是最狂熱的相對主義者都必須承認自己偶爾會撥錯電話號碼、輸掉賽馬賭注或忘記好友生日。這些事件一再證實，現實並非光靠個人信念就能建構。於是我們可歸結出以下原則：

光是相信某件事屬實，不代表那就是事實。

如果信念能讓事情成真，世界上未滿足的欲望、未實現的抱負和未成功的計畫，都會比現在減少許多。

現實是依附社會常規建構而成

在開頭的寓言中，第三個人認為，如果有夠多人相信某件事，這件事就會成為所有人的事實。現實不是個人獨立建構出來的——所有人都活在同一個現實，但只要其中夠多的人相信某個事實，就能大幅改變所有人的現實。如果大家可以在某件事上達成共識，獲得絕大多數人同意，就能改變世界的樣貌。

即使受到忽視，事實仍會長存。
——作家阿道斯・赫胥黎

此觀點最有影響力的代表，大概要屬約瑟夫・齊爾頓・皮爾斯（Joseph Chilton Pearce）的《宇宙裂痕》（The Crack in the Cosmic Egg，暫譯）。[10] 皮爾斯在書中聲稱，每個人都在物理現實的形塑過程中貢獻了一己之力，甚至連物理定律都是集眾人之力的結果。如果夠多人相信新的現實，就能改變物質世界或其中的某個部分。要是能取得集體共識，就能隨意改變所有人賴以生存的世界。

近年來，這種非比尋常的論點（夠多人相信一件事，事情就會突然成為所有人的共同信念）具有龐大的影響力。華特森在著作《生命之潮》中述說的「百猴效應」（詳見第一章），是激起這股浪潮的主要推手。肯・凱耶斯（Ken Keyes）的暢銷書《猴子啟示錄》（The Hundredth Monkey）、同名電影，以及其他好幾篇文章，全都轉述了這個故事，使其不斷流傳至今。

故事是這樣說的：華特森講述他從一九五〇年代科學報告讀到的一個故事，主角是日本幸島上的野生獼猴。自從猴群拿到番薯之後，其中有隻叫做伊莫的猴子學會了用水洗去泥沙，再吃乾淨的番薯。接下來幾年間，伊莫把這項技巧教給同群體的其他獼猴。「然後，不尋常的事情發生了，」華特森說。

截至目前，研究本身的細節還算清楚，但大部分人依舊不確定實情究竟為何，因而需從個人軼事中蒐集相關的其他片段，以及向主要的研究學者釐清該傳說的細節。為避免鬧笑話，懷疑真相的人往往不願貿然對外發表。因此，我不得不私自補齊細節，在盡可能明辨事實的前提下，將整個事件的完整經過大致敘述如下。

該年（一九五八年）秋天，幸島上數量不明的獼猴在海裡清洗番薯，因為伊莫發現海水不僅能把食物洗乾淨，還能為食物添加討喜的滋味。為了方便論述，在此姑且認定本來有九

十九隻獼猴會洗番薯，而在某個週二早上十一點，經由正常管道學會清洗食物的獼猴又多了一隻。這新增的第一百隻獼猴顯然使數量跨過了某個重要門檻，達到了所謂的關鍵多數，因為到了當天晚上，猴群中幾乎所有成員都學會了洗番薯。不僅如此，這個習慣似乎跨越了自然環境的阻隔，像實驗室密封的化學藥劑罐中出現甘油結晶一樣，其他小島的猴群也同時出現了洗番薯的行為，甚至在本島高崎山（Takasakiyama）一地的猴群也出現了同樣的行為。[11]

　　華特森利用這個故事來支持「共識即真實」的命題。但看到這裡，你或許會問：「這個故事是真的嗎？這些事情真的發生過嗎？」許多人透過書籍和文章轉述這個故事，但他們從不在意這個問題。

　　如果這個故事確實發生過，勢必會引起科學界騷動，吸引眾多科學家著手研究。然而這個故事依然無法構成有力證據，證明人數達到關鍵多數後，某件事就會變成所有人遵從的事實。某方面來看，這個故事可以支持其他假說：或許洗番薯的行為並非經由傳播，使所有猴子產生相同舉動，而是每一隻猴子在不斷摸索中個別學會（換句話說，其他猴子也像伊莫一樣自己學會了洗番薯）。

　　另一方面，如果這個故事從未發生，它也無法證明「共識即真實」是錯誤命題，只能代表這項支持我們相信命題的經驗證據無效。

　　事實證明，**這個故事並未真實發生**，至少不是華特森等人所說的那樣。暫且不論華特森轉述的內容是否屬實，我們依然可以檢視他提出的命題。他在《生命之潮》中寫道：「如果夠多人認定某件事為事實，這件事就會變成所有人的共同現實。」[12]如果他的意思是，一群人的共識能真正改變物理現實（皮爾斯的主

迎合眾意、人云亦云，是品味與思想低劣的證明。事實不會因為絕大多數人是否認同而有所改變。
——哲學家
吉爾達諾・布魯諾
（Giordano Bruno）

神話有好壞之分

萊爾·華特森（Lyall Watson）提出「百猴效應」，認為猴群達到關鍵多數後，便會形成超越自然法則的集體行為。心理學家莫琳·奧哈拉（Maureen O'Hara）是第一個寫書對此提出質疑的人。她注意到不少人將此視為神話。她認同神話在我們的生活中占有重要地位，但她也指出，從神話的角度來看，華特森的故事「極度不人道」，而且「徹底背離人類社會的賦權概念」。

目前對關鍵多數的美化有幾個重大矛盾，這不僅可見於「百猴效應」，也深植於 est 組織、巴關·羅傑尼希（Bhagwan Rajneesh，後來改名為奧修）和「水瓶座陰謀論」（Aquarian Conspiracy）等個人和團體的意識型態之中。擁護者認為，雖然他們的想法（暫時）只有少數受到啟發的人買單，但只要全心全意相信，其認定為事實的主張就會神奇地變成所有人奉行的觀念。不過，關鍵多數的擁護者忽略了人道主義和民主開放社會的原則。社會自由的基礎，在於堅持每個人都能擁有自己的

張），那麼他肯定錯了。

不管是人群（或猴群）的思想能創造外在現實，抑或是個人的思慮能建構外在現實，都同樣不可置信。不過，社會力（social force）影響個人想法並非毫無道理。在成長過程中，我們所處的社會對我們相信的一切會產生莫大的影響。舉例來說，如果生長於印度教社會，我們可能就會相信神是一股不帶感情的力量；如果我們生在佛教社會，可能會相信世上沒有上帝；如果出生於基督教社會，我們或許就會相信上帝是無形體的人。不過，就算整個社會相信

大多數人都活得像客製化蛋糕中的葡萄乾。
——哲學家
布蘭德·布蘭沙德

信念（不管結果是好是壞），以負責任的個人之姿參與多元的文化。我們真的願意放棄這個理想，推崇大一統的意識型態，使「關鍵多數」信以為真的事情成為所有人都必須接受的事實？這個想法令我不寒而慄……

承上所述，我反對「百猴效應」並非因為這是神話，而是因為這是低劣的傳說，其力量不是來自集體想像，而是冒充為科學試圖取信於人。我從之前就一直試著強調，這個故事會引導我們朝政治宣傳、刻意操作、極權主義，以及由強權和有說服力者統治的世界觀去發展……換言之，就是一如往常地演變成商業掛帥……

……這不是激勵人追求成長的神話，促使我們盡量發展個人能力，相反地，這只會抑制個人發展，使我們成為沒有個人思想的愚眾，任由「溝通大師」支配。「百猴效應」比「水瓶座陰謀」更接近歐威爾主義，更讓人恐懼。

資料來源：Maureen O'Hara, "Of Myths and Monkeys: A Critical Look at Critical Mass," in *The Fringes of Reason: A Whole Earth Catalog* (1989), pp. 182–85

某件事，也無法使該事成真，這是不爭的事實。要真是如此，社會的整體信念將會成為絕對真理，無懈可擊。但我們知道實際情況並非如此。以前人們普遍相信地平說、地心說，甚至認為暴風雨來自眾神的憤怒。這些例子中，社會大眾都誤信了錯誤的主張。綜合上述，我們必定歸納出以下原則：

光是有一群人相信某件事屬實，不代表那就是事實。

群眾與個人一樣容易犯錯，或許有過之而無不及。我們無法以

萬變不離「振」

　　與「百猴效應」相關的另一個理論，是生物學家暨作家魯珀特·謝德瑞克（Rupert Sheldrake）提出的**形態共振**（morphic resonance）。他主張宇宙中的所有生命體和結構之所以目前的形式（形態）呈現，都是透過**形態場域**（morphic field）來決定的。場域「內建對前一個同形式物體的記憶」，因此「肝臟的場域是依照之前的肝臟來形塑，橡樹的場域由先前的橡樹來決定。」[13] 不論是肝臟或橡樹，每種物體會產生共振（或稱為溝通），創造各自的場域。每種物體都有自己的能量場域，該場域會賦予了每種物體該有的行為、模式和樣貌，包括細胞、結晶、原子、蛋白質分子等，世上萬物都是這樣形成的。

　　根據謝德瑞克的說法，動物與人類的行為也會產生形態場域，繼而形塑未來的行為。所以，如果你教導倫敦的老鼠如何走出迷宮，該物種的形態場域就會改變，巴黎的老鼠也會突然間更懂得如何破解相同的迷宮。

　　謝德瑞克認為，好幾個現象可以形態場域理論來解釋，包括動物自然學會某種行為（類似「百猴效應」）；有人率先學會某種技能後，其他人的學習速度就會加快；某些生物（例如扁蟲）擁有再生能力，能修復受傷的肢體部位。不少科學家懷疑謝德瑞克所說的

所有人都認同為由，為自己的信念辯護，因為所有人都可能做出錯誤的決定。這麼做等於是犯了訴諸群眾的謬誤。

　　此外，如果社會的整體信念絕對正確，就不可能發生不認同社會共識，但信念是正確的情況。由於整體社會認定的事實才是事實，任何主張社會共識有誤的說法，都必定錯誤。如此一來，社會

某些現象是否真實發生，而大部分的相關研究也備受爭議。

儘管如此，我們還是可以自問：接受謝氏的形態場域理論是否合理？老實說，言之過早。科學家通常會根據充分性標準來評判理論的價值，但謝氏的理論至少有兩項標準並不符合。第一項標準是精簡度，亦即理論中有多少未經證實的預設。預設越多，理論越不可能屬實。謝氏假設世上有未知的場域，並且對萬物產生重大影響，光是這些預設就足以將理論的可信度消耗殆盡。另一項標準是保守度，也就是理論能否與我們既有的知識相互契合。若理論與立論充足的既有信念發生衝突，該理論成立的機率便會降低。在其他條件相同的情況下，與整個背景知識體系最為一致的理論才是首選。謝氏的理論違背了場域、能量、基因、生物化學、人類行為等諸多科學相關證據，可說一點都不保守。目前根本沒有充分的證據可以證明形態場域的確存在，並且對全世界產生龐大影響。因此這個理論不太可能成立。

唯有當一般理論無法解釋某些現象時，我們才應採納不尋常的主張。從這個案例來看，我們實在沒有理由相信。科學歷史上，科學家時常遭遇千奇百怪的現象，雖然無法以當時所知的自然法則予以解釋，但他們不會直接預設立場，從超自然或靈異的角度來看待這些現象。科學家的因應之道，就是不斷鑽研與探究，最後找到符合自然法則的解釋方式。

改革者永遠都無法合理宣稱事實站在他們那一邊。

於是，在社會建構主義（social constructivism）的框架下，科學家都是心智受到蒙蔽，才會誤信這世上有放諸四海皆準的事實，像是 f = ma（外力等於質量乘以加速度）和 $E = mc^2$（能量等於質量乘以光速平方）等物理定律就無法成為社會的共同認知。如果事實

取決於社會共識，世界上就不會有共通的事實。整個社會認為是對的，才是對的。多數暴力於焉成形，且難保不會帶有報復目的。

不過，社會大眾也有可能同意科學家的看法，認為不是所有事實皆依循社會而生。在此情況下，社會建構主義就錯了嗎？根據建構主義者的理念，的確是如此。由此可知，社會建構主義和主觀主義都有同一個問題：如果每個社會的信念都是事實，那麼，要是有哪個社會認為，現實並非由社會共識建構而成，這件事也會成為事實。如同主觀主義者必須承認反方的意見是事實，社會建構主義者終究也得正視其他社會的反對立場。

> 背離絕大多數人認定的主張，朝完全相反的方向走去，往往就能找到事實。
> ──哲學家尚・德拉布魯耶

在社會建構主義的框架下，我們都需同意，沒有人可以合理批評其他社會。只要社會是依循絕大多數人認為正確的信念運作，就沒人能駁斥其作為有錯。舉例來說，假設第二次世界大戰期間，德國人同意納粹的理念，認為猶太人是人類社會的瘟疫，必須斬草除根。那麼，根據社會建構主義，大屠殺就會是正當行為。納粹黨是依循社會認同的信念行事，因此迫害猶太人成了正確的事。社會建構主義者必須像普羅塔哥拉斯一樣，對納粹的理念與所有人的信念一視同仁，認同所有主張都是不可偏廢的事實。

如果你認為納粹在處理猶太人的方式上大錯特錯（即使德國人民支持他們這麼做），你就不能成為社會建構主義者，因為你承認了社會共識可能出錯。從人類文明的歷史來看，這個結論無可厚非。在許多事情上，社會普遍認知錯誤，像是國王擁有神聖統御權、放血能治病、女性的能力比不上男性等，實例多不勝數。總之，社會建構主義的信條參考價值不高。

社會建構主義主張命題是否為真，取決於社會是否普遍認同，由此可推知，個人不同意命題真偽時，等於不認同社會的群體信念。話說回來，我們爭論的所有議題都與社會的信念有關嗎？假設

我們不同意宇宙中有黑洞，難道只要調查社會上每個人的意見，就能解決爭議嗎？當然不行。就算對各種道德原則產生疑義，也不能仰賴意見調查來定奪。例如，墮胎是否符合道德標準，不能只靠遊說大眾來平息爭議，尋求結論。因此，事實必定不只是社會共識這麼簡單。

就算事實由社會共識所定義，還是很難認定何為事實，因為很少有人明確地只屬於單一社會。舉例來說，假設你是出生於一九四〇年代巴伐利亞的猶太裔黑人，並且加入共產黨，若要釐清你真正的歸屬，應以哪個條件為準？膚色？族裔？黨派？國籍？很不幸的是，這個問題無解，因為每個人都同時屬於不同的社會群體，沒辦法宣稱哪一個才是真正的歸屬。所以，社會建構主義不僅不合理，實用價值也不高。

文化相對主義只不過是侵犯人權的藉口。
——人權律師希林·伊巴迪
（Shirin Ebadi）

現實是由概念架構所構成

常理告訴我們，個人和社會都不可能永遠不犯錯，兩者都有可能誤信錯的理念。相對地，即使一件事沒有任何人或社會認同，還是有可能是事實。為了不違背這些道理，有些相對主義者（例如開頭寓言中的第四個人）於是宣稱事實並非由個人或社會決定，概念架構才是關鍵。概念架構是指一組將事物分類的概念。這些概念提供不同類別，讓我們將經驗中的一切分門別類。如同郵局利用信件格把郵件分堆放置，方便後續遞送，我們也會運用概念架構將事情區分成有意義的群組。不過每個人的分類準則不一，對於哪些項目應歸類於哪種概念，認知可能不盡相同。即使兩人擁有相同概念，實際的運用方式可能還是會有所差別。[14]

事實不會在特殊時刻才算數；事實總是時時刻刻皆然。
——「非洲之父」史懷哲
（Albert Schweitzer）

為了說明個人和社會的認知並非無懈可擊，概念相對主義者必須堅信，光是相信某事屬於某個特定概念是不夠的。勢必要有事實支持這種分類法，而且該事實不能全然奠基於信念。問題來了，該如何決定？根據概念相對主義的說法，至少有一部分是由這個世界決定的。因此，概念相對主義者必須承認，世界在決定何為事實這件事上占有一定的分量。[15]

雖然事實可能受世界侷限，但概念相對主義者並不認為事實全然由這個世界決定，因為在他們看來，世界不是只有一種樣貌。相反地，不同概念架構會創造出不同世界。

在概念相對主義者的觀念中，概念架構和世界的關係就像餅乾模具和麵團。餅乾的形狀取決於模具的造型，世界的面貌則是由概念架構所加諸的特性來決定。然而世界有一些特性不受概念架構左右，猶如麵團的某些特質不會隨模具而改變。藉由這些特性，概念相對主義者得以解釋錯誤的分類。但是無論如何，世界依舊是概念架構的產物。誠如哲學家尼爾森‧古德曼（Nelson Goodman）所說，概念架構是形塑世界的方法。[16] 抱持不同概念架構的人形同活在不同世界。

哲學家與歷史學家湯瑪斯‧孔恩是概念架構的有力擁護者之一。他喜歡以**典範**（paradigm）稱呼概念架構。他在《科學革命的結構》（*The Structure of Scientific Revolutions*）一書中使用「典範」一詞，指稱特定的科學理論，包括形成理論所涉及的概念、方法、標準（請見第二章）。典範能為科學家指出事實所在，指引他們探索現實的種種。諸如哪些難題值得費神研究，哪些方法可以破解這些難題，都能在典範的引導下水落石出。

孔恩指出，常態科學的任務包括試圖解決典範所產生的難題。優秀的理論所提出的預測，會超越其原本要解釋的資訊。科學家研究這些預測內容，確認該理論是否以事實為本。如果沒有依據，這

些預測就是值得探究的現成難題。科學家會借助典範提供的概念資源，試圖解開難題，但有時難免會找不到答案。在這種情況下，科學界會進入危機狀態，開始尋找能有效解釋該特例的新典範。一旦找到新典範，科學界就會出現孔恩所謂的**典範轉移**現象。既然是典範定義了現實，歷經典範轉移就像去到陌生的宇宙一般。孔恩這麼形容：

> 從當代史學的制高點回顧以往的研究記錄，科學史學家或許會貿然宣稱，當典範轉移時，世界本身會隨之改變。在新典範的引導下，科學家採用新工具重新尋找答案。更重要的是，在變革期間，科學家能在之前遍尋不著答案的地方，透過熟悉的工具找到截然不同的嶄新發現。這很像科學家們突然去到另一個星球，在那裡，不僅熟悉的萬物都有了新的意義，還有其他前所未見的陌生事物。這當然不會真正發生，事實上，地理位置毫無變動；科學家走出實驗室後，日常的一切通常依舊。典範轉移的確能促使科學家從不同的視角看待研究對象。不過他們只能透過本身的所見所為，與新世界展開接觸。我們或許能這麼說，科學家在經歷了變革之後，其回應的對象已是不同的世界。[17]

雖然孔恩的陳述獲得高度肯定，但他似乎意有所指——他認為人一旦接受了新的典範，形同進入了不同世界。

為什麼這麼說？為何接受新典範是去到不同世界，而不是對原本的世界產生不同的信念？因為孔恩相信，我們所在的世界是由我們的經驗所組成。既然各個典範都能產生其獨有的經驗，採納不同典範便意味著置身於不同的世界。探討亞里斯多德和伽利略在運動理論上的差異後，他指出：「伽利略對石頭掉落的直接體驗有別於亞里斯多德。」[18] 有

> 有害的事實總比實用的謊言好。
> ——小說家湯瑪斯·曼（Thomas Mann）

鑑於伽利略對運動的理論與亞里斯多德不同，因此孔恩指稱，伽利略從移動物體中看見的內涵與亞里斯多德不同。

不同典範會形成不同世界，這個觀點預設了所有觀察都負載著理論（theory-laden），也就是觀察結果取決於我們接受的理論。例如，深信地心說和日心說的人，眼中所見的日出景象各自具有截然不同的意義。由於各典範會個別產生其獨有的觀察資料，從這個角度來看，自然沒有可供客觀比較的中立資料。如此一來，典範之間自然沒有客觀的優劣之分。

縱使我們一致同意，所有觀察背後都負載著理論，但這不代表沒有獨立於所有典範的中立資料，畢竟不同的典範還是可能會有共同依循的理論。舉例來說，在觀賞日出的過程中，地心說和日心說各自的擁護者可能都會感覺到太陽和地平線之間的距離逐漸拉大。另外，雙方或許也會一致認同其他與觀測相關的理論，例如望遠鏡、羅盤和六分儀的原理。總之，即便觀察資料取決於理論，還是無法排除客觀比較不同典範的可能性。

除此之外，我們大可相信，至少某些觀察並未負載著理論。如果典範決定了所有觀察結果，那麼，我們等於不可能觀察到任何不合典範的事物。要是從未觀察到任何不符典範的事物（從未認真看待任何特例），就永遠不會促成典範轉移的需求。因此可以這麼說，孔恩的理論自相矛盾——一旦採信他的觀察理論，勢必得否決他的科學史觀。

神經生理學對感知能力的研究能進一步提供立論基礎，支持並非所有觀察行為都負載著理論。心理學家愛德華·杭德特（Edward Hundert）解釋道：

假設有個人因為腫瘤而導致初級視覺皮質失去功用，等於

是喪失了視覺能力，幾近完全失明。但如果是次級或三級視覺皮質受損，他們會產生視覺失認症（visual agnosia）。在這種不正常的情況下，患者的視覺敏銳度正常（能正確判讀視力檢查表上 E 的開口方向），但他們無法辨識、稱呼或比對視線中看見的簡單物體……若從心理學的角度來看，即突顯了「感知」（輸入分析）和「認知」（中央資訊處理）之間的功能差異……

這整個機制採取「架高型」輸入分析，演化優勢顯而易見。如果傳感器官直接裝設在中樞系統上，我們大部分時間所看見（或聽見）的世界就會侷限於我們所記得、相信或預期的樣貌。識別新事物（意料之外的刺激）對演化的益處極度明顯，唯有透過「虛設」輸入分析器的設計，將傳感器官與中樞系統分隔開來，才能發揮優勢。[19]

如果所有觀察都負載著理論，我們將永遠無法觀察到任何新事物。但實際上，我們確實可以觀察到新事物，表示有些觀察必定與理論脫勾。杭德特表示，觀察可分為兩種：識別（recognition）和區分（discrimination）。識別需運用理論，但區分不用。只要分開處理這兩種功能，大腦就能有效因應意外事物。於是，掌握客觀現實似乎成了生存的必要條件。

除此之外，溝通似乎也是必要條件。如果世界真由概念架構所構成，何以不同概念架構的人還能彼此理解及溝通？哲學家羅傑·崔格（Roger Trigg）這麼解釋：

如果認同「世界」或「現實」不能獨立構成於所有概念架構之外，就沒有理由認為截然不同的群體所看見的世界其實非常相似。然而遺憾的是，在不同社會的語言開始被翻譯或比較之前，此假定有其必要。若沒有這個前提，情況就會變成兩個不同星球的居民相遇，礙於彼此的本質差異甚大，必須竭力設

法與對方溝通。兩方幾乎沒有共同的經驗，導致個別的語言幾乎沒有任何交集。[20]

由於目前已知的所有概念架構都有辦法互相翻譯，表示這世界必定不是由概念架構所構成。

翻譯與溝通需要有共同的參考基準，因此有些人認為，替代概念架構（alternative conceptual scheme）的說法不甚合理。例如，哲學家唐納・戴維森（Donald Davidson）就指稱，如果我們能將外星人的話語翻譯成我們的語言，我們與外星人的概念架構本質上必定無異。要是無法翻譯，我們就沒理由假定外星人擁有任何概念架構。[21]

然而，只要不認為事實取決於概念架構，就不必否決替代概念架構的說法。在不涉及技術層面的前提下，我們大可宣稱，使用不同概念的人擁有不同的概念架構。我們甚至可以說，擁有不同概念架構的人以不同的方式體驗世界。但我們不能說，擁有不同概念架構的人活在不同世界，因為這種說法會產生以上提到的所有問題。不同的概念架構是以不同的方式呈現世界，而非創造不同的世界。

即便你不再相信事實，事實依舊不會離你遠去。
——科幻小說家菲利普・迪克（Philip K. Dick）

我們改以地圖來比喻概念架構好了。如前所述，地圖有許多種類型，只要繪製得夠準確，就能認定它所呈現的是真實地形的縮影。同理，每一種科學都可視為反映現實的地圖。比起以物理學繪製的地圖，生物學繪製的地圖上或許沒有太多物理概念，猶如地形圖缺少街道圖的符號與標示。但不管怎麼說，生物學或物理學的地圖呈現的都是同一個現實。至於要參閱哪一張地圖，則取決於你的目的地。不同的理論就像不同的地圖，適合不同的用途。沒有最棒的地圖，也沒有最棒的理論。應謹記的是，誠如數學家阿爾弗雷德・科爾濟斯基（Alfred Korzybski）的名言所指：「地圖並非土地。」[22]使用不同地圖的人不一定身處不同地區，而且更換地圖也不會改變

我們所在的位置，與孔恩的主張正好相反。土地是土地，任何呈現方式都不會對其產生影響。

相對主義者的困境

本章提出的思考面向與相對主義背道而馳。相對主義最嚴重的問題來自於邏輯瑕疵：既是真，又是假，自相矛盾。

不論是主觀主義、社會建構主義，乃至概念相對主義，在相對主義的範疇中，一切均為相對的存在。這麼說的意思是，沒有任何毫無設限的普遍概括（universal generalization）會成立，換句話說，沒有任何陳述是放諸所有人、所有社會或所有概念架構皆適用。然而，「沒有任何毫無設限的普遍概括會成立」這句話本身就是毫無設限的普遍概括。所以，任何形式的相對主義成立的同時也會不成立，因此基本上不可能是事實。

相對主義者或許會試著聲稱，「一切均為相對的存在」只是相對事實，藉此避免自相矛盾。但這麼說還是無濟於事，因為這只代表相對主義者（或其所處的社會或概念架構）相信相對主義切合事實。這樣的說法不會促使非相對主義者特地停下腳步認真思考，因為對他們來說，相對主義者認為相對主義為事實這件事從來就不是問題所在。真正的問題在於，非相對主義者是否應該將相對主義視為事實。唯有相對主義者能提出客觀證據，證明相對主義是事實，非相對主義者才會認同。但這類證據正好是相對主義者無法提供的類型，因為在他們心中，根本沒有客觀證據。

於是相對主義者面臨了兩難局面：如果他們客觀地詮釋相對主義，等於提供了有違該理論的證據，進而推翻自己的主張；如果他們在相對主義的基礎上闡釋該理論，則無法提供可支持的證據，同

> 所有概括式陳述都很危險，甚至連這句話也不例外。
> ——劇作家小仲馬
> （Alexandre Dumas fils）

樣使自己難堪。不論如何，相對主義者最終都會落入自搬石頭砸腳的下場。

哲學家哈維．西格爾（Harvey Siegel）如此描述這個兩難局面：

> 想要與非相對主義者分庭抗禮，框架相對主義者必須先以非相對主義的方式為框架相對主義辯護。以相對主義的方式「捍衛」框架相對主義，亦即「在我的框架下，框架相對主義成立（正確或有充分根據）」，注定會以失敗收場，因為非相對主義者不認同這種受限於框架的主張。但若從非相對主義的角度來為框架相對主義辯護，形同於放棄辯護，因為以這種方式辯護的話，勢必得先認同以無框架的標準衡量主張內容，而框架相對主義者必定會拒絕這麼做。以相對主義的方式為框架相對主義辯護，最後只能失敗收場；以非相對主義的方式來辯護，相當於直接放棄。總之，框架相對主義最終只是一場自我衝突。[23]

任何會產生自我衝突的事情都不會是事實。

相對主義者的問題在於，他們希望魚與熊掌兼得。一方面，他們想表達自己（或所處的社會或概念架構）是定義事實的至上權威。另一方面，他們又想傳達其他人（或所處的社會或概念架構）也具備同等地位。魚與熊掌不可兼得。誠如哲學家奎因（W. V. O. Quine）所解釋：

> 文化相對主義者認為事實取決於文化，但若如此，他在自身的文化中就必須將受制於文化的事實視為絕對。他勢必得踰越文化相對主義的定義，才能維護該理論的完整性；要踰越既有的定義，他勢必得先放棄相對主義。[24]

如果個人、社會或概念架構的相對主義為事實，一旦跳脫個

人、社會或概念架構，等於失去有效判斷的立足點；但要是沒有立足點，等於沒有立場認為相對主義是事實。於是，宣稱事實為相對的概念時，相對主義者形同在身上綁上炸彈，可說是玩火自焚。

正視現實

前文的論證過程顯示，事實並非相對於個人、社會或概念架構而存在。信念可以取決於不同個人、社會和概念架構而各具風華，實際上也時常是如此。但信念互異不代表事實就會隨之改變，如同前文印證，不是相信就能使事情成為事實。於是結論如下：

> 不論來源，只要是事實就必得虛心接受。
> ——哲學家邁蒙尼德
> （Maimonides）

外在現實獨立存在，不受每個人的表述方式所影響。

換言之，世界自有其道。我們能各自以各種方式描繪這世界，但每個人所描繪的對象始終相同。

客觀現實的概念並非選擇性的，不是我們喜歡就接受，不喜歡就放棄。每次我們聲稱某事千真萬確，或斷定某事就是如何，等於都在預設客觀現實的存在。若抱持相對主義否認客觀現實，往往只會落入自我矛盾及衝突的窘境。論證客觀現實是否存在時，不管是否認同客觀現實，都必須將其視為前提，否則無法論證。

你或許會這麼說：「等等，有些事還是會產生『你的事實不是我的事實』的情況，對吧？」如果我說我討厭歌劇，這項陳述對我來說不是事實嗎？如果我喜歡《辛普森家庭》、我的左腳會痛、聽到有人聊政治時就會放空，這些對我而言都是事實，不是嗎？

很明顯地，這些與個人密切相關的事情也是相對的概念——對我們來說是這樣，但其他人不見得會有相同的感受。個人特質（心

理與生理上的獨特之處）因人而異，例如甲愛吃披薩，但乙不愛；甲鼻頭上有痣，但乙沒有。事物對每個人的作用也不盡相同，例如甲深受量子力學吸引，但乙不感興趣；大聲的音樂會讓甲頭痛，但乙越聽越來勁。於是，事物的狀態在每個人眼中可能也不同。

　　但事物狀態是否屬實，則有明確的答案。假設珍妮愛喝白酒，但傑克不喜歡。他們首次約會時，珍妮說：「我喜歡白酒。」珍妮這句話對她而言是事實，但在傑克耳中就不是事實了嗎？並非如此。珍妮提出一個與她切身相關的事實，她的確愛喝白酒，所以這段話是事實。這不表示珍妮的事實對傑克來說就不是事實；這句話就是事實，不容質疑。如果傑克說：「我不喜歡白酒。」這是關於他個人喜好的陳述，對他們兩人來說都是事實。上述兩句話中的「我」分別是指不同人，而陳述則正確地描述了不同事物的狀態。

　　現在可以思考本章一開始提出的問題了：現實主義會使人心偏狹，助長傲慢自負的風氣嗎？答案是不會。現實主義者堅信，一旦群體出現分歧的意見，理論上能透過理性論證釐清事實。畢竟，如果事情有其正確之道，化解紛爭的唯一辦法就是訴諸事情的本質，尋找事實。但崔格指出：

　　如果一個人相信，基本的意見分歧能**有機會**找到解決辦法，那認定他會自大地單方面論斷何為事實，再強迫他人接受他的觀點，根本毫無道理可言。意見分歧能催生解決辦法，這個單純的事實本身並未暗示哪一方代表正確意見。當兩方意見不合，不管是涉及道德、宗教或其他任何議題，（只要雙方都是客觀主義者）每個人都會認同，一定至少有一方的想法錯誤。堅信某人的意見正確，但後來恍然大悟，認清這個想法可能有錯，這兩種立場之間不盡然是完全對立，水火不容。任何客觀

主義的相關理論都不會演變成自負。[25]

　　的確，現實主義者或許會想強迫他人認同個人觀點，但相對主義者何嘗不是？相對主義者可能會強迫他人同意，因為他們別無他法。畢竟，他們無法訴諸客觀標準或透過理性論證來說服別人。相對主義者不相信這些辦法。如果他們想說服他人，除了強迫和操弄之外，還能怎麼辦？

　　相對主義並未根除武斷作為，這點無庸置疑。如同部分現實主義者會有自以為是的問題，相對主義者也不遑多讓，例如有些人顯然就與新時代運動的主觀主義合流。由此可知，相對主義不一定能培養包容心，就如現實主義不一定會使人心狹隘。

　　此外，相對主義者擁抱包容的美德時，反而會陷入自相衝突的泥淖。他們認為包容其他觀點是美德，這一點到底是不是客觀事實？如果是，相對主義者等於認定有件事是客觀事實，形同否決了相對主義。如果包容心是美德的這一論點只是相對事實，那麼他們就得承認，相反的論點也同樣值得推崇。如此一來，相對主義者便無法恪守一致的原則，堅稱所有人都應具有包容心。

　　現實主義者可能會說出以下這些話，而這些主張之間並未互相衝突：陳述可以是客觀事實或客觀錯誤；我們時常很難辨別某一陳述是對是錯；我們可能會誤判陳述的真假；由於我們可能犯錯，我們必須包容持相反意見的人，支持他們反對的權利。

　　最後也請務必理解：因為有客觀現實的存在（因此才有客觀事實），不代表我們不能以不同的方式看待這個客觀現實。事實上，有些人受相對主義迷惑，正是因為他們察覺每個人對現實的觀點不同，而且對每個人的觀點有許多不贊同之處。然而，即使眾人抱持不同觀點，意見分歧，不代表沒有客觀現實或客觀事實。

> 事實為世界帶來的益處，比不過偽事實所造成的傷害。
> ——思想家
> 弗朗索瓦·德拉羅什福柯

重點摘要

相對主義者認為，現實取決於不同呈現方式而無法獨立存在，個人、社會或概念架構皆以不同方式描述，各自創造現實。許多人相信，每個人都能建構自己的現實，只要全心相信，事情就會成真。但若依照這種說法，人們的信念會致使事情既存在又不存在，產生自相矛盾的局面。詭辯家可能會試著迴避這個問題，但這麼做只是一味忽視一個不爭的事實：世上的確有個獨立存在的世界，這才是個人經驗的最佳解釋。

如果現實源自個人思想（主觀主義的主張），任何人所相信的所有事情都會成為事實。但這麼一來，每個人的信念就會同為事實。要是有人認為主觀主義是天大的謬誤，該主張就會與主觀主義平起平坐，最後形成衝突。因此，主觀主義終究會陷入自我矛盾。

有些人認為，只要夠多人相信某一件事，那件事就會成為所有人的事實；換言之，事實源於社會共識。然而，光有一群人相信某件事，不代表那就是事實。如果社會建構主義能成立，社會上蔚為風氣的觀點就會無條件正確，無法質疑，導致令人難以置信的下場。這類主張與主觀主義一樣，最後只會以自我矛盾收場。

還有些人認為，現實是由概念架構所構成。此觀點預設所有觀察行為皆負載著理論。不過我們有合理的理由相信，至少有些觀察並未負載著理論。要是所有觀察都有理論支撐，我們將永遠無法觀察到新事物。由此推知，客觀現實似乎是生存與溝通的必要條件。

相對主義者（不管他們推崇主觀主義、社會建構主義還是概念相對主義）主張，一切均為相對的存在，也就是說，沒有任何毫無設限的普遍概括會成立。但「沒有任何毫無設限的普遍概括」本身就是毫無設限的普遍概括。總之，無論是哪種形式的相對主義，只要成立，就同時會無法成立。到頭來，相對主義根本不可能是事實。

課後測驗

1. 只要個人相信某主張，該主張就能成為事實嗎？為什麼？
2. 只要社會普遍相信某主張，該主張就能成為事實嗎？為什麼？
3. 在不同的概念架構中，同一主張有可能真偽不一嗎？為什麼？
4. 請思考以下主張：沒有任何普遍概括的陳述能成立。此主張能成立嗎？為什麼？
5. 所有經驗（包括我們遇到的人）都是心智創造的產物，這種說法合理嗎？為什麼？

請評估以下主張是否合理？為什麼？

1. 別碰那隻蟾蜍。大家都知道，蟾蜍會害人長疣。
2. 近期民調顯示，90% 的美國人相信天使，所以世上必定有天使存在。
3. 撥打通靈熱線的民眾數以百萬計，這其中一定有什麼值得相信的奧祕。
4. 這個國家的報稅系統不公正，荒唐至極。隨便找個人問都會得到這個結論。
5. 幾百年來，愛爾蘭人相信矮精靈的傳說，所以世界上一定有矮精靈。
6. 歷史上，每個社會都有關於撞鬼經驗的記載。每個時代對鬼的描述不盡相同，但鬼魂無形的特性舉世皆然。雖然至今仍無任何實體證據，但我們可以斷定，世界上一定有鬼。

討論題

1. 事情不會因為誰真心相信而變成事實。個人相信某件事符合道德，那件事就能符合道德標準嗎？文化或社會認為某件事屬

實，那件事就會成為事實嗎？請深入探討這些問題的內涵，評估你所提出的答案。

2. 盡可能列舉出你歸屬的文化或社會群體。有沒有什麼客觀方法能決定你真正屬於哪一個群體？如果有的話，你會屬於哪一個群體？如果沒有，這個問題能為社會建構主義帶來什麼啟示？

3. 假設兩個人對眼前的事物分別提出不同想法，這代表他們對該事物的理解不同嗎？還是他們理解的是不同事物？有辦法分辨誰的想法正確嗎？請明確舉例以闡釋你的答案。

實際演練

一九八九年六月，中國的民主化運動成了全球矚目的大事件。數千名學生聚集在天安門廣場，要求中國政府給予人民更多自由，並推動民主改革。面對學生的訴求，政府派出大量軍隊鎮壓廣場上的異議分子，造成多人傷亡。崇信普世人權的人（道德的客觀主義者）大力譴責，認為中國政府應為這場血腥、不道德的悲劇負責。否決普世人權的政府官員（道德的相對主義者）則表示，根據中國社會的價值觀，政府派兵鎮壓異議分子完全合乎道德標準。

作業：暫時假設你是中國官員，以道德的相對主義看待鎮壓行動。請寫一段文字為你的立場辯護。接著改變角色，扮演西方國家的公民，以普世人權的角度譴責中國政府的暴行，從相反的觀點論述這起事件。最後比較兩種論述，你覺得哪個論點較有說服力？

批判性閱讀與寫作

1. 閱讀下方短文，並回答下列問題：
   （1）短文作者提出什麼主張？
   （2）作者是否提供任何理由來支持主張？

（3）形態場域在物理上可行嗎？為什麼？

（4）如果世上真有形態場域，能否支持現實是由社會共識建構而成的論點？為什麼？

（5）何種證據能說服你相信形態場域？

2. 請就短文觀點撰寫一篇兩百字的評論，主要評述有哪些論點可以支持短文中的主張，以及為何你認為接受該主張是合理（或不合理）的選擇。

短文：與「百猴效應」相關的另一個理論，是生物學家暨作家魯珀特·謝德瑞克提出的「形態共振」。他主張宇宙中的所有生命體和結構之所以目前的形式（形態）呈現，都是透過「形態場域」來決定的。每種物體都有自己的能量場域，該場域會賦予了每種物體該有的行為、模式和樣貌，世上萬物都是這樣形成的。

根據謝德瑞克的說法，動物與人類的行為也會產生形態場域，繼而形塑未來的行為。所以，如果你教導倫敦的老鼠如何走出迷宮，該物種的形態場域就會改變，巴黎的老鼠也會突然間更懂得如何破解相同的迷宮。他表示：「在現在這個時代，要學會騎腳踏車、開車、彈琴、使用打字機，人們學起來較不費力，因為已有眾多前人學會這些技能，累積了龐大的型態共振。」

謝德瑞克認為，好幾個現象可以形態場域理論來解釋，包括動物自然學會某種行為（類似「百猴效應」）；有人率先學會某種技能後，其他人的學習速度就會加快；某些生物（例如扁蟲）擁有再生能力，能修復受傷的肢體部位。

附錄：註解

序言

1.　Bertrand Russell, *Sceptical Essays* (Psychology Press, 2004), p. 225

第 1 章

1.　Paul McCarthy, "Pseudoteachers," *Omni,* July 1989, p. 74
2.　Associated Press, August 18, 1986
3.　Lyall Watson, *Lifetide: The Biology of the Unconscious* (Simon and Schuster, 1979), p. 148
4.　W. E. Schaller & C. R. Carrol, *Health, Quackery, and the Consumer* (Philadelphia: Saunders, 1976), p. 169
5.　Frederick Woodruff, *Secrets of a Telephone Psychic* (Hillsboro, OR: Beyond Words, 1998)
6.　Thomas Farley, http://www.whatstheharm.net/
7.　Stephen J. Gould, *An Urchin in the Storm: Essays about Books and Ideas* (Collins Harvill, 1987), p. 245

第 2 章

1.　Milton A. Rothman, *A Physicist's Guide to Skepticism* (Buffalo: Prometheus Books, 1988), p. 193
2.　Erich von Daniken, *Chariots of the Gods* (New York: Bantam Books, 1970), p. 30
3.　Saul-Paul Sirag, "The Skeptics," in *Future Science,* ed. John White and Stanley Krippner (Garden City, NJ: Doubleday, 1977), p. 535
4.　如需深入探究必然性的相關議題，請參閱：Raymond Bradley and Norman Swartz, *Possible Worlds* (Indianapolis: Hackett, 1979)
5.　Aristotle, *Metaphysics,* Book IV, 1008b, trans. Richard McKeon (New York: Random House, 1941), p. 742
6.　同上，Book IV, 1006a, p. 737
7.　Martin Gardner, *Time Travel and Other Mathematical Bewilderments* (New York: WH Freeman, 1988), p. 4

8. Marc Mills, "Warp Drive When? A Look at the Scaling," accessed May 14, 2018, https://cdn.preterhuman.net/texts/science_and_technology/physics/Warp_Drive_When_1.txt

9. Saint Augustine, *The City of God,* XXI, p. 8

10. *The Holy Bible* (English Revised Version, 1885)

11. Doron Nof and Nathan Paldor, "Are There Oceanographic Explanations for the Israelites' Crossing of the Red Sea?" *Bulletin of the American Meteorological Society* 73, no. 3 (March 1992): 304–14

12. Doron Nof et al., "Is There a Paleolimnological Explanation for 'Walking on Water' in the Sea of Galilee?" *Journal of Paleolimnology* 35 (2006): 417–39

13. C. J. Ducasse, "Some Questions Concerning Psychical Phenomena," *The Journal of the American Society for Psychical Research* 48 (1954): p. 5

14. John Raymond Smythies, *Science and ESP* (Routledge & Kegan Paul, 1967), p. 230

15. 同上，pp. 230–31

16. 同上，p. 234

17. George Gamow, *One, Two, Three . . . Infinity* (New York: Bantam Books, 1979), p. 104

18. Gerald Feinberg, "Particles That Go Faster Than Light," *Scientific American,* February 1970, pp. 69–77

19. Laurence M. Beynam, "Quantum Physics and Paranormal Events," in *Future Science* (White and Krippner, 1977), pp. 317–18

20. G. A. Benford, D. L. Book, and W. A. Newcomb, "The Tachyonic Antitelephone," *Physical Review D,* 3d ser., 2 (1970): 63–65

21. Martin Gardner, *Time Travel and Other Mathematical Bewilderments* (New York: W. H. Freeman, 1988), p. 4

22. Lee F. Werth, "Normalizing the Paranormal," *American Philosophical Quarterly* 15 (1978): 47–56

23. "2017 Failed and Forgotten Psychic Predictions," *Relatively Interesting,* December 19, 2017, accessed April 8, 2018, http://www.relativelyinteresting.com/2017-failed-forgotten-psychic-predictions/

第 3 章

1. Arthur Conan Doyle, *A Study in Scarlet* (New York: P. F. Collier and Son,

1906), pp. 29–30

2. Ludwig F. Schlecht, "Classifying Fallacies Logically," *Teaching Philosophy* 14, no. 1 (1991): 53–64

3. Eugene Kiely and Lori Robertson, "How to Spot Fake News," *FactCheck*, November 18, 2016, accessed March 30, 2018, https://www.factcheck.org/2016/11/how-tospot-fake-news/

4. 同上

5. CNN-Left Bias, Media Bias/Fact Check

6. Fox News-Right Bias, Media Bias/Fact Check

7. New York Times-Left-Center Bias, Media Bias/Fact Check

8. Institute for Creation Research (ICR)-Conspiracy-Pseudoscience, Media Bias/Fact Check

9. PolitiFact–Least Biased, Media Bias/Fact Check

10. Conspiracy Daily Update-Conspiracy-Pseudoscience, Media Bias/Fact Check

11. Skeptical Inquirer-Pro-Science, Media Bias/Fact Check

12. The Controversial Files-Conspiracy-Pseudoscience, Media Bias/Fact Check

13. Tom Byrne and Matthew Normand, "The Demon-Haunted Sentence: A Skeptical Analysis of Reverse Speech," *Skeptical Inquirer*, March/April 2000

第 4 章

1. Proverbs 4:7–9; Francis Bacon, "De Haeiresibus," *Meditationes Sacrae*

2. Richard Lewinsohn, *Science, Prophecy, and Prediction* (New York: Harper Brothers, 1961), p. 53

3. 同上，p. 54

4. 同上

5. 同上，p. 59

6. Plato, *The Meno of Plato* (Clarendon Press, 1887)

7. 我們有時脫口而出的話，似乎暗示著知識不需信念支持。例如中獎後，我們可能會說：「我知道我得獎了，但我還是不敢相信。」這不表示我們懷疑自己中獎的事實，而是我們尚未習慣這件事罷了。理智上，我們早已接受這個事實，但情感上還沒。

8. Plato, "Meno," 98a, p. 381

9. Ernest Sosa, *Knowledge in Perspective: Selected Essays in Epistemology* (Cambridge University Press, 1991)

10. W. K. Clifford, "The Ethics of Belief," in *Philosophy and Contemporary Issues,* ed. J. Burr and M. Goldinger (New York: Macmillan, 1984), p. 142

11. Thomas Henry Huxley, *Science and Christian Tradition* (London: Macmillan, 1894), p. 310

12. Brand Blanshard, *Reason and Belief* (New Haven: Yale University Press, 1975), p. 410

13. William Kingdon Clifford, *Ethics of Belief,* p. 142

14. Bertrand Russell, *Let the People Think* (Watts & Company, 1996), p. 281

15. 同上

16. 同上，p. 2

17. 同上

18. Cleve Backster, "Evidence of a Primary Perception in Plant Life," *International Journal of Parapsychology* 10 (1968): 329–48

19. K. A. Horowitz, D. C. Lewis, and E. L. Gasteiger, "Plant 'Primary Perception': Electrophysical Unresponsiveness to Brine Shrimp Killing," *Science* 189 (1975): 478–80

20. Sosa, "Knowledge and Intellectual Virtue," p. 230ff

21. Richard Dawkins, "Viruses of the Mind," *Free Inquiry* 13, no. 3 (Summer 1993): 37–39

22. *The American Heritage Dictionary of the English Language* (Boston: Houghton Mifflin, 1970), p. 471

23. Tertullian, "On the Flesh of Christ," *Apology*

24. Oskar Pfungst, *Clever Hans: The Horse of Mr. von Osten,* ed. Robert Rosenthal (New York: Rinehart and Winston, 1965), p. 261

25. 同上，pp. 262–63

26. Robert Rosenthal, *Experimenter Effects in Behavioral Research* (New York: Irvington, 1976), pp. 143–46

27. 同上，pp. 146–49

28. Paul Kurtz, *A Skeptic's Handbook of Parapsychology* (Buffalo: Prometheus Books, 1985), p. 151

29. Fritjof Capra, *The Tao of Physics* (Shambhala, 1975)

30. Bertrand Russell, *Mysticism,* quoted in Walter Kaufmann, *Critique of Philosophy and Religion* (Garden City, NY: Doubleday, 1961), p. 315

31. Capra, *Tao of Physics,* p. 294

32. Lawrence LeShan, *The Medium, The Mystic, and The Physicist: Toward a General Theory of the Paranormal* (Turnstone Books, 1974)

33. 幾位作家也曾提出類似的主張，請參閱：Michael Talbot, *Mysticism and the New Physics* (New York: Bantam Books, 1981)；Amaury de Riencourt, *The Eye of Shiva* (New York: William Morrow, 1981)；Gary Zukav, *The Dancing Wu Li Masters* (New York: William Morrow, 1979)

34. Paul Kurtz, *The Transcendental Temptation: A Critique of Religion and the Paranormal*, 12th ed. (Buffalo: Prometheus Books, 1991)

35. Evelyn Underhill, *Mysticism: A Study in the Nature and Development of Man's Spiritual Consciousness* (Penguin Group, 1974)

36. *Sankaracharya, Shankara's Crest-Jewel of Discrimination = Viveka-Chudamani* (Vedanta Press, 1978)

37. 引用於：Walpola Rahula, *What the Buddha Taught* (New York: Grove Press, 1974), pp. 25–26

38. John Hick, *Death and Eternal Life* (San Francisco: Harper and Row, 1976), p. 339

39. George O. Abell, "Astrology," in *Science and the Paranormal* (New York: Scribner's, 1981), pp. 83–84

40. Ellic Howe, "Astrology," in *Man, Myth, and Magic,* ed. Richard Cavendish (New York: Marshall Cavendish, 1970), p. 155

41. "A Short History of Consciousness," *Omni,* October 1993, p. 64

42. Leonard Zusne, *Anomalistic Psychology: A Study of Extraordinary Phenomena of Behavior and Experience* (Erlbaum Associates, 1982), p. 219

43. R. B. Culver and P. A. Ianna, *The Gemini Syndrome: A Scientific Evaluation of Astrology* (Buffalo: Prometheus Books, 1984)

44. David Voas, "Ten Million Marriages: An Astrological Detective Story," *Skeptical Inquirer* 32, no. 2 (March/April 2008), p. 55

45. Cited in I. W. Kelly, "Astrology, Cosmobiology, and Humanistic Astrology," in *Philosophy of Science and the Occult,* ed. Patrick Grim (Albany: State University of New York Press, 1982), p. 52

46. Shawn Carlson, "A Double-Blind Test of Astrology," *Nature* 318 (1985)

47. Geoffrey Dean and Arthur Mather, *Recent Advances in Natal Astrology: A Critical Review 1976–1990* (Rockport, MA: Para Research, 1977), p. 1

48. Abell, "Astrology," p. 87

49. Bart Jan Bok, *Objections to Astrology* (Prometheus Books, 1975), p. 9

50. Donald T. Regan, *For the Record: From Wall Street to Washington* (San Diego: Harcourt Brace Jovanovich, 1988)

51. Linda Goodman, *Linda Goodman's Sun Signs* (Pan Books, 1972), p. 477

52. Bart Jan Bok, *Objections to Astrology* (Prometheus Books, 1975)

53. Theodore Roszak, *Why Astrology Endures* (San Francisco: Robert Briggs Associates, 1980), p. 3

54. Michel Gauquelin, *Astrology and Science* (London: Peter Davies, 1969), p. 149

第 5 章

1. E. Feilding, W. W. Baggally, and H. Carrington, *Proceedings of the SPR 23* (1909): 461–62, reprinted in E. Feilding, *Sittings with Eusapia Palladino and Other Studies* (New Hyde Park, NY: University Books, 1963)

2. James Alcock, *Parapsychology: Science or Magic?* (Oxford: Pergamon Press, 1981), pp. 35–37, 64

3. 以下討論擷取自：Terence Hines, *Pseudoscience and the Paranormal* (Buffalo: Prometheus Books, 1988), pp. 168–70

4. K. Duncker, "The Influence of Past Experience upon Perceptual Properties," *American Journal of Psychology* 52 (1939): 255–65

5. C. M. Turnbull, "Some Observations Regarding the Experiences and Behavior of the Ba Mbuti Pygmies," *American Journal of Psychology* 74 (1961): 304–08

6. Andrew Neher, *The Psychology of Transcendence* (Englewood Cliffs, NJ: Prentice-Hall, 1980), p. 64

7. Kendrick Frazier, ed. *The Skeptical Inquirer* (Summer 1988): 340–43

8. L. Guevara-Castro and L. Viele, "Dozens Say They Have Seen Christ on a Pizza Chain Billboard," *Atlanta Journal Constitution,* May 21, 1991, p. D1

9. John R. Vokey, "Subliminal Messages," in *Psychological Sketches,* 6th ed., ed. John R. Vokey and Scott W. Allen (Lethbridge, Alberta: Psyence Ink, 2002), pp. 223–46

10. 同上，p. 249

11. Carl Sagan and P. Fox, "The Canals of Mars: An Assessment after Mariner 9," *Icarus* 25 (1975): 602–12

12. 以下說法援引自：I. Klotz, "The N-Ray Affair," *Scientific American* 242, no. 5 (1980): 168–75

13. Philip J. Klass, *UFOs Explained* (New York: Random House, 1974), pp. 9–14

14. Philip J. Klass, "UFOs," in *Science and the Paranormal* (New York: Scribner's, 1981), pp. 313–15

15. Terence Hines, *Pseudoscience and the Paranormal: A Critical Examination of the Evidence* (Prometheus Books, 1988), p. 175

16. Philip J. Klass, *UFOs—identified*, 1968, p. 129

17. Leonard Zusne and Warren Jones, *Anomalistic Psychology: A Study of Magical Thinking*, 2nd ed. (New York: Psychology Press, 2014), p. 336

18. Klass, *UFOs Explained,* p. 77

19. Beth Rutherford, "A Retractor Speaks," accessed September 16, 2018, http://www.stopbadtherapy.com/retracts/beth.shtml

20. Elizabeth F. Loftus, "The Prince of Bad Memories," *Skeptical Inquirer* 21 (March/April 1998): 24

21. G. W. Allport and L. J. Postman, "The Basic Psychology of Rumor," *Transactions of the New York Academy of Science*, 2d ser., 8 (1945): 61–81

22. B. Fischhoff and R. Beyth, " 'I Knew It Would Happen': Remembered Probabilities of Once-Future Things," *Organizational Behavior and Human Performance* 120 (1972): 159–72

23. E. F. Loftus and J. C. Palmer, "Reconstruction of Automobile Destruction: An Example of the Interaction between Language and Memory," *Journal of Verbal Learning and Verbal Behavior* 13, no. 5 (1974): 585–89

24. E. Loftus, D. Miller, and H. Burns, "Semantic Integration of Verbal Information into a Visual Memory," *Journal of Experimental Psychology: Human Learning and Memory* 4 (1978): 19–31

25. James Alcock, *Parapsychology-Science or Magic?: A Psychological Perspective* (Pergamon Press, 1981), p. 76

26. Terence Hines, *Pseudoscience and the Paranormal* (Prometheus Books, 2003), p. 81

27. 同上

28. Ted Schultz, "Voices from Beyond: The Age-Old Mystery of Channeling," in *The Fringes of Reason: A Whole Earth Catalog* (New York: Harmony Books, 1989), p. 60

29. Martin Gardner, *Fads and Fallacies in the Name of Science* (New York: Dover, 1957), pp. 315–20

30. 同上

31. Francis Bacon, *Novum Organum: Or, True Suggestions for the Interpretation of Nature*, 1884

32. John C. Wright, "Consistency and Complexity of Response Sequences as a Function of Schedules of Noncontingent Reward," *Journal of Experimental Psychology* 63 (1962): 601–09

33. Max Planck, *Transactions of the North American Wildlife and Natural Resources Conference* (Wildlife Management Institute, 1966), p. 383

34. "Failed Doomsday and Apocalyptic Predictions," *Relatively Interesting,* May 8, 2012, http://www.relativelyinteresting.com/failed-doomsdayand-apocalyptic-predictions/

35. L. J. Chapman and J. P. Chapman, "The Genesis of Popular but Erroneous Psychodiagnostic Observations," *Journal of Abnormal Psychology* 72 (1967): 193–204

36. C. R. Snyder and R. J. Shenkel, "The P. T. Barnum Effect," *Psychology Today,* 1977

37. David Marks, *The Psychology of the Psychic* (Prometheus Books, 1980), p. 181

38. Neher, *Psychology of Transcendence*, p. 157

39. 同上，p. 18

40. Robert Henry, *The Psychology of Transcendence* (Prentice-Hall, 1980), p. 158

41. 研究諾斯特拉達姆士傳奇的專家詹姆斯・蘭迪（James Randi）指出，這些短詩還有另一個問題，那就是翻譯極不準確。

42. Roberts, p. 12, as cited in Neher, *Psychology of Transcendence,* p. 188

43. Erika Cheetham, *The Prophecies of Nostradamus* (Perigee, 1974)

44. Roberts, p. 17, as cited in ibid.

45. Cheetham, p. 33, as cited in ibid.

46. Neher, *Psychology of Transcendence,* p. 159

47. Derek Brown, "Nostradamus Foresaw the Calamity, and Other Stupid Urban Myths," accessed September 18, 2001, https://www.theguardian.com/world/2001/sep/18/september11.usa23

48. P. N. Johnson-Laird and P. C. Wason, eds., *Thinking: Readings in Cognitive Science* (Cambridge: Cambridge University Press, 1977), pp. 143–57

49. B. F. Skinner, "'Superstition' in the Pigeon," *Journal of Experimental Psychology* 38 (1948): 168–72

50. P. C. Wason, "On the Failure to Eliminate Hypotheses in a Conceptual Task," *Quarterly Journal of Experimental Psychology* 12 (1960): 129–40

51. Stuart Sutherland, *Irrationality* (New Brunswick, NJ: Rutgers University Press, 1992), p. 23

52. S. F. Madey and T. Gilovich, "Effect of Temporal Focus on the Recall of Expectancy-Consistent and Expectancy-Inconsistent Information," *Journal of Personality and Social Psychology* 65 (1993): 458–68

53. T. Gilovich, "Biased Evaluation and Persistence in Gambling," *Journal of Personality and Social Psychology* 44 (1983): 1110–26

54. Thomas Gilovich, *How We Know What Isn't So* (New York: Free Press, 1991), p. 178

55. I. W. Kelly, James Rotton, and Roger Culver, "The Moon Was Full and Nothing Happened," in *The Hundredth Monkey*, ed. Kendrick Frazier (Buffalo: Prometheus Books, 1991), p. 231

56. B. Fischoff, P. Slovic, and S. Lichtenstein, "Fault Trees: Sensitivity of Estimated Failure Probabilities to Problem Representation," *Journal of Experimental Psychology: Human Perception and Performance* 4 (1978): 330–44

57. Nicholas Humphrey, *Leaps of Faith* (New York: Basic Books, 1996), p. 87

58. A. Tversky and D. Kahneman, "Extensional versus Intuitive Reasoning: The Conjunction Fallacy in Probability Judgment," *Psychological Review* 90 (1983): 293–315

59. Sir James Frazer, *The Illustrated Golden Bough* (New York: Doubleday, 1978), pp. 36–37

60. 同上，pp. 39–40

61. Robert Basil, "Graphology and Personality: Let the Buyer Beware," in Frazier, *The Hundredth Monkey*, p. 207

62. G. Ben-Shakhar, M. Bar-Hillel, Y. Blui, E. Ben-Abba, and A. Flug, "Can Graphology Predict Occupational Success?" *Journal of Applied Psychology* 71 (1989): 645–53

63. T. Monmaney, "Marshall's Hunch," *New Yorker* 69 (1993): 64–72

64. David Hume, *The Natural History of Religion*, ed. by H. E. Root (Palo Alto, CA: Stanford University Press, 1957), p. 29

65. Stewart Guthrie, *Faces in the Clouds: A New Theory of Religion* (New York: Oxford University Press, 1993)

66. F. Heider and M. Simmel, "An Experimental Study of Apparent Behavior," *American Journal of Psychology* 57 (1944): 243–59

67. Justin L. Barrett, *Why Would Anyone Believe in God?* (Walnut Creek, CA: AltaMira Press, 2004), p. 31

68. Guthrie, *Faces in the Clouds*, p. 197

69. J. M. Bering and D. F. Bjorkland, "The Natural Emergence of Afterlife Reasoning as a Developmental Regularity," *Developmental Psychology* 40 (2004): 217–33

70. Paul Bloom, "Religion Is Natural," *Developmental Science* 10 (2007): 149

71. Paul Bloom, "Is God an Accident?" *The Atlantic Monthly* 296 (2005): 107

72. Guthrie, *Faces in the Clouds*, p. 200

73. Justin Barrett, quoted in Robin Marantz-Henig, "Darwin's God," *The New York Times Magazine*, March 4, 2007, p. 20

74. Scott Atran, *In Gods We Trust: The Evolutionary Landscape of Religion* (Oxford University Press, 2004)

75. John Allen Paulos, *Innumeracy* (New York: Hill and Wang, 1988), p. 27

76. 同上，p. 24

77. 若一時無法理解計算方法，可先以少量事件來推想，假設有五個事件（A、B、C、D、E）。事件 A 能與 B、C、D、E 配對，產生四種可能組合。事件 B 可與 C、D、E 配對（排除 A，以免產生重複組合），產生三種組合。事件 C 能與 D 和 E 配對（排除 A、B，以免重複），以此類推。因此，在不重複計算的前提下，五個事件可能會有十種組合。

78. Marks, *The Psychology of the Psychic,* p. 166

79. Barry Singer, "To Believe or Not to Believe," in *Science and the Paranormal,* ed. George Abell and Barry Singer (New York: Scribner's, 1981), p. 18

80. L. W. Alvarez, letter to the editors, *Science,* June 18, 1965, p. 1541

81. Kurt Butler, *A Consumer's Guide to "Alternative Medicine"* (Buffalo: Prometheus Books, 1992), pp. 182–84

82. Howard Brody, *Placebos and the Philosophy of Medicine* (Chicago: University of Chicago Press, 1980), pp. 8–24. See also Harold J. Cornacchia and Stephen Barrett, *Consumer Health: A Guide to Intelligent Decisions* (St. Louis: Mosby–Year Book, 1993), pp. 58–59

83. Zusne and Jones, *Anomalistic Psychology,* p. 60

84. American Cancer Society, *Dubious Cancer Treatment* (Baltimore: Port City Press, 1991), pp. 24, 75–76

85. Stephen Barrett and William T. Jarvis, *The Health Robbers: A Close Look at Quackery in America* (Prometheus Books, 1993), p. 58

86. 請參閱：Charles W. Marshall, "Can Megadoses of Vitamin C Help against Colds?" *Nutrition Forum,* September/October 1992, pp. 33–36; Office of Technology Assessment, Congress of the United States, *Unconventional Cancer Treatments* (Washington, DC: U.S. Government Printing Office, 1990), pp. 102–07; and E. H. Wender and M. A. Lipton, "The National Advisory Committee on Hyperkinesis and Food Additives—Final Report to The Nutrition Foundation" (Washington, DC: The Nutrition Foundation, 1980)

87. Stephen H. Gehlbach, *Interpreting the Medical Literature: Practical Epidemiology for Clinicians* (New York: Macmillan, 1988), p. 14

88. 同上。此原則少有例外，只有因果關係清楚明確且效果顯著時才會發生。例子包括胰島素對糖尿病的作用，以及青黴素對肺炎鏈球菌的作用。科學家能直接採納這些作用，不必要求透過嚴格的對造組研究來驗證。

89. 同上，p. 90

90. Val Moffat, eyewitness quoted in NOVA Online, "The Beast of Loch Ness," accessed December 2, 2003

第 6 章

1. Carl Hempel, "Valuation and Objectivity in Science," in *Physics, Philosophy, and Psychoanalysis: Essays in Honor of Adolf Grunbaum,* ed. R. S. Cohen and L. Laudan (Boston: Reidel, 1983), p. 91ff

2. Charles Sanders Peirce, *Collected Papers,* vol. 5, ed. Charles Hartshorne, Paul Weiss, and Arthur Burks (Cambridge: Harvard University Press, 1931–1958), pp. 575–83

3. Bruce Holbrook, *The Stone Monkey* (New York: William Morrow, 1981), pp. 50–52

4. Fritjof Capra, *The Turning Point* (New York: Bantam Books, 1983)

5. Kenneth L. Feder, *Frauds, Myths, and Mysteries* (Mountain View, CA: Mayfield, 1990), p. 20

6. Karl R. Popper, *Conjectures and Refutations: The Growth of Scientific Knowledge*

(New York: Psychology Press, 2002), p. 61

7. 同上，p. 62

8. Carl Hempel, *Philosophy of Natural Science* (Englewood Cliffs, NJ: Prentice-Hall, 1966), p. 14ff

9. Benjamin Franklin and Antoine Lavoisier, "Report of the Commissioners Charged by the King to Examine Animal Magnetism," trans. Danielle and Charles Salas, *The Skeptic Encyclopedia of Pseudoscience* (Santa Barbara, CA: ABC-CLIO, 2002), p. 809

10. P. G. Goldschmidt and T. Colton, "The Quality of Medical Literature: An Analysis of Validation Assessments," in *Medical Users of Statistics,* ed. J. C. Bailar and F. Mosteller (Waltham, MA: New England Journal of Medicine Books, 1986), p. 812

11. 同上，p. 383

12. John M. Yancey, "Ten Rules for Reading Clinical Research Reports," *American Journal of Surgery* 159 (June 1990): 533–39

13. Thomas M. Vogt, *Making Health Decisions* (Chicago: Nelson-Hall, 1983), p. 84

14. T. H. Huxley, *The Crayfish: An Introduction to the Study of Zoology* (New York: D. Appleton and Company, 1880), p. 1

15. Philip Kitcher, "Believing Where We Cannot Prove," *Abusing Science* (Cambridge: MIT Press, 1982), p. 44

16. Irving Copi, *Introduction to Logic,* 6th ed. (New York: Macmillan, 1982), pp. 488–94

17. Robert Schadewald, "Some Like It Flat," in *The Fringes of Reason: A Whole Earth Catalog,* ed. Ted Schultz (New York: Harmony Books, 1989), p. 86

18. Pierre Duhem, *Aim and Structure of Physical Theory* (Princeton: Princeton University Press, 1953), chap. 6, reprinted in *Readings in the Philosophy of Science,* ed. Herbert Feigl and May Brodbeck (New York: Appleton-Century-Crofts, 1953), pp. 240–41

19. Aristotle, *De caelo*, 297a9-21, 297b31-298a10

20. Tom McKay, "At Long Last, Flat Earth Rocketeer Finally Manages to Blast Himself into Sky at God Knows What Speed," Gizmodo, March 25, 2018, accessed May 16, 2018, https://gizmodo.com/at-long-last-flatearth-rocketeer-finally-manages-to-b-1824059035

21. Rob Waugh, "Here's the Real Reason So Many People Now Believe the Earth Is Flat," *Metro News*, April 9, 2018, accessed May 16, 2018, http://metro.co.uk/2018/04/09/real-reason-many-people-now-believeearth-flat-7451315/

22. http://reason.landmarkbiblebaptist.net/BibleScience.html, accessed May 16, 2018

23. Klaus Anselm Vogel, "Sphaera terrae—das mittelalterliche Bild der Erde und die kosmographische Revolution," PhD dissertation Georg-August-Universitat Gottingen, 1995, p. 19

24. Flat Earth Wiki, "Shifting Constellations," accessed May 16, 2018, https://wiki.tfes.org/Shifting_Constellations

25. Douglas Martin, "Charles Johnson, 76, Proponent of Flat Earth," *New York Times*, March 25, 2001, accessed May 16, 2018, https://www.nytimes.com/2001/03/25/us/charles-johnson-76-proponent-of-flat-earth.html

26. Marvin Harris, "Cultural Materialism Is Alive and Well and Won't Go Away Until Something Better Comes Along," in *Assessing Cultural Anthropology*, ed. Robert Borofsky (New York: McGraw-Hill, 1994), p. 64

27. Hempel, *Philosophy of Natural Science*, p. 31

28. Popper, *Conjectures and Refutations*, p. 35

29. 波普並非沒有注意到這種挽救理論免受不利證據所威脅的方法，他將此稱為守舊者變通（conventionalist twist）或守舊者計策（conventionalist strategem）。請參閱：Popper, *Conjectures and Refutations*, p. 37

30. Imre Lakatos, "The Methodology of Scientific Research," *Philosophical Papers* (New York: Cambridge University Press, 1977), vol. 1, pp. 6–7

31. Nathan Spielberg and Byron D. Anderson, *Seven Ideas That Shook the Universe* (New York: Wiley, 1987), p. 178ff

32. Lakatos, "The Methodology of Scientific Research," p. 6

33. 同上

34. Immanuel Velikovsky, *Worlds in Collision* (New York: Dell, 1969)

35. Carl Sagan, *Broca's Brain: Reflections on the Romance of Science* (New York: Ballantine, 1979), p. 115

36. 同上，p. 113ff

37. Spielberg and Anderson, *Seven Ideas*, pp. 180–81

38. Paul Langevin, "Sur la theorie de la relativite et l'experience de M. Sagnac,"

Comptes Rendus de l'Academie des Sciences 173 (1921): 831

39. Albert Einstein, *Forum Philosophicum* 1, no. 173 (1930): 183

40. Hempel, *Philosophy of Natural Science,* p. 40ff

41. 預設前提數沒有制式的計算公式可循，不過計算時可參考各種質性考量，協助判斷。例如可參閱：Paul Thagard, "The Best Explanation: Criteria for Theory Choice," *Journal of Philosophy* 75, no. 2 (February 1978): 86ff

42. Fritjof Capra, *The Tao of Physics* (Boston: Shambhala, 1975), p. 46

43. W. V. Quine and J. S. Ullian, *The Web of Belief* (New York: Random House, 1970), pp. 43–44

44. Thomas Kuhn, "Reflections on My Critics," in *Criticism and the Growth of Knowledge,* ed. Imre Lakatos and Alan Musgrave (Cambridge: Cambridge University Press, 1970), p. 261

45. Charles Darwin, *On The Origin of Species.* (Trajectory Inc., 2014)

46. I. Michael Lerner, *Heredity, Evolution, and Society* (San Francisco: W. H. Freeman, 1968), pp. 35–39

47. 同上，pp. 39–42

48. Section 4a of Act 590 of the Acts of Arkansas of 1981, "Balanced Treatment for Creation-Science and Evolution-Science Act."

49. Judge William Overton, *McLean v. Arkansas Board of Education,* cited in Jeffrey G. Murphy, *Evolution, Morality, and the Meaning of Life* (Totowa, NJ: Rowman & Littlefield, 1982), p. 146

50. Henry Morris and Martin Clark, *The Bible Has the Answer* (New Leaf Publishing Group, 1976), pp. 94-95

51. Judge Braswell Dean, *Time,* March 16, 1981, p. 82

52. Philip P. Wiener, *Leibniz Selections* (New York: Charles Scribner's, 1951), p. 292

53. Garvin McCain and Erwin Segal, *The Game of Science* (Pacific Grove, CA: Brooks/Cole Publishing Company, 1988), pp. 19–20

54. Isaac Asimov and Duane Gish, "The Genesis War," *Science Digest* 89, no. 6–11 (October 1981), p. 82

55. Lerner, *Heredity, Evolution, and Society,* p. 39ff

56. Larry Laudan, "Science at the Bar: Causes for Concern," in Murphy, *Evolution, Morality, and the Meaning of Life,* p. 150

57. Martin Gardner, *The New Age: Notes of a Fringe Watcher* (Buffalo: Prometheus Books, 1991), pp. 93–98

58. Theodosius Dobzhansky, "Nothing in Biology Makes Sense Except in the Light of Evolution," *The American Biology Teacher* 35 (March 1973): 125–29

59. Feder, *Frauds, Myths, and Mysteries,* p. 174

60. 同上，pp. 176–79

61. Asimov and Gish, "The Genesis War."

62. Murphy, *Evolution, Morality, and the Meaning of Life,* p. 138

63. Asimov and Gish, "The Genesis War," p. 87

64. Henry M. Morris, ed., *Scientific Creationism* (San Diego: Creation-Life Publishers, 1974), p. 210

65. Martin Gardner, *Fads and Fallacies in the Name of Science* (New York: Dover Publications, 1957), pp. 125–26

66. Richard Dawkins, *The Blind Watchmaker: Why the Evidence of Evolution Reveals a Universe Without Design* (New York: W.W. Norton & Company, 1987), p. 89

67. 同上

68. "Human Scientists from Another Planet Created All Life on Earth Using DNA," accessed September 2007, www.rael.org/rael_content/rael_summary.php

69. www.clonaid.com/news.php?3.2.1., accessed September 2007

70. Michael J. Behe, *Darwin's Black Box: The Biochemical Challenge to Evolution* (New York: Free Press, 1996), p. 39

71. H. Allen Orr, "Darwin v. Intelligent Design (Again)," *Boston Review,* December/January 1996–1997, p. 22

72. Jerry A. Coyne, "God in the Details: The Biochemical Challenge to Evolution," *Nature,* September 19, 1996

73. Charles Darwin, *The Various Contrivances by Which Orchids Are Fertilised by Insects* (New York: D. Appleton & Co., 1877), p. 282

74. 同上，p. 284

75. Kathleen Hunt, "Transitional Vertebrate Fossils FAQ," http://www.talkorigins.org/faqs/faq-transitional.html

76. Stephen Jay Gould, "Hooking Leviathan by Its Past," *Natural History* (New York: Harmony Books, May 1994)

77. Joseph Boxhorn, "Observed Instances of Speciation," www.talkorigins.org/faqs/faq-speciation.html

78. Dawkins, *The Blind Watchmaker,* p. 82

79. 同上，p. 90

80. 雖然大爆炸發生於一百五十億年前，但那可能是更早之前發生「大崩墜」（big crunch，重力崩塌）所致，或是因為目前的宇宙「抽芽突破」（長超過）前一個宇宙所造成。

81. Bobby Henderson, "Open Letter to Kansas School Board," Church of the Flying Spaghetti Monster, 2005, accessed May 16, 2018, http://www.venganza.org/about/open-letter/

82. Wikipedia, "Flying Spaghetti Monster," accessed May 15, 2018, https://en.wikipedia.org/wiki/Flying_Spaghetti_Monster#cite_note-openletter-10.

83. Bertrand Russell, "Cosmic Purpose," *Religion and Science* (New York: Henry Holt, 1935), p. 233

84. S. Jay Olshansky, Bruce A. Carnes, and Robert N. Butler, "If Humans Were Built to Last," *Scientific American,* March 2001, pp. 50–55

85. Joel W. Martin, "Compatibility of Major U.S. Christian Denominations with Evolution," *Evolution: Education and Outreach* 3, no. 3 (2010): 420–31

86. Kenneth R. Miller, "Finding Darwin's God," *Brown Alumni Magazine,* November/December 1999

87. Daniel Druckman and John Swets, eds., *Enhancing Human Performance: Issues, Theories, and Techniques* (Washington, DC: National Academy Press, 1988), p. 171

88. 同上，p. 206

89. A. Greeley, "Mysticism Goes Mainstream," *American Health,* January/February 1987, pp. 47–49

90. J. B. Rhine, *The Reach of the Mind* (New York: William Sloane Associates, 1947), p. 195

91. Martin Gardner, *The Whys of a Philosophical Scrivener* (New York: St. Martin's Press, 1999), p. 58

92. Jan Ludwig, *Philosophy and Parapsychology* (Prometheus Books, 1978), p. 126

93. Rhine, "Science of Nonphysical Nature," The *Journal of Philosophy* 51, no. 25 (December 9, 1954), pp. 801–08

94. Leonard Zusne and Warren H. Jones, *Anomalistic Psychology: A Study of*

Extraordinary Phenomena of Behavior and Experience (Hillsdale, NJ: Erlbaum Associates, 1982), pp. 374–75

95. James C. Crumbaugh, "A Scientific Critique of Parapsychology," *International Journal of Neuropsychiatry* 5 (1966): 521–29

96. John Beloff, *Psychological Sciences: A Review of Modern Psychology* (London: Crosby Lockwood Staples, 1973), p. 312

97. G. R. Schmeidler, "Separating the Sheep from the Goats," *Journal of the American Society for Psychical Research* 39, no. 1 (1945): 47–50

98. D. Scott Rogo, "Making of Psi Failure," *Fate,* April 1986, pp. 76–80

99. Ray Hyman, "A Critical Historical Overview of Parapsychology," in *A Skeptic's Handbook of Parapsychology,* ed. Paul Kurtz (Buffalo: Prometheus Books, 1985), pp. 3–96

100. Paul Kurtz, *A Skeptic's Handbook of Parapsychology* (Prometheus Books, 1985), p. 50

101. C. Scott and P. Haskell, " 'Normal' Explanations of the Soal-Goldney Experiments in Extrasensory Perception," *Nature* 245 (1973): 52–54

102. John Beloff, "Seven Evidential Experiments," *Zetetic Scholar* 6 (1980): 91–94

103. Terence Hines, *Pseudoscience and the Paranormal: A Critical Examination of the Evidence* (Buffalo: Prometheus Books, 1988), pp. 93–94

104. 同上，p. 85

105. Ray Hyman, "The Ganzfeld Psi Experiment: A Critical Appraisal," *Journal of Parapsychology* 49 (1985): 3–49

106. 同上

107. Charles Honorton, "Meta-analysis of Psi Ganzfeld Research: A Response to Hyman," *Journal of Parapsychology* 49 (1985): 51–86

108. Ray Hyman and Charles Honorton, "A Joint Communique: The Psi Ganzfeld Controversy," *Journal of Parapsychology* 50 (1986): 351–64

109. Daryl J. Bem and Charles Honorton, "Does Psi Exist? Replicable Evidence for an Anomalous Process of Information Transfer," *Psychological Bulletin* 115, no. 1 (1994): 4–18

110. J. Milton and R. Wiseman, "Does Psi Exist? Lack of Replication of an Anomalous Process of Information Transfer," *Psychological Bulletin* 125 (1999): 387–91

111. Ray Hyman, "The Evidence of Psychic Functioning: Claims vs. Reality,"

Skeptical Inquirer 20 (March/April 1996)

112. Daryl Bem, "Feeling the Future: Experimental Evidence for Anomalous Retroactive Influences on Cognition and Affect," *Journal of Personality and Social Psychology* 100 (2011): 407–25

113. Stuart J. Ritchie, Richard Wiseman, and Christopher C. French, "Failing the Future: Three Unsuccessful Attempts to Replicate Bem's 'Retroactive Facilitation of Recall' Effect," *PLoS ONE* 7, no. 3 (2012): e33423. doi:10.1371/journal.pone.0033423

114. Douglas M. Stokes, "The Shrinking File Drawer: On the Validity of Statistical Meta-analyses in Parapsychology," *Skeptical Inquirer* 25 (May/ June 2001)

115. L. Storm, P. Tressoldi, and L. Di Risio, "Meta-Analysis of Free-Response Studies, 1992–2008: Assessing the Noise Reduction Model in Parapsychology," *Psychological Bulletin* 136, no. 4 (2010): 479

116. Ray Hyman, "Meta-analysis That Conceals More Than It Reveals: Comment on Storm et al. (2010)," *Psychological Bulletin* 136 (2010): 486

117. R. S. Broughton and C. H. Alexander, "Autoganzfeld II: An Attempted Replication of the PRL Ganzfeld Research," *Journal of Parapsychology* 61 (1997): 209–26

118. J.N. Rouder, R.D. Morey, and J.M. Province, "A Bayes Factor Metaanalysis of Recent Extrasensory Perception Experiments: Comment of Storm, Tressoldi, and Di Risio (2010)," *Psychological Bulletin* 139, no. 1 (2013): 241

119. David F. Marks, "Investigating the Paranormal," *Nature* 320 (March 13, 1986): 119

120. Samuel T. Moulton and Stephen M. Kosslyn, "Using Neuroimaging to Resolve the Psi Debate," *Journal of Cognitive Neuroscience* 20, no. 1 (2008): 182–192

121. 同上，p. 189

第 7 章

1. Mahlon W. Wagner, "Is Homeopathy 'New Science' or 'New Age'?" *Scientific Review of Alternative Medicine* (Fall–Winter 1997): 7–12

2. E. Ernst, "A Systematic Review of Systematic Reviews of Homeopathy," *British Journal of Clinical Pharmacology* 54, no. 6 (2002): 577–82

3. Australian National Health and Medical Research Council, "NHMRC

Information Paper: Evidence on the Effectiveness of Homeopathy for Treating Health Conditions," Canberra: National Health and Medical Research Council, 2015, pp. 5–6

4. Rick Warren, "God Debate: Sam Harris vs. Rick Warren," *Newsweek*, April 9, 2007

5. Andrew Neher, *The Psychology of Transcendence* (Englewood Cliffs, NJ: Prentice-Hall, 1980), pp. 182–83

6. Whitley Strieber, *Communion* (New York: William Morrow, 1987)

7. Budd Hopkins, *Intruders* (New York: Random House, 1987)

8. Martin T. Orne, "The Use and Misuse of Hypnosis in Court," *International Journal of Clinical and Experimental Hypnosis* 27, no. 4 (October 1979): 311–41

9. 同上

10. H. Cooper, R. Blumenthal, and L. Kean, "Glowing Auras and 'Black Money': The Pentagon's Mysterious U.F.O. Program," *New York Times,* December 16, 2017, accessed June 27, 2018, https://www.nytimes.com/2017/12/16/us/politics/pentagon-program-ufo-harry-reid.html

11. Maj. Audricia Harris, official communication to John Greenewald regarding AATIP program information, accessed June 27, 2018, http://www.theblackvault.com/casefiles/to-the-stars-academy-of-arts-sciencetom-delonge-and-the-secret-dod-ufo-research-program/#

12. Luis Elizondo quoted in Sarah Scoles, "What's Up with Those Pentagon UFO Videos?" *Wired,* February 17, 2018, accessed June 27, 2018, https://www.wired.com/story/what-is-up-with-those-pentagon-ufovideos/

13. Luis Elizondo quoted in Tom Embury-Davis, "Existence of Advanced UFOs beyond Reasonable Doubt,' Says Ex-Pentagon Official Who Ran Secret US Government Programme," *The Independent*, December 25, 2017, accessed June 27, 2018, https://www.independent.co.uk/news/world/americas/ufo-pentagon-beyond-reasonable-doubt-video-us-navytracking-pilots-footage-unidentified-flying-a8127881.html

14. Maj. Audricia Harris, official communication to John Greenewald

15. Scoles, "What's Up with Those Pentagon UFO Videos?"

16. 同上

17. Mick West, "NYT: GIMBAL Video of U.S. Navy Jet Encounter with

Unknown Object," Metabunk.org, accessed June 27, 2018, https://www.metabunk.org/nyt-gimbal-video-of-u-s-navy-jet-encounterwith-unknown-object.t9333/; see also Mick West, "2004 USS Nimitz Tic Tac UFO FLIR Footage," Metabunk.org, accessed June 27, 2018, https://www.metabunk.org/2004-uss-nimitz-tic-tac-ufo-flirfootage.t9190/

18. Emma Parry, "How the Blink 182 Rocker Who Outed the Pentagon's Secret UFO Unit Claims He Can Prove Existence of Alien Civilisations," *The Sun*, December 21, 2017, accessed June 27, 2018, https://www.thesun.co.uk/uncategorized/5186074/how-the-blink-182-rockerwho-outed-pentagons-secret-ufo-unit-claims-he-can-prove-existence-ofalien-civilisations/

19. A. H. Lawson and W. C. McCall, "What Can We Learn from the Hypnosis of Imaginary Attackers?" *MUFON UFO Symposium Proceedings* (Seguin, TX: Mutual UFO Network, 1977), pp. 107–35

20. Terence Hines, *Pseudoscience and the Paranormal* (Buffalo: Prometheus Books, 1988), p. 195

21. Robert Allen Baker, *They Call It Hypnosis* (Buffalo: Prometheus Books, 1990), p. 247

22. 同上，p. 252

23. Philip J. Klass, *UFO Abductions: A Dangerous Game,* updated edition (Buffalo: Prometheus Books, 1989)

24. U.S. Office of Technology Assessment, *Scientific Validity of Polygraph Testing: A Research Review and Evaluation* (Washington, DC: Office of Technology Assessment, 1993, November) (OTA-TM-H-15); D. Lykken, *A Tremor in the Blood* (New York: McGraw-Hill, 1981)

25. Phil Patton, "UFO Myths: A Special Investigation into Stephenville and Other Major Sightings," *Popular Mechanics,* December 18, 2009, http://www.popularmechanics.com/technology/aviation/ufo/4304170

26. Jeffrey Weiss, "Military says fighter jets were in area; witnesses don't buy explanation", *The Dallas Morning News*, January 24, 2008

27. "The Stephenville Lights: What Actually Happened," *Skeptical Inquirer* 33, no. 1 (January/February 2009), http://www.csicop.org/si/show/stephenville_lights_what_actually_happened/

28. Charles H. Bennett, Gilles Brassard, Claude Crepeau, Richard Jozsa, Ashes Peres, and William K. Wootters, "Teleporting an Unknown Quantum State

via Dual Classical and EPR Channels," *Physical Review Letters* 70 (March 29, 1993): 1895–99

29. Samuel L. Braunstein, *A Fun Talk on Teleportation* (University of York), accessed June 2018, http://www-users.cs.york.ac.uk/schmuel/tport.html

30. Elizabeth Slater, "Conclusions on Nine Psychologies" in *Final Report on the Psychological Testing of UFO "Abductees"* (Fund for UFO Research, 1985), pp. 17–31

31. 同上

32. Klass, *UFO Abductions,* pp. 25–37

33. Anees A. Sheikh, *Imagery: Current Theory, Research, and Application* (John Wiley & Sons, 1983), 340

34. 同上，p. 210

35. K. Basterfield and R. Bartholomew, "Abductions: The Fantasy-Prone Personality Hypothesis," *International UFO Review* 13, no. 3 (May/June 1988): 9–11

36. Baker, *They Call It Hypnosis,* pp. 247–51

37. 同上，p. 250

38. Hines, *Pseudoscience and the Paranormal,* p. 203

39. Susan Blackmore, "Alien Abduction," *New Scientist* (November 19, 1994): 29–31

40. "Harassed Rancher who located 'Saucer' sorry he told about it," *Roswell Daily Record* (July 9 1947)

41. *Report of Air Force Research Regarding the "Roswell Incident," Skeptical Inquirer* 19 (July 1994)

42. Dave Thomas, "The Roswell Incident and Project MOGUL," *Skeptical Inquirer* 19, no. 4 (July/August 1995)

43. Ray Hyman, "How *Not* to Test Mediums: Critiquing the Afterlife Experiments," *Skeptical Inquirer* 27, no. 1 (January/February 2003)

44. Raymond A. Moody Jr., *Life After Life: And Reflections on Life After Life* (Guideposts, 1975), pp. 16–17

45. Raymond A. Moody Jr., *The Light Beyond* (New York: Bantam Books, 1988), p. 7

46. 同上，pp. 4-5

47. Fred Schoonmaker, "Denver Cardiologist Discloses Findings after Eighteen

Years of Near-Death Research," *Anabiosis* 1 (1979): 1–2

48. Michael Sabom, *Recollections of Death* (New York: Harper and Row, 1982)

49. Susan Blackmore, "Near-Death Experiences: In or Out of the Body?" *Skeptical Inquirer* 16 (1991): 36

50. Kenneth Ring, *Life at Death* (New York: Coward, McCann and Geoghegan, 1980), p. 32

51. 同上，p. 40

52. Lynn A. Silva, *The Problem of the Self in Buddhism and Christianity* (Springer, 1979)

53. 同上，p. 184

54. Karlis Osis and Erlendur Haraldsson, "OBE's in Indian Swamis: Sathya Sai Baba and Dadaji," in *Research in Parapsychology 1976,* ed. J. D. Morris, W. G. Roll, and R. L. Morris (Metuchen, NJ: Scarecrow Press, 1980), pp. 142–45

55. Pim van Lommel et al., "Near Death Experience in Survivors of Cardiac Arrest: A Prospective Study in the Netherlands," *Lancet* 358 (December 15, 2001): 2039–45

56. Moody, *Light Beyond*, pp. 196–97

57. 同上，p. 197

58. Barry Beyerstein, *The Hundredth Monkey and Other Paradigms of the Paranormal,* ed. Kendrick Frazier (Amherst, NY: Prometheus Books, 1991), p. 45

59. K. Ring and M. Lawrence, "Further Evidence for Veridical Perception during Near-Death Experiences," *Journal of Near-Death Studies* 11 (1993): 223–22; J. Long, *Evidence of the Afterlife: The Science of Near-Death Experiences* (New York: HarperCollins e-books, 2010); I. Wilson, *The After-Death Experience* (New York: William Morrow, 1987); D. S. Rogo, *The Return from Silence* (Northamptonshire: Aquarian Press, 1989)

60. B. Greyson, "Near-Death Experiences," in *Varieties of Anomalous Experience: Examining the Scientific Evidence*, ed. E. Cardena, S. J. Lynn, and S. Krippner (Washington, DC: American Psychological Association, 2000), pp. 339–40; M. Beauregard et al., "Conscious Mental Activity during a Deep Hypothermic Cardiocirculatory Arrest?" *Resuscitation* 83: e19; P. Van Lommel et al., "Near-Death Experience in Survivors of Cardiac Arrest: A Prospective Study in the Netherlands," *Lancet* 358 (2001): 2043

61. Maria, quoted in K. Clark, "Clinical Interventions with Near-Death Experiencers," in *The Near-Death Experience: Problems, Prospects, Prospectives,* ed. B. Greyson and C. P. Flynn (Springfield, IL: Charles C Thomas, 1984), pp. 242–55

62. H. Ebbern, S. Mulligan, and B. Beyerstein, "Maria's Near-Death Experience: Waiting for the Other Shoe to Drop," *Skeptical Inquirer* 20 (1996): 32

63. 同上

64. Mark Crislip, "Near-Death Experiences and the Medical Literature," *eSkeptic*, June 18, 2008, accessed June 10, 2017, https://www.skeptic.com/eskeptic/08-06-18/

65. K. Augustine, "Hallucinatory Near-Death Experiences," 2008, p. 22, accessed June 10, 2017, https://infidels.org/library/modern/keith_augustine/HNDEs.html

66. G. M. Woerlee, "Pam Reynolds Near-Death Experience," n.d., accessed June 10, 2017, http://neardth.com/pamreynolds-near-deathexperience.php

67. Augustine, "Hallucinatory Near-Death Experiences," p. 22

68. Woerlee, "Pam Reynolds Near-Death Experience," p. 6

69. 同上

70. Sebastian Dieguez, "NDEs Redux," *eSkeptic*, August 13, 2008, accessed June 10, 2017, https://www.skeptic.com/eskeptic/08-08-13/. 另請參閱："Leaving Body and Life Behind: Out-of-Body and Near-Death Experience," *The Neurology of Consciousness,* ed. S. Laureys and G. Tononi (New York: Academic Press, 2009), pp. 303–25

71. S. Parnia et al., "AWARE—AWAreness during Resuscitation—A Prospective Study," *Resuscitation* 85 (2014): 1799–805

72. P. F. Craffert, "Do Out-of-Body and Near-Death Experiences Point Towards the Reality of Nonlocal Consciousness? A Critical Evaluation," *Journal for Transdisciplinary Research in Southern Africa* 11 (2015): 1–20

73. Susan J. Blackmore, *Beyond the Body* (Chicago: Academy Chicago, 1992), p. 199

74. M. Potts, "The Evidential Value of Near-Death Experiences for Belief in Life after Death," *Journal of Near-Death Studies* 20 (2002): 248

75. G. M. Woerlee, "NDEs and OOBEs Are Hallucinations: The Soul Has No Memory," n.d., accessed June 10, 2018, http://neardth.com/hallucination.php

76. William Rushton, "Letter to the Editor," *Journal of the Society for Psychical Research* 48 (1976): 412, cited in Blackmore, *Beyond the Body,* pp. 227–28

77. Carl Sagan, *Broca's Brain* (New York: Ballantine Books, 1979), p. 356ff

78. S. Grof and J. Halifax, *The Human Encounter with Death* (New York: E.P. Dutton, 1977)

79. C. B. Becker, "The Failure of Saganomics: Why Birth Models Cannot Explain Near-Death Phenomena," *Anabiosis* 2 (1982): 102–09

80. Susan Blackmore, "Birth and the OBE: An Unhelpful Analogy," *Journal of the American Society for Psychical Research* 77 (1983): 229–38

81. Dean Mobbs and Caroline Watt, "There Is Nothing Paranormal about Near-Death Experiences: How Neuroscience Can Explain Seeing Bright Lights, Meeting the Dead, or Being Convinced You Are One of Them," *Trends in Cognitive Sciences* 16 (2012): 449

82. 同上

83. Ben Brumfield, " 'Afterlife' Feels 'Even More Real Than Real,' Researcher Says," CNN, April 10, 2013, accessed June 10, 2018, https://www.cnn.com/2013/04/09/health/belgium-near-death-experiences/index.html

84. E. J. Vam Liere and J. C. Stickney, *Hypoxia* (Chicago: University of Chicago Press, 1963), p. 3000

85. Blackmore, "Near-Death Experiences," p. 42

86. 同上

87. Charles Dickens, *Bleak House* (Chapman and Hall, 1873), p. 228

88. Justus von Liebig, *Familiar Letters on Chemistry* (London: Taylor, Walton, and Maberly, 1851), letter 22

89. Larry E. Arnold, *Ablaze! The Mysterious Fires of Spontaneous Human Combustion* (New York: M. Evans, 1995)

90. Jenny Randles, *Spontaneous Human Combustion* (London: Robert Hale, July 30, 2013)

91. F. W. H. Myers, *Human Personality,* vol. 2 (London: Longmans, Green, 1903), p. 19

92. Stambovsky v. Ackley, Supreme Court, Appellate Division, First Department, July 18, 1991

93. Paramahansa Yogananda, *Autobiography of a Yogi* (Los Angeles: Self-Realization Fellowship, 2001), p. 56

94. R. J. Broughton et al., "Randomized, Double-Blind, Placebo-Controlled Crossover Trial of Modafinal in the Treatment of Excessive Daytime Sleepiness in Narcolepsy," *Neurology* 49 (1997): 444–51

95. Richard Wiseman, Caroline Watt, Paul Stevens, Emma Greening, and Ciaran O'Keeffe, "An Investigation into Alleged 'Hauntings,'" *British Journal of Psychology* 94 (2003): 209

96. H. P. Wilkinson and Alan Gauld, "Geomagnetism and Anomalous Experiences, 1868–1980," *Proceedings of the Society for Psychical Research* 57 (1993)

97. Andy Coghlan, "Midnight Watch," *New Scientist* 160 (December 19, 1998): 42

98. Mick Hamer, "Silent Fright," *New Scientist* 176 (December 21, 2002): 50

99. Andy Coghlan, "Little House of Horrors," *New Scientist* 179 (July 26, 2003): 30

100. *Congressional Record,* 82d Cong. 1st sess. vol. 97 (U.S. Government Publishing Office, June 14, 1951): p. 6602

101. Patrick Leman, "Who Shot the President? A Possible Explanation for Conspiracy Theories," *Economist* 20 (March 2003): 74

102. Donna Kossy, *Kooks: A Guide to the Outer Limits of Human Belief* (Portland, OR: Feral House, 1994), p. 191

103. Global Climate Change Impacts in the U.S.," United States Global Change Research Program, 2009," accessed August 8, 2018, https://nca2014.globalchange.gov/highlights/overview/overview.

104. *Climate Change 2007 Synthesis Report* (The Intergovernmental Panel on Climate Change, 2007), p. 30

105. *Surface Temperature Reconstructions for the Last 2,000 Years* (National Academy of Sciences, 2006)

106. National Aeronautics and Space Administration, "A Blanket Around the Earth," accessed December 3, 2012, http://climate.nasa.gov/causes/

107. *Climate Change 2007 Synthesis Report* (The Intergovernmental Panel on Climate Change, 2007), p. 02

108. L. Arnold, *Ablaze!* (New York: M. Evans, 1995)

109. Nigel Kneale, "The Stone Tape," broadcast on BBC, December 25, 1972

110. D. Scott Rogo, *Beyond Reality* (Wellingborough, England: Aquarian Press,

1990)

111. Rubert Sheldrake, *Seven Experiments That Could Change the World: A Do-It-Yourself Guide to Revolutionary Science* (London: Fourth Estate, 1994)

112. T. Lobsang Rampa, *You Forever* (York Beach, ME: Samuel Weiser, 1990)

113. Max Toth and Greg Nielson, *Pyramid Power* (Rochester, VT: Destiny Books, 1990)

第 8 章

1. Allan Bloom, *The Closing of the American Mind* (New York: Simon and Schuster, 1987), p. 25

2. Shirley MacLaine, *Out on a Limb* (New York: Bantam Books, 1986)

3. Shirley MacLaine, *It's All in the Playing* (New York: Bantam Books, 1987), p. 174

4. Jane Roberts, *The Seth Material* (New York: Bantam Books, 1970), p. 124

5. Ted Schultz, "A Personal Odyssey through the New Age," in *Not Necessarily the New Age* (New York: Bantam Books, 1976)

6. Martin Gardner, *The Whys of a Philosophical Scrivener* (St. Martin's Press, 1999), p. 15

7. John Owen, *Evenings with the Skeptics: Or, Free Discussion on Free Thinkers* (Pearson, 1881), p. 157

8. Plato, "Theaetetus," 171 a, trans. F. M. Cornford, in *The Collected Dialogues of Plato,* ed. Edith Hamilton and Huntington Cairns (Princeton: Princeton University Press, 1961), p. 876

9. Robert Basil, "A Personal Odyssey Through the New Age" in *Not Necessarily the New Age: Critical Essays* (Prometheus Books, 1988), p. 342

10. Joseph Chilton Pearce, *The Crack in the Cosmic Egg* (New York: Julian Press, 1971)

11. Lyall Watson, *Lifetide: the Biology of the Unconscious* (Simon and Schuste, 1979), p. 148

12. 同上，pp. 148-149

13. Rupert Sheldrake, "Part I – Mind, Memory, and Archetype Morphic Resonance and the Collective Unconscious," *Psychological Perspectives* 18, no. 1 (1987): 9–25

14. Israel Scheffler, *Science and Subjectivity* (Indianapolis: Bobbs-Merrill, 1967), p.

36ff

15. Chris Swoyer, "True For," in *Relativism: Cognitive and Moral,* ed. Jack W. Meiland and Michael Krausz (Notre Dame, IN: University of Notre Dame Press, 1982), p. 97

16. Nelson Goodman, *Ways of World Making* (Indianapolis: Hackett, 1978)

17. Thomas S. Kuhn, *The Structure of Scientific Revolutions* (Chicago: University of Chicago Press, 1970)

18. Kuhn, *The Structure of Scientific Revolutions,* 125

19. Edward Hundert, "Can Neuroscience Contribute to Philosophy?" in *Mindwaves: Thoughts on Intelligence, Identity and Consciousness* (Basil Blackwell, 1987), pp. 413, 420–21

20. Roger Trigg, *Reason and Commitment* (London: Cambridge University Press, 1973), pp. 15–16

21. Donald Davidson, "Presidential Address" (speech made to the seventieth annual eastern meeting of the American Philosophical Association, Atlanta, December 28, 1973)

22. Alfred Korzybski, *Science and Sanity,* 4th ed. (Lakeville, CT: International Non-Aristotelian Library, 1933), p. 58

23. Harvey Siegel, Relativism Refuted: A Critique of Contemporary Epistemological Relativism (Springer Science & Business Media, 2013), pp. 43–44

24. Willard V. Quine, "On Empirically Equivalent Systems of the World," *Erkenntnis* 9, no. 3 (November 1975): 327–28

25. 25. Trigg, *Reason and Commitment,* pp. 135–36

國家圖書館出版品預行編目(CIP)資料

如何思考怪誕現象：美國大學通識課告訴你，辨識真偽的思
考法則與練習 / 小狄奧多.希克(Theodore Schick Jr.), 路易斯.沃
恩 (Lewis Vaughn) 著；張簡守展譯. -- 二版. -- 新北市：日出出
版：大雁出版基地發行, 2023.12
448 面；17*23 公分
譯自：How to think about weird things : critical thinking for a new age,
　　　8th ed.
ISBN 978-626-7382-29-5 (平裝)

1.CST: 推理　2.CST: 辯論

159.4　　　　　　　　　　　　　　　　　　　112018864

如何思考怪誕現象（二版）

美國大學通識課告訴你，辨識真偽的思考法則與練習

HOW TO THINK ABOUT WEIRD THINGS: CRITICAL THINKING FOR A NEW AGE
8th EDITION
By THEODORE SCHICK JR., LEWIS VAUGHN
© 2020 by THEODORE SCHICK JR., LEWIS VAUGHN
This edition arranged with McGraw-Hill Professional through Big Apple Agency, Inc., Labuan,
Malaysia.
Traditional Chinese edition copyright:
2023 Sunrise Press, a division of AND Publishing Ltd.
All rights reserved.

作　　　者　小狄奧多・希克（Theodore Schick Jr.）、路易斯・沃恩（Lewis Vaughn）
譯　　　者　張簡守展
責任編輯　李明瑾
協力編輯　吳愉萱
封面設計　謝佳穎
內頁排版　陳佩君
發 行 人　蘇拾平
總 編 輯　蘇拾平
副總編輯　王辰元
資深主編　夏于翔
主　　編　李明瑾
行　　銷　廖倚萱
業　　務　王綬晨、邱紹溢、劉文雅
出　　版　日出出版
發　　行　大雁出版基地
　　　　　新北市新店區北新路三段 207-3 號 5 樓
　　　　　電話：(02)8913-1005　傳真：(02)8913-1056
　　　　　劃撥帳號：19983379 戶名：大雁文化事業股份有限公司
二版一刷　2023 年 12 月
定　　價　800 元
版權所有・翻印必究
ISBN 978-626-7382-29-5

Printed in Taiwan・All Rights Reserved
本書如遇缺頁、購買時即破損等瑕疵，請寄回本社更換